물의 시대

A HISTORY
of WATER

물의 시대

기록, 살인, 그리고 포르투갈 제국

에드워드 윌슨-리   김수진 옮김

까치

A HISTORY OF WATER : Being an Account of a Murder, an
Epic and Two Visions of Global History

by Edward Wilson-Lee

역자 김수진(金秀眞)
이화여자대학교와 한국외국어대학교 통번역대학원을 졸업한 후 공공
기관에서 통번역 활동을 해왔다. 현재 번역 에이전시 엔터스코리아에
서 번역가로 활동하고 있다. 옮긴 책으로『딜리셔스 : 인류의 진화를 이
끈 미식의 과학』,『명상록』,『어떻게 행복해질 것인가』,『본질에 대하여』,
『제텔카스텐』,『네오르네상스가 온다』,「세계 문화 여행 : 스페인」 등 다
수가 있다.

편집, 교정_옥신애(玉信愛)

물의 시대
기록, 살인, 그리고 포르투갈 제국

저자/에드워드 윌슨-리
역자/김수진
발행처/까치글방
발행인/박후영
주소/서울시 용산구 서빙고로 67, 파크타워 103동 1003호
전화/02 · 735 · 8998, 736 · 7768
팩시밀리/02 · 723 · 4591
홈페이지/www.kachibooks.co.kr
전자우편/kachibooks@gmail.com
등록번호/1-528
등록일/1977. 8. 5
초판 1쇄 발행일/2024. 7. 25
      2쇄 발행일/2025. 1. 15

값/뒤표지에 쓰여 있음

ISBN 978-89-7291-844-8 03920

꼬마 암호 해독가인

게이브리얼과 앰브로즈에게

이 책에 쏟아진 찬사

대항해 시대가 막 열린 16세기, 유럽과 세계 사이의 관문 역할을 하던 포르투갈은 전 지구적 교류의 중심지였지만, 동시에 시대의 갈등이 폭발하는 장소였다. 이 책은 정교한 상상력을 통해 대조적인 두 인물의 행적을 제시하면서, 세계를 만나는 상이한 방식, 상이한 운명을 드러낸다. 열린 마음으로 세계를 수용하고자 했던 왕립 기록물 보관소장 다미앙 드 고이스는 핍박받아 비참한 말로를 맞이하는 반면, 건달 스타일의 모험가이며 문인인 루이스 드 카몽이스는 국민 시인, 유럽 정신의 보루로 칭송받는다. 유럽은 자신의 종교와 문화, 생활양식이 올바른 것이며, 결국 유럽이 세계의 중심이라고 주장하는 카몽이스의 길을 좇아가려고 한다. 두 인물의 이야기를 흥미롭게 교차하는 이 책은 지난 시대 서구 문명에 대해서 다시 생각하고, 오늘날 왜 열린 마음가짐이 중요한지 느끼는 기회를 제공할 것이다.

— 주경철(서울대학교 역사학부 교수)

세상이 어떻게, 그리고 왜 이렇게 되었는지에 대한 자신의 가정을 뒤흔드는 책을 만나는 기회는 극히 드물다. 이 책이 바로 그런 책이다. 실로 짜릿하다.

— 알베르토 망겔(『독서의 역사 *A History of Reading*』 저자)

굉장한 책이다.……저자는 이베리아에서 주도한 대발견의 항해뿐만 아니라, 그 당시 프로테스탄트 개혁이 모든 사람에게 미친 영향을 새롭게 조명한다. 그러면서 그후로 줄곧 우리를 불편하게 해왔던 질문을 던진다. '타인을 알 수 없다면, 어떻게 자기 자신을 알겠는가?'

— 게이브리얼 조시포비치(『반스의 공동묘지The Cemetery in Barnes』 저자)

정말로 몰입해서 읽게 되는 책이다.……가장 꼼꼼하면서도 요란하지 않은 학문에 단단히 뿌리를 내린 채, 풍부하고 거침없으며 몰입감을 선사하되 가식 없는 문장으로……지구 전체를 대상으로 하는 세계 역사의 기원을 훤히 들여다보도록 조명한다.

— 페르난도 세르반테스(『정복자들Conquistadores』 저자)

이 책을 매우 좋아하게 되었다. 기묘한 실제 살인 사건으로 시작하는 이 책은 근대 초기의 세계와 전 세계적인 연결망을 찬란하고 생생하게 그린다. 그 중심에는 특별한 인생을 보낸 일종의 르네상스 이단아가 있었다. 그는 히에로니무스 보스의 작품을 수집했고 루터와 함께 식사했으며 에라스뮈스에게 라틴어를 배웠고 로욜라를 접대했고 종교재판을 받았다. 눈부신 백과사전적 역사가 펼쳐진다.

— 데니스 덩컨(『인덱스Index, A History of the』 저자)

16세기의 놀라운 격동 속에 사로잡힌 두 남자에 대한 훌륭한 책이다.……재미있으며 지적인 자극으로 가득하다.……경이로움 그 자체인 책이다. 아름다운 문체가 완전히 매혹적이며, 모든 쪽이 마음에 들었다.

— 「선데이 타임스The Sunday Times」

차례

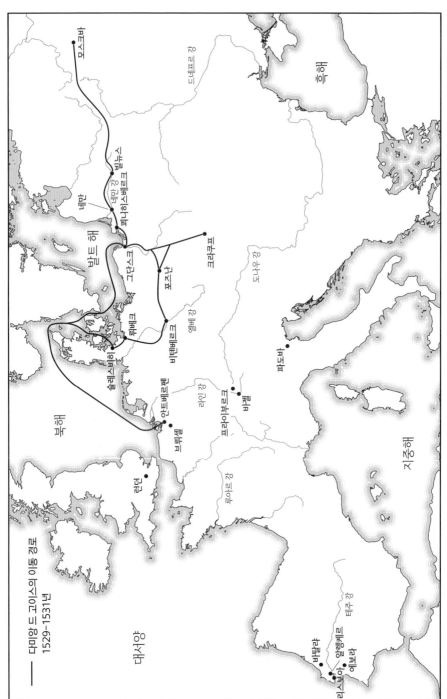

다미앙 드 고이스가 방문한 주요 도시

다미앙 드 고이스의 이동 경로
1529-1531년

모스크바

드네프르 강

흑해

네만 강 빌뉴스

네만 강

파나히스베르크 함부스

네만

발트 해

그단스크

포즈난

크라쿠프

뤼베크

비텐베르크

엘베 강

도나우 강

도나우 강

슐레스비히

바젤

파도바

프라이부르크

라인 강

안트베르펜

브뤼셀

지중해

북해

런던

루아르 강

대서양

바탈랴

리스본

알렝케르

에보라

테주 강

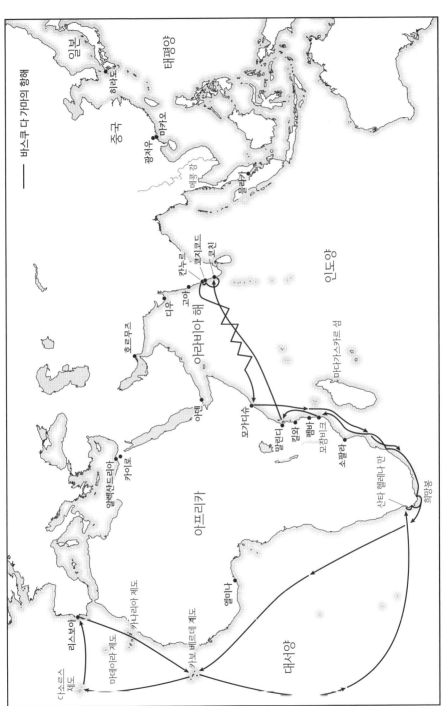

바스쿠 다 가마의 첫 인도 항해 경로, 그리고 루이스 드 카몽이스와 관련된 장소들

내가 또다시 하늘 아래서 벌어지는 일을 살펴보았더니 발이 빠르다고 달음박질에 우승하는 것도 아니고 힘이 세다고 싸움에서 이기는 것도 아니며 지혜가 있다고 먹을 것이 생기는 것도 아니고 슬기롭다고 돈을 모으는 것도 아니며 아는 것이 많다고 총애를 받는 것도 아니더라. 누구든 때가 되어 불행이 덮쳐오면 당하고 만다.

—「전도서」 9장 11절

배가 부두를 떠나며
배와 부두 사이로 열리는
공간을 다시금 느낄 때면
신선한 고통이 나에게 밀려온다—이유는 모르겠다,
안개로 싸인 후회의 둑이
다시 깨어난 내 고통의 태양 아래 빛난다,
새벽이 열리는 첫 번째 창문처럼.
그리고 신비하게도 나의 것이었던 기억이
마치 다른 누군가의 기억처럼 나를 사로잡는다.

—알바루 디 캄푸스(페르난두 페소아의 이명異名/역자), "해상 송시"

어떤 사람들은 영혼이 온 우주에 섞여 있다고 말한다. 아마도 이로부터 탈레스 역시 만물이 신들로 가득하다고 생각한 듯하다.

—아리스토텔레스, 『영혼에 관하여 *De Anima*』

모든 인간은 한 명의 저자가 쓴 한 권의 책이다. 한 사람이 죽으면, 한 장章이 책에서 찢겨나가는 것이 아니라 더 나은 언어로 번역된다. 그리고 모든 장은 그렇게 번역되어야 한다. 하느님은 여러 역자를 두신다. 어떤 부분은 나이가, 어떤 부분은 병이, 어떤 부분은 전쟁이, 어떤 부분은 정의가 번역한다. 그러나 모든 번역에는 하느님의 손길이 닿아 있다. 그리하여 그분의 손길이 흩어진 낱장으로 존재하는 우리를 다시 하나로 묶어서 한 권의 책으로 만들어, 모든 책이 서로에게 열려 있는 그 도서관으로 보낸다.

—존 던, 『불의의 때에 바치는 기도 *Devotions upon Emergent Occasions*』

1

기록 보관소에서의 살인 사건

1574년 1월이 끝나갈 무렵, 다미앙 드 고이스는 서서히 종이로 변하기 시작했다. 포르투갈 왕립 기록물 보관소의 구아르다-모르Guarda-mor, 즉 기록물 보관소장으로서 일생을 기록물에 파묻혀 살던 그에게는 어쩌면 그리 놀랍지 않은 결말인지도 모른다. 다미앙은 리스보아(리스본)에서 반나절 거리에 있는 마을 알렝케르 교구에 속해 있었고 그의 사망 기록이 그곳의 교적부敎籍簿에 적혔다. 성당지기는 섬유로 만든 종이 위에 펜촉이 갈라진 깃펜으로 이렇게 적었다. 1574년 1월 30일, 다미앙 드 고이스가 사망하여 본 성당 예배당에 매장되었다. 시신 매장이 이례적으로 빨리 진행되었음을 강조한 문구도 추가되었다. 매장 역시 사망 당일 진행되었다. 다행스럽게도 교적부에는 사망일이 정확하게 기록되어 있다. 다미앙이 이전에 직접 익립해서 마련해둔 묘비에는 사망 연도가 엉터리로 새겨져 있었는데, 실제보다 10년은 더 일렀다. 그래서 많은 사람들이 교적부에 기록된 날짜에 매장된 시신을 두루 찾았지만, 끝내 아무도 찾지 못했다. 다미앙 드 고이스의 흔적은 오직 종이에만 남게 되었다. 교적부의 사망 기록 그리고 북유럽으로 발송된, 그의 사망을 알리는 편지들이 흔적의 전부였다. 서명된 수많은 편지들은 유럽 전역으로 보내졌다. 그후 약 200년이 지난 어느 날, 이 문서들은 리스보아 기록물 보관소의 한 공책 안에서 구겨진 채로 발견되었다. 그날, 성당지기가 암묵적인 경고를 남긴 이유가 이제 이 자료들 덕에 밝혀질지도 모른다. 자료들 가운데 상당수가 왕립 기록물 보관소장이 매우 특이하게 살해되었음을 암시하기 때문이다.

사실 다미앙의 사망과 관련된 퍼즐 조각들은 잘 맞아떨어지지 않는다. 관련 기록들 가운데 하나에 따르면, 그는 삶의 마지막 날 밤에 어느 여인숙에서 묵었다고 한다. 그는 밤이 깊어지자 하인들을 자러 가라고 물린 뒤, 벽난로 옆에서 한겨울의 추위를 피하며 어떤 문서 한 장을 읽고 있었다. 글자도 보이지 않을 만큼 어두웠던 그날 밤에 일이 벌어지고 말았다. 기록에 따르면, 그의 시신은 다음 날 아침 불에 탄 채로 발견되었다. 그의 손에는 그가 전날 밤 읽던 문서 조각이 쥐여 있었고, 나머지는 전부 타버렸다. 발견된 시신의 상태가 워낙 기묘해서 의혹이 증폭된 탓에 시신에만 관심이 집중되었고 그외의 것들은 간과되었다. 그러나 이를 기록한 관찰자의 이목을 사로잡은 것이 있었다. 다미앙의 목숨보다 더 약한 (것으로 보이는) 종이가 신기하게도 살아남았다는 점 말이다. 세찬 바람 소리와 함께 밤이 깊어가는 가운데, 탁탁 튀는 장작불 가장자리에서 그림자들이 불나방처럼 춤을 추던 밤에 일어난 사건에 대해서, 보고서는 무슨 일이 일어났는지 확실히 이야기하기를 주저한다. 그 대신, 이 비극은 그가 잠이 들었기 때문이거나 아니면 어떤 일로 그가 감각을 잃었기 때문이라고 추정한다. 이보다 조금 나중에 나온 두 번째 진술서에도 그의 사망

원인이 얼굴과 가슴, 그리고 머리와 팔에 입은 화상 때문이라고 기록되어 있다. 그러면서 의미심장하게도, 이단자들을 대대적으로 화형에 처하던 아우투-다-페auto-da-fé, 즉 종교재판일과 그의 사망일이 일치한다고 언급한다.[1]

세 번째 보고서는 화재에 대한 언급은 일절 없이, 다미앙이 집에서 사망했다고 주장한다. 그러나 이 보고서 역시 사건 설명에 허점이 많다. 다미앙이 풍을 맞아—당시에는 뇌졸중이나 돌연사를 이렇게 불렀다—사망했을 가능성을 열어두면서도, 교사絞死나 익사를 의미하는 질식사 suffocatus라는 라틴어 용어를 써가며 도둑질하는 하인들에 의해서 살해되었을 가능성도 제기한다.

1월 그날 밤에 일어난 일에 관한 단서들은 리스보아, 안트베르펜, 로마, 베네치아, 고아에 있는 기록물 보관소에 뿔뿔이 흩어져 있다. 기록물과 떼려야 뗄 수 없는 삶을 살았던 한 사람의 흔적들과 함께 말이다. 리스보아의 언덕 위에는 도시를 내려다보는 상 조르즈 성이 있는데, 다미앙이 관리했던 기록물 보관소는 성 경내에 있는 탑에 자리했다. 과거 로마인이, 그리고 그 뒤를 이어 아라비아인이 차지했던 이 성은 그후 포르투갈 왕실의 성으로 이용되었다. 그러나 왕실이 강변에 있는 더 현대적인 성을 선호한 탓에 더는 왕실로 사용되지 않고 거의 버려진 상태였다. 다미앙은 이 톰부 탑Torre do Tombo—기록물의 탑—에서 멀지 않은 곳에 있는 저택에서 살았다. 그의 방에서는 성내 주민들이 다니던 카자 두 이스피리투 산투 예배당이 내려다보였다. 1755년 리스보아 전체를 뒤흔든 대지진과 뒤따른 화재, 해일로 도시 대부분이 무너졌듯이, 이 저택 건물도 지진의 파괴력에 무릎을 꿇어 사라졌다. 한때 포르투갈의 기억 저장소였던 탑은 지금은 비어 있기는 해도 무사히 남아 있다. 지금은 비록 비어 있지만, 암흑의 밀실이던 이곳에는 왕국의 모든 비밀이 보관되어 있었다. 낯선 사람들의 눈에는 기록물 보관소가 썩어가는 종이 더미가 뒤죽박죽 쌓여 있는 곳 이상으로는 보이지 않았을지도 모른다. 그러나 이 퍼즐 상자 속의 문서 하나하나에는 문제를 해결하거나 상황을 막다른 골목으로 몰아갈 힘이 있었다. 덕분에 이곳은 이런 기법을 알았던 사람들에게 어마어마한 권력을 안겨주었다. 유럽은 다미앙이 청년이던 시절에 중국과 베트남 문화를 처음으로 접하기 시작했다. 그런 중국과 베트남의 전설에는 장부 속 내용을 반 줄만 생략하는 것으로도 한 사람의 운명을 바꿀 수 있는 기록물 관리인이 많이 등장한다. 바로 이런 사악한 마법이 일어날 법한 장소가 톰부 탑, 포르투갈 기록물 보관소였다.2

사망하기 얼마 전 다미앙은 일하던 기록물 보관소에서 쫓겨났다. 물론, 이후에 그는 자신의 생애를 기록한 문서의 형태로 돌아와 탑 안을 떠돌게 되었다. 몇몇 문서에는 말년에 돌던 그에 대한 수치스러운 내용의 소문들이 기록되어 있다. 그중에는 그가 불경스러운 신성모독적인 연회에 한 번 이상 참여했으며, 유럽에서 가장 위험한 자들과 식사를 함께했다는 혐의도 있었다. 그뿐만 아니라 그 위험한 자들이 부재하거나 죽었는데도 그는 자신의 서재에서 그들과 교감을 나누었고, 그러는 동안에도 독실한 신앙심을 보여주는 척하면서 교회를 기만했다고 한다. 다미앙에게 드리운 그림자를 더욱 짙게 만든 풍문은 이외에도 더 있었다. 그가 그리스도의 십자가상을 돼지기름과 소금물 범벅으로 만들었다거나 심지어 그 위에 소변 세례를 퍼부었으며, 또한 성에 있는 그의 거처에서 마음을 동요시키는 음악 소리가 들렸다는 주장도 있었다. 다미앙이―적어도 처음에는―정체를 알아채지 못한 어느 정보 제공자의 신고로 그에 대한 종교재판이 서둘러 진행되었다. 그 과정에서 다미앙이 소장하던 미술 수집품들도 면밀하게 조사를 받았다. 그중에는 전대미문의 이상한 것들을 그린 그림들이 있었다. 사람과 짐승, 사물을 구별할 수 없게 그려 놓아서, 어디까지 사람이고 어디에서부터 아닌지 명확하지 않은 그림들이었다.[3]

　죽음은 당사자 한 사람에게 벌어진 일이지만, 그 죽음은 한 세상 전체에 종지부를 찍는다. 그런데 다미앙의 죽음처럼 거의 지구 전역으로 영향을 미치는 극소수의 경우도 있다. 그가 기록물 보관소에 틀어박혀 살다가 생을 마감한 것은 맞다. 그러나 그는 젊은 시절에는 유럽 대부분을 종횡무진 누볐고, 서양인들이 거의 찾지 않던 구석진 곳까지 방문했다. 이렇게 여행하는 동안 그는 묘한 재주도 발휘했다. 우연이었는지는 모르지만, 그 당시 논란의 중심이었던 곳에도 찾아간 것이다. 그후 기록물 보관소에서 일하며 일선에서 물러나는 듯했지만, 이것은 그에게 세상과의 단절을 의미하지 않았다. 그가 소장으로 근무하던 기록물 보관소가 이미 오래 전부터 그 업무를 국내에만 국한하지 않았기 때문이다. 이곳에 보관된 매우 중요한 문서들 중 일부는 포르투갈이라는 나라보다 더 오래되어 1139년 포르투갈의 건국 과정이 담겨 있었다. 1415년, 포르투갈인들이 지브롤터 해협을 건너 그들의 옛 지배자였던 아랍인들을 상대로 전쟁을 벌인 후, 기록물들은 북아프리카 마그레브에서 리스보아로 돌아오기 시작했다. 이 시점부터, 그리고 포르투갈 선박들이 서아프리카 해안을 따라 내려가 인도양에 이르면서, 톰부 탑은 점차 전 세계 정보의 보고가 되었다. 다미앙이 근무를 시작할 즈음, 그곳에는 세계 각지로부터 매일같이 소포가 도착했다. 일본의 예수회 선교사들이 보낸 것에서부터, 테하 다 산타 크루스Terra da Santa Cruz(주산물인 붉은 염료를 생산하는 나무인 브라질 나무에서 이름을 따서 흔히 "브라질"로 알려진 곳이다)의 무역관에서 보내온 것에 이르기까지 그야말로 세계 전역에서 발송된 것들이었다. 이렇듯 포르투갈은 남아시아와 아프리카의 해안 곳곳, 다시 말해서 마카오, 시암(타이), 믈라카, 벵골, 코로만델, 구자라트, 페르시아, 호르무즈, 에티오피아, 스와힐리 해안, 이슬라 상 로렌수(마다가스카르 섬), 모잠비크, 희망봉, 베냉, 마그레브, 카보 베르데, 카나리아, 마데이라, 아소르스 제도까지 진출했다.

포르투갈은 이들 지역 대부분과 유럽 사이의 무역에 첫 단추를 끼웠을 뿐만 아니라, 거의 16세기 내내 유럽과 더 큰 세상을 연결하는 주요 관문 역할을 했다. 이는 포르투갈 기록물 보관소가 포르투갈 국내용 서면 기억 저장소에만 그치지 않았음을 의미한다. 더 나아가서 유럽이 유럽 너머에 있는 세계를 알게 되는 데에 필요한 중앙 정보처리 센터—당대의 표현을 빌리자면 **만국의 기록**—역할도 했다는 의미였다. 이 경우 물리적인 거리와 정보의 규모 및 다양성을 고려했을 때, 지식은 오로지 문서 형태로만 전달되고 저장될 수 있었다. 이곳은—안전하게 보관하는 장소이자 권력의 도구라는 이원적인 어원을 바탕으로 생각했을 때—그야말로 본연의 의미 그대로 기록물 보관소였다. 그러면서도 보관소를 중심으로 성장하는 세계의 질서를 유지할 힘이 없는 무정부 상태에 금방이라도 빠질 수 있었다. 이 탑으로 보내지고, 이 탑 안에 소장되고, 이 탑에서 방출되는 것이 무엇이냐에 따라서 유럽의 상상력이 크게 좌우되었다. 다시 말해 유럽인은 이곳에서 다루는 문서들을 토대로, 최근까지 그들이 알고 있던 모든 것을 규모와 다양성 측면에서 보잘것없게 만들 정도로 거대한 지구를 상상할 수 있게 되었다. 아마도 역사상 처음으로 문서의 이동에 따라서 세상의 모습이 결정되었을 것이다.[4]

이처럼, 이 시대에는 분명 수많은 경이로운 만남과 교류가 이루어졌다. 그러나 유럽과 그보다 더 넓은 세계 사이의 무역이 본격화된 지 어언 5세기가 지났건만, 오늘날 여전히 대다수의 유럽인은 아프리카와 아시아, 신세계의 문화에 익숙하지 않다. 이는 어떤 면에서 보면 참 이상한 일이다. 무역로가 열리자 다른 곳에 사는 사람들의 생각과 생활, 영웅이나 신에 관한 정보들도 물밀듯이 쏟아져 들어왔다. 짧은 순간이었지만, 마치 온 세계가 함께 어울려 흘러갈 것만 같았으리라. 그러나 잘 알고 있듯이 우리에게는 그런 일이 일어나지 않았다. 빅토리아 시대의 학생들은 중국어와 아라비아어를 배우지 않았다. 라마와 시타의 이야기는 뮌헨의 길거리 소년들의 입에 오르내리지 않았다. 마드리드의 정치인들은 마다가스카르 여왕을 본보기로 삼지 않았다. 우리는 세계를 무대로 하는 시장의 한복판에 살지만, 우리의 문화는 놀랍게도 여전히 지역적 편협함을 벗어나지 못한 채 외부 세계를 두려워하고 있다. 이것이 현실이라는 것에 우리는 놀라지 않는다. 그러나 이는 놀라야 마땅한 일이다. 대체 어떤 이상한 마법이 그토록 오랫동안 사람들을 서로 익숙해지지 못하게 가로막을 수 있었을까? 다미앙 시기의 역사는 그렇지 않았을 수도 있던 순간, 즉 우리가 세계를 무대로 다 함께 살 수도 있었지만 결국 그렇게 되지 못한 순간의 역사이기도 하다. 그 이유는 미스터리로 남아 있다. 이 책에는 새로 연결되었던 세계가 다시 갈라질 때 그곳에 있었던 여러 인물들이 등장한다. 또한 그들의 범세계적인 삶과 서로 엇갈렸던 길 위에서 호기심과 불신이라는 상반된 충동이 앞다투어 전개되는 모습이 펼쳐진다.[5]

이런 이야기들을 하려면, 먼저 이 기록물 보관소에 집중해서 이곳의 이상한 방식과 예사롭지 않은 관행들을 파악해야 한다. 이 시기 이후의 포르투갈 기록물 보관소들의 역사적 상황으로 인해서, 소장품을 찾기가 어려워졌다. 소장되던 기록물은 지진과 화재, 해일로 크게 훼손되었을 뿐만 아니라, 다미앙이 떠난 후 얼마 지나지 않아 스페인에 조금씩 약탈당했다. 스페인인들은 이렇게 훔친 기록물을 시망카스에 있는 자신들의 기록물 보관소로 가져갔다. 리스보아에 남은 문서들 일부는 나중에 나폴레옹 군대의 약탈을 피해서 다른 곳으로 옮겨졌다. 다른 일부는 19세기 초 포르투갈 왕실이 브라질로 이주했을 때 함께 가져갔다. 그렇다면 이렇게 기록물이 별로 없는 상황에서, 약 4세기 전 한 노인의 사망을 둘러싼 문제들이 제아무리 흥미진진하더라도 이를 조명하는 것이 과연 가능할까? 하인들이 그를 살해한 동기로 꼽을 만한 것들은 무엇일까? 한 사람이 잠결에 벽난로 불 속으로 쓰러지는데도 집 안에서 자던 사람들이 깨지 않을 수 있을까? 그는 불에 타 죽었을까, 교살되었을까, 아니면 두 가지 모두일까? 대체 어떻게 큰불에 한 사람이 타 죽는데도 그가 쥐고 있던 종이는 타지 않을 수 있을까? 까맣게 탄 문서 하나가 문서의 세계 전체에서 지니는 의미는 무엇일까? 이런 질문들의 답을 발견할 희망은 만국의 기록에서 단 하나의 사건을 발견할 가능성 정도밖에 되지 않는다. 그래도 이것이야말로 기록물 보관소의 존재 이유이다.[6]

이런 문제들의 답을 구할 가능성은 기록물 보관소의 퍼즐 상자에 달려 있다. 그러나 이 퍼즐에는 단 하나의 해답만 존재하는 것이 아니다. 이 퍼즐을 풀 방법은 수만 가지가 있다. 무엇을 선택하느냐에 따라 우리는 다른 방으로 인도된다. 기록물 보관소의 방들은 요새로 사용될 수 있었던 만큼이나 은닉의 장소로도 사용될 수 있었다. 애초에 기록물 보관소들은 권력의 도구를 안전하게 보관하고 국가의 기밀 활동을 감추기 위해서 건설되었다. 그러나 그러던 곳들은 다른 쓰임새로 용도가 변경되었다. 가령 기이한 문서와 문제가 있는 기록물을 모아놓은 곳으로 사용되거나, 피의자들의 목소리를 보존한 피난처 혹은 수 세기에 걸쳐 빈틈없이 보존된 범죄 현장들의 보관함으로 사용되기도 했다. 그 1월의 밤, 다미앙이 사망했던 당시의 세상을 이해하려면, 잃어버린 역사의 문을 열어야 한다. 여전히 우리가 그 그늘 아래에 살면서 엄청나게 많은 영향을 받고 있는 역사의 문을 말이다.

2

물고기도 아니요, 사람도 아니라

1554년 초, 다미앙 드 고이스는 종이 더미에 둘러싸여 절망에 빠졌다. 포르투갈 왕립 기록물 보관소 소장의 업무는 혼란스러울 정도로 다양하며 엄청난 양의 문서를 수령하고 분류하여 보관하는 일이 전부가 아니었다. 전통적으로 이 직책에는 어지러이 뒤섞인 이 문서들을 왕국의 공식 연대기로 탈바꿈하는, 힘만 들고 생색도 나지 않는 데다가 끝도 없는 임무가 주어졌다. 다미앙이 자세히 알아본 결과, 얼마나 많은 기록관리인들이 이 과업을 완수하지 못하고 무릎을 꿇었는지 드러났다. 첫 출발은 나쁘지 않았다. 어느 탁월한 전임 소장이 건국왕 아폰수 1세 엔히케스의 재위(1139)부터 포르투갈의 첫 해외영토인 세우타를 지배하기까지(1415) 각 국왕의 통치 기간별 역사를 성공적으로 기록했다. 그런데 15세기 중엽에 이르자 이 작업에 저주가 걸리더니, 그후로 저주가 풀리지 않았다. 연대기를 계속 이어가려는 시도가 수차례 있었지만, 수많은 사건들을 하나로 묶는 데에 실패하면서 산발적인 사건들을 나열하는 정도로 끝났다. 심지어 얼마 되지 않는 이 단편적인 기록들마저도 누군가에 의해서 이탈리아에 대여되더니 다시는 반환되지 않았다. 잃어버린 기록물들을 복원하려는 시도는 있었지만 아무런 결실 없이 끝나고 말았다. 많은 이들이 포르투갈의 황금기로 꼽는 15세기 말, 이 시기에 포르투갈 선박들은 단계적으로 서아프리카 해안을 따라 내려가면서 인도와 브라질로 가는 항로를 개척했다. 얼마 지나지 않아 이 경로들은 유동량이 많은 항로가 되었다. 그런데 다미앙의 전임자들에게는 이런 황금기를 기록하는 임무가 오히려 무시무시한 저주와도 같았다. 어느 소장은 이 작업에 일생을 바친후, 그의 아들에게 소장직과 미완의 연대기를 물려주었다. 그러나 아들역시도 임무를 완수하지 못하고 죽음을 맞았다. 그다음으로 연대기 작성 업무에 지명된 사람은 소탈하게 소장직이라는 영예를 사양했다. 이렇게 하여 기존의 단편적인 원고가 마침내 다미앙의 손에 전달되었다. 그러나 원고가 워낙 어지럽게 섞여 있었던 탓에, 이것을 고치느니 차라리새로 시작하는 편이 더 쉽겠다는 생각이 들었다. 그는 전임자 한 명이 정치인들으로부터 잘 좀 기록해달라는 부탁과 함께 뇌물로 화려한 반지들을 받았다는 사실을 알게 되면서 무척 한탄했다. 반지들은 이미 사라진지 오래였지만, 다미앙은 여전히 기록 작성을 해야만 했다. 이 모든 좌절에 직면한 그는 다른 일부터 시작하기로 마음먹었다. 그는 훨씬 더 감당할 만한 일, (그의 말에 따르면) 자신의 공식 임기 안에 끝낼 수 있는 일로눈길을 돌렸다. 바로 톰부 탑의 흉벽 아래로 확장된 리스보아라는 도시를 묘사하기로 결심한 것이다.[1]

『리스보아 시에 관한 기술*Urbis Olisiponis Descriptio*』의 집필 계획은 간단했다. 테주 강(타구스 강)이 신트라 아래에서 바다로 흘러 들어가는 지점에서부터 상류로 이동하면서 기록을 시작할 생각이었다. 강변의 요새인 벨렝 탑을 지나 도시 성벽에 이르기까지 북부 해안을 묘사한 다음, 리스보아의 5개 언덕의 능선에 이어지는 성벽을 따라서 7,000보 정도를 간 뒤, 도시 동쪽 편으로 해서 다시 강에 도달하는 경로였다. 이 지점에 도착하면, 육지를 바라보는 17개의 성문들 가운데 가장 동쪽에 있는 문을 통해서 시내로 들어가서는, 2만2,000채가 넘는 리스보아의 건물들 중에 가장 중요한 건물을 묘사할 계획이었다. 그러나 이 현명한 계획은 거의 시작과 동시에 갑자기 중단되는 상황에 처했다. 다미앙이 강어귀에서 가던 길을 멈추고 해식 동굴과 그 안에서 살던 인어에 대한 심층적 연구를 시작했기 때문이다. 낯선 위엄을 지닌 인어, 즉 바다의 사람이 존재한다는 증거로 그는 현지 어부의 증언을 기록했다. 이 어부는 강어귀 남쪽에 있는 바르바루 곶 앞바다에서 조업하던 중에 이 생명체를 만났다고 했다. 다미앙은 그가 자신의 이야기를 들으려는 사람에게는 언제든 반색하며 이야기를 들려줄 것이라고도 기록했다. 그 어부가 산타 마리아 예배당을 지난 곳에서 낚싯줄을 내렸는데, 파도 아래에서부터 바위 위로 한 남자 인어 또는 해신海神이 갑자기 올라왔다고 한다. 그의 수염과 머리카락은 서로 뒤엉킨 채 길게 늘어져 있었다. 가슴은 이상하게 일그러져 있었지만, 얼굴은 멀쩡한 것이 이목구비가 꼭 사람 같았다고 한다. 어부의 말에 따르면, 그렇게 그 둘은 한동안 햇볕 아래 앉아 서로를 주의 깊게 살폈다. 그러다가 그 인어가 문득 무엇인가에 겁을 먹더니 너무나도 인간다운 비명을 지르면서 소금물 파도 아래로 다시 뛰어들었다고 한다.

다미앙은 또다른 어부의 이야기도 찾아냈다. 이번에는 벌거벗은 소년이 바위 사이 웅덩이에서 막 잡은 물고기를 날것으로 먹고 있는 모습을 발견했다고 한다. 그 인어는 자기 모습이 발각되자 이번에도 웃으면서 물속으로 달아나 자취를 감추었단다. (다미앙에 따르면) 이들 바다의 사람은 로마의 황제 티베리우스의 시절만큼이나 오래 전부터 이미 목격되었다고 한다. 로마 제국의 변방에 있는 이 지역에서 로마로 보낸 보고서에는 파도가 밀려들어 요란한 소리를 내며 부딪히는 동굴 안에서 해신이나 인어가 조가비를 불고 있는 모습이 목격되었다는 내용이 담겨 있었다. 수집하기 좋아하는 습성을 지닌 까치처럼 다미앙은 거울 같은 수면 아래에 있을지도 모를 이상하고 거대하고 놀라운 것들에 매료되어 있었다. 다미앙은 심지어 기록물 보관소 깊숙한 곳에서 3세기 전의 계약서도 찾아냈다. 이 계약서에는 포르투갈 국왕이 이들 바다 시민을 잡은 사람에게 과세할 권리가 있다는 내용이 적혀 있었다.[2]

이 분야에서 충분히 호기심을 충족시킨 다미앙은 드디어 리스보아 시를 향해 발걸음을 옮겼다. 이렇게 하여 산투스-우-벨류 고성古城의 성벽에 도착한 뒤, 그곳에서부터 가파르게 굴곡진 도시의 언덕을 오르기 시작했다.

독자들에게 이 도시의 지형을 설명하고 싶었던 다미앙은 테주 강 건너편 둑에서 리스보아를 바라보면 물고기의 부레처럼 보일 것이라고 비유했다. 타원의 아래쪽은 강둑을 따라서 길고 매끈한 선을 그리지만, 타원의 위쪽은 물결 모양을 이룬 언덕마다 꼭대기에 거대한 건물—상 호크 성당, 산타 아나, 다미앙의 집필 장소인 상 조르즈 성, 노사 세뇨라 다 그라사 성당—이 들어서 있었다. 바다 위 구름들이 테주 강 상류를 향해서 제멋대로 거슬러 올라가면, 마치 감겨 있던 회색 사슬이 하늘에서 언덕 위로 풀리듯 비가 내렸다. 빗물이 경사를 따라 내려가면 시내의 거리는

다음 쪽: 「리스보아 지도」. (아마도) 다미앙의 묘사를 바탕으로 하여 게오르크 브라운과 프란스 호겐베르크가 그렸다. 『세계의 도시(*Civitates Orbis Terrarum*)』 제5권(1598)에 수록.

OLISSIPPO quæ nunc Lisboa, civitas
Orientis, et multarum Insularum Apt.

Occa

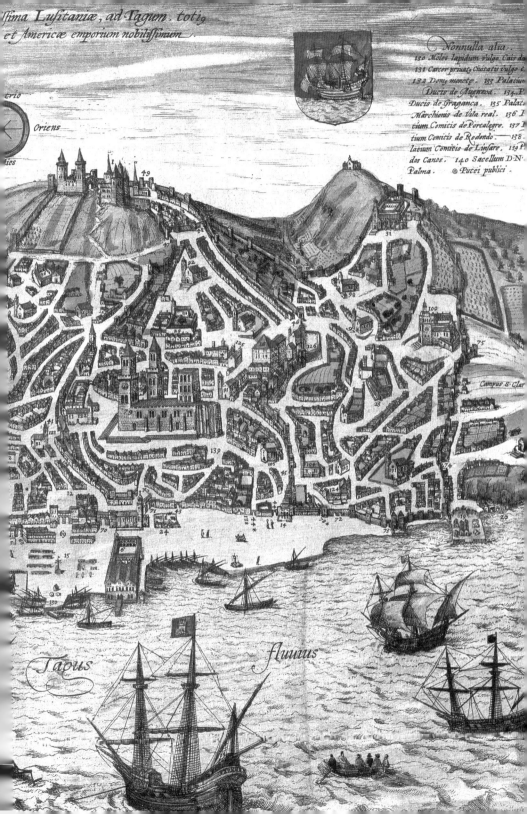

...ſima Luſitaniæ, ad Taguen, totiq́ue
et Americæ emporium nobiliſſimum.

Oriens

Nonnulla alia.
130 Moles lapidum vulgo Cais da
131 Carcer priuat, Ciuitatis vulgo
132 Domꝰ monetę. 133 Palatiuꝰ
Ducis de Auġuioa. 134 P
Ducis de Graganca. 135 Palati
Marchionis de Vila real. 136 P
tium Comicis de Porcalegre. 137 P
tium Comicis de Redondo. 138
latium Comitis de Linsare. 139 P
dos Canos. 140 Sacellum D.N.
Palma. ☉ Putei publici.

Campus S. Clar

Tagus

fluuius

수로로 바뀌었다. 당시에 그곳을 찾았던 한 네덜란드인이 리스보아에 폭우가 내리면 매끄러운 조약돌 길을 걷기가 얼마나 힘든지 특별히 메모를 남겼을 정도였다.[3]

다미앙은 이렇게 포르투갈 수도의 윤곽을 먼저 그린 다음, 그 속을 채워나가기 시작했다. 가장 눈에 잘 띄는 자리에는 이 도시의 양대 자선기관인 미제리코르디아 성당과 토두스-우스-산투스 병원이 보이게 했다. 이들은 가난한 사람들에게 매년 금화 2만4,000두카트를 지원했고, 병자와 형편이 어려운 사람들에게 잠자리를 제공했다. 이들이 퇴원할 정도로 상태가 호전되면 용돈까지 챙겨주었다. 이와 함께 다미앙은 이 도시가 굶주리는 일이 없도록 자애로운 국왕이 설립한 공공 곡물창고와 리스보아 시민들에게 생수를 제공하는 수많은 공공 분수도 묘사했다. 그는 잠시 멈추어 다양한 분수의 물맛을 평가하는 시음 메모를 남겼다. 처음 물이 솟아날 때는 살짝 따뜻하고 뿌옇지만, 곧 맑고 신선한 물이 된다. 분수는 아라비아어 단어 샤파리스chafariz로 꾸준히 언급되었고, 국왕의 샤파리스, 말들을 위한 샤파리스 등 각각 명칭을 구별했다. 분수는 산비탈에서 솟아나서 두근두근 뛰는 리스보아의 심장과 같은 곳으로 흘러 내려갔다. 강변에 인접한 부두는 세계가 모일 만큼 넓게 확 트여 있었으며, 그 가장자리는 포르투갈의 갑작스러운 권력을 보여주는 상징물들로 장식되었다. 가령 파수 다 히베이라(강변의 성)에 새로 지은 탑은 국왕들이 올라가 세계를 가로질러 도착하는 선단을 지켜보던 곳이었다. 그 옆으로는 무기고도 있었고, 북아프리카와 서아프리카, 동방에서 온 상품들을 반입하기 위해서 건설한 거대한 세관들—세우타 세관, 미나 세관, 인도 세관—이 죽 서 있었다.

언제나 리스보아는 나머지 세계를 잇는 중간 지점이라는 위치를 잘 이용했다. 1147년에 이슬람 주민들의 손에서 도시를 탈환한 것도 마찬가지이다. 북유럽에서부터 팔레스티나의 거룩한 땅으로 향하던 십자군 함대가 생필품 보충을 위해서 테주 강 어귀에 멈춘 덕분에 가능했던 일이었다. 그후로도 리스보아는 해상로를 통해서 예루살렘으로 가는 순례자들의 중간 기착지가 되었다. (리스보아 포위전에 관해서 우리가 알고 있는 지식 대부분은 오스버트라는 이름의 영국 출신 성직자가 작성한 글 덕분이다. 어느 작은 수도원에 보관되던 이 문서들은 프로테스탄트 종교개혁 동안 조금씩 도난당했고, 최종적으로는 케임브리지 대학교 도서관에 소장되었다.) 고전 원전에는 리스보아라는 도시명─라틴어로 올리시포Olisipo─이 "율리시스"(오디세우스의 라틴어 이름)가 변형된 것이라는 주장도 있었다. 이렇게 명명된 이유는 언변 좋고 방랑을 좋아하는 그리스인들이 트로이에서 정처 없이 돌아오는 길에 이 도시를 세웠기 때문이라고 한다. 다미앙은 이런 낭만적인 주장을 좋아했다. 리스보아와 그곳에 인접한 광활한 강어귀는 남과 북이 뒤섞일 만한 이상적인 중간 지점이었다. 이곳은 북유럽의 거대 시장과 지중해의 거대 시장 사이에서 선박들이 만날 수 있는 편리한 장소였다. 북유럽에서는 안트베르펜과 암스테르담 항을 통해서 영국과 독일로 연결되었고, 지중해에서는 알렉산드리아와 이스탄불로부터 도착한 상품들이 베네치아와 제노바를 통해서 공급되었다. 유럽 대륙을 연결하는 이런 무역들은 리스보아를 거쳐서 이루어졌다. 전역에서 온 상품들은 일단 리스보아의 알판데가 노바Alfandega Nova(신설 세관)을 통과하여 광장으로 쏟아져 나왔다. 광장에는 현지에서 생산된 원자재와 수입품들이 한데 섞여 도시 전체를 따라 늘어섰다. 다미앙은 매일같이 광장을 가득 메우던 상인들을 죽 나열했다. 과자 장수, 과일 장수, 고깃간 주인, 빵 장수, 사탕 장수, 천 장수 등이 있었다. 뭐니 뭐니 해도 이들 가운데 최고봉은 생선 장수였다. 워낙 거래 규모가 커서 매년 금화 2,000두카트에 달하는 막대한 매출을 올리기 위해서는 바구니를 빌려야 할 정도였다.[4]

이처럼 한창 번창하던 다른 유럽 항구들과의 교역은 15세기를 거치면서 퇴색되었다. 아프리카뿐만 아니라 나중에는 페르시아와 인도, 그리고 그 너머 동방에서 돌아온 포르투갈 선단의 상품들이 리스보아에 풀리기 시작했기 때문이다. 이런 교역에 착수하기 위해서 세우타와 미나, 인도 세관이 속속 세워졌다. 이들 세관의 위치가 국왕이 머물던 강변의 성 옆이었다는 사실만 보더라도 이들의 위상을 짐작할 수 있다. 다른 유럽 군주들은 대부분 왕실과 귀족의 전통을 고집스럽게 고수했다. 이런 전통 아래에서는 토지를 소유하고 그 토지에서 일할 인력을 통솔할 수 있느냐에 따라 신분이 좌우되었다. 이와 달리, 포르투갈 국왕들은 무역의 가능성에 일찍이 관심을 가졌다. 탐험에 재정을 지원하고 가장 중요한 상품에 대해서는 왕실이 독점권을 가졌다. 이들 가운데에서도 가장 위대한 왕으로 꼽히는 사람이 바로 국왕 마누엘 1세이다. 다미앙이 집필해야 하는 연대기의 주인공도 바로 그였다. 그런데 북유럽의 왕족들은 이런 왕마저도 **잡화상 왕**이라고 업신여기며 비웃었다. 그러나 사업상의 모험을 감행하며 엄청나게 많은 이윤이 비약적으로 누적되면서 아마도 이런 모멸감은 상쇄되었을 것이다. 다미앙은 이러한 조롱에 대응하려는 의도로, 리스보아 항을 지나는 모든 물품들의 목록을 상세히 기록했다. 먼저 서아프리카에서 온 상품부터 시작했다. 이 지역으로부터 도착한 상품은 미나 세관으로 반입되었다. 그중에는 황금, 면화, 흑단, 젖소와 염소의 가죽, 쌀, "천상의 곡물"이라고 불리던 말라게타가 있었다. 말라게타는 감귤 향이 나는 붉은색 후추 열매로, 요리와 잘 어우러지지 못해서 유럽인에게는 후추보다 인기가 없었다. 최상품 설탕은 원산지와 같은 이름이 붙은 브라질 나무와 함께 브라질로부터 들어왔다. 인도와 중국에서는 비단, 생강, 육두구와 육두구꽃, 녹나무, 계피, 타마린드(인도 대추야자라고도 불리는 콩과의 식물/역자), 루바브(신맛이 나는 식물의 줄기로, 주로 단맛이 나는 파이 등의 재료/역자), "미로발란"(자두)을 들여왔다. 리스보아에 있는 세관들은 흑해산 사르마티아 목재와 아메리카에서부터 세비야를 거쳐서 온 진주와 구아야칸 나무껍질로 만든 패널로 장식되었다. 이들 동식물의 잔류물은 머나먼 땅에서 자란 후에 수확된 다음, 보존 처리 과정을 거쳐 해상으로 운송되었다. 이런 것들이 오늘날의 우리에게는 낯설게 느껴지지만, 다미앙의 시대에는 이국적이면서도 중요한 역할을 했다.[5]

리스보아에 도착한 상품이 전부 유럽인의 취향에 맞게 변형하고 가공할 수 있는 원자재 형태였던 것은 아니었다. 다미앙이 작성한 목록에는 완제품도 많았다. 브라질과 카나리아 제도 사람들이 깃털로 만든 망토와 두건, 서아프리카에서 온 종려 섬유를 짜서 지은 매력적인 옷, 인도와 중국에서 금과 은으로 만든 그릇뿐만 아니라 중국 도자기도 있었다. 다미앙은 이 도자기들이 조가비 가루로 만들어졌고 땅속에 80-100년 동안 묻혀서 숙성되는 과정을 거쳤으리라고 믿었다. 따라서 이국에서 오랜 시간이 걸려 만들어진 이 놀라운 제품이 1점에 금화 50이나 60, 심지어 100두카트에 팔린 것도 놀랄 일은 아니었다. 저렴한 도자기들도 다양해서, 부유한 가정에서는 도자기를 일상 용품으로 사용했다. 다미앙은 궁정에 들어온 지 얼마 지나지 않았을 때 보았던, 콩고 왕국에서 보내온 나무껍질 옷감을 감탄하며 회상하기도 했다. 이 옷감은 코앞에서 들여다보지 않는 한 비단과 거의 구별할 수 없었다고 한다. 다미앙은 어린 시절에 국왕의 의복을 담당하는 시동으로 일했던 덕분에 전 세계에서 온 가장 특이한 물건들 중 몇몇을 맡아서 관리했다. 가령 페르시아의 샤(황제) 이스마일 1세가 보낸 거대한 펠트 터번이 그랬다. 아마도 베냉과 시에라리온에서 도착한 상아가 가장 훌륭한 보물이었을 것이다. 상아로 만든 그릇과 조각품이 워낙 예술적으로 뛰어난 탓에, 다미앙은 목록을 나열하던 것을 잠시 멈추고 이 작품들을 언급했다. 이들 서아프리카 미술의 걸작 가운데 수십 점은 지금까지도 살아남아서 세계 각지의 박물관에 흩어져 있다. 이들 작품에는 유럽과의 첫 만남이 생생하게 묘사되어 있다. 상아로 만든 소금 통과 "뿔피리"—코끼리 상아로 만든 수렵용 나팔—의 측면에는 베냉 예술가의 눈으로 본 포르투갈인의 얼굴이 담겨 있다. 툭 튀어나온 눈에 삽 모양 수염과 매부리코를 하고서, 괴성을 지르는 말과 마치 잡종 짐승처럼 한 몸으로 붙어 있는 모습이다. 이들의 몸은 쇠사슬로 만든 갑옷과 두꺼운 양단, 주름 깃, 투구, 목걸이로 싸여 있고, 전 세계에서 수집한 물건들을 낯선 동물에 싣고 운반하고 있다.[6]

리스보아 선창에 도착한 것들 가운데는 살아 있는 것들도 많았다. 향신료, 가공품과 함께 배에 실려 와서, 다미앙이 정성껏 작성한 목록에 이름을 올린 동물들에는 앵무새와 짧은꼬리원숭이, 담비도 있었다. 그가 젊었을 때만 해도 리스보아에는 코끼리 대여섯 마리와 코뿔소 한 마리도 있었다. 훗날 그는 연대기에 이들 동물에 관한 이야기를 장문으로 늘어놓는다. 장장 6쪽을 수천 단어로 꽉꽉 채워서 코끼리의 지능을 설명하기도 한다. 그가 가장 길게 서술한 내용은 1515년 미나 세관과 인도 세

다음 쪽 : 알브레히트 뒤러의 「코뿔소」. 다미앙이 1515년 리스보아에서 목격한 코뿔소의 사후 초상화이다.

RHINOCERVS

관의 맞은편에 있는 히베이라 광장에서 일어난 사건이다. 아주 오래 전부터 전해져 내려오던 이야기, 즉 코뿔소와 코끼리가 숙적이라는 주장을 시험하고자 광장에 특별 경기장을 건설한 것이 발단이었다. 코뿔소와 코끼리를 원형 경기장 안에 같이 집어넣자, 코뿔소는 묶여 있던 사슬을 당기면서 앞으로 밀고 나갔다. 그러면서 코끼리의 냄새를 맡으려고 콧구멍으로 다급하게 숨을 몰아쉬며 건초와 먼지를 일으켰다. 코끼리는 코뿔소를 외면하다가, 코뿔소가 다가오자 그쪽으로 몸을 돌려 코로 경고음을 날렸다. 이 소리를 들은 청중은 공격 신호라고 생각했다. 그러나 코뿔소가 코끼리 배에 바짝 다가오자 코끼리는 기겁하더니 금속으로 만든 문의 촘촘한 빗장을 휘어버린 뒤, 둑을 따라 강변에 있는 집들 쪽으로 달아났다. 코끼리 등에 올라타서 부리던 사람은 어안이 벙벙한 상태로 홀로 남겨졌는데, 코끼리가 달아나는 와중에 머리가 깨져서 죽지 않은 것만으로도 다행이었다. 코끼리는 후퇴하는 군대처럼 큰 혼란을 일으키면서 그곳에서부터 내륙으로 향하는 이스타우스 거리로 들어섰다. 그 거리는 코끼리가 이스타우스 고성 근처에 있는 방목장, 즉 자기 집으로 돌아가는 길이었다. 이것으로 보아 코끼리는 집으로 가는 길을 알았던 것 같다.[7]

　다미앙이 세세하게 작성한 그날의 기록에서 주목할 만한 부분은 그가 코끼리의 행동과 소리에서 의미를 읽어내려고 했다는 점이다. 그는 마치 사람을 대하듯이 코끼리가 그렇게 행동한 동기가 무엇인지 상상했다. 코끼리에게서 자랑스럽게 도전하는 전사의 모습과 공포의 순간에 집으로 돌아가고 싶은 욕구를 떠올린 것이다. 다미앙은 훗날 포르투갈 국왕의 영예로운 업적을 연대순으로 기록하는 동안, 기록물 보관소에서 생소한 존재들을 훨씬 더 많이 접하게 되었다. 그럴 때마다 그는 이와 같은 독특한 충동, 즉 인간의 범주를 넓히려는 반사적인 욕구를 종종 실현했다. 그러나 이런 충동은 같은 시기의 강력한 동향과는 상반되는 것이었다. 즉, 이 시기에는 자기만의 본성을 지닌 생명체로만 인도적인 대접을 받을 자격을 제한하려는 욕구가 대세였다. 반면에 앞에서도 보았듯이 다미앙에게는 바다의 사람이나 코끼리도 사람인 양 상상하는 비범한 능력이 있었다. 그는 자기 자신과 똑같은 조건으로 이들도 이해할 수 있다고 생각했다. 이런 그가 리스보아 선창에서 이루어지던 거래들 중에 하나를 그의 수입품 목록에서 단 몇 단어로만 언급하고 지나쳤다는 사실이 더더욱 비통하게 와닿는다. 바로 노예 거래 말이다. 당시의 한 외국인 방문자는 포르투갈 도시의 거리 곳곳이 백인만큼 흑인도 많아서 마치 체스판처럼 보인다고 평했다. 그중에는 자유인도 있었지만 대부분은 노예였다. 다미앙의 기록에는 마우레타니아와 인도, 브라질 출신의 노예에 더해서 매년 나이지리아로부터 1만-2만 명의 노예가 도착했다고 쓰여 있다. 그는 이들이 한 사람당 금화 10, 20, 40, 50두카트에 팔린다고 적었다. 그러나 같은 가격에 팔리던 중국산 도자기 이야기를 할 때보다 더 감정을 싣지는 않았다. 사실 이런 노예 무역과 포르투갈의 부의 바탕이 된 또다른 "검은 금", 즉 후추 무역은 거의 비슷하게 취급되었다. 이들 교역권은 국왕에게만 있었다. 매년 2,000톤의 후추로 금화 100만 두카트 이상을 벌어들였고, 1만2,000명의 노예로 그 절반에 조금 못 미치는 수익을 냈다. 당시 이곳을 찾은 어느 외국인에 따르면, 노예들 중에 해외에서 임신한 임부가 있으면, 태중의 아이는 아이 아버지가 아니라 그 임신한 노예를 산 주인의 것이 되었다고 한다. 또한 남자 노예들은 선창을 따라 달리기 경주를 시켜서 얼마나 건강한지 확인했다고 한다. 그러나 이 모든 것에 대해서 다미앙은 침묵했다. 그가 이렇게 입을 굳게 다물었다는 사실이 특히나 놀라운 이유가 있다. 그의 일생을 보면 알 수 있듯이, 그는 유럽의 지평을 넓히는 것이 인간애의 의미를 확장하는 경이로운 일이라고 생각한 소수의 사람들 중 한 명이었기 때문이다. 이런 시각 때문에 그는 모든 차이를 위협으로 느끼던 사람들의 반대편에 서는 위험을 감수하기도 했다. 다미앙 자신도 노예를 부렸다고 추정할 만한 증거는 없지만, 그 역시 당대의 사람들이 대부분 그랬듯이 비극적인 미로 속에서 살았다. 그곳에서는 제아무리 통 큰 도덕적 상상력을 지녔더라도 가까운 곳에서 벌어지는 비인간적인 행위는 눈에 들어오지 않았다.[8]

노예제도의 갖가지 참상 가운데, 노예로 팔려온 사람들에게 강요되던 침묵은 아마도 상당히 가혹한 형벌이었을 것이다. 이들 대다수는 포르투갈어를 할 줄 모르는 상태로 왔고, 글을 읽을 줄 아는 사람은 더더욱 없었다. 당연한 일이지만 노예제도는 이런 상황을 웬만하면 유지하려고 했고, 이를 위해서 노예는 학습 능력이 없다는 신념을 지속시키려는 노력도 기울였다. 1530년대에 포르투갈에 온 네덜란드의 인문학자 니콜라스 클레나르두스는 "에티오피아" 노예 두 명을 획득한 뒤 이들에게 라틴어를 가르쳤다. 그가 이렇게 한 이유는 하나였다. 아무것도 가르칠 수 없다고 생각되던 사람들을 훈련시킴으로써 자신의 기적적인 교육 능력을 증명하기 위해서였을 뿐이다. 그러나 기독교가 지배하는 유럽 너머 저편에서 온 모든 사람들이 노예였다는 주장은 사실과 크게 달랐다. 다미앙의 여러 글에 흩어져 있는 그의 초창기 기억 중에는 그가 리스보아에서 만난 세계에 관한 기록과 함께 여행하면서 만난 사람들에 관한 기록이 남아 있다. 그중에는 인도의 브라만, 아르메니아인, 중국인 통역가, 모로코인, "코제베키"(크와자 벡Khwaja Beg)라고 불린, 호르무즈 해협에서 온 상인, 향수병을 앓는 콩고 왕위 계승자, 에티오피아의 사제도 있다. 다미앙이 시동으로 궁정에 들어온 지 몇 년 지나지 않았을 때의 일이다. 어느 브라질 나무 상인이 배를 타고 대서양을 건너온 남자 세 명을 왕에게 소개할 때, 다미앙은 코끼리 우리 근처에 있었다. 이들 투피남바(브라질의 여러 투피족들 가운데 하나/역자) 사람들의 모습을 보자, 그들이 사는 세계가 어떤지 생생하게 그려졌다. 그들은 인도 세관에서 판매하던 깃털 옷과 똑같은 옷을 입고 있었다. 그들의 입술과 코, 귀에는 뼈와 호박과 유사한 수지로 만든 펜던트, 보석이 달려 있었다. 이것은 동시대 화가인 그랑 바스쿠가 그린 「동방박사의 경배」에서 볼 수 있는 것과 같은 위엄 있는 왕위의 상징물이었다. 이 그림에 포착된 투피남바 출신 "발타자르 왕"은 유럽인이 최초로 묘사한 남아메리카인이다. 다미앙이 목격한 남자들은 모두 브라질 나무로 만든 활과 속이 빈 줄기로 만든 대에 깃털로 만든 깃과 물고기 뼈로 된 화살촉을 단 화살을 가지고 있었다. 그들은 모두 이 무기의 달인이었다. 그런데 투피남바족과 과라니족들 사이에 전해지는 새로운 신화에 따르면, 활은 돌이킬 수 없는 치명적인 선택이었다. 신들로부터 무기를 선택할 기회를 얻었을 때, 그들은 가볍다는 이유로 철제 무기보다 목제 무기를 선택했다. 그런데 이로써 그들을 불행으로 몰아넣을 동력을 유럽인에게 넘겨준 셈이 되었다. 포르투갈 국왕은 통역을 통해 이야기하면서 그들의 기술을 보여달라고 요청했다. 그러자 그들은 별일 아니라는 듯 강물 위로 떠내려가는, 손바닥보다 크지 않은 코르크 조각을 겨누더니 한 차례 실수도 없이 각자 차례로 목표물을 명중시켰다. 투피남바족은 유럽인에게 크게 감명받지 않았던 것 같다. 그들은 왜 어떤 사람들(또는 그들의 표현대로 "절반")은 극빈한데, 나머지 "절반"은 가진 것이 너무 많은지, 왜 어른이 어린 왕자 앞에서 자신을 낮추는지 도무지 이해할 수 없었다. 이렇게 투피남바족과 조우하고 거의 정확히 1년 후에 다미앙은 에티오피아에서 온 대사의 환영식을 같은 장소에서 목격했다. 마테우스라는 이름의 그 대사는 아랍어와 페르시아어로 된 서한과 성스러운 유물이 든 황금 상자를 가져왔다. 이들 서한은 이와 비슷한 또다른 서한들과 마찬가지로 당연히 왕립 기록물 보관소가 있는 톰부 탑으로 보내졌다. 이로써 다른 세상의 목소리들과 함께 왕립 기록물 보관소에 침투하여, 적합한 청취자가 나타날 때까지 그곳에서 잠들어 있었다.[9]

처음으로 자기 목소리를 문자 기록으로 남긴 사람이 포르투갈을 찾은 외국인만은 아니었다. 인문주의의 확산으로 읽고 쓸 줄 아는 사람이 크게 증가하면서, 이 기술은 성직과 분리되었다. 읽고 쓸 줄 아는 사람들은 입신양명의 기회를 얻게 되었다. 많은 이들에게 이런 상황은 한편으로 좋기도 하고 다른 한편으로 나쁘기도 했다. 읽고 쓸 줄 아는 능력의 사회적 중요성이 점차 커졌지만, 이런 능력이 교육받은 남성을 위한 충분한 숙련된 일자리로 즉각 이어진 것은 아니었다. 다미앙은 리스보아를 묘사한 글에 매우 다양한 직업들을 기록했다. 아마도 가장 흥미로운 직업은 펠로리뉴 벨류Pelourinho Velho(낡은 형틀 광장) 한가운데에서 책상을 앞에 두고 앉아 있는 일일 것이다. 길거리에 사무실을 차린다는 것이 영 생소하지만, 그것 말고는 이 남자들은 여느 공증인이나 사무원과 다름없어 보인다. 다만 이들에게는 공식 직함이 없다. 그 대신 이들이 밥벌이하는 방법은 간단하다. 고객이 상세하게 들려주는 이야기를 경청한 다음, 글을 쓸 줄 모르는 고객을 위해서 그 이야기를 문서 형식으로 만들어주면 된다. (다미앙이 작성한 광범위한 목록에 따르면) 상업 통신문, 연애편지, 기도문, 찬양이나 비난을 위한 연설문, 추도사, 탄원서, 청원서, 시, 쓸데없는 사색 등 받아적을 수 있는 각양각색의 것을 글로 써주는 일이다. 써야 하는 글마다 필경사가 적절한 문체로 써준다. 이 길거리 글쟁이들이 자신과 다른 사람들을 위해서 생산해낸 이런 글들은 실제로 공문서 및 법령의 세계와 평행우주를 이루는 세계를 만들었다. 즉, 대중의 삶을 담은 기록물을 보관하는 곳이 된 것이다. 여기에는 다미앙이 기록하려고 애썼던 안내서들보다 훨씬 더 혼란스러운 리스보아의 모습이 포착되어 있다.[10]

리스보아라는 도시의 절반을 차지하는 이 대중의 세계에서 작성된, 가장 상세하고도 방탕한 내용의 몇몇 글들은 아주 최근까지도 악명 높던 트롱쿠 감옥에 투옥된 청년의 펜 끝에서 나왔다. 호시우 광장의 토두스-우스-산투스 병원 근처에 있는 이 감옥은 리스보아라는 도시의 그늘진 곳 가운데 하나였다. 다미앙이 작성한 포르투갈 수도의 빛나는 초상화에는 이곳에 대한 언급이 생략되어 있다. 이 글을 쓴 저자는 고등 교육을 받은 심히 냉소적인 인물이었다. 그는 비록 한쪽 눈을 잃었지만, 훗날 포르투갈의 국민 시인으로 등극한다.

3

연기의 집

바스쿠 다 가마의 인도 항해기를 노래한 서사시 『루지아다스Os Lusíadas』,
일명 "포르투갈인의 노래"라고 불리는 이 작품은 포르투갈 혈통의 시조
라는 신화 속 인물 루주Luso(디오니소스 신의 아들로 알려져 있다/역자)에
서 출발하여 포르투갈인의 자취를 따라가는 애국적 서사시이다. 이 시에
서 루이스 바스 드 카몽이스는 마치 잘 알고 있는 것처럼 투옥 생활을 생
생하게 묘사했다.

윤을 낸 금속이나
밝은 크리스털 거울에 반사된 빛,
그 빛줄기들은 붙잡혀
다른 곳으로 보내지네,
안에 갇혀 지내는 지루한
한 청년의 손놀림으로

벽과 지붕을 가로지르네,

떨며 동요하며.

　카몽이스는 사는 동안 여러 차례 감옥에 갇혔다. 그래서 이 구절이 리스보아의 트롱쿠 감옥을 생각하며 쓴 것이라고 확신할 수는 없다. 그러나 1552년과 1553년의 수개월의 형기를 채우면서 겪었던 경험이 많이 녹아 있는 것은 확실하다. 트롱쿠 감옥은 리스보아의 두 언덕 사이 움푹 꺼진 곳에 있어서, 창밖으로는 가정집 테라스가 층층이 펼쳐졌을 것이다. 그렇게 눈앞에 보이는 테라스들 사이로 그의 생각이 쏜살같이 달렸으리라. 그리고 당시 궁지에 몰려 있던 그의 불확실한 처지 때문에 잠 못 이루던 불안한 마음도 말이다.[1]

　카몽이스는 1552년 6월 16일 성체 성혈 대축일에 길거리에서 벌어진 싸움에 휘말려 체포되었다. 세 남자가 궁정 신하로 일하던 보르즈스라는 자를 폭행한 죄로 고발되었는데, 그도 그중 1명이었다. 당시에 진범을 결국 제대로 가려냈는지는 모르지만, 이런 일이 영 그답지 않은 것은 아니었다. 정확히 8일 후에 또다른 폭행 혐의로 그에게 두 번째 영장이 발부되었다. 이번에는 부유한 신사를 폭행하는 데에 가담한 18명 중 1명이었다. 카몽이스는 시골에 사는 한 친구에게 편지를 보내서 그 친구의 이름이 지명수배자 명단 상단에 올라가 있다고 경고했다. 그러나 이 사건의 주범은 신원이 확인되지 않은 주앙 드 멜루라는 "철학자"였다. 이 편지에서 카몽이스는 사건에 연루되었음을 인정하지는 않지만, 그렇다고 부인하지도 않는다. 아예 크게 개의치 않는 듯 보인다. 편지에서는 대체로 상습범의 느낌이 묻어났다. 그들이 유력한 용의자 무리로 몰린 이유도 아마 그들이 확연히 수상했기 때문일 것이다.[2]

이 편지와 그보다 몇 달 전 같은 익명의 친구에게 보낸 또 한 통의 편지는 리스보아의 취약한 이면을 잘 보여준다. 이들 편지를 보면 다미앙이 상업의 중심지로 묘사했던 바로 그 도시가 사뭇 다르게 느껴진다. 이곳은 빈둥거리는 젊은 백수들의 도시였다. 이들은 최신 유행으로 단장하고서 사랑 또는 말썽거리를 찾아다녔다. 덕분에 포주에게는 손쉬운 먹잇감이었다. 포주들은 이들을 감언이설로 속여서 이들이 눈여겨보던 여성과 조만간 만나게 해주겠다고 약속했다. 그러면서 조금만 시간을 더 달라, 조금만 비용을 더 내라 하는 식으로 나왔다. 그러면 다른 도리가 없었다. 이런 게임에서 인색하게 굴 수는 없지 않은가! 이들 같은 유형은 멀리서도 쉽게 알아볼 수 있었다. 검에 몸을 기댄 채, 모자를 깊이 눌러써서 눈을 숨기고, 짧은 망토와 가랑이가 긴 바지를 입었다. 걸음걸이에서는 모종의 허세가 느껴졌고, 가만히 있을 때에도 특유의 느낌이 있었다. 빛을 받으면 반짝이는 작은 금장식을 단 칼집을 찼고, 위협적으로 느껴질 만큼 과묵한 모습을 과시하기 위해서 연애 시인 보스칸의 시집을 소매 속에 넣고 다녔다. 적어도 카몽이스의 시각에서는 이 게임에서 여성도 어느 모로 보나 남성만큼 비중 있는 역할을 했다. 이런 무리에 속하는 여성의 남편은 언제나 리스보아에 없었다. 아마도 카보 베르데 제도에 나가 있거나 어쩌면 어디인가에서 죽었을 수도 있다. 놀랍게도 이들은 신앙심이 깊어서, 늘 도미니코회나 예수회 수도원으로 가서 고해성사를 했다. 세상에서 가장 아름다운 트로이의 헬레네처럼 매력적이었지만, 검은 상복을 입고 손에는 묵주를 들고 다녔다. 그러면서도 꼭 엉덩이를 흔들며 걸어 다녔다. 카몽이스는 이들이 겉에는 칙칙한 상복을 입고 있지만, 그 속에는 구할 수 있는 가장 매혹적인 옷을 입고 있다는 사실을 알고 있었다. 카몽이스에 따르면, 이런 여성들에게 멋진 말이나 특정한 스타일을 내세

위서는 마음을 얻을 수 없었다. 오로지 크루자두 금화만이 효과가 있었다. 그리고 이들과 다리를 놓아주는 것은 포주가 아니라, 이들의 기도를 도와주는 수도사나 수사, 사제였다. 기도의 내용은 남편이 금세 돌아오지 않게 해달라는 것이었다. 카몽이스에 의하면, 고해소는 이들이 온갖 볼 일을 다 마칠 수 있도록 충분한 여가 시간을 제공했다.[3]

이 같은 어리석은 게임은 냉소적인 사람들의 취향에는 맞지 않았다. 카몽이스 그리고 그와 편지로 비밀을 공유했던 절친한 친구는 사랑의 금전적인 측면을 공개적으로 다루는 것을 선호했다. 시인 카몽이스는 주로 친구에게 리스보아 매춘부들―남편이 국가에서 추방되어 행방불명된 것이 확실한 여성들―에 관한 최신 소식을 전하기 위해서 편지를 보냈다. 그는 편지에 이렇게 적었다. 어떤 사람들은 이런 여자와는 돈 주고 빨리 본론에 들어가기만 하면 된다, 다른 오해의 소지는 없다고 이야기할 테지. 그러나 카몽이스의 생각은 달랐다. 그는 여러 가지 면에서 그들도 마찬가지로 나쁘다고 생각했다. 그들은 순진한 눈에 우유처럼 고운 피부를 지닌 채, 절대 밖으로 나가지 않아서 인어처럼 매끄럽다. 물론 풀밭에서는 뱀을 조심해야 하듯이, 그들로부터 뒤통수를 맞지 않게 조심하게. 어떤 사람들은 이런 여자들이 손님뿐만 아니라 포주에게도 바가지를 씌운다고들 했다. 그러나 카몽이스는 포주들이 자기 앞가림을 잘한다고 생각했다.

이처럼 카몽이스가 편지에서 그려낸 세상의 모습은 야만스럽고 무자비하며, 때로는 그 수위가 참을 수 없을 정도일 때도 있다. 그는 리스보아의 암살자들을 이야기하며 친구와 농담을 주고받는다. 수수께끼처럼 알 수 없는 말도 한다. 암살자들이 마멀레이드 사탕과 찬물이 담긴 주전자로 사례비를 받았다고 말이다. 아마도 이 말은 도둑들 세계에서 쓰던 은어인 듯한데, 시간이 지나면서 그 뜻을 알 수 없게 된 것으로 보인다. 또한 카몽이스는 친구가 특히 좋아했던 마리아 칼데이라라는 매춘부가 남편의 손에 죽임을 당했고, 얼마 후 그녀의 친구 베아트리스 다 모타 역시 그 뒤를 따랐다는 소식도 전한다. 안토니아 브라스라는 여자는 스페인인과의 분쟁에 말려들어서 항구에 정박한 그들의 배로 끌려가 몰매를 맞았다고 한다. 그녀의 보호자이자 포주로 보이는 자는 손을 놓고 있었는데, 이는 최소한 그녀가 포주를 당장에 해고할 수 있었다는 의미이다. 버림받은 이 여성들은 세상의 폭력을 꿋꿋이 버텨냈으며, 그럼에도 (카몽이스에 따르면) 이 도시가 보유한 최고의 가수이자 무용가였다. 이들은 궁중의 전속 가수보다도 뛰어날 정도로 균형 있고 흠잡을 데 없는 실력의 소유자였다. 울부짖음과 멜로디 사이의 고통스러운 어느 지점에 있는 목소리로 노래하는, 음반 시대의 파두fado 가수들의 조상 격으로 보면 된다. 편지에서는 냉정함이 느껴지지만, (이제 20대 중반이 된) 젊은 카몽이스는 묘사한 것만큼 모진 인물은 아니었을 것이다. 감옥에 가기 전에 쓴 두 번째 편지의 끝부분을 보면, 그 역시 스페인인들의 폭행에서 살아남은 안토니아 브라스에게 집착했음을 알 수 있다. 아무래도 이 여성이 자기 몸을 걸고 그와 내기를 했고, 이 소년이 이기면 상으로 몸을 허락하겠다며 그를 가지고 놀았던 것으로 보인다. 짐작건대, 이는 당장에는 돈이 없지만 나중에는 돈이 생길 것 같은 청년이 사랑의 열병에 걸렸을 때 그 청년에게 써먹는 오래된 수법이었을 것이다. 그는 내기에서 졌고, 그녀가 자신을 속였다고 했다. 그는 쓰라린 마음을 안은 채, 머지않아 그녀를 자기 것으로 만들 묘안을 궁리하고 있었다.

이 여성들이 늘 폭력에 시달렸으리라는 점에는 거의 의심의 여지가 없다. 그런데 유독 그해 여름에는 상황이 더 나빴던 듯하다. 여성들 한 무리가 안전하게 살며 일할 집을 마련했다. 카몽이스에 따르면 이 집은 그곳에서 들리는 수많은 언어들의 무게에 짓눌려 신음하는, 현실 속의 바벨 탑이었다. 이곳에서는 언제든 이슬람교도, 유대인, 카스티야인, 레온 출신 남자, 수사, 사제, 유부남, 독신남, 청년, 노인을 만날 수 있었다. 성요한 세례자 탄생 대축일 밤 폭행 사건의 주범인 바로 그 주앙 드 멜루는 이곳을 또다른 이름, "때리는 수용소"라고 불렀다. 이 이름은 무슨 뜻인지 이해하기 힘든 농담 섞인 말이므로 그냥 두는 편이 낫지만, 그곳에 (안토니아 브라스를 포함해) 조금씩 고통을 주는 것을 좋아했던 세 명의 여성과 기꺼이 고통을 받아들이는 한 사람이 있었다는 사실과 관계가 있는 듯하다. 카몽이스는 이곳에 그만의 이름을 붙였다. 성매매 고객으로서 어떤 식으로든 처벌을 받을 것이 확실했기 때문에 "지하 감옥"과 비슷한 의미로 그는 이 임시 피난처를 바로 파고다pagoda, 즉 쾌락주의자들의 열광적인 꿈을 능가하는 사원이라고 불렀다. 흥미롭게도 그가 사용한 이 말레이어 단어는 훗날 포르투갈인이 인도와 동아시아에 있는 예배 장소를 일괄해서 부르는 말로 사용되었다. 실제로 카몽이스는 이 시점에는 파고다라는 것을 두 눈으로 직접 보지 못했으나, 이로부터 오래지 않아 실제로 보게 된다.[4]

카몽이스가 바벨 탑의 고객으로 무어인과 유대인을 언급한 것은 전혀 놀랄 일이 아니다. 비록 이름은 모두 기독교식이었지만, 유대 가정과 이슬람 가정에서 태어난 부모를 둔 사람들은 여전히 매우 많았다. 그래서 이들이 개종한 종교를 입으로만 믿는다는 의심이 팽배했다. 다미앙이 근무했던 상 조르즈 성과 카몽이스가 갇혔던 감옥 사이에 있는 지역 전체가 모라리아(무어인의 거주지)였다. 이곳은 1147년에 포르투갈인들이 이 도시를 정복한 후에도 이슬람교도들에게 남겨져서 그 이후로 계속해서 대부분 그들의 거주지가 되었다. 물론 거주민 중에는 카몽이스의 부모처럼 기독교인도 있었다. 이런 개종자의 삶은 불안정했으며 한때 매우 관용적이던 접촉이 최근 수십 년간 상당히 많이 반전되었다. 1492년 그라나다의 마지막 이슬람 왕국이 무너진 후에 스페인에서 추방된 모든 유대인에게 포르투갈 국왕은 처음에는 문을 활짝 열어주었다. 그러나 얼마 지나지 않아 스페인의 압력에 굴복하고 말았다. 스페인의 가톨릭 군주 페르난도 2세와 이사벨 1세는 종말론적 신념으로 이베리아 반도를 정화하는 데에 열중했다. 그렇게 하면 스페인의 지배 아래 보편적인 기독교 제국의 시대가 열리리라고 믿었다. 유대인에게는 두 가지 선택지가 주어졌다. (다미앙의 표현처럼) 안식처와 목자 없는 민족으로서 떠나거나, 아니면 개종해서 그대로 머무는 길이었다. 반면 이슬람교도는 대규모로 추방되었다. 포르투갈 왕실에는 이런 조치에 반대하는 사람들도 있었다. (확실히 말하자면) 유대인이―비축하고 있다고 믿던 돈은 물론이고―총과 폭발물에 관한 지식을 이슬람 적들에게 넘길 것을 두려워했기 때문이다. 또한 이슬람 왕국들이 이집트와 시리아 등지에서 살던 기독교인들에게 그들이 했던 것과 똑같은 방식으로 보복할 것이 겁났기 때문이다. 개종해서 머물기로 선택한(혹은 강요받은) 유대인들의 문제는 그것으로 끝나지 않았다. 이들은 크리스탕스 벨류Cristãos Velho(오래된 기독교인)들에게 속수무책으로 휘둘리면서, 문제가 생길 때마다 손쉬운 희생양이 되었다. 이 과정에서 많은 어린아이가 떠나는 가족과 헤어졌고, 훗날 이들은 부모가 사라지는 모습을 지켜보아야 했던 그 암울한 해변을 떠올리게 하는 이름인 우스 다레아os d'area, 즉 "모래사장의 사람들"이라고 불렸다.[5]

그렇다고 새로운 기독교인들이 멀리 떨어진 곳에서 살았다는 것은 아니다. 이들이 바벨 탑을 드나들었다는 점만 보아도 그렇게 추정된다. 이들에게 떠나라고 말하는 것이 간단한 문제였다는 뜻도 아니다. 카몽이스가 난폭하면서도 재치 있게 주앙 드 멜루—흔한 이름이다—라고 불렀던 자의 신원은 확실히 밝혀지지 않았다. 그러나 그 후보들 가운데에 흥미를 끄는 사람이 있다. 그 당시에 카몽이스의 이웃 동네인 모라리아에 살았던 인물이다. 그는 제노바에서 태어나면서 "주앙"(또는 이탈리아어이므로 오히려 "조반니")이라고 불렸다. 그러나 네 살 때 튀르크 선박에 포획되어 이스탄불로 갔고, 그곳에서 할례를 받아 "마스타파"라는 새로운 이름을 얻었다. "유대인 시난"이라는 이름의 선장이 그를 노예로 삼아 키웠다. 이 선장이 그를 메카와 제다로 데리고 갔다. 그곳에서 그는 배를 타고 코지코드(캘리컷)로 가서 1년 동안 자모린(인도 남부 코지코드 왕국의 군주/역자)을 섬겼다. 그후 기독교인들이 장악한 찰리얌으로 갔다. 바로 이곳에서 그는 자신이 기독교인이라고 선언하고, 예전의 이름으로 다시 세례를 받았다. 이때, 근처 칸누르 요새의 사령관이던 후이 드 멜루가 그의 대부가 되면서 그에게 새로운 성姓이 주어졌다. 그후 마스타파 혹은 주앙은 선원이 되어 코친(코치)으로, 고아로 항해를 떠났다. 그는 이렇게 인도의 한 항구에서 다른 항구로 옮겨 다니다가 종국에는 포르투갈로 가는 선단에 승선했다. 우리가 이 모든 내용을 파악하고 있는 데에는 다 이유가 있다. 인도에 머물던 시기의 어느 시점에 다시 이슬람교에 끌렸던 그가 카몽이스의 편지에 등장한 사건들이 벌어지고 수년 후, 다른 몇몇 사람들과 함께 한밤중에 북아프리카로 달아나 무어인으로 전향하려고 시도했다가 실패하면서 종교재판에 소환되었기 때문이다. 재판관들은 출생지에 따르면 제노바인이면서도 **국적은 튀르크인**인 이 남자에 대해서 상세한 기록을 남겼다. 아마도 그는 세례를 받은 다른 이슬람교도들과 모라리아에서 어울렸던 것 같다. 그들 중에 한 명이 『쿠란*Quran*』에 나오는 아랍어 몇 마디를 가르치면서 다른 사람들을 재개종하도록 이끄는 역할을 했던 것으로 보인다. 측은하게도 그들 누구도 이슬람교의 관습은 몰랐고, 이슬람교 관습을 그저 이미 그들과 거리를 두던 도시로부터 자신들의 다름을 부각하는 방법으로밖에 생각하지 않았던 것 같다. 회합 때에는 기이한 혼종 같은 의례를 올렸다. 우두머리가 한 명 한 명에게 차례로 빵을 한 조각씩 나누어주는 기독교식 의례를 행하면서도, 입으로는 비스밀라bismillah("신의 이름으로"라는 의미의 아랍어/역자)라고 말함으로써 이것이 기독교의 미사가 아니라 다른 신 알라에게 바치는 의식임을 분명히 했다. 산전수전 다 겪으며 닳고 닳은 이 남자는 카몽이스의 친구가 아닐 수도 있다. 카몽이스가 이 주앙 드 멜루의 종교적 신념을 알고서도 그를 "철학자"라고 부른 이유는 명확하지 않다. 그러나 이런 암흑가의 지하세계도 어느 모로 보나 리스보아 선창의 시장에서 거래된 상품들만큼 범세계적이고 다양했다는 사실이 중요하다.[6]

바벨 탑을 드나드는 사람들이 아무리 다양하고 관용적이라고 하더라도, 포르투갈 문화의 많은 부분은 여전히 원수 이슬람에 대한 증오로 가득했다. 앞에서 리스보아 길거리 싸움에 휘말렸던 떠돌이 무리 역시 전통에 따라 북아프리카로 보내져서 그곳에서 처음으로 이슬람교도들과 싸우는 법을 터득했다. 마찬가지로 카몽이스도 20대 초반에 같은 경험을 했다. 그가 주둔했던 세우타는 포르투갈이 지브롤터 해협 건너에서 차지한 최초의 발판이었다. 이곳은 711년 이슬람의 이베리아 침략 당시에는 중간 기항지였고, 또다른 침략 시도가 있었을 때에는 이에 맞서는 마지막 방어선이 되었다. 그러나 카몽이스가 주둔하던 시기에는 서부 마그레브 해안의 넓은 지역도 포르투갈이 지배했다. 포르투갈인들이 한 세기 반 동안 주둔한 뒤, 마그레브 지역은 현지 실력자들에 맞선 공격과 반격이 일상적으로 되풀이되었다. 이런 싸움은 가진 것 없는 사람들에게 자질을 발휘할 좋은 기회가 되었다. 영웅주의에는 빛의 세력과 어둠의 세력 사이의 총력전이라는 단순한 서사가 필요했다. 그러나 카몽이스는 얼마 지나지 않아, 가까운 곳에서 들여다보면 이런 서사를 발견하기가 더 힘들다는 사실을 알게 되었다. 사실 포르투갈의 무장 원정의 결과가 소를 약탈하는 정도에 그치는 경우도 많았다. 물론 병사들이 적을 해치는 과정에서 목숨을 잃는 경우도 때때로 있었다. 우박이 떨어져 작물을 망친 다음 녹아 없어지듯 말이다. 이제 포르투갈은 위협적인 침략에 맞서 본토를 수호하기보다는 서아프리카 무역의 중계 지점 역할을 하는 대서양 항구들을 안전하게 지키는 데에 노력을 집중했다. 16세기 초까지만 해도 포르투갈인들에게는 적어도 뚜렷한 적, 모로코 페스의 와타시드 왕조가 있었다. 그런데 와타시드 왕조는 이때부터 통치자들이 과도한 세계주의자일 뿐만 아니라 타락했다는 이유로 이슬람권의 도전에 직면하게 되었다. 7년간 포르투갈에 볼모로 붙잡혀 있어서 포르투갈어를 할 줄 알았던 술탄 무함마드 "알-부르투칼리"("포르투갈인"이라는 의미)가 대표적인 사례였다. 와타시드 왕조에 도전장을 던진 바누 사드, 즉 사드 왕조는 산과 사막으로 둘러싸인 모로코 남부 내륙에서 씨족 집단을 이끌고 있었다. 이들에게 영감을 준 수피파 신비주의자들과 마라브(성자)들은 북부 지방의 신심이 불순하다고 비난하면서, 저들이 이슬람에 기반을 두지 않은 것들에 너무 의존한다고 주장했다. 가령 호화로운 기도용 깔개와 묵주, 광적인 금욕기간과 과도한 황홀경이 특징인 신앙 생활 등이 비난의 대상이었다. 그들은 이 같은 혁신 때문에 와타시드 왕조가 포르투갈 침략자들의 도전에 맞서기에 부적합하다고 느꼈다. 나중에 살펴보겠지만, 같은 시기의 유럽노 사정은 마찬가지였다. 유럽인들 일부도 풍요로운 세계시장 때문에 기독교 국가들이 이슬람의 침범에 저항하는 능력이 약해지고 있다고 느꼈다. 이렇게 해서 포르투갈은 모로코에서 최소한 두 개의 서로 다른 이슬람 세력과 대적하게 되었다. 여기에 더해서, 포르투갈이 영유권을 주장하던 항구도시 바깥의 영토 중 상당 부분은 실제로는 이른바 모루스 드 파스Mouros de Paz, 즉 "평화로운 무어인들"이 지배하고 있었다. 이들 무어인들은 포르투갈의 주권을 인정했지만, 일상에서는 사실상 거의 독립을 유지했다.[7]

카몽이스가 세우타에 머물던 시절과 1552년에 체포되어 투옥되기 이전까지의 삶은 모호하고 확실하지 않다. 그가 투옥 기간에 쓴 듯한 편지 한 장과 젊은 시절의 경험을 은밀하게 언급하는 듯한 시가 여러 편 남아 있지만, 이런 흔적들은 훗날 신화화 작업으로 인해서 불분명해졌다. 심지어 그의 출생지가 어디인지도 확실하지 않다. 아마도 리스보아거나 그 외곽 지역일 것이다. 그래도 젊은 시절 한때에는 대학도시 코임브라에서 살았던 것으로 보인다. 그 시기에 그곳은 격동의 한가운데에 있었다. 얼마 전까지 포르투갈을 유럽 지성계와 연결하는 중심지 역할을 했던 곳이 이제는 열성적인 예수회와 겨루게 된 것이다. 1540년대 초, 바로 이곳에 이그나티우스 로욜라의 초창기 동료였던 시망 호드리게스가 예수회 포르투갈 지부를 설립했기 때문이다. 유럽 전역에서 초빙한 외국인 교수들이 세계주의적이며 타락한 가르침으로 이단을 전파한다는 혐의로 투옥되었다. 이렇게 뒤바뀐 흐름은 1545년 여름에 절정에 달했다. 시망 호드리게스는 예수회 수련 수사들을 시켜서, 밤이 깊어지기 시작하면 시내의 거리 곳곳을 미친 듯이 휩쓸고 다니면서 어둠 속에 종을 울리며 소리치게 했다. 대죄를 지은 자들의 앞에 지옥이 기다리고 있다고 말이다. 수련 수사들은 의도적으로 해진 옷을 입고 다니면서 동료 학생들이 수치심을 느끼게 했다. 남루한 옷차림은 그들이 이처럼 타락하고 부패한 세상과 거리를 두고 있다는 증거로 사용되었다. 심지어 일부 수사는 대학교 강의 시간에 사람의 두개골을 가져왔다. 그 자신도 속으로는 섬뜩함을 느꼈겠지만, 그는 이 두개골을 두 시간 내내 책상 위에 올려두었다. 모든 사람에게 다가오고 있는 죽음을 상기시키겠다는 의도였다.[8]

그 당시 예수회에서는 신앙을 전파하기 위해서 재능 있는 신입 회원들을 해외로 점점 더 많이 파견하고 있었다. 그러나 카몽이스는 소름 돋는 기괴한 행동을 하는 예수회에 뽑혀서 아프리카로 간 것이 아니었다. 그 대신, 그는 수중에 지닌 변변찮은 기회와 자원을 이용하여 지배층에 합류하려고 기를 쓰던 수많은 젊은이들과 같은 길을 갔다. 증거는 거의 없지만, 그가 한동안 기록물 보관소에서 다미앙 밑에서 일했을 것이라는 추측도 있다. 이것이 사실이라면 그의 글에서 다미앙의 글과 공통되는 부분이 보이는 이유가 조금은 설명된다. 우리가 아는 내용은 카몽이스가 몇몇 귀족가문의 세력권 안에 있으면서 이들에게 많은 시를 헌정했다는 사실이다. 그들이 뒤로 어떤 관계를 맺었는지는 불분명한 상태로 남아 있다. 그 이유는 어느 정도는 당대에 유행하던 궁정 시가 때문이기도 하다. 이 시기에는 주로 거절당한 연인의 비통함을 노래하는 애가 형태의 시들이 지어졌다. 그러나 시인의 진짜 바람은 자신의 수려한 표현력을 팔아서 일자리를 얻거나 최소한 입에 풀칠은 할 수 있게 돈벌이를 하는 것이었다. 카몽이스는 이 분야에서 이름을 떨치는 데에 실패한 뒤, 펜대신 검으로 무장한 채 해외로 나가 북아프리카에서 일했다. 그러나 이 선택이 그에게 더 큰 행운을 안겨주지는 않았다. 실제로 세우타에 머무는 동안 도리어 상황이 훨씬 더 나빠졌다. 현재 남아 있는, 그의 모습을 그린 그림들 을 보면 모두 오른쪽 눈이 없다. 아마도 세우타에 있을 때 그렇게 된 듯한데, 어떤 사정이 있었는지는 분명하지 않다.

어떤 상황이었든 간에 부상으로 용맹하다는 명성이라도 얻었으면 위로가 되었을 텐데, 그에게는 이런 기회도 찾아오지 않았다. 그 대신 상류 사회의 연애 놀음에 어울리지 않게 손상된 얼굴은 악마라거나 눈 없는 얼굴이라는 소리를 듣는 조롱의 대상이 되었다. 한때 치기 어린 허세를 부리던 시절도 있었지만, 그가 세우타에서 보낸 것으로 보이는 유일한 편지에서는 이런 허세가 사라졌음을 볼 수 있다. 편지에는 이렇게 적혀 있다. 영예라고 불리는 이 저주받은 것보다 육체로부터 영혼을 앗아가는 복수심은 없다. 이처럼 환상이 깨지고 얼마 지나지 않아 그는 리스보아에서 보낸 편지들을 쓴 장본인이 되어 방탕한 삶을 산다. 이제 그에게는 삶의 모든 열매가 신 포도가 되고 말았다.[9]

이렇게 나락으로 떨어진 순간, 카몽이스가 해외에서 영광을 얻겠다는 마음을 접은 바로 이때, 뒤이어 여러 사건들이 벌어지면서 그에게 유리한 상황이 조성된다. 1553년 3월 5일, 체포영장이 발부되고 8개월이 지난 후, 보르즈스라는 이름의 사내가 카몽이스에 대한 고소를 취하하면서 그에게 사면장이 발급되었다. 당당하게 무죄로 밝혀진 것은 아니었다. 카몽이스에게는 4,000레알의 벌금이 부과되었고, 최소 3년간 인도에서 포르투갈 국왕을 위해 봉사하라는 명령이 내려졌다. 사실, 그는 3년 전에 이미 인도 선단에 등록한 적이 있었다. 인도 세관의 당시 문서를 보면, 시망 바스 드 카몽이스와 아나 드 사의 아들인 스물다섯 살의 루이스 드 카몽이스가 상 페드루 호에 승선하기로 되어 있다. 그러나 이것은 세련된 부랑자의 또다른 속임수에 불과했던 것으로 보인다. 그는 국왕

이전 쪽 : 페르낭 고메스가 그린 말년의 루이스 드 카몽이스의 초상화. 1573-1575년 작품으로 추정된다.

의 병사가 된 다음, 선단이 리스보아를 떠나기도 전에 탈영했다. 그러나 이번에는 빠져나갈 구멍이 없었다. 포르투갈 선단은 탐험 초창기부터 데그레다두스degredados—좌천되거나 유배된 사람들—로 채워졌다. 이렇게 하면 유죄 선고를 받은 이 기결수들을 낯선 땅에 고립시킬 수 있었다. 이들은 유용한 정보를 고국으로 가져와서 자유를 얻거나 자유를 얻으려고 애쓰다가 죽었다. 카몽이스도 이들 가운데 한 사람이었는지는 분명하지 않지만—그는 귀족이라고 주장한 덕분에 모면했을 수도 있다—그에게 내려진 유배도 종국에는 마찬가지였다. 형 집행을 유예할 만한 무엇인가를 가지고 돌아와야만 추방이 취소될 수 있었다. 1553년 종려주일, 트롱쿠 감옥에서 풀려난 지 3주일 만에 리스보아는 카몽이스를 나라 밖으로 내보낸 뒤 문을 닫았다. 이로써 그는 너른 세상에 갇힌 죄수가 되었다. 전통에 따라, 그를 태운 선단은 리스보아에서 하류에 있는 강변 요새, 벨렝 탑에서 출발했다. 이 요새는 항구를 방위하는 동시에 해상 생활을 기념하기 위해서 세워졌다. 강어귀에 침몰한 것처럼 보이는 전함 모양의 석조 요새에는 항해를 연상시키는 모든 것—석제 밧줄, 석제 선실 창문, 석제 따개비—이 조각되어 있어서, 마치 바다에 속하는 성으로 착각할 정도였다.10

4

벽 속의 구멍, 계단 속의 공간

톰부 탑은 세상의 모든 정보가 흘러들어오는 중심지였지만, 외관만 보아서는 이런 사실을 알기 힘들었다. 이곳과 비견될 만한 베네치아 공화국의 기록물 보관소에는 80명에 달하는 고도로 훈련된 직원들이 일련의 밀실에서 일했다. 리스보아 기록물 보관소는 전체적으로 더 간소했다. 상 조르즈 성에 있는 작달막한 탑의 두 개 층을 사용했으며, 그 안에는 가구가 드문드문 비치되어 있었다. 목제 책상 두 개와 의자 두 개가 있었는데, 의자에는 딱딱한 느낌을 완화하기 위해서 수십 년 전에 낡은 모직물로 만든 방석이 놓여 있었다. 1549년 다미앙이 기록물 보관소 소장직에 임명되었을 때, 탑의 열쇠를 찾는 데에만도 상당한 노력이 필요했다. 마침내 탑 안으로 들어가자 그의 눈앞에는 완전히 엉망진창인 광경이 펼쳐졌다. 물론, 다미앙처럼 성의 경내에 거주하던 사람에게는 어쩌면 그리 놀라운 광경이 아니었을 수도 있다. 당시에 그는 카자 두 이스피리투 산투 예배당 지붕이 새고 있어서 고치지 않으면 곧 무너질 것 같다는 기록

을 남긴 적도 있다. 어쨌든 혹자들이 톰부 탑을 두고 거창하게 "도서관"이라고 부른 것은 희망 사항에 지나지 않았다. 물론 가장 중요한 증서들 일부가 다미앙의 지시로 수집되어 정교한 양피지 필사본으로 옮겨진 것은 사실이다. 필사본에는 당장에라도 노래를 부를 듯한 새들로 가득한 소용돌이 모양의 덤불을 섬세하게 묘사한 펜화들 사이에 왕국의 재산권에 관한 내용이 담겼다.

이런 레이투라 노바Leitura Nova(새로운 강독講讀) 장서들은 튼튼한 목제 벽장에 보관된 반면, 압도적으로 많은 문서들은 도저히 깔끔하게 정리할 수가 없었다. 이들 문서를 책으로 제본할 수 없었던 이유는 문서마다 일부러 모양을 다르게 했기 때문이다. 봉랍封蠟 처리를 한 문서가 많았고, 모양이 잘못된 것들도 있었으며, 어떤 문서는 심지어 종이나 양피지에 작성된 것이 아니었다. 낱장으로 된 문서들은 목제 벽장 대신 가베타(서랍)와 아르카arca—모세의 십계명이 새겨진 석판을 보관했던 "계약의 궤ark"에서 파생된 용어로 큰 가방이나 상자를 뜻한다—에 보관되었다. 그 안에는 전 세계에서 온 문서들이 예상 밖으로 많이 들어갔다. 톰부 탑에 소장된 초기 문서들 가운데에는 별나게 큰 철갑상어의 크기와 무게를 기록한 것도 있었는데, 이 철갑상어는 13세기에 현지 유대인 공동체의 우두머리가 왕에게 진상한 것이었다. 이외에도 오스만 제국의 일명 대제 술레이만 1세가 보낸 서한들도 있었다. 편지에 적힌 그의 투그라(서명)는 아랍어 글씨체의 선을 따라 고리처럼 둥글게 나온 모양에 멋진 금박을 입힌 것이 마치 황금에 담갔던 오징어처럼 생겼다. 수마트라의 바탁 왕국에서 보낸 종려잎 서한들도 있었고, 일본에 도착한 예수회 선교사들이

이전 쪽 : 15세기 말 문서 작업을 하는 모습. 부르봉 공작의 비서이자 번역가 장 미엘로.

Liuro das Ilhas

보내온 일본어 자모 필사본, 인도 말라바의 자모린들과 콩고 왕들이 보낸 서한들도 있었다. 대개 기록물 보관소의 목적은 합법적인 증서와 서한, 조약 등의 문서들을 보관하여 모든 분쟁의 중재자로서 국왕의 지위를 강화하는 것이었다. 그러나 이런 문서 작성을 담당한 사람들은 종종 혼란으로 가득하던 세상사를 배제하지 못하고 세상의 이야기와 그 경이로움, 감정 표현을 글에 담기도 했다. 레이투라 노바와 같은 관료적인 묵직한 책들마저도 점차 기이한 세상 이야기가 포함되는 것을 피하지 못했다. 다미앙은 특히 아주 멋들어진 『군도의 책*Livro das Ilhas*』에 해외의 모험담을 기록하기 시작했다. 이 책에는 후추와 사향고양이, 유니콘 무역을 민간인에게 금한다는 내용의 1461년 칙령을 다미앙이 언급하는 부분도 있다.[1]

그렇다면 이처럼 터무니없을 정도로 다양한 세상을 이해하려면 무엇부터 시작해야 했을까? 한 가지 방법은 그 당시 유럽에 알려진 모습 그대로 세상의 윤곽을 그린 다음, 그 틀 안에 무수히 많은 세세한 내용을 채우는 것이었다. 공문서들 중에는 세상의 지도를 글로 표현하려는 몇몇 미숙한 시도가 이미 있었다. 이런 문서들이 바로 포르투갈 최초의, 지구에 관한 단편적인 기록물이다. 이들 문서 작성자들은 지구의 일면을 목격한 뒤, 마르코 폴로나 니콜로 데 콘티 같은 중세 여행자들의 기록을 수정하고 갱신하고자 했다. 그중 하나가 두아르트 파셰쿠 페레이라가 쓴 『이즈메랄두 드 시투 오르비스*Esmeraldo de Situ Orbis*』이다. 페레이라는 포르투갈의 인도 원정대로 활약한 유명 참전용사이다. 그후에는 서아프리카

이전 쪽 : 『군도의 책』의 속표지. 레이투라 노바 중의 한 권으로, 포르투갈의 해외영토를 다룬다.

상 조르즈 다 미나에 있는 포르투갈 주요 요새의 지휘관으로도 활약했다. 피니스테레 곶 앞바다를 공포에 떨게 했던 프랑스의 해적 몽드라공 일당을 격파하기도 했다. 그는 이 작품에서 허세를 부리면서도 천지학자의 관점에서 세계를 기술하기 시작했다. 북아프리카에서부터 시작해서 아프리카 해안을 따라 내려가다가 돌아서 인도로 가로질러 갈 심산이었지만, 막상 희망봉 너머로는 이야기를 진전시키지 못했다. 그가 완성한 구절들에는 무미건조한 관찰 결과와 과열된 악몽이 묘하게 뒤섞여 있었다. "사하라"―"사막"을 뜻하는 아랍어―이남 사람들과의 무역을 상술했고, 이 지역에 사는 생명체들에 강박적으로 집착하기도 했다. 그가 묘사한 생명체들 중에는 태어나 자라면서 팀북투 근처의 니제르 강을 떠나 하류로 내려가는 일생을 살던 뱀도 있었다. 이 뱀은 바다에 도달할 즈음이면 길이가 1.6킬로미터에 달할 정도로 자랐다. 그러나 바다까지 오는 동안 새들이 끊임없이 이들의 연한 살점을 쪼아대는 탓에, 삼각주에 이르면 거의 가시만 남아 해안가의 얕은 여울 속으로 사라져버렸다. 페레이라의 글을 읽으면, 그가 솔트로드(이베리아 반도에서 유럽과 아시아로 이어지는 소금 교역로/역자)를 가로지르며 목격한 바를 바탕으로 나름대로 일관성 있게 세계를 이해하고자 분투했음을 알 수 있다. 심지어 선상에서의 경험을 토대로 그는 고대 그리스 최초의 철학자인 탈레스의 신념, 즉 지구에는 액체 형태의 핵이 존재하며 지구의 딱딱한 표면이 껍데기처럼 이 액체를 덮고 있다는 주장에 동조하게 되었다.[2]

『두아르트 바르보자의 서_Livro de Duarte Barbosa_』는 페레이라가 멈춘 곳에서 이야기를 시작하는데, 모잠비크를 떠나 동아프리카 가장자리를 따라 아라비아 반도, 페르시아, 구자라트를 거쳐 말라바 해안으로 내려갔다가 위로 올라가 코로만델 해안을 지나 벵골과 그 위쪽까지 안내한다. 바르보자는 다년간 코친에서 포르투갈인들의 중개상으로 일하며 살았다. 이곳에서 그는 현지어인 말라얄람어를 현지인보다 더 뛰어나게 구사했다고 한다. 그래서 다미앙은 아시아에 관한 바르보자의 글들이 (카몽이스처럼) 동방으로 떠나려는 사람들을 위한 가장 신뢰할 만한 안내서라고 인정했다. 그러나 바르보자는 인도 동부에 관한 정보에 대해서는 상인들의 전언에 전적으로 의지했던 것이 분명하다. 그가 직접 경험한 인도 서부를 지나면, 글이 점점 간략해지는 데다가 중국 쪽 지역에서 구할 수 있는 상품들만 겨우 언급하는 경우가 많다. 동아시아에 관한 정보들은 토메 피르스(16세기 포르투갈의 향료와 약재상/역자)가 집필한 『수마 오리엔탈*Suma Oriental*』(동방에 관한 완전한 안내서), 즉 『동방지東方志』에서 더 많이 얻을 수 있었다. 이 책 역시 『이즈메랄두 드 시투 오르비스』 또는 바르보자의 책과 마찬가지로, 다미앙이 궁정의 시동이었을 때에 국왕 마누엘 1세에게 진상된 것이다. 그런데 피르스가 중국에서 상당히 오래 체류했던 것은 사실이지만, 『동방지』는 그가 중국에 도착하기 전에 쓴 책이다. 그는 1511년부터 포르투갈의 동남아시아 거점 역할을 했던 분주한 플라카 항의 무역상들에게서 얻은 정보를 토대로 이 책을 집필했다.

이런 서적들은 그 당시 다미앙이 집필을 시작한 연대기의 출발점이 되었다. 이 연대기는 포르투갈이 더 넓은 세계와 처음 조우하던 시절을 다룰 예정이었다. 그런데 다미앙이 책에서 의문스러운 부분을 발견해도, 이미 사망한 저자에게서는 추가 정보를 얻을 수 없었다. 두아르트 파셰쿠 페레이라는 다미앙도 설명할 수 없는 기이한 상황으로 서아프리카에서 본국으로 송환된 뒤, 감금된 상태로 가난하게 생을 마감했다. 바르보자는 인도에 정착한 뒤, 가정적인 생활을 하며 사람들의 기억에서 사라졌다. 토메 피르스는 그가 광범위하게 다루었던 중국에 마침내 직접 발을 디디게 되었다. 그러나 경험 없는 포르투갈 사령관의 오만한 과시욕 탓에 곧 체포되었다. 피르스는 수년 후 광둥 성의 한 감옥에서 사망한 것으로 보인다. 그러나 그후 여러 해 뒤에 동방에서 그를 목격했다는 근거 없는 기묘한 신고가 여럿 접수되기도 했다.[3]

이들 안내서는 모두 단편적인 내용을 담고 있는 데다가 여러 사람들을 거쳐서 전해진 말이나 심지어 공상의 산물에 의존한다는 한계가 있었다. 그래서 이런 책들은 극비리에 비밀문서로 관리되었다. 덕분에 아프리카와 아시아에 대한 최신 정보를 독점한 포르투갈은 교역망과 제국을 세계 전역으로 확장하는 경쟁에서 상당히 유리한 위치를 차지하게 되었다. 그런데 다미앙은 마누엘 1세 치하의 연대기 작성을 위해서 자료를 모으기 시작하면서 뜻하지 않은 발견을 하게 되었다. 그는 포르투갈의 남방 진출 역사를 여러 꾸러미와 서랍으로 분류한 다음, 카헤이라 다 인디아(인도로 가는 경로)를 따라 남서쪽으로 갔던 카몽이스의 길을 그대로 따라갔는데, 이렇게 자료를 정리하고 수집하던 중에 바로 그곳, 기록물 보관소에서 그쪽 세계에 대한 또다른 기록을 발견했다. 그쪽 지역의 실제 거주민들로부터 직접 얻은 생생한 증언이 담긴 기록이었다.

다미앙은 야이아 벤 타푸프라는 이름의 무어인 병사가 쓴 편지들을 주목했다. 다미앙은 그가 들려주는 이야기에 시선을 빼앗겼다. 다미앙이 여러 자료를 종합해서 정리한 내용은 다음과 같다. 벤 타푸프는 모로코의 대서양 연안에 있는 도시인 사피 출신으로, 절친한 친구 알리를 도와주느라 젊은 나이에 통치자 가문에 맞서는 쿠데타에 연루되었다. 그의 친구 알리는 통치자의 딸과 사랑의 밀회를 즐기다가 붙잡혀서 목숨이 위태로운 상황이었다. 두 친구는 먼저 공격하기로 마음을 먹고 사피를 장악하여 모든 권력을 공평하게 나누었다. 이전 통치자의 지지자들이 이 두 사람을 제거하기 위한 음모를 꾸미자, 두 사람은 살아남기 위해서 가장 가까운 포르투갈 수비대의 사령관에게 도움을 청했다. 사령관은 배와 사람을 보내서 도와주는 대신에 이들에게 딱 한 가지 작은 양보를 요구했다. 포르투갈 상인들을 위한 무역관으로 사용할 튼튼한 건물 한 채를 해안에 지어달라는 것이었다. 그러나 평화가 회복되자마자 포르투갈은 벤 타푸프와 알리의 기반을 약화시키기 위해서 두 사람 사이를 갈라놓기 시작했다. 특히 포르투갈 사령관은 유행병에 걸린 두 사람 모두를 치료하던 유대인 의사를 매수해서, 서로를 해치려는 음모를 꾸미는 듯한 메모를 각자의 침실에 남기게 했다. 그러나 두 친구는 함정에 빠지지 않고 서로를 배신하지 않았다. 포르투갈이 둘 중에 한 사람만 지휘권을 가질 것을 요구하자, 이들은 상대에게 관직을 맡을 권리가 있다고 강하게 주장하기도 했다. 이 같은 내분 조장 작업과 동시에 포르투갈은 무역관을 요새로 바꾸는 작업을 서서히 진행했다. 대포를 건물로 몰래 들여와서 뒤편의 시내를 조준하는 포안砲眼 뒤에 배치했다. 이들 포안은 목적을 숨기기 위해서 허술하게 벽돌로 덮어두었다. 포르투갈은 모든 준비가 완료될 때까지 현지에서 파벌싸움을 벌이도록 계속 유도했다. 그러다가 적절한 사건—포르투갈인이 현지 상인에게 뺨을 맞는 사건—을 핑계 삼아 포문을 열고 격분한 시민들에게 발포하여 도시를 장악했다.[4]

이 이야기의 일부는 야이아 벤 타푸프가 다미앙에게 개인적으로 들려주었을 가능성이 있다. 벤 타푸프는 도시를 빼앗긴 것을 인정하고 포르투갈을 위해서 마그레브 현지 군대 사령관으로 일하기로 한 뒤, 리스보아에 두 차례 체류했는데, 이 시기가 다미앙의 젊은 시절과 겹치기 때문이다. 그러나 기록물 보관소장 다미앙은 정보원이 제아무리 신뢰할 만하더라도 입으로 전하는 말에만 의존하지는 않았다. 그래서 포르투갈 역사에서 극적인 이 순간을 깊이 있게 이해하기 위해서 기록물 보관소 안팎으로 증거를 수집하기 시작했다. 사피를 정복한 포르투갈 사령관이 보낸 수많은 서한들과 현지 중개상이나 상인들이 보낸 서한들을 참고한 것은 물론이고, 이 이야기에 매료되어 더 깊이 파고들었다. 기록물 보관소를 열심히 뒤지자 벤 타푸프가 보낸 편지들이 다수 발견되었다. 코튼지에 작성된 편지는 오늘날 갈색으로 변색되었을 뿐만 아니라 나방 날개처럼 가는 줄무늬가 생겨서 금방이라도 부서질 것 같다. 코튼지로 잉크가 번져서 모든 아랍어 문장이 그 뒤의 문장과 얽혀 있다. 다미앙은 포르투갈의 기록물과 아랍의 기록물을 세세히 비교하기도 했다. 이런 아랍어 기록물 중에는 작가 알-하산 이븐 무함마드 알-와잔 알-파시가 작성한 것도 있는데, 이탈리아에서 살면서 "레오 아프리카누스"라는 이름으로 자기 대륙의 역사를 출판한 인물이다. 이처럼 포르투갈과 아랍의 사료를 비교하는 일은 고된 작업이었다. 이 과정에서 다미앙은 사건의 정확한 연대를 정리하기가 몹시 어렵다는 사실에 주목하게 되었다. 다양한 문서들이 기독교력과 이슬람력을 모두 사용하는 데다가, 현장의 선장들이 며칠이나 몇 주일 내에 보고서가 리스보아에 도착한다고 확신하고서 보고서에 월과 일은 표기해도 연도는 적지 않았기 때문이다. 훗날 다미앙이 아랍어를 읽을 줄 알았으리라는 추측이 나왔지만, 이는 아마도 부분적으로 오해일 것이다. 기록물 보관소가 소장한 수많은 아랍어 필사본들은 실제로는 포르투갈어로 작성된 것들이었다. 이른바 알자미아 문서는 포르투갈어로 말할 수는 있으나 아랍어 문자로만 쓸 줄 알았던 번역가들이 작성한 것이다. 그래서 다미앙은 아랍어로 말은 못 하지만 아랍어 문자는 읽을 줄 아는 사람이었을 가능성이 있다.[5]

사정이 어떠했든 다미앙이 최선을 다해서 풍성하게 살을 붙이려고 했던, 포르투갈 역사 속의 이 작은 사건에는 문제가 있었다. 우선, 이야기의 주인공이 포르투갈인이 아니었다. 사실 벤 타푸프가 쓴 편지들을 보면, 그가 어릴 적 친구 알리에게 마음을 다했듯 포르투갈에도 충성스러웠음을 알 수 있다. 그러나 그 대가로 그에게 돌아온 것은 새로 도착한 포르투갈인들의 의심과 배은망덕이었다. 편지에는 그가 이런 상황에 대해서 포르투갈 국왕에게 계속해서 항의하는 내용이 담겨 있다. 그는 이 모든 것에 대한 경멸을 드러내기라도 하듯, 얼마 되지 않는 무리를 이끌고 포르투갈을 위해서 마라케시—마그레브의 진주—를 정복했다. 목적은 단순했다. 그가 믿을 만한 사람이 아니라는 소문이 얼마나 터무니없는지 보여주기 위해서였다. 그러나 사피의 사건을 계기로, 벤 타푸프라는 개인에 대한 배신행위보다 더욱 나쁜 행위가 어떻게 자행되는지가 드러나게 되었다. 다미앙은 이런 방식이 세계 전역에서 반복되었다는 것을 발견했다. 포르투갈인이 세계 각지에서 현지인을 만나 신뢰를 얻기까지에는 몇 가지 단계가 있었다. 먼저 그들은 모두에게 공정하고 유익한 조건으로 교역하는 것이 그들의 유일한 바람이라고 주장한다. 그런 다음 현지에서 내분이 일어나기를 기다리다가 이를 빌미로 그들의 상인으로서의 영향력을 정치권력으로 탈바꿈시킨다. 그러는 와중에도 이 모두가 거래 이익을 보호하는 데에 필요한 조치라고 천연덕스럽게 주장한다. 유럽 국가들이 건설하기 시작한 범세계적 제국을 대표하는 상징을 하나 선택한다면, 시장을 겨냥하는 총으로 무장한 요새가 단연 으뜸으로 꼽힐 만하다.

포르투갈 측의 기록과 함께 참고할 현지 자료를 찾으려는 이런 시도가 늘 간단한 문제는 아니었다. (가령) 다미앙이 아소르스 제도에 관해서 집필할 때도 마찬가지였다. 아소르스 제도는 그의 연대기에서 다루는 기간 중에 가장 초기에 해당하는 15세기 초에 포르투갈인이 최초로 정착한 곳이다. 대서양 한가운데에 있는 이 화산섬 제도는 포르투갈인이 도착하기 전에는 무인도였다. 이곳에는 어마어마하게 많은 참매(아소르스)가 서식하고 있어서, 이름을 아소르스 제도라고 지었다. 다미앙은 이곳에 서식하는 참매가 기존에 친숙하게 알던 아일랜드 참매보다 힘은 더 세지만 속도는 더 느리다고 적었다. 포르투갈인들은 이곳에서 재배한 풍부한 밀로 **타르트**를 만들었고 배에 실어서 암스테르담과 런던으로 보내 수익을 올리는 것에 자부심을 느꼈다. 그러면서도 다미앙은 사람들이 정착한 후부터 참매의 개체 수가 통탄할 정도로 줄어들었다는 사실도 지적했다.

그런데 포르투갈이 정착하기 전, 이 제도의 역사를 목격한 산증인은 이들 참매만이 아닌 것 같다. 다미앙은 아소르스에 관한 자료를 정리하면서 포르투갈의 발견을 축하한 뒤, 이번에도 재빠르게 이 제도를 통해서 드러난 수수께끼를 파헤치기 시작했다. 아소르스 제도 최북단에 있는 코르부 섬에서, 포르투갈인은 이곳에 상륙한 최초의 인간이 그들이 아닌 것 같다는 증거와 마주쳤다. 뼈만 남은 말에 올라탄 한 남자의 조각상을 섬의 최고봉에서 발견한 것이다. 남자는 머리에 아무것도 쓰지 않은 채 짧은 외투를 두르고 있었다. 이 조각상은 오래 전에 사라진 몇몇 사람들이 세운 것인데, 그들이 누구인지는 알려지지 않았다. 남자는 왼손은 말의 갈기 위에 얹고, 오른손은 쭉 뻗은 채 주먹을 꼭 쥐었는데 **라틴어로 인덱스**index라고 하는 집게손가락만 펴서는 서쪽을 가리키고 있었다. 거석 하나로 이름 모를 석공들이 조각한 이 멋진 조각상에 대해서 보고받은 마누엘 1세는 그의 개인 데생 화가인 두아르테 다르마스를 파견해서 조각상을 생생하게 그려오게 했다. 그림을 본 국왕은 조각상에 더욱 매료되어, 당장 사람을 보내 조각상을 포르투갈로 가져오라고 명했다. 이 임무는 포르투 출신의 한 남성에게 맡겨졌다. 프랑스와 이탈리아를 널리 다니며 최신 공학 기술을 배운 기술자였다. 그가 해야 할 일은 멀리 떨어진 봉우리로 가서 장비를 설치하고 이 고대 유물을 산 아래로 가지고 내려와서 배에 실어 포르투갈로 보내는 것이었다. 그런데 바로 이때 재난이 발생했다. 기술자의 보고에 따르면, 그가 도착했을 때 조각상은 섬을 강타한 강력한 폭풍으로 이미 파손된 상태였다고 한다. 그런데 다미앙은 그의 말을 전적으로 배격했다. 그는 기술자의 형편없는 기량이 비극을 초래하는 잘못을 저질렀다고 생각했다. 어쨌든 기술자는 이 위대한 보물의 남아 있던 몇몇 조각들을 가지고 돌아왔다. 말 그리고 남자의 머리와 다리 하나, 바다 저편의 서쪽을 가리키던 손가락이었다. 이 유물은 다미앙이 시동으로 일했던 국왕의 의상실에 한동안 전시되었다. 그러나 어린 그가 궁정에서 일한 시기 이후로는 이 조각 유물이 사라진 터라, 이것들이 어디에 있는지 흔적을 찾을 수 없었다.[6]

그런데 이 이야기는 여기에서 끝나지 않았다. 1529년, 현장을 찾은 국왕 비서실 관료―이 섬의 관할권을 부여받았다―의 귀에 현지에서 떠돌던 소문이 들려왔다. 조각상이 서 있던 바위에 글귀가 적혀 있는데, 읽기가 어렵다는 것이었다. 세월이 흐르며 닳아서 그런 것도 있지만, 조각상 아래로 수직에 가까운 가파른 절벽에 새겨져 있어서 가까이 다가가기가 무척 어려웠기 때문이다. 그러나 관료는 이에 굴하지 않고 원정대를 꾸렸다. 그는 사람들을 밧줄에 묶어서 글귀가 있는 곳까지 내려보내고는 밀랍으로 글자의 형을 떠오게 했다. 그러나 이렇게 형을 뜬 글자를 해석하려는 시도도 실패로 끝나고 말았다. 시간이 지나면서 대서양의 날씨 때문에 글자들이 심하게 침식된 탓도 있었지만, 그 글자들이 라틴어 자모가 아님이 분명했기 때문이다. 원정대원들이 아는 유일한 글은 라틴어

뿐이었다.

아소르스 제도의 이 기마상은 오늘날까지 풀리지 않은 수수께끼로 남아 있다. 17세기와 18세기의 사관들은 이 조각상을 페니키아인이나 카르타고인이 세웠을지도 모른다고 믿었다. 당시 고고학자의 선배 격이었던 호고가好古家들은 이들이 근대인들보다 먼저 아메리카 대륙에 도달했으리라고 주장했다. 이보다 더 회의적인 관점의 근대 기록도 있다. 이에 따르면 이 이야기 전체가 상상의 산물이라고 한다. 조각상이 아니라 단순한 화산 지형일 뿐인데, 사람들이 보고 싶은 대로 본 것에 불과하다는 것이다. 혹은 선원들에게 대서양 동부 해안의 안전지대를 넘지 말라고 경고하는, 중세 지도에 그려진 기마병의 모습으로부터 파생된 가짜 기억이라는 주장도 있다. 그러나 다미앙은 어쨌든 그 조각들을 직접 보았던 터라 그 존재 자체에 대해서는 의혹을 품지 않았다. 그는 "이것이 고대인들이 이집트 역사를 1만3,000년 전까지 거슬러 올라갔다는 증거가 아닐까?"라고 적었다. 그동안 무슨 일이 생겼다가 사라졌고 잊혔는지 누가 알겠는가? (다미앙이 그 근거로 제시한 바에 따르면) 고대 그리스 로마의 천지학자 헤로도토스와 폼포니우스 멜라는 이집트 역사 동안 심지어 태양도 네 번이나 진로를 변경했으며, 두 번의 기간 동안에는 태양이 지금 뜨는 자리에서 졌다고 언급했다. 아소르스의 기마상과 해독 불가한 글귀에 관해서 다미앙은 이런 식으로 설명하는 것을 선호했다. 노르웨이와 고트족의 영토, 스웨덴, 아이슬란드 일대에는 이런 것들이 많았다. 이곳 사람들은 기독교가 그곳에 도래하기 훨씬 전부터 특출난 재능을 지닌 선원들이었으며, 그들의 위업을 자연석에 새겨서 아소르스의 기마상 같은 거대한 크기의 조각 기록으로 남겼다. 더 나아가 거의 잊힌 그들의 글을 읽을 줄 아는 사람들이 있었다. 스웨덴 웁살라의 주교 요한네스 망누스가 그랬다. 다미앙은 젊은 시절 발트 해 연안을 여행하는 동안 그를 알게 되었다. 다미앙은 국왕들이 세계로부터 이윤을 얻으려는 열성만큼만 세계를 발견하고 싶은 열의가 있다면, 이 수수께끼를 풀 수 있는 누군가를 아소르스로 보내는 일은 간단한 문제라고 지적했다.[7]

이보다 수십 년 전 다미앙은 솔로몬 왕이 쓴 것으로 추정되는 「전도서」를 번역했는데, 그는 솔로몬 왕의 표현을 빌려서 이렇게 말한다. 우리는 단 하나만을 확신할 수 있다. 이전에 존재하지 않았던 것은 없다는 것이다. 즉, 태양 아래 새로운 것은 현재에도 없는 법이라는 말이다. 심지어 태양도 여러 차례 방향을 바꾸었다. 다미앙의 머릿속에 이 모든 것들―고대 스칸디나비아인, 고대의 세계 항해, 태양의 진로 변경―이 혼재한다는 사실은 어쩌면 놀라운 일이 아니다. 왜냐하면 그는 이 모든 것들을 이미 20년도 더 전에, 유독 혼란스럽던 격동기에 동시에 접했기 때문이다.

5

인도 무역관

다미앙은 1520년대에 안트베르펜에 도착했는데, 낯설고 새로운 세상에 들어선 듯했다. 새로 재건된 강가의 요새 스헤이런 스테인("국왕의 석조성"이라는 뜻으로, 16세기에 이렇게 불리다가 이후로는 헷 스테인Het Steen, 즉 석조 성이라고 불린다/역자)이 리스보아에 있는 벨렝 탑을 연상시키기는 했지만, 이 도시 자체는 교구를 관리하는 대성당처럼 세계의 교역을 관장하는 중심지였다. 상인의 권력을 상징하는 기념물이라도 되는 듯이 도시 곳곳에 화려한 건물들이 들어서 있었다. 중앙시장인 흐로터 마르크트 광장을 따라 줄지어 있는, 날아오를 듯한 장식격자(중세 서양의 고딕 양식 건물의 창문을 장식하는 석재격자/역자)로 꾸며진 건물들과 상품 거래소 한델스뵈르스Handelsbeurs(새로운 거래)의 고딕 양식의 회랑, 그리고 대성당처럼 웅장한 다양한 길드 집회소 역시 있었다. 이런 분위기 덕분에 이곳에 도착한 상품들은 마치 부흐의 순례에 나선 순례자처럼 보였다. 반원형의 도시를 양분하는 주요 도로를 따라서 반쯤 가다 보면, 포르투갈 인도 무역관이 나왔다. 다미앙이 무역관 관장으로 일하며 20대를 보낸 곳이다. 그곳에서 멀지 않은 곳에 성 야고보 성당이 있다. 다미앙의 거처 건너편에 있던 이 성당은 안트베르펜 제2의 성당이었다. 그런데 공사가 진행되면서 성당의 거대한 탑이 점점 높아지더니, 급기야 대성당의 첨탑이 왜소해 보일 정도가 되었다. 원래 성 야고보 성당은 스페인 갈리시아 지방의 산티아고 데 콤포스텔라로 향하는 순례길에 있던 오래된 중간 기착지였다. 이것을 보면 이 저지대 지역(오늘날의 네덜란드와 벨기에, 룩셈부르크 등 지대가 낮은 지역을 주변 유럽 국가들은 "저지대 지역", 즉 "네덜란드"라고 불렀다/역자)과 이베리아 반도 사이의 왕래가 새삼스러운 일이 아니었음을 알 수 있다. 그러나 성당의 높은 첨탑이 상징하듯이 이제는 이베리아에서 이곳으로 향하는 이동량이 훨씬 많아졌다. 특히 스페인과 플랑드르 지역이 카를 5세 치하의 합스부르크 제국으로 통합된 이후로 많이 증가했다. 1520년대에는 매년 수천 명이 안트베르펜으로 이주해왔고, 다미앙 역시 그중 한 명이었다. 이렇게 인구가 유입되면서 스헬더 강 어귀의 이 작은 항구, 안트베르펜은 유럽의 최대 도시로 성장했다. 시장이 들어서는 광장이나 성벽, 성 주변의 들판은 중세 말기 도시의 익숙한 특징을 그대로 간직하고 있었지만, 그런 모습이 안트베르펜의 새로운 위상을 가리지는 못했다. 아무것도 생산하지 않으면서도 모든 것이 거래되는 곳, 바로 진정한 국제도시가 탄생한 것이다.[1]

안트베르펜 주재 포르투갈 인도 무역관의 관장에게는 모든 교역에 능통한 팔방미인의 자질이 필요했다. 다미앙은 1523년 초여름에 부임하자마자 마데이라 섬에서 선적된 포르투갈 설탕 화물의 수령 확인증에 서명했다. 이 설탕은 도중에 리스보아에 정박하지 않고 곧장 이곳 플랑드르 정제소로 보내졌다. 상자 36개는 트레스 헤이스 마구스Três Reis Magos(포르투갈어로 "동방박사"/역자) 호에, 251개는 콘세캉Concecão(포르투갈어로 "수태受胎"/역자) 호에 실려 도착한 설탕은 덩어리로 만들어졌고 여러 등급으로 분류되었다. 가장 순수한 백설탕과 황설탕, 그리고 마스코바도 흑설탕과 시럽 통에 남은 찌꺼기로 만든 아수카르 디스푸마açúcar d'espuma(포르투갈어로 "거품 설탕"/역자)로 등급이 나뉘었다. 안트베르펜에서는 이들 설탕을 다시 끓여 결정을 만들었고, 그 결과 한 번도 맛본 적 없는 가장 농축된 단맛의 설탕 과립이 생산되었다. 그런데 이것은 빙산의 일각에 불과했다. 다미앙이 작성한 목록에 따르면, 스페인과 포르투갈에서 선적하여 북쪽의 플랑드르로 보낸 상품들 중에는 기름, 밀랍, 꿀, 쌀, 사프란, 건포도, 건무화과, 건자두, 아몬드, 잣, 밤, 올리브, 쇠비름, 고래 부산물과 고래 기름, 비누, 보라색 염료, 주홍색 버밀리온, 진홍색 코치닐, 벽옥, 설화석고, 산호, 흑옥 등도 있었다.

물론 그중에서도 동방에서 리스보아를 거쳐 도착한 향신료들이 비중이 가장 컸다. 사실 향신료는 북유럽에서 더 인기가 많았다. 향신료의 강한 향미가 사순절 기간에 먹는 음식의 심심한 맛을 보완해주고, 겨울이 끝날 즈음 오래되어 변해버린 음식과 음료의 맛을 감춰주었기 때문이다. 훗날 예수회를 창설한 이그나티우스 로욜라는 그 당시 젊은 나이로 파리에서 수학하고 있었다. 그는 가난한 사람들을 위한 구호품을 모으기 위해서 안트베르펜에 자리를 잡은 스페인과 포르투갈 상인들을 자주 찾았다. 그러면서 이곳 현지인들이 향신료를 사용하여 사순절 단식을 축제로 탈바꿈시키는 모습을 보고 경악했다. 사순절은 신자들이 구세주의 부활과 생명의 부활을 기다리면서 배고픔을 감내하고 절제하는 시기이다. 그런데 전통적으로 궁핍하게 지내야 하는 기간이 이곳에서는 전 세계의 온갖 향미가 1년 내내 가득한 향연이 된 것이었다. 식초에 절인 장어에는 후추와 사프란을 듬뿍 뿌렸고, 오래되어 밍밍해진 포도주는 계피, 생강, 정향, 유향, 에티오피아산 쿠민 혼합물에 세 번 걸러서 향미를 되살렸다. 전 세계적인 무역이 시작되면서 계절 구분이 사라졌다고 말할 수 있을 정도였다. 덕분에 예전 같으면 겨울용 비축 식량만으로 만족해야 했던 시기에도 더 많은 사람들이 이국적인 음식을 접할 수 있었다. 영국과 프랑스, 독일의 부유한 가문들은 세계 각지의 희귀한 물품들을 안트베르펜을 통해서 조달했다. 그 결과 요리 하나하나, 가구 한 점 한 점이 지구 저편에서 건너온 여러 향미와 질감을 모아놓은 낯선 콜라주 작품이 되었다. 안트베르펜을 떠나 남쪽으로 가는 선박에는 독일산 총과 동유럽산 곡물이 선적되었다. 곡물이 워낙 저렴한 비용으로 풍부하게 생산된 탓에 안트베르펜뿐만 아니라 포르투갈과 이탈리아도 자급자족을 포기하고 폴란드산 밀을 꾸준히 주식으로 삼았다. 16세기에 유럽 전역에서 민족주의가 고개를 든 이유 가운데 하나는 전 세계적 무역에 대한 의존도가 높아지고 일상에서 범세계적 정취가 느껴지는 것에 대한 강한 반감이 일었기 때문이다.[2]

안트베르펜에서 완제품 형태를 갖춘 가장 화려한 상품은 설탕만이 아니었다. 소액의 거래 수수료가 비약적으로 쌓여서 부가 조성되자 상상할 수 없을 정도로 아름다운 작품을 만드는 장인들도 모여들었다. 다미앙도 시내로 나가서 리스보아의 권력자들에게 보낼 작품들을 구했다. 신설된 한델스뵈르스 거래소의 지붕으로 덮인 공간에서는 낯설고 귀한 수많은 상품들이 거래되었다. 이곳은 훗날 르네상스에 유럽 전역에서 우후죽순처럼 생겨난 쇼핑몰의 모형이 되었다. 다미앙은 안트베르펜에서 지내는 동안 포르투갈의 국왕 마누엘 1세에게 옥수玉髓(다양한 색의 반투명 장식석/역자) 받침대가 있는, 성 세바스티아누스의 산호 조각상을 보냈고,

페르난두 왕자에게는 네덜란드와 스페인 역사서의 필사본을 보냈다. 왕비에게는 당대 최고의 세밀화가였던 시몬 베닝의 삽화가 담긴 기도서를 선물했다. 이 기도서는 포르투갈에 도착한 뒤 또다른 네덜란드 화가의 손을 거쳐 완성되었다. 마누엘 1세의 아들인 주앙 3세가 황금 양모 기사단—오스만 제국에 맞서는 동맹을 맹세한 합스부르크 왕가의 단체—에 입단했을 때 포르투갈 국왕이 스페인 국왕에게 보낸 황금 의복 역시 다미앙이 안트베르펜에서 공수한 것이다. 당시에는 이런 작품을 만드는 장인들에 대한 수요가 매우 높았다. 다미앙이 페르난두 왕자에게 양해를 구하는 편지를 한 차례 이상 보내야 했을 정도였다. 그의 편지에는 왕자가 플랑드르의 유명 태피스트리 공방에 주문한 작품이 아직 완성되지 못해서 유감이지만, 직공들을 독촉할 수는 없다는 내용이 담겼다. 그런데 이런 제작자들 중에서도 명성이 자자한 유명 화가들은 지배층으로 비약적으로 부상한 주인공이 되었다. 이들에게 작품을 의뢰하려면 수수료만 지급해서는 안 되고 이들의 환심까지 사야 했다. 화가 알브레히트 뒤러는 다미앙이 인도 무역관에 부임하기 몇 해 전에 그곳의 객원 화가로 일했는데, 이곳에서 훗날 젊은 무역관장 다미앙이 자신의 방 창문 너머로 보던 바로 그 지붕들을 묘사한 풍경화와 인도 무역관에 거주하던 몇몇 사람들의 초상화를 남겼다. 그리고 그림의 대가로 사탕수수와 산호부터 코코넛과 비단에 이르기까지 전 세계에서 도착한 경이로운 물건들을 한아름 받았다.[3]

뒤러가 인도 무역관에서 그린 소묘 작품들 중에 카트리나라는 이름의

다음 쪽 : 알브레히트 뒤러가 그린 카트리나의 초상(1521). 카트리나도 다미앙처럼 안트베르펜에 있는 포르투갈 인도 무역관에서 살았다.

76

서아프리카 여성을 그린 은필화(날카로운 금속 펜으로 그림을 그린 후 시간이 지나면서 은 성분이 산화되어 색이 짙어지는 특성을 이용한 그림으로, 수정이 불가능한 기법이다/역자) 1점이 있다. 다미앙과 거의 동갑이었던 카트리나는 뒤러를 고용한 중개상 주앙 브란당의 "연인"이었다. 안트베르펜이 리스보아 다음으로 유럽에서 가장 많은 흑인이 사는 곳이 된 이유는 흑인 노예 때문이었다. 그런데 카트리나가 그런 노예였는지, 아니면 이 북유럽 도시에 자유인으로 기록된 소수의 아프리카인이었는지는 불분명하다. 그녀가 쓰고 있는 두건을 보면 머리 위에 짐을 올렸을 때 균형을 잡게 도와주는, 섬유로 만든 휴대용 고리가 있다. 많은 아프리카 여성들이 유럽으로 오면서 머리에 짐을 이는 방법이 함께 유입되었는데, 브란당도 고향 리스보아에 사는 가장 미천한 아프리카 여성들이 이런 방식으로 요강을 날라 배설물을 치웠다고 언급한 바 있다. 뒤러는 언제나 기적과 같은 초상화를 완성했다. 완벽하게 표현된 표면의 모습 안에 침묵하고 있는 대상의 내면을 숨기면서도 정확히 암시했기 때문이다. 카트리나의 초상화를 보면, 시선을 피하는 그녀의 눈이 특히 걸작이다. 이 여성에 관해서 아무런 정보를 주지 않는 동시에 그녀에게서 느껴지는 방대한 무엇인가를 드러낸다. 어디인가 다른 곳에 대한 기억과 세상의 깊은 비극을 품고 있는 한 인간의 모습 말이다. 그 당시의 다른 서아프리카 여성들처럼 카트리나도 자신이 당한 수모로 고통받았을 뿐만 아니라, 남자들—형제, 아버지, 연인—이 망가지고 존엄성을 박탈당하며 굴욕을 겪는 모습을 보면서도 침묵할 수밖에 없었을 것이다. 다미앙의 모습을 그린 그림들 가운데 유일하게 남은 그림도 이 시기에 그려졌다. 이 초상

다음 쪽 : 알브레히트 뒤러 혹은 그의 문하생이 그린 다미앙 드 고이스의 초상(1520년대).

화는 뒤러가 직접 그렸을 수도 있고, 아니면 그림에 대한 수요가 비교적 적었던 그의 문하생들 중에 한 사람이 그렸을 수도 있다.[4]

젊은 무역관장 다미앙은 무엇이든지 빨리 배우는 사람이었다. 비범한 예술작품에 대한 취향도 금세 길렀고, 이런 작품을 취득할 재원도 금세 마련했다. 얼마 되지 않는 유산이나 월급으로는 충당할 수 없었을 테니, 아마 영리하게도 부업을 해서 재원을 마련했을 것이다. 그 당시 국왕이 파견한 대리인들은 모두 이런 부업을 할 수 있으리라고 기대했다. 리스보아 성에 있는 그의 방을 방문한 사람들은 특히 많은 그림이 있었다고 기억했다. 리스보아의 주요 인사들이 구하고자 했던 수많은 그림들이 틀림없이 그의 숙소에 가득했을 것이다. 그러나 초창기 초상화가 그려진 후, 그의 미술 취향은 바뀌었다. 뒤러의 그림은 그가 사는 세상 속 대상 위로 쏟아지는 빛을 한 치의 오차도 없이 포착했지만, 이런 정적인 순간들은 다미앙이 살면서 경험하던 혼잡하고 혼란스러운 상황은 전혀 보여주지 않았다. 그런데 이와 달리 다미앙의 시선을 강탈한 화풍의 화가가 있었다. 그의 그림에 마음을 온통 빼앗긴 다미앙은 깜짝 놀랄 만한 금액을 치르고 그의 그림을 3점이나 구매했다. 그중에 1점은 200크루자두나 했다. 이 정도면 그가 왕실을 위해서 구매 대행했던 작품들의 가격과 맞먹는 수준이었다. 이토록 소중한 그림은 초상화가 아니라 풍경화였는데, 어떻게 설명하기가 힘들다. 폐허가 된 예배당 밖에서 한 남자가 무릎을 꿇고 기도하고 있다. 그의 앞에는 몸통은 없고 맨다리 위에 머리만 놓여 있는 또다른 남자가 있다. 무릎을 꿇은 남자의 등 뒤에는 여러 사람들이 탁자를 가운데에 두고 술을 마시고 있다. 그중 한 사람은 돼지의 얼굴을 하고 있는데, 그의 주둥이 위에 부엉이 한 마리가 앉아 있다. 돌로 만들어진 것처럼 보이는 여성도 한 명 있다. 수도사 복장을 한 자는 눈과

볼이 새처럼 생겼는데, 부리는 색버트(르네상스 음악에 사용된 초기 트롬본/역자)나 오보에로 변형된 모습이다. 배경으로는 불타는 도시가 저 멀리 보인다. 언덕 위에는 집이 한 채 있는데, 집으로 들어가려면 몸을 앞으로 구부린 거인의 두 다리 사이를 통과해야 한다. 하늘에는 다양한 개구리와 사람들이 비행선을 타고 푸른 하늘을 가로지른다. 하늘을 나는 이들 기계는 새와 물고기, 밧줄과 나무판자로 만들어져 있다. 그림의 전경에는 학처럼 다리가 긴 새 한 마리가 머리에 깔때기를 쓴 채 스케이트를 타면서 연못을 가로질러 편지를 배달한다. 몸 일부가 뿌리식물로 되어 있는 한 남자는 안장을 얹은 쥐 위에 올라타서, 동물의 뒷다리와 엉덩이에 항아리가 합쳐진 모습을 한 또다른 생명체 옆을 지나간다. 그림 맨 앞부분에는 원숭이 한 마리가 갑옷을 입은 물고기 위에 올라 숟가락 노를 사용해서 뿔 달린 쥐를 지나쳐 천천히 노를 저으며 물을 가로질러 간다.

「성 안토니오의 유혹」이라는 제목의 이 세 폭짜리 제단화는 훗날 다미앙이 소장한 히에로니무스 보스의 세 작품 중에 하나이다. 다미앙은 종교재판으로 눈이 멀 것 같은 고통을 겪으면서도, 보스의 그림은 독창성과 창의성, 완벽성 측면에서 타의 추종을 불허하기 때문에 전 재산을 쏟아부어도 아깝지 않을 만한 값어치가 있음을 기억했다. 그러면서 그가 소장한 작품들은 그 거장이 직접 그린 것이지, 모조품이 아니라는 점을 분명히 했다. 젊었을 때부터 다미앙과 가장 가까웠던 친구 한 사람은 우연히 다미앙이 자기가 소장한 그림들에 둘러싸인 모습을 보았는데, 자신이 보는 것으로부터 느껴지는 힘에 못 이겨서 엎드려 눈물짓고 있었다고 했다. 다미앙이 소장했던 이 성 안토니오의 그림이 오늘날에도 리스보아에서 볼 수 있는 그 그림이 맞다는 데에 일반적으로 이견이 없다. 반면 그가 소장했던 보스의 나머지 두 작품이 어떻게 되었는지는 확실하지 않다. 한 작품은 가시관을 쓰고 있는 그리스도의 초상인데, 오랫동안 로마에 있다가 지금은 영국 국립 미술관에 걸려 있는 바로 그 그림이 아닌가 싶다. 성 안토니오의 그림과 짝을 이룬 것이 분명한 나머지 작품은 욥의 시련을 묘사한 그림이었다. 이 작품은 결국 다미앙이 처음 구매했던 곳과 가까운 브루게로 돌아간 듯하다. 보스는 다미앙이 안트베르펜에 도착하기 수년 전에 사망했지만, 그의 명성은 높아만 갔다. 특히 스페인 왕족들은 브뤼셀에서 그의 작품을 전시하기도 했고, 남쪽으로 보내서 왕실 소장품으로도 삼았다. 그러나 마음을 불편하게 만드는 공상으로 가득한 보스의 그림이 무엇을 의미하는지에 대해서는 명확한 구석이 거의 없다. 많은 사람들이 연금술의 신비주의 혹은 모종의 비밀스러운 종교 조직의 교리를 언급하면서 그림 속 요소들을 해독했노라고 주장했다. 그러나 다미앙이 이런 밀교 같은 것에 가입했다고 믿을 만한 이유는 없다. 오히려 그가 소유했던 다른 그림들—가령 방황을 표현한 또 한 명의 거장인 쿠엔틴 마시스의 작품들—과 함께 모아놓고 보면, 보스에 대한 그의 집착은 인어에 관한 관심이나 코끼리에게 느낀 감정과 무척이나 일맥상통한다고 느껴진다. 성 안토니오와 욥의 전설은 둘 다 인간의 인내력, 다시 말해서 어떻게 이 두 사람이 상상도 할 수 없는 것들에 노출되었는지를 보여주는 이야기이기 때문이다. 보스는 이런 이야기를 공포감을 조성하는 방식으로 다루지 않았다. 그의 초현실적 꿈속 풍경을 이루는 많은 요소들은 호기심을 자극하거나 아주 재미있거나 심지어 사랑스럽기까지 하다. 다미앙이 보스의 작품을 사랑했던 이유는 그런 요소들 안에서 이 멋진 세상 속 모든 경이로운 것들을 열린 마음으로 받아들이는 거장의 모습을 포착했기 때문이라고 생각할 수밖에 없다.[5]

이렇듯 젊은 무역관장 다미앙은 주머니를 탈탈 털어 미술에 투자했다.

그런데 안트베르펜에 머무는 동안 그의 마음을 가장 많이 빼앗은 것은 사실 그림이 아니었다. 잘 웃는 너그러운 젊은이라며 이 시절의 그를 칭찬하는 시가 한 편 있는데, 이 시는 음악에 대한 그의 애정을 특별히 언급한다. 그는 누구보다도 다성음악polyphony의 최고 거장, 조스캥 데프레의 음악을 가장 사랑했다. 보스와 마찬가지로 조스캥도 사망한 지 오래되지 않았고, 그의 삶에 대해서 알려진 바도 많지 않았다. 그러나 보스나 미켈란젤로와 마찬가지로 그 역시 다른 사람들은 보지 못하는 세계를 보는 능력을 지닌 사람으로 금세 인정받았다. 이런 능력은 훗날 천재성이라는 이름으로 불리게 되었다. 조스캥의 일대기에서 비어 있던 부분은 얼마 지나지 않아 여러 이야기들로 채워지기 시작했다. 그러면서 그의 작품이 지닌 위력에 걸맞는 위인의 삶이 완성되었다. 이를테면, 그는 따분한 이론 대신 육감으로 작업했다고 한다. 덕분에 누구와도 비교할 수 없을 정도로 복잡한 음악을 만들었고, 마치 손으로 머리를 쓸어올리듯이 고민 없이 그런 복잡한 음악을 수정할 수 있었다. 또한 각국의 왕들은 그들의 재산보다 조스캥을 아꼈다고 한다. 그러나 그는 돈을 기준으로 자신을 팔지 않았다. 그뿐만 아니라 그가 가벼운 마음으로 재능을 발휘해서 장난삼아 작곡한 곡도 걸작이었다. 가령 "오, 주여, 당신 종을 기억하소서"라는 가사를 붙여 새로 작곡한 모테토(중세, 르네상스에 무반주로 연주되던 다성악 성가/역자)를 프랑스 국왕 앞에서 연주했는데, 이는 국왕이 그에게 단단히 약조했던 작곡료를 잊지 말고 지불하라는 메시지를 전달하기 위해서였다.[6]

   조스캥의 정확한 업적을 말로 표현하기는 힘들지만, 그가 걸맞지 않은 명성을 누렸다고 말할 사람은 거의 없었다. 물론 그가 최초로 다성음악을 발명하지 않은 것은 분명하다. 그 이전에도 수 세기에 걸쳐서 많은 작곡가들이 단성성가와 단순한 화음의 단일한 선율에서 벗어나서 3성부 혹은 4성부 곡을 작곡했다. 다성음악은 여러 성부들이 갑자기 서로를 둘러싸다가 다시 갈라지기를 반복한 다음, 마지막에는 소름 돋도록 가지런히 정렬하는 것으로 끝난다. 마치 음표들이 음정을 가로질러 서로를 사냥하는 듯하다. 다성음악은 인간의 목소리로 만든 새롭고 낯선 것이었다. 스페인어로 다성음악을 칸토 데 오르가노canto de órgano(오르간의 노래)라고 하는 데에서 알 수 있듯이, 이 음악은 마치 교회 오르간 연주처럼 들린다.

그런데 조스캥의 물 흐르는 듯한 솜씨는 차원이 달랐다. 이 대위법의 거장은 인도 무역관 관장의 넋을 빼놓은 것이 분명하다. 다미앙은 훗날 조스캥과 그의 스승인 오케겜을 칭송하는 시도 발표했다. 다미앙은 이들의 청아하고 절묘한 예술이 성스러운 건축물의 돌과 돌 사이를 누비며 지나갔다고 칭송했다. 그러면서 다미앙 스스로 다성음악을 작곡해서 발표하기도 했다. 서로 거슬리는 상반된 것들을 화해시키는 다성음악 안에는 거의 기적과 같은 무엇인가가 있어서, 혼란에 시달리는 세계에 뜻밖의 해결을 낳았다. 포르투갈인은 전 세계에 기독교의 경이로움을 알리기 위해서 다성음악의 신묘한 마법을 이용했다. 일찍이 1504년에 콩고에 전파했고, 1540년대에는 고아로도 전파했다. 사실 모든 사람이 다성음악을 편하게 받아들인 것은 아니었다. 아니, 그보다는 다성음악이 불러일으키는 불편함을 모두가 즐긴 것은 아니라고 해야겠다. 몇몇 교회 당국은 다성음악을 반대했다. 이들은 다성음악 때문에 노래에서 마땅히 돋보여야 하는 가사가 묻히며, 경건한 예배 공간에 육체적 쾌락이 스며들었다고 항의했다(자기도 모르게 전율로 몸이 떨리고, 어린 소년들이 더 높은 옥타브로 화음을 넓혀야 했기 때문이다). 훗날 다미앙에 대한 정보를 제공한 이웃

한 사람은 종교재판관들에게 다미앙의 거처에서 듣도 보도 못한 노랫소리와 알아들을 수 없는 가사가 흘러나왔다고 증언했다.[7]

상품이 유입되고 유출되면서, 그 흐름을 타고 안트베르펜은 창의력의 새로운 단계에 도달했다. 그러나 그 과정이 마냥 순탄했던 것은 아니다. 돈을 번 자와 잃은 자를 양분하는 것이 있었으니, 바로 정보였다. 상인들은 항로와 해류에 통달하는 것은 물론이고, 정치권력 사이의 변화하는 동맹관계도 제때 파악해서 제대로 방향을 잡아야 했다. 무난히 통과하느냐, 아니면 적선이나 적국의 공인을 받은 사략선私掠船에 화물을 빼앗기느냐의 여부가 정세 파악을 잘 했느냐에 달렸다. 따라서 다미앙이 맡은 임무는 화물 장부 기록과 포르투갈 귀족의 예술품 구매 대행 업무가 전부가 아니었다. 그는 인도 무역관에서 정보원 역할도 했다. 이탈리아 북부 군대의 이동이나 헬데를란트 공작의 동맹관계 변화 등 시장에서 수집한 정보를 리스보아로 전달했다. 이런 정세 변화의 여진은 교역에서 가장 먼저, 그리고 가장 강하게 느껴졌다. 다미앙은 일찍이 1523년에 안트베르펜으로 부임하는 길에 변화무쌍한 국제관계를 거칠게 맛본 경험이 있었다. 그가 소속된 선단이 리스보아에서 출발하여 영불해협에 도달했을 때, 신성 로마 제국의 황제(그리고 그 동맹인 포르투갈)에 맞서기 위해서 프랑스와 영국이 파견한 선박과 대치하게 된 것이다. 다행히 다미앙은 운이 좋았다. 선단을 지휘한 선장이 인도양 해전에 참전했던 베테랑이어서 큰 사고 없이 봉쇄를 뚫을 수 있었다. 그러나 불과 수개월 후에는 그런 행운도 쓸모없어졌다. 영국의 국왕 헨리 8세가 진영을 바꾸어 황제와 동맹을 맺고 프랑스에 대적했기 때문이다. 그후 5년이 채 지나기도 전에 다미앙은 몸소 런던까지 갔다. 아마도 영국 해안에 배가 난파되면서 선착장에 상품이 묶여 있던 한 포르투갈 상인을 구하기 위해서였던 것 같다. 안트베르펜에서 수집할 수 있는 정보는 현지 정보에 국한되지 않았다. 이 항구에는 전 세계 여행자들이 모여들었다. 덕분에 다미앙은 킵도르프(16세기에 건설된, 안트베르펜으로 들어오는 입구 역할을 하는 다리와 성곽문/역자)에서 럿거트라는 사람에게서 인도의 현지 사정을 직접 전해 들었다. 다미앙의 이웃이던 이 사람은 고아와 믈라카에서 전쟁을 치른 참전용사였다.[8]

다미앙은 불과 수년 만에 인도 무역관 관장에서 약간의 임금 인상과 함께 외국 궁정으로 파견되는 대사가 되었다. 그는 첫 번째 업무로서 1529년 폴란드의 국왕 지그문트 1세가 통치하던 리투아니아 대공국의 빌뉴스에서 지그문트 1세를 만났다. 다미앙의 방문 목적은 그의 어린 시절부터 시작된 포르투갈과 폴란드, 이 두 교역 강국 사이의 우호 관계를 공고히 하는 것이었는데, 그는 포르투갈 상품에 대한 폴란드의 개방 가능성에 대해서도 언급했다. 당시만 해도 폴란드 지역에서는 꿀이 유일한 감미료였고 설탕은 전혀 알려지지 않았기 때문이다. 임무를 마치고 그단스크(단치히)를 거쳐 돌아오던 다미앙은 요한네스와 올라우스 망누스 형제를 처음 만나게 되었다. 스웨덴 가톨릭 교회의 수장으로 망명 중이던 이 두 사람이 다미앙에게 북유럽 문화를 소개해준 그 장본인들이다. 이들 덕분에 훗날 그는 아소르스 제도의 거대 기마상에서 북유럽 문화의 숨결을 느낀 후, 호기심 가득한 마음으로 그 이야기에 천착하게 된다. 망누스 형제는 그들의 국왕 구스타브 1세 바사가 프로테스탄트 종교개혁의 명분에 매료된 탓에 고국으로 돌아가지 못하고 해외에 발이 묶여 있었다. 그들은 상황이 반전되기를 기다리면서, 고국에서 바다 바로 건너편에 있는 그단스크에 정착했다. 두 사람은 고향에 대한 향수에 못 이겨 스칸디나비아의 역사와 문화를 다루는 최초의 위대한 백과사전적 기록을 편집하기 시작했다. 올라우스는 전대미문의 가장 상세한 스칸디나비아 지도를 그리는 동시에, 스칸디나비아에 대해서 자신이 기억하거나 알게 된 모든 것을 기록했다. 이 과정에서 그는 입수 가능한 자료들을 서로 비교하기는 했지만, 개인적으로 관찰해보니 근거가 없다면서 대부분은 그냥 묵살해버렸다.

　결국 올라우스의 개론서에는 모든 것이 시시콜콜하게 기록되었다. 얼음에 목이 잘려 나갈 위험이 있는 스케이트 경주 이야기에서부터 스칸디나비아 어린이들이 눈으로 만드는 어마어마하게 큰 요새 이야기뿐만 아니라, 눈싸움을 하는 동안 달아난 사람에게 내리는 벌(등에 눈 넣기)과 비열하게 얼음이나 모래로 눈 뭉치를 만든 사람에게 내리는 벌(얼음물 속에 집어넣기)까지 속속들이 기록되었다. 올라우스는 사랑하는 고국의 주요 모습 중의 하나로 얼음의 미학도 다루었다. 그러면서 다양한 종류의 고드름 명칭을 열거하고 유리창을 따라 자라는 얼음 패턴을 묘사하는 데에 상당히 긴 분량을 할애했다. 또한 자연이 부드럽고 작은 눈송이에 예술성을 부여하는 방식에 대해서도 언급했다. 북유럽 사람들이 모형으로 삼은, 인간의 능력을 초월한 예술성 말이다. 성직자인 올라우스는 얼음에 매료된 이유를 설명하기 위해서 「시편」 147편까지 인용한다. 여기에는 주님이 양털 같은 흰 눈을 내리고 재와 같이 서리가 쌓이게 하신다며, 주님이 내린 추위에 경이로워하는 내용이 나온다. 올라우스의 『북방 민족의 역사*Historia de Gentibus Septentrionalibus*』에서 가장 서정적인 대목은 아마도 그의 고향 땅에 내리는 빛에 대한 기억을 묘사한 부분일 것이다. (그에 따르면) 1년 중에 낮의 길이가 가장 긴 날에는 아무리 작은 글씨라도 한밤중에 초를 켜지 않은 채 읽을 수 있다고 한다. 또한 현지에서 일식을 관찰하기 위해 양동이에 담긴 타르 위로 반사된 모습을 관찰하던 관행도 기록되어 있다. 북극광, 즉 오로라는 가을에 연안으로 이동하는 통통한 청어의 무지갯빛 뱃살에 빛이 반사된 것이라고 널리 생각되었다. 이처럼 망누스 형제가 낯선 장소에서 일상 속의 자질구레한 이야기를 강박적으로 기록한 것을 본으로 삼아, 다미앙은 훗날 놀라우리만치 면밀하게 세계를 조사했다.[9]

　다미앙은 그단스크를 안트베르펜 다음으로 매우 친숙하게 느꼈을 것 같다. 그단스크는 북유럽 상인들이 강어귀에 자리한 반원형 섬에 건설한 도시로, 유사한 교역 기관들로 둘러싸여 있었다. 비스와 강을 따라 내려온 동유럽과 중유럽의 상품들과 발트 해를 건너온 리투아니아와 스칸디나비아의 상품들은 바로 이곳 그단스크를 거쳐 안트베르펜으로 보내진 다음, 그곳에서 다시 세계 전역으로 유통되었다. 시내 중심에는 시장이 있는데, 그 주변에서 가장 두드러진 건물은 대성당(이 성당 역시 성모에게 헌정되었다), 그리고 시민참여 통치체제의 중심지였던 드부르 아르투사Dwór Artusa(폴란드어로 "아서 왕의 궁정"/역자)이다. 드부르 아르투사라는 명칭은 아서 왕의 성이 있는 카멜롯과 같은 곳을 새로 건설하고자 하는 설립자들의 열망이 반영된 것이다. 성모 승천 대성당에는 플랑드르 화가들의 작품이 가득했다. 그중에서도 가장 빼어난 작품은 한스 멤링의 대형 세 폭 제단화 「최후의 심판」이다. 이 걸작은 브루게에서 메디치 중개상의 의뢰를 받아 제작되었으나 도중에 그단스크의 한 사략선이 가로챘다. 다미앙은 이 성당을 잘 알았던 것이 틀림없다. 이곳의 대주교인 얀 단티셰크, 일명 "요한네스 단티스쿠스"와 친구가 될 정도였기 때문이다. 두 사람은 수십 년간 편지를 주고받았고, 덕분에 다미앙은 당대—어쩌면 역대—가장 혁명적인 사상들을 접할 수 있었다. 그런데 다미앙이 가장 놀랐던 점은 친구 단티스쿠스가 그의 성당을 이단과 공유해야 하는 기묘한 입장에 있었다는 사실이다.

종교개혁 사상은 안트베르펜에서와 마찬가지로, 그단스크의 상인 지배층에게 금세 전파되었다. 성인聖人이라는 거추장스러운 귀족이 존재하지 않는 데다가 정직하고 꾸준한 노동이 신의 은총을 입증하는 세상을 이야기했으니, 이들이 프로테스탄트의 환영에 끌린 것은 어쩌면 당연한 일이다. 종교개혁의 초기에는 교회에서 권한이 (있다면) 누구에게 있는지, 신자들은 하느님과 (해야 한다면) 어떻게 상호작용할 수 있는지를 둘러싸고 일련의 논쟁이 이어졌다. 그러면서 북유럽 전역이 심각하게 분열되었다. 그러나 드부르 아르투사에서 그단스크의 일상을 감독하던 6개 기사단은 폴란드 왕실로부터 자유를 보장받았다. 안트베르펜의 시 지도자들은 그저 꿈만 꿀 수 있는 자치권이었다. 이런 자유 덕분에 그단스크는 프로테스탄트의 도래에 대해서 참신한 해법을 제시하게 되었다. 바로이 도시의 주요 교회에 가톨릭 성직자와 프로테스탄트 성직자를 한 명씩 두고, 양측 모두의 예배 장소로 공동으로 사용하는 방안이었다.[10]

다미앙은 올라우스, 요한네스 망누스와 금방 친해졌고, 이들과의 만남을 시작으로 평생 북부 지방에 매료되었다. 그중에서도 아직 기독교로 완전히 개종하지 않은 사프미(라플란드) 지역에 특히 관심이 많았다. 다미앙이 리투아니아를 지나는 여정에서 이미 감지했을 수도 있지만, 그는 틀림없이 올라우스를 통해서 기독교 세계의 북쪽 경계선이 얼마나 가까운지 뼈저리게 깨달았을 것이다. 리투아니아가 공식적으로 기독교로 개종한 지 150년이 채 지나지 않았던 터라, 올라우스는 폴란드 역사가 마

다음 쪽 : 최초의 스칸디나비아 상세 지도. 스칸디나비아 문화의 기록인 올라우스 망누스의 『카르타 마리나(Carta Marina)』의 일부.

치에이 미에호비타가 기록한 이 지역의 오랜 믿음들—불과 숲이 성스러운 존재이며, 그 안에 동물 신들이 존재한다는 믿음—이 표면 바로 아래에 남아 있다고 느꼈다. 요한네스 망누스 주교의 교구 최북단에 살던 사미족(라프족이라고 흔히 알려져 있었다)은 기독교의 하느님에 대해서는 전혀 알지 못했다. 다미앙은 올라우스를 만나고 2년 후, 그의 첫 출판물의 일부를 이 먼 곳에 살고 있으며 거의 알려지지 않은 민족의 명분을 옹호하는 데에 할애했다. 물론 그들의 이교도 신앙을 그대로 두어야 한다고 주장한 것은 아니었다. 그랬다가는 거의 이단 취급을 받았을 것이다. 그러나 스웨덴 귀족사회가 라프족의 땅을 계속해서 약탈하는 것을 정당화하기 위해서 그들에게 야만인이라는 딱지를 붙이는 것을 그는 강력히 규탄했다. 친구 올라우스 망누스의 뒤를 이어, 다미앙은 라프족에 관한 소책자에서 이들이 기독교로 개종하기를 바라는 마음을 표현했다. 그러면서도 그들의 문화에 관한 지식이 사라질 위기에 있다며 애통해했다.

올라우스는 이런 유산들이 남방의 책과 같은 종류의 책에 기록되지 않았다는 이유만으로 지식이 되지 못하는 것은 아니라고 주장했다. 아마도 북방 민족은 막대기와 바위에 룬 문자로 그들의 이야기를 적어두고 구전으로 그 이야기를 노래했을 것이다. 그런데 고대 로마보다 더 오래된 문화에서도 이와 똑같이 하지 않았던가? 메디아와 페르시아 사람들도 그들의 이야기를 옷에 짜넣지 않았던가? 칼데아 사람들은 나뭇잎에 글을 썼고, 또다른 민족들은 못을 알파벳으로 삼아서 나무 책을 만들지 않았던가? 올라우스가 웁살라 근처에서 만난 민속 천문학자들은 거인들의 발명품으로 여겨지는 북방 민족의 룬 문자를 여전히 사용하고 있었다. 북방 민족의 이야기는 자연석 위에 남자 손가락 굵기의 룬 문자로 기록되었다. 이와 함께 거대한 석조 기념물이 동반되는 경우도 많았다. 과연 이런 기록들은 잊히지 않도록 구해낼 만한 가치가 없는 것일까? 책이나 기록물 보관소에 이 기록들을 위한 공간을 할애할 가치가 없는 것일까? 망누스 형제가 기록한 이 세계는 서양의 기독교 왕국 바로 코앞에 있었지만, 상상도 할 수 없는 것들로 가득했다. 이 세계에서는 이방의 신들이 들어와도 기존의 신앙에 손쉽게 흡수되었다. 반면 신들의 습성이 잘 맞지 않는다고 판단되면 축출되었다. 심지어 스칸디나비아인들은 그들의 고유한 신들에게도 맞서서 전쟁을 벌인다고 알려져 있었다. 그들은 신과의 관계에 대해서 신에게 권력만 있는 것이 아니라 책임도 있다고 생각했다. 올라우스에 따르면, 우리 생각과는 달리 이들의 종교관이 기독교와 그리 다르지 않았다. 바벨 탑 역시 인류가 연합군을 이루면 천국의 전제적인 권력을 견딜 수 있으리라는 희망에서 건설된 것이다.[11]

다미앙도 북방 민족을 알려준 망누스 형제에게 답례로 무엇인가를 줄 수 있었다. 그는 안트베르펜으로 돌아가면 어린 시절 포르투갈 성에서 접했던 에티오피아 문화에 대한 소상한 정보를 보내주기로 약속했다. 아비시니아(에티오피아)의 엘레니 황후의 특사였던 마테우스가 사절단으로 리스보아를 방문했을 당시에 다미앙은 겨우 열두 살이었다. 그래서 이 특사의 모습과 수행원으로 그와 동갑내기 소년이 함께 왔다는 사실은 기억했지만, 무슨 일이 있었는지에 대한 기억은 당연히 희미했다. 다미앙은 불완전한 기억을 보완하기 위해서 마테우스가 에티오피아에서 가져온 서한들의 사본을 구해서 라틴어로 번역했다. 그런 다음, 라프족에 관한 소책자와 함께 이 서한들의 번역본도 출판하여 요한네스 망누스에게 헌정했다.

에티오피아와 라프족의 문화가 기묘하게 섞인 이 작품은 유럽 독자들이 구할 수 있는, 양측 문화를 다룬 최초의 서적이었다. 그뿐만 아니라 세상을 다른 방식으로 봄으로써 자신과 독자들이 알던 세상과 대비되는 모습을 발견하고 싶어하던 다미앙의 비범한 욕구를 보여주는 최초의 작품이기도 했다. 다미앙의 소책자는 그에게 더 넓은 무대로 나아가는 입문 역할을 했지만—이 작품은 안트베르펜과 런던에서 금세 재판再版에 들어갔다—문제가 없지는 않았다. 1514년에 마테우스가 리스보아에 도착한 것은 국왕 마누엘 1세의 기도에 대한 하느님의 응답이었다. 유럽인들은 수 세기에 걸쳐 사제왕 요한을 발견하기를 꿈꾸어왔다. 사제왕 요한은 동방 너머 어딘가에서 엄청나게 부유하고 강력한 기독교 왕국을 통치한다고 전해지던 전설 속의 왕이다. 유럽인들은 사제왕 요한이 유럽과 힘을 합쳐 이슬람을 포위하여 보편적인 기독교 제국을 실현하리라고 믿었다. 『성서』의 한 언어인 고대 칼데아어로 쓰였다는 마테우스의 서한에는 이슬람에 맞서는 동맹에 관한 이야기가 나온다. 에티오피아의 기독교에 대한 그의 기록을 보면, 이 머나먼 땅에서도—최소한 몇몇 측면에서는—유럽의 종교적 신념을 공유했다는 사실을 확인할 수 있다.

다미앙의 소책자가 성공을 거둔 것은 어느 정도는 반反프로테스탄트 승리주의 덕분이었다. 충실한 가톨릭 신자들이 에티오피아라는 평행세계에서 온전히 살아남은 아주 오래된 교회 전통을 보여주는 증거로 이 책을 사용할 수 있었기 때문이다. 그들은 머나먼 곳에 사는 에티오피아인들조차도 종교 분리를 주장하는 개혁론자들보다 교회의 유산을 공경하는 태도를 보여준다고 떠들어댔다. 그러나 이런 주장은 진실의 일면에 불과했다. 다미앙은 에티오피아인과 유럽 독자가 공유하는 부분에 초점을 맞추려고 노력했지만, 이 별세계의 낯선 모습이 거슬리기 시작하는 것을 막을 수는 없었다.12

에티오피아의 기독교인은 할례도 하고 돼지고기도 멀리했으며—이것은 유럽인이 유대인과 이슬람교도를 구별하는 대표적인 징표였다―세례도 평생 한 번이 아니라 매년 했다. 이런 차이점들은 신앙의 문제라기보다는 그저 관습의 문제로 간주되어 심각하지 않은 것으로 넘어갔다. 그들은 수 세기 동안 로마 가톨릭 교회에서 금했던 성직자의 결혼도 허락했다. 단식 역시 로마 가톨릭 교회에서보다 그들의 종교 생활에서 더욱 중심적인 역할을 했다. 유럽인들에게 가장 거슬렸던 부분은 아비시니아 왕국이 죄인들, 즉 이단자와 파계 사제를 처리하는 방식이었을 것이다. 아비시니아에서는 이런 죄인에게 주는 음식을 점점 줄여 일종의 의식처럼 굶겨 죽인 다음, 이로써 죄를 용서받았다고 간주하여 온갖 의례를 갖추어 슬퍼하면서 교회에 매장했다. 이런 방식은 "파문"의 의미를 문자의 뜻에 더욱 충실하게 해석한 것이었다. 파문의 원래 의미는 사형수를 탁자에서 몰아낸다는 뜻이다. 우려스럽게도 이것은 『성서』 해석에서 유럽과 에티오피아 사이의 간극이 크다는 방증이기도 했다. 에티오피아 교회가 1,000년간 로마와 접촉하지 못했고 동방 정교회의 길을 더 가까이 따랐다는 점을 고려했을 때, 아마도 이런 차이가 생기는 것은 피할 수 없었을 것이다. 그러나 에티오피아가 아무런 문제도 없는 기적과 같은 동맹이 되기를 바랐던 모든 사람은 실망할 수밖에 없었다.

그런데 이런 바람을 품었던 사람들은 조금 더 오랫동안 이를 외면하며 살 수 있었다. 특사였던 마테우스를 이런 실망을 덜어줄 희생양으로 삼을 수 있었기 때문이다. 우선 마테우스는 사실 에티오피아인이 아니었으며―이는 그의 누런 피부색으로도 드러났다―아르메니아인에 더 가까웠다. 나라 없는 비범한 민족이었던 아르메니아인들은 (서양의 유대인처럼) 세계를 연결하는 연결 고리가 되어 동방에서 거대한 세력을 이루고 있었다. 다미앙은 어린 시절에 알게 된 마테우스에 대한 믿음을 저버리지 않았다. 그는 엘레니 황후가 아비시니아의 귀족 대신에 마테우스를 특사로 보낸 이유는 그가 완벽한 중개자의 자질을 갖추었기 때문이라고 주장했다. 특히 그는 아랍어와 페르시아어에 능통했던 덕분에 상인으로 위장한 채 이슬람권인 아덴을 거쳐 고아의 포르투갈 주둔지까지 갈 수 있었다. (다미앙의 애정 어린 표현을 빌리면) 그는 튀르크인들 사이에 섞여 있어도 튀르크인처럼 보일 정도였다. 그러나 그가 고아에 도착하자 곧 소문이 돌기 시작했다. 그는 대사가 아니며, 오히려 그와 동행하는 아비시니아 사람들을 납치한 불청객이라는 소문이 말이다. 이 때문에 마테우스는 고아에서 리스보아로 오는 도중에 매우 고약한 푸대접을 받았다. 그는 포르투갈에 도착하자 이 일을 격하게 따졌다. 그리고 이는 에티오피아에 대한 그의 이야기를 묵살하려던 사람들에게 좋은 공격 수단이 되었다. 결국에는 마테우스를 둘러싸고 조금 더 복잡한 진실―마테우스가 진짜 특사인 것은 맞지만, 에티오피아 궁정에서 둘로 갈라져 싸우던 파벌 중에 한쪽이 파견한 특사였을 뿐이라는 사실―이 밝혀졌다 (이를 위해서 다미앙도 어느 정도 힘을 보탰다). 그러는 동안 다미앙은 유럽에 에티오피아 문화를 소개하려고 했으나 근거로 삼을 자료가 부족했다. 그러나 오래지 않아 그는 일축하기 어려운 에티오피아 자료를 손에 넣게 되었고, 이것 때문에 포르투갈 종교 당국과 처음으로 충돌하게 되었다. 그래도 다미앙은 지금 당장은 또다른 세계에 마음껏 몰두했다. 에티오피아와 사프미 지역, 히에로니무스 보스와 다성음악을 잠시 뒷전으로 미루게 만든 이 세계는 새로운 경이로움으로 가득했다. 이 경이로운 것들은 유럽이라는 팽이를 계속 회전시켰고, 아직은 어디에서 팽이가 쓰러지게 될지 알 수 없었다.[13]

6

타락한 자들

인도로 향하는 카몽이스의 여정은 처음부터 형편없었으며 꾸준히 최악으로 치달았다. 선단이 리스보아를 떠나기도 전에, 선적 중이던 상 안토니우 호에 화재가 발생하는 바람에 전체 선단 규모가 네 척—산타 마리아 다 바르카 호, 산타 마리아 두 로레투 호, 콘세이사우 호, 그리고 선단을 지휘하는 기함 상 벤투 호—으로 줄고 말았다. 이 네 척의 배는 인도로 가는 표준 항로인 카헤이라 다 인디아를 따라 출항했다. 1497년에 바스쿠 다 가마가 개척한 이 항로는 마침내 포르투갈이 대서양 동부 항해의 부진을 떨쳐버릴 돌파구가 되었다. 그전까지 거의 한 세기 동안 아프리카 일주에 대한 집착은 고통스러울 정도로 천천히 진전을 보였다. 많은 고대 역사가들에 따르면 고대에도 그리스와 페니키아, 심지어 이집트 사람들이 지브롤터 해협을 돌아서 아프리카를 둘러 홍해로 갔다고 한다. 그러나 그들의 항해 방법과 항로는 남아 있지 않다. 그래서 포르투갈인들은 남쪽으로 조금씩 전진하는 방식으로 항로를 개척했다. 점차 남쪽으로 내려가면서 그들은 도착하는 곳마다 표석 파드랑padrão—포르투갈에서 가져온 돌 십자가로, 이 땅을 "발견했다"는 선언을 그 위에 라틴어와 포르투갈어, 아랍어로 새겼다—을 남겼다. 근대 앙골라에는 1483년에, 케이프 크로스(나미비아)에는 1486년에, 희망봉에는 1488년에 도착해서 표석을 세웠다. 이렇게 표석을 세우는 행위는 리비아 베르베르족의 관습으로부터 영감을 받은 것으로 보인다. 베르베르족은 영토를 넓힐 때마다 현지 문자로 영유권을 주장하는 내용을 새긴 기둥을 세웠다. 포르투갈인들이 아랍어로도 선언을 남긴 것으로 보아, 그들의 주장에 이론異論을 제기할 것이라고 느낀 대상이 누구였는지 분명히 알 수 있다. 1485년 콩고 강에 남긴 십자가에는 이렇게 적혀 있다.

천지창조 후 6685년, 그리스도의 탄생 후 1485년, 포르투갈의 걸출한 국왕 D. 주앙 2세의 명에 따라 이 땅이 발견되었으며, 왕명에 따라 왕실 기사 디오구 캉이 이 표석을 세웠도다.

그러나 포르투갈인이 집착했던 전형적인 이야기들의 진실이 무엇이든 간에, 색다른 항해 비법을 암시하는 이야기는 없었다. 포르투갈인들의 항해법은 영웅 전설처럼 회자되던 아프리카 일주 항해를 너무 일상적이지는 않더라도 일개의 평범한 사건으로 만들었다. 그때까지는 후끈거리는 열기에 물자가 금세 동이 나는 가운데에 해안을 따라서 고통스럽게 천천히 내려왔다면, 이제는 이 과정을 건너뛸 수 있게 되었다. 멀리 대서양 가운데로 충분히 깊이 들어가면 남쪽 해류를 타고 희망봉으로 갈 수 있었기 때문이다. 그런데 인도를 목적지로 삼은 선박들이 워낙 대서양 멀리까지 들어가다 보니, 얼마 지나지 않아 우연히 브라질을 발견하는

일이 벌어지기도 했다.[1]

　그러나 선박과 선원을 예측할 수 없는 바다로 내보내는 이 지름길은 다 가마에게 그랬듯이 카몽이스에게도 순탄하지 않았다. 1553년 선단은 항해 초기에 흩어지게 된 탓에 목숨과 화물을 지키기 위해서 각자도생해야 했다. 카몽이스는 이때 처음으로 외해를 항해했다. 그는 『루지아다스』에서 다 가마가 대서양을 건너가는 장면을 묘사하다가 이 지점에서 잠시 멈추었다. 그러고는 이 같은 검은 폭풍, 어두운 밤, 세상을 뒤흔드는 천둥을 글로만 아는 사람들을 조롱했다. 안락한 도서관에 앉아 책을 읽으며 의혹을 품는 것은 쉽다. 그러나 그는 (그에 따르면) 폭풍과 바람과 비바람과 슬픈 신음이 휘몰아칠 때, 선원들이 성스럽게 생각하는 생생한 빛을 두 눈으로 직접 보았다. 성 엘모의 불이라고 알려진 정전기에 대한 이 기억도 그렇지만, 카몽이스가 자전적으로 묘사한 부분은 그가 언제 어디에서 경험한 것인지 좀처럼 정확하게 알 수 없다. 다만 많은 경우 다 가마의 이야기를 하다 보니 같은 장소에 대한 그의 기억이 되살아난 것은 분명하다. 그는 용오름 현상을 묘사하면서 글에만 정통한 사람들을 비난하는 장광설을 계속 늘어놓는다. 구름바다가 거대한 빨대로 바다를 빨아올리는 모습을 목격하다니, 이는 숭고한 기적이자 진정한 놀라움의 원천이다. 나는 이 올라가는 물기둥을 똑똑히 보았다. 공중에 증기 같기도 하고 가는 연기 같기도 한 것을 바람이 휘젓고 있었다.……물기둥은 조금씩 커지더니 큰 돛대만큼 굵어졌다. 이쪽으로 가서는 조금 더 가늘어지고, 저쪽으로 가서는 조금 더 굵어졌다. 파도를 깨뜨리며 크게 벌컥벌컥 물을 빨아들였다. 그러자 그 위로 이 엄청난 양의 물을 먹고 구름이 점점 크게 자랐다.……마치 극심한 갈증에 목이 탄 거머리가 소의 피를 빨아 먹듯이. 난파에 대한 공포를 늘 품고 살던 사람들 대부분은 마음속에 돌덩이가 들어앉아 있는 기분을 느꼈으리라. 조난 사고가 거의 가족 전통과 같았던 카몽이스는 아마도 더 심하게 느꼈던 것 같다. 카몽이스의 아버지는 인도 해안가 앞바다에서 타고 있던 배가 침몰한 뒤 곧 사망했다. 이 참사로 시인 카몽이스의 어린 시절은 친척들의 도움에 의존하는 삶이 되고 말았다.[2]

카몽이스가 유럽을 떠나 있던 17년 동안, 그의 시는 젊은 시절의 평범함을 벗어버리고 힘 있고 독창적인 목소리로 탈바꿈했다. 특히나 바다를 소재로 했을 때의 그의 목소리는 더없이 생생했다. 박물학자 알렉산더 폰 훔볼트는 그를 가리켜서 위대한 바다 화가라고 불렀다. 물의 세계를 공기와 바다 사이의 멈출 줄 모르는 상호관계로 표현한 그의 글이 타의 추종을 불허했기 때문이다. 허먼 멜빌은 카몽이스의 시를 바다의 서사시라고 했다. 그런데 카몽이스의 글들 중에서 가장 눈에 띄는 글이 지어낸 이야기이거나 뱃사람의 현실적인 삶이 그럴듯한 이야깃거리가 될 만큼 영웅적이지 않을 때 불편한 진실을 감추기 위한 허세인 경우도 많았다. 다 가마의 이야기가 확실히 그런 경우였다. 포르투갈 선단이 남대서양 폭풍을 헤쳐나간 결과가 딱히 승리로 끝나지 않았을 뿐만 아니라, 오히려 다 가마의 배가 웨스턴 케이프로 되돌아가게 되었던 것이다. 예전의 연안 항로보다 속도는 확실히 빨라졌지만, 바르톨로메우 디아스가 10년 전에 도달했던 지점보다 더 멀리 나가지는 못했다. 그런데 최악은 따로 있었다. 그 지역 원주민과의 첫 만남이 그야말로 완전한 재앙으로 끝난 것이다. 다 가마 일행은 그들이 산타 헬레나라고 이름 붙인 만에 닻을 내린 뒤, 상륙부대를 선발로 보냈다. 그곳에서 이들은 벌집을 연기로 훈증하던 두 명의 남성을 만났다. 정보를 캐묻기 위해서 한 명을 납치했지만, 의사소통이 되지 않아 다음 날 옷을 비롯한 여러 가지 선물을 안겨주고 그를 풀어주었다. 이 접근법은 분명 효과가 있었다. 다음 날이 되자 근처

마을에서 대표단이 오더니 포르투갈 일행을 마을로 초대했다. 그런데 이 임무에 자원한 페르낭 벨로주라는 자가 그만 겁을 집어먹고 말았다. 바다사자 구이를 대접받아서 그랬는지, 아니면 너무도 심한 이질감을 느껴서 그랬는지는 모르겠다. 그는 갑자기 내달리더니 그곳을 벗어나 선단으로 돌아갔다. 그를 초대했던 원주민들은 자신들이 그를 억류했다고는 생각조차 하지 않았는데 말이다. 그러면서 소란이 일었고, 그 과정에서 바스쿠 다 가마가 허벅지에 부상을 입었다. 이렇듯 다 가마가 항해 중에 경험한 원주민들과의 첫 번째 접촉은 경이로움이나 영웅심이 느껴지는 순간이 아니었다. 오히려 위대한 시의 소재로 삼기 힘든 어리석은 오해의 순간이었다.[3]

　카몽이스의 선단에 소속된 선박들은 뿔뿔이 흩어졌지만, 결국에는 희망봉을 돌아 각각 모잠비크 섬에 도착했다. 모잠비크 북부에 있는 모잠비크 섬은 다 가마 시절 이후로 남인도양에서 포르투갈의 주요 기착지 역할을 했다. 반세기 전의 다 가마와 마찬가지로 카몽이스도 인도로 가는 초기 항해를 기독교 왕국과 포르투갈의 승리로 규정하기에는 또다른 문제가 있음을 금세 알게 되었다. 대서양 서쪽으로 진출한 스페인 탐험가들은 미지의 땅을 발견했음을 알리고, 이 신세계를 스페인의 기술력으로 정복했다. 이에 반해, 다 가마가 희망봉을 돌자마자 만난 사람들은 이미 지구 대부분을 연결하는 해양 연결망에 속해 있었다. 이런 연결망 안에서 포르투갈은 거의 두각을 나타내지 못했다. 비단옷이 많이 보이고 아랍어가 점점 유창하게 들리는 것으로 보아, 다 가마는 인도로 가는 길을 제대로 찾았다고 확신할 수 있었다. 그러나 이내 전 세계의 문화들이 밀려들면서, 이미 자리를 잡은 거대한 무역 공동체 안으로 포르투갈이 진입하고 있음이 확실해졌다. 소팔라(모잠비크 동남부/역자)의 상인들은 인도의 구자라트 왕국과 교역 관계를 맺은 지 이미 오래였다. 이들은 구자라트에서 염료로 물들인 옷감을 들여와 풀어서 실로 만든 다음, 현지 취향에 맞게 새로 옷감을 짰다. 이들은 튀르크에서 유행하는 양식도 매우 좋아했다. 소팔라에서 북쪽 해안을 따라 위로 올라가면 나타나는 킬와 섬(탄자니아 남부 해안/역자)에서는 황금 장신구를 거래해서 마다가스카르 섬으로 보냈다. 마다가스카르 섬에서 바다 건너에 있는 케냐 해안에 자리한 게디의 술탄들은 자신의 모스크와 궁전을 중국산 도자기와 베네치아산 유리로 치장했다. 동아프리카에 도착한 포르투갈인들은 동방으로 가면 그들처럼 **태양의 피부색**을 가진 사람들이 산다는 말을 들었다. 그러나 그 사람들을 15세기 초에 이 지역을 꾸준히 드나들던 중국 선박들과 아직은 연결지어 생각하지는 못했다. 이 항로는 잠시 끊어졌지만, 중국인들은 머지않아 말린디(케냐 남동부/역자)로부터 난징에 있는 명나라의 영락제에게 기린을 보내기 시작했다. 기린의 우아한 걸음걸이로 보아 이 동물은 중국의 전설에 등장하는 기린이 확실했다. 이 천상의 동물은 아무것도 다치지 않도록 주의를 기울여 발아래 풀도 거의 밟지 않았다. 그뿐만 아니라 포르투갈인들은 가는 곳마다 아랍어가 이미 교역어로 자리를 잡았음을 알게 되었다. 그래도 그들은 발길이 닿는 곳마다 영유권을 주장하는 파드랑을 세웠으나, 자신들에게는 이 세계에 부여할 만한 참신하거나 놀라운 것은 거의 없음이 분명했다.[4]

그렇다고 동아프리카의 비밀스러운 곳 대부분이 외부인의 손에 넘어갔다는 말은 아니다. 아랍과 인도 상인들은 수 세기 동안 계절풍을 타고 아프리카 동부 해안에 도착해서 옷감과 완제품을 주고 상아와 노예로 맞바꾸었다. 그런데 이들의 활동은 대개 항구에만 국한되어, 내륙 지역은 외지인에게 거의 알려지지 않은 상태로 남아 있었다. 외지인들은 내륙으로 들어가는 데에 필요한 도구도 전혀 없었다. 카몽이스는 므웨네 무타파Mwene Mutapa(무타파 제국의 통치자)의 제국에 대해서 두아르트 바르보자의 인도양 안내서를 보고 이미 알고 있었거나 아니면 모잠비크에서 전해 들었던 것 같다. 므웨네 무타파는 포르투갈인들이 도착하기 전까지 동부 해안을 다스린 통치자였다. 알려진 바에 따르면, 이 왕국의 둘레는 놀랍게도 800리그(3,800킬로미터/역자)에 달했다고 한다. 이것은 끊임없이 황금을 공급하던 이 왕국의 속국들은 포함하지 않은 수치이다. 왕은 짐바오쉬라는 도시에서 바깥세상과 단절된 채 살았다. 공물을 가득 실은 행렬이 그의 방 창문 아래를 지날 때 소리는 들렸지만, 모습은 한 번도 공개되지 않았다. 약 5,000명 혹은 6,000명의 여성 전사들로 이루어진 군대가 그를 지켰다. 왕에게 충성심을 보이기 위해서 각 가정에서는 매년 한 번씩 화롯불을 모두 끈 다음, 왕의 횃불을 든 사람에게서 새로 불을 받아야 했다. 그렇게 하지 않으면 역적으로 몰려서 밟혀 죽었다. 현지 문명은 매우 유서가 깊은 것으로 알려졌다. 다미앙은 부투아 왕국의 궁전을 언급하기도 했다. 그에 따르면 이 궁전은 모르타르가 필요 없을 정도로 석조로 정교하게 지어졌으며, 입구에는 더는 알아볼 수 없을 정도로 오래된 글귀가 새겨져 있었다고 한다. 다미앙이 아무리 열린 마음의 소유자였더라도, (천지학자 대부분이 그랬듯이) 그 역시 다른 문화의 가치를 평가할 때에는 자신이 속한 문화에서 유래된 기준을 반사적으로 적용했다. 15세기와 16세기의 유럽 여행자들은 흔히 농업과 문해력, 다듬은 돌로 지은 석조 건물이 문명화된 민족을 나타내는 가장 확실한 표시라고 생각했다. 이에 반해서 아랍 천지학자 이븐 할둔(이슬람 역사를 집대성한 14세기 아라비아 최고의 역사철학자/역자)은 유목 생활과 결핍이 우월한 사람을 만든다고 생각했다. 잘 먹고 사는 도시 거주자는 **마음이**

무디고 몸이 거칠다는 이유였다.[5]

포르투갈인들의 마음에 미지의 아프리카 내륙에 대한 깊은 공포가 새겨진 데에는 카몽이스가 그 지역을 지나던 바로 그때 모잠비크의 여러 항구로 흘러들어오던 이야기가 한몫을 했다. 이 이야기의 중심에는 그 전해에 본국으로 귀항하던 인도 선단이 있었다. 이 선단은 그때까지 가장 호화로운 화물을 싣고 1552년 초에 코친을 떠났다가 돌아올 예정이었다. 화물 가운데 후추는 아라비아 해에서 오스만 제국과의 전쟁이 이어지면서 교역이 매우 느려져서 1만2,000아로바(약 176톤)만 실렸지만, 황금과 보석은 약 10만 크루자두어치에 달했다. 그런데 조타수의 충고에도 불구하고 선장 마누엘 드 소자 세풀베다는 육지를 잘 보려는 생각에 갈리온 선 1척과 나오 선(카라크 선/역자) 1척으로만 구성된 작은 규모의 선단을 이스턴 케이프 가까이 접근시켰다. 그리고 돌풍에 휩쓸려 결국에는 방향타와 돛대, 돛이 파손되고 말았다. 훗날 카몽이스는 폭풍 한가운데에서 희망봉 주변의 폭풍에 대해 이렇게 썼다. 이 세상이라는 기계가 고통 속에서 스스로 파멸하는 것처럼 보였다. 드 소자의 선단은 오늘날의 이스턴 케이프 트란스케이 지구에 있는 한 해안에—그의 아내 레오노르, 자녀들, 보물과 더불어—장정 500명을 간신히 상륙시킬 수 있었다. 애초의 계획은 상륙 후 작은 배를 만들어 귀항해서 이곳에 대한 경각심을 일깨우는 것이었다. 그러나 폭풍으로 인해서 남자 팔뚝보다 굵은 목재라고는 남아 있지 않아 이 계획은 포기해야만 했다. 나무통과 상자로 만든 요새에서 며칠을 지낸 후, 이들은 모잠비크 남부의 템브 강에 있는 가장 가까운 포르투갈 주둔지까지 육로로 걸어가기로 했다. 해안을 따라 배로 가는 거리는 약 965킬로미터였으나 그들은 내륙으로 우회하여 거의 두 배에 달하는 거리를 걸어야 했다. 일행은 포르투갈인 180명과

노예 300명으로 구성되었는데, 노예들 몇 명이 드 소자의 아내와 아이들을 가마에 태워서 이동했다.[6]

배에서 건진 쌀과 관목 열매, 해안에서 채집한 해산물로 영양을 보충한 덕에 거의 한 달은 버틸 수 있었다. 그러나 교역할 대상을 찾지 못하면서, 자포자기하는 마음이 자리 잡기 시작했다. 가장 먼저 잃은 것은 드 소자의 정부(아마도 인도 여성이었을 것이다)가 드 소자와의 사이에서 낳은 아이였다. 이 아이를 태우고 가던 노예는 가던 길을 멈추고 쉬다가 대열에 합류하려고 했지만, 밤이 되자 수풀 사이에서 실종되고 말았다. 드 소자는 새파랗게 질려서 누구든 돌아가 그들을 찾으면 500크루자두의 상금을 주겠다고 제안했다. 다미앙이 히에로니무스 보스의 걸작에 지불한 것보다 두 배나 많은 금액이었다. 그러나 이렇게 많은 돈을 준다고 해도 일행에서 뒤처진 사람을 꼬박꼬박 잡아먹던 포식동물과 대면하려는 사람은 없었다. 이런 포식동물에는 사자와 "호랑이"(포르투갈인들은 아직 정체가 밝혀지지 않은 줄무늬 하이에나를 호랑이라고 불렀다)가 있었다. 이때부터 악몽 같은 인플레이션이 시작되었다. 얼마 지나지 않아, 물은 1파인트에 10크루자두에 거래되었고, 누구든지 수풀을 헤치고 들어가 개울물을 길어와서 가마솥을 채우면 100크루자두를 벌 수 있었다. 이제는 버려진 것을 찾아 먹는 것에 전적으로 의존하게 되었고, 찌꺼기 거래가 활발해졌다. 15크루자두를 내면 말린 뱀 가죽을 살 수 있었다. 이것을 부수어서—또 10크루자두를 주고 구한—물과 섞어서 음식을 만들면, 고아에서 한 달간 먹고 살 수 있는 것보다 25배 더 비싸게 팔 수 있었다.

석 달 넘게 흐른 어느 날, 뜻밖에도 일행은 총가족의 나이 많은 족장을 만나게 되었다. 그는 놀랍게도 자기 이름이 가르시아 드 사라고 소개했다. 이 이름은 그가 도왔던 포르투갈 중개인 두 명이 경칭으로 붙여준 것이라고 했다. 그는 자신이 족장인 마을 두 곳에서 그들 일행 모두에게 숙소를 제공하겠다고 제안했다. 그러면서 부디 강을 건너 북쪽으로 계속 올라가지 말라고 당부했다. 강 너머에 있는 왕국은 외지인에게는 위험하다고 했다. 그러나 드 소자의 판단력이 흔들리기 시작했다. 그는 이 족장이 그저 정치적 야심 때문에 그들을 붙잡아두려고 한다고 의심했다. 드 소자는 강을 건널 운송 수단을 구해야 한다고 고집했다. 그는 이 강이 그들이 찾던, 그들을 해안으로 데려다줄 강의 지류 중 하나라는 사실을 깨닫지 못했다. 일행은 간신히 강의 그다음 지류에 도착했지만, 모든 기록에 따르면 마누엘 드 소자는 그만 실성해버린 것 같다. 그는 고용한 현지 뱃사공들이 자신에 대한 반역을 꾸미고 있다며 그들에게 칼을 겨누었다. 당황한 뱃사공들은 강으로 뛰어들어 헤엄쳐 달아나버렸다. 저 멀리 해안에 도착하자, 한 마을에서 그들에게 먹을 것과 잠잘 곳을 제공하겠다고 했다. 단, 작은 무리로 나뉘어야 하고 무기도 버려야 한다고 했다. 현지인들이 무기 때문에 겁이 나서 물자를 가지고 가까이 접근하기를 꺼린다는 이유였다. 드 소자는 아내와 장교들의 간청에도 불구하고 그 제안을 받아들였다. 그다음에 벌어진 일은 다음과 같다. 그들은 가진 것을 모두 빼앗기고 알몸으로 수풀에 버려졌다. 드 소자의 아내는 알몸이 수치스러워서 수풀 안에서 허리까지 몸을 감추고 밖으로 나오지 않으려고 했다. 드 소자는 아내와 아이들에게 줄 음식을 구하려고 미친 듯이 애썼지만, 아무런 소용이 없었다. 그들은 모두 죽고 말았고, 드 소자도 수풀 안을 떠돌다가 다시는 모습을 드러내지 않았다. 희망봉에 상륙한 500명 가운데에 25명만이 겨우 모잠비크에 도착했다. 노예 14명, 포르투갈인 8명, 도나 레오노르 드 소자의 몸종 3명이었다. 모잠비크에 도착하고 얼마 뒤, 드 소자의 선단 중에 두 번째 선박의 선장과 조타수가 그들이 겪은 이 불행한 사고의 경위를 상세히 기록으로 남겼다. 얼마 지나지 않아 이 이야기는 고아에 널리 퍼졌다. 생존자들의 입을 통해서 전달되기도 했고, 인도 최초의 인쇄물들 가운데 하나였던 싸구려 책자에 실리기도 했다. 나중에 카몽이스는 그의 『루지아다스』에 이 이야기를 녹여 담아 포르투갈 모험가들이 동방으로 가는 여정에서 직면했던 위험을 보여주었다. 시간이 지난 후, 이 이야기는 당대의 가장 유명한 항해 이야기가 되어 다수의 희곡과 한 편의 서사시의 소재가 되었고 여러 언어로 재가공되어 전해졌다.[7]

그런데 이 일화에 관한 모든 기록이 서로 일치하는 것은 아니다. 카몽이스는 굶주린 대원들끼리 미친 듯이 금화를 주고받던 이야기, 즉 황금이라는 이 대단한 가치를 지닌 부富가 육신의 기본 욕구와 견주어 한낱 보잘것없는 쓰레기 같은 존재로 전락한 이야기는 자세히 설명하지 않았다. 인쇄된 기록물들 어디에도, 마누엘 드 소자가 이야기에서 퇴장하기 직전에 돈의 소유자가 바뀌었다는 것에 대한 언급은 찾아볼 수 없다. 이는 조타수(생존자들은 그에게 난파에 대한 책임이 전혀 없다고 보고했다)가 재산이 최소 1,000크루자두 더 불어난 상태로 모잠비크로 돌아왔음을 의미했다. 그런데 이 이야기의 뒤를 이은 흥미로운 속편이 하나 더 있다. 여기에서는 원정대의 2인자였던 판탈레앙 드 사라는 사람이 다른 사람들보다 조금 늦게 모잠비크에 도착하게 된 사연이 소개되어 있다. 수풀 속에서 헤매던 그는 우연히 거대한 궁전에 도달했다고 한다. 그곳에서 판탈레앙은 왕이 부상을 당한 이후 치료를 받지 못해 죽어가고 있다는 소식을 듣고서 마지막으로 그의 운명의 주사위를 던졌다. 그는 자신이 의사이며 왕을 치료할 수 있으니 먹을 것만 달라고 했다. 이런 허풍을 뒷받침할 실제 의학적 지식이 전혀 없었지만, 그는 찜질약 만드는 법을 알려주었다. 흙에 소변을 누어 만든 진흙으로 반죽을 만들고, 이것을 왕의 상처에 붙이라고 했다. 이 이야기의 마지막 부분은 능란한 이야기꾼이 지어낸 흔적이 물씬 난다. 판탈레앙은 먼저 왕에게, 그다음에는 자신에게 찾아올 죽음을 참을성 있게 기다렸다고 한다. 그런데 며칠 후, 환희에 찬 인파가 몰려왔다. 그리고 왕이 기적적으로 치유되었다는 소식을 전했다. 그들은 판탈레앙을 제단으로 데려가 신처럼 숭배했다고 한다. 이 이야기에 따르면, 왕은 고마운 마음에 판타레앙에게 남아서 왕국의 절반을 통치해달라고 청했다. 그러나 그는 제 살붙이를 다시 보고 싶은 마음에 이 제안을 정중히 거절하고, 황금과 보석을 잔뜩 받아들고 떠났다. 판탈레앙의 소변 이야기에 그 누구도 의구심을 품지 않은 것 같다. 유사한 부분이 많은 아서 왕의 전설 속 어부왕 이야기와 연결지어 생각한 사람도 없었다. 그가 얻은 부를 모잠비크 내륙에 사는 가혹한 자들이 드 소자에게서 갈취한 것으로 보이는 보물과 연결짓는 사람도 없었다. 이 이야기는 적어도 한 가지 면에서 카몽이스에게 유익한 교훈을 주었다. 위대한 무명 작가의 이야기를 끌어다 쓸 때에는 사람들이 이야기를 확인하거나 반박할 가능성이 거의 없다는 사실이었다. 그러면 이야기꾼은 상황에 따라 얼마든지 자유롭게 이야기를 지어낼 수 있었다. 혹은 당대의 어느 작가의 표현대로, 위대한 여정은 위대한 거짓말로 이어지는 법이었다.[8]

　포르투갈의 인도 항해를 전설과 연관시키기로 작정한 사람들은 때마침 남반구에서 이루어진 발견―정확히 말하면 재발견(프랑스의 천문학자 니콜라 라카유가 희망봉에서 남반구의 항성을 조사하여 별자리를 새로 설정한 것을 말한다/역자)―을 즉시 활용했다. 아르고 자리는 2세기 말 프톨레마이오스가 기록한 뒤로 유럽인이 목격한 적 없던 별자리였는데, 이 별자리가 재발견되는 일이 벌어진 것이다. 그러자 확증이 필요했던 사람들은 이 사건을 유럽인들이 이아손 일행의 전설적인 항해를 재개하고 있다는 증거로 삼았다. 아르고는 이아손 일행이 타고 떠난 거대한 배의 이름으로, 음유시인 오르페우스와 반신반인인 헤라클레스도 그 일원으로 이 배에 올랐다. 훗날 이 아르고 호는 별자리가 되어 불멸의 존재가 되었다. 아르고 호 원정대가 찾던 것─콜키스 왕국의 나뭇가지에 걸려 있다는 황금 양모─은 그 소유자에게 거대한 부_富_뿐만 아니라 용의 이빨을 심은 땅에서 자라난 병사들도 약속했다. 이 이야기는 마치 기적처럼 포르투갈인들이 찾던 것과 꼭 들어맞았다. 고대 로마의 시인 베르길리우스도 일찍이, 때가 되면 바다가 남자들을 유혹하여 다시금 전설의 항해를 떠나게 만들 것이고 그러면 또다른 아르고 호가 선택받은 영웅들을 태우고 갈 것이며, 위대한 아킬레우스가 다시 트로이에 파견되면 또다른 전쟁이 일어날 것이라고 예언했다. 당연하게도 포르투갈인은 자신들이 이 예언의 주인공이라고 생각했던 것 같다. 그러나 아르고 자리에 있는 배가 인도가 있는 동쪽을 향했는지, 아니면 아메리카의 스페인 점령지가 있는 서쪽을 향했는지를 놓고는 어느 정도 의견이 갈렸다. 부르고뉴에서 십자군 기사단으로 설립된 황금 양모 기사단은 세계를 향한 유럽의 팽창을 나타내는 상징으로서 새 생명을 얻었다. 심지어 다미앙은 카를 5세가 브뤼셀에서 국왕 마누엘 1세를 기사단원으로 받아들일 때 그곳에 있었으며, 이 단체의 예배를 위해 황금 의복을 구하기도 했다. 이아손의 항해를 다룬 고전인 아폴로니오스 로디오스의 『아르고나우티카_Argonautica_』는 기원전 3세기에 사서이자 저자인 아폴로니오스가 위대한 알렉산드리아 도서관에서 발췌한 것이라고 알려져 있다. 『아르고나우티카』는 1490년대의 항해 이후 폭발적인 인기를 얻었고, 유럽 전역에서 학자들의 연구 대상이 되었다. 포르투갈 대학교들도 연구 열풍에 동참하여 혹시나

이 이야기에 숨어 있을지 모르는, 고대 항해와 관련된 단서를 찾는 데에 매진했다. 다미앙도 이 이야기를 읽었다. 다만, 그의 주요 관심사는 아르고 호의 영웅들이 아프리카에서 만났다고 추정되는 인어들이었다.[9]

바스쿠 다 가마가 모잠비크에서 아라비아 해 교역망과의 연결고리를 만들어놓자, 동아프리카 해안을 따라 조금씩 올라오던 포르투갈인에게는 바다 건너 인도로 안내할 조타수를 찾는 일이 숙제가 되었다. 마침내 그들은 말린디에서 말레모카나카라는 구자라트 출신 조타수를 구해서, 23일간의 무탈한 항해 끝에 말라바르 해안에 있는 코지코드에 도착했다. 포르투갈인들로서는 계절에 따라 바람의 방향이 바뀌는 계절풍을 처음으로 경험한 셈이었다. 계절풍은 1년 중에 절반은 인도에서 아프리카로 선박들을 빠르게 날랐고, 그다음에는 방향을 바꾸어 말라바르 해안으로 선박들을 밀어 보냈다. 그러나 포르투갈인들은 한참이 지나서야 이 계절풍을 거슬러 항해하는 것이 무의미하다는 사실을 받아들였다. 1498년 5월 17일, 그들의 시야에 코지코드가 들어왔다. 그러나 (어느 타밀 시인의 표현처럼) 감겨 있던 금속 사슬이 하늘에서 풀려 내려오듯이 비가 세차게 쏟아지는 바람에 처음에는 알아보기가 힘들었다. 하늘이 개자 그들의 기도에 대한 응답을 받은 것처럼 보였다. 처음에는 포르투갈 통역가가 말하는 마그레브 아랍어를 현지인들이 이해하는 데에 다소 어려움이 있었다. 그때 한 남자가 재빨리 상인들 쪽으로 다가왔다. 그는 통역가의 말을 알아들을 뿐만 아니라 카스티야 스페인어까지 할 줄 알았다. 튀니지 출신인 그는 오랑(알제리 서부의 항구도시/역자)에서 포르투갈 상인들과도 거래를 많이 했다고 했다. 이븐 타이입(포르투갈인들은 "몬사이

이전 쪽 : 「황금 양모를 들고 돌아오는 이아손」. 우고 다 카르피(1480~1532)의 작품.

드"라고 불렸다)이라는 이 남자는 세계에서 가장 부유한 항구에 도착한 것을 축하하면서, 약 24킬로미터 내륙으로 들어가면 나오는 도시인 파탄에 있는 궁에서 사는 현지 자모린(통치자)과의 사이를 중개하는 역할을 하겠다고 제안했다. 포르투갈인들은 현지에 기독교 공동체가 있다는 말도 들었다. 이는 사도 토마가 정말로 인도까지 와서 이 낯선 땅에 복음을 전파했다는 증거였다. 또한 (포르투갈인이 제멋대로 믿은 대로) 아시아가 포르투갈인들의 적인 이슬람 세력과 그들이 간절히 기다리던 기독교 동맹으로 완전히 나뉘어 있다는 증거도 되었다.[10]

자모린을 알현하는 일정이 금세 잡히자 다 가마는 설레는 마음에 배에서 내리는 데에 동의했다. 그때까지의 여정에서 그가 지켰던 규칙, 즉 항상 승선한 상태를 벗어나지 않는다는 규칙을 저버린 결정이었다. 포르투갈의 고위급 선원들은 가마를 타고 이동했지만, 이미 지쳐 있던 보병들은 이들을 따라가느라 분투해야 했다. 일행은 기운을 차리기 위해서 카포타티에 잠시 멈추어 한숨 돌린 다음, 겉을 나뭇잎으로 싼 배를 타고 상류로 올라갔다. 수도원처럼 보이는 곳에 도착하자, 그곳의 주인이 잠시 발걸음을 멈추고 성공적인 여행이 된 것에 감사를 드리자고 제안했다. 다미앙은 이런 사건들을 꼼꼼하게 재현하면서, 포르투갈 대표단이 이곳을 매우 중요한 장소로 생각했다고 기록했다. 얼핏 보기에는 기독교적이고 경건한 순례지가 분명하다고 생각한 것이다. 교회 종탑과 마찬가지로 이곳에도 입구 위에 종이 있었고 심지어 꼭대기에 수탉이 달린, 첨탑처럼 생긴 기둥도 있었다. 그들이 만난 성직자들은 허리 위로는 알몸이었지만, 가톨릭 사제가 영대領帶를 두르듯 천을 걸치고 있었다. 그러면서 손님들의 고향 포르투갈에서와 마찬가지로 히솝 가지에 물을 묻혀 이들에게 뿌리고 백단유로 성유를 발라주었다. 포르투갈 일행은 넓은 수녀원 크기의 건물로 안내되었다. 벽에 많은 그림이 그려져 있는 여러 방을 지나자 내실에 도착했다. 이 그림들은 확실히 믿기지 않을 정도로 놀랍기는 했으나, 멤링이나 보스의 제단화에 그려진 초자연적인 장면들보다 더 놀랍지는 않았을 것이다. 내실은 어두워서 어떤 한 조각상의 실루엣만 겨우 보였다. 포르투갈인들은 그곳까지만 다가가도록 허락받았다. 그들을 맞아준 사람들은 모두 조각상을 향해 손짓하며 마리아! 마리아! 하고 말하면서 엎드려 절하고 두 손을 앞으로 내민 다음, 기도하면서 일어섰다. 포르투갈인들은 열렬한 동료애를 발휘해서 이 모습을 따라했다. 열심히 무릎을 굽힌 채 복되신 성모 마리아를 경배했다.[11]

그러다가 포르투갈인들은 실수로 이방인의 우상을 숭배하고 말았다는 사실을 점차 깨닫게 되었다. 시간이 지나면서 이는 소소한 관심거리가 아니라 난처한 일이 되었다. 어떤 이들은 인도에도 삼위일체─힌두교의 3대 신인 브라흐마, 비슈누, 시바를 일컫는 "트리무르티Trimurti"─가 존재하는 것을 보고, 기독교 사상이 보편적이며 그렇기 때문에 우연이 아니라 계시를 통해서만 전파된다는 증거라고 생각했다. 기독교와 인도의 종교 사이의 유사점은 거기에서 그치지 않았다. 창조의 신 브라흐마는 (기독교의 여호와가 그렇듯이) 형상이 없는 약간 추상적인 존재였으며, 이 신에게 봉헌된 종교 건물은 드물었다. 그 대신, 어머니 모습의 조각상들이 인도 종교 건물의 특징을 이루는 경우가 많았다. 이는 유럽의 대성당들이 성모 마리아에게 압도적으로 많이 봉헌된 것과 마찬가지였다. 두 신앙에서 모두 중점적으로 중요하게 여기는 것은 성찬聖餐이었다. 기독교의 미사와 힌두교의 프라사다가 여기에 해당한다. 프라사다는 신에게 바치는 음식 제물인데, 선행의 일환으로 예배 후에 나누어 먹는다. 이 둘이 워낙 비슷한 탓에 혼동을 방지하기 위해서, 오늘날까지도 인도의 교회에는 구세주의 성체가 무료 점심이 아니라고 적은 표지판이 있다. 토메 피르스에 따르면, 트리무르티는 인도인도 한때 기독교인이었다는 증거로 여겨졌다. 그러면서 인도인의 신앙을 부패하게 만든 범인으로 이슬람교가 지목되었다. 이렇게 기독교와 힌두교의 유사점에 방점을 찍었던 시각과는 달리, 다른 일각에서는 두 종교가 대조되는 부분을 보고 심각한 경각심을 가지게 되었다. 이렇게 되면 유럽 문화의 중심을 이루는 기독교의 계시를 유일무이하거나 특권적인 것으로 볼 이유가 전혀 없었기 때문이다. 더 나아가 유럽인이 비非기독교 세계에 있을 필요도 전혀 없는 셈이 되었다. 결국 많은 이들이 이 모든 것이 악마가 놓은 덫이라고 결론을 내렸다. 위안을 주는 친숙함이라는 매력을 지닌 우상을 눈앞에 매달아놓고 기독교인을 꼬여서 이단으로 만든다는 주장이었다. 카몽이스는 코지코드 사원 장면을 재구성할 때, 이런 난처한 유사점들은 완전히 배제했다. 그 대신, 그 예배당이 일탈한 이단의 장소임을 즉시 알아챈 포르투갈인들이 경악했다고 주장했다. 그곳에는 신들의 형상을 나무와 돌에 새긴 조각상들이 있었다. 조각상들은 차가웠지만, 자세와 겉모습은 서로 무척 비슷했다. 마치 악마가 손수 만들기라도 한 것처럼 말이다. 포르투갈인들은 그곳에서 키메라처럼 서로 다른 부분을 합쳐서 만든 혐오스러운 것들을 목격했다. 그들은 이런 비인간적인 신들의 모습에 아연실색했다. 어떤 신은 머리에 뿔이 달렸고, 또 어떤 신은 얼굴이 두 개였다. 어떤 신은 팔이 여러 갈래로 쪼개져서 마치 촉수처럼 튀어나와 있었다. 또다른 신은 개의 머리를 하고서 다른 신들을 응시하고 있었다.[12]

카몽이스는 바스쿠 다 가마와 그 일행이 충격을 받았다고 썼지만, 사실 이것은 그가 꾸며낸 부분이었다. 동물과 인간의 모습을 섞은 조각상이나 그림은 기독교 교회들의 공통적인 특징이기도 했기 때문이다. 가령, 천사의 등에는 새의 날개가 달렸고, (로마의 산 피에트로 인 빈콜리 성당에 있는 미켈란젤로의 위대한 조각상처럼) 모세의 머리에는 흔히 뿔이 나 있었다. 네 명의 복음사가들은 짐승의 모습으로 표현되었다. 때로는 한 사람의 머리에서 황소와 독수리, 사자, 천사의 얼굴이 나와 노려보기도 했다. 스페인 세고비아의 산 밀란 성당에 있는 그림처럼 심지어 성인을 개의 머리가 달린 모습으로 그리는 전통(개 머리 성인 크리스토퍼)도 있었다. 인도의 신들을 접한 사람들의 반응은 다양했다. 어떤 사람들은 기독교 예술과의 유사성을 철저히 부인했다. 반면, 어떤 사람들은 이것이 유럽 교회에 있는 성상聖像들이 위험한 외세의 침략을 받은 결과물이라는 반박할 수 없는 증거라고 보았다. 그래서 신앙을 정화하고 원래의 순수성을 회복하려면 이런 성상들을 모조리 쓸어버려야 한다고 주장했다. 이런 감정을 가장 잘 포착한 사람은 영국의 한 프로테스탄트 논평가였다. 그는 다 가마가 코지코드에서 경험한 것을 바탕으로 다음과 같은 교훈을 도출했다. 모든 종류의 우상숭배는 서로 얼마나 비슷한가? 미지의 것을 숭배하다가 악마 자체를 숭배하게 되기가 얼마나 쉬운가? 다 가마가 인도에서 돌아오고 얼마 지나지 않아 유럽은 종교적 갈등으로 찢어지고 말았다. 이때 논란의 중심에 있었던 것은 놀랍게도 기독교의 관행을 반영한 동방 종교의 모습들, 즉 우상과 금욕, 단식이었다.[13]

7

컵과 입술 사이

다미앙이 성내에 있는 자신의 거처에서 매우 특이한 만찬을 주재한 날이 과연 금요일이었는지 아니면 토요일이었는지, 세월이 흐르면서 이제 누구도 기억하지 못하게 되었다. 사실 요일만이 아니라 연도에 대해서도 이견이 있다. 아마도 그가 문서 분류를 끝내고 연대기 집필을 시작했을 즈음인 1557년이었을 것이다. 혹은 1556년이나 1558년이었을 수도 있다. 그래도 그 장면을 이루는 그외의 요소들에 대해서는 많은 증언이 일치한다. 당연한 일이지만, 그 자리에는 기분이 꽤 좋아 보이는 다미앙과 그의 아내 그리고 여덟 살이나 아홉 살쯤 된, 두 사람의 딸 카타리나가 있었다. 그들은 여러 가족을 초대해서 대접했다. 그중에는 다미앙의 조카와 그의 아내, 그리고 당시 임신 중이던 그들의 딸 브리올란자도 있었다. 다미앙은 젊은 시절을 보낸 북부 지방에서 온 사람들을 자기 집에 묵게 한 일이 많아서, 그날 역시 이들 외에 다른 손님들도 그 자리에 있었을 것이다. 예를 들면 1555년과 1556년의 대부분은 레온하르트 투르나

이서 춤 투른이 다미앙의 가족과 함께 지냈고, 그동안 다미앙은 그가 포르투갈의 동식물과 사람(그중에는 인어도 있었는데, 아마도 다미앙이 설득한 것 같다)에 관한 자료들을 모아 편찬하는 작업을 도왔다. 그때 오렌지가 제철이었던 것은 확실하다.[1]

아마도 음식이 이미 모두 상에 차려지고 하인들이 물러간 뒤였던 것 같다. 임신부인 브리올란자는 조리된 생선을 생각하자 속이 조금 울렁거려서, 새콤한 오렌지 주스로 속을 좀 가라앉히려고 주스를 마시러 갔다. 과일에 대한 다미앙의 시각은 확고했다. 그가 쓴 리스보아 안내서에도 도시 주변에 있는 최고의 과수원들이 기록되어 있다. 또한 그가 집필한 여러 연대기들에도 아소르스 제도와 믈라카, 모잠비크에서 발견할 수 있는 과일나무들이 언급되어 있다. 심지어 인어들이 신트라 근처에 있는 뭍으로 올라오는 이유도 그 지역에서 나는 모든 종류의 과일들 가운데 가장 경이로운 과일이 있었기 때문이 아닌가 짐작했다. 다미앙은 급히 브리올란자를 따라갔다. 그는 그녀가 오렌지 주스뿐만 아니라 생선 요리 대신 짭조름해서 맛있는 돼지고기를 좋아할 것이라고 확신했다. 울렁거리는 속을 가라앉히기에 더없이 좋은 조합이라고 생각한 것이다. 그런데 이것은 조금 부적절했던 것 같다. 단식 기간에는 고기와 유제품을 먹으면 안 되었기 때문이다. 그러나 전혀 예외가 없지는 않았다. 단식 기간이 거의 1년의 3분의 1을 차지했기 때문에 병약자에게는 예외가 허용되었다. 게다가 아이가 생기면 으레 여성의 식욕이 강해지는 법이라고 생각되었다. 브리올란자도 이처럼 식욕이 왕성해졌다고 고백했다.[2]

(이구동성으로 주변 사람들의 즐거움을 세심히 챙긴다는 평을 들었던) 다미앙은 상등급 고기를 가져오게 했다. 기다란 링기사 소시지, 판체타와 비슷한 포스투 베이컨, 등심 혹은 가능하다면 갈빗살로 만드는 프레준

투 햄이었다. 이 사실을 만찬의 참석자들 말고 외부인이 알게 될까 봐 걱정할 필요는 없었다. 식량으로 넘쳐나는 식품 저장고 또는 광이 그의 거처 끝에 있어서, 이런 것들을 구하러 집 밖으로 사람을 내보낼 필요가 없었기 때문이다. 그의 거처는 뒤쪽으로 성내 주민 전용 예배당인 카자 두 이스피리투 산투 예배당에 면해 있었다. 식품 저장고에는 타일을 깔았고, 중앙에는 나무통들이 있었다. 이곳은 그의 또다른 딸, 즉 사생아 딸인 마리아가 관리했다. 성내에 살던 많은 사람들이 이 저장고를 가득 채우던 식재료들을 뚜렷이 기억했다. 밀, 보리, 기름, 포도주가 있었고, 베이컨, 절인 고기, 밀 포대, 정어리, 식초와 소금물에 절인 생선을 담은 병들이 있었다. 이 삭힌 생선은 플랑드르산으로, 다미앙은 (네덜란드인 아내를 데려오면서) 이 맛에 대한 취향도 그대로 가져왔다. 리스보아 선창에는 신선한 해산물이 넘쳐났지만 다미앙은 여전히 삭힌 생선의 맛에 열광했다. 실제로 이 모든 식료품을 보관할 공간을 마련하는 것이 문제였다. 저장고에 자리가 부족해지면서 예배당을 내려다보는 발코니까지 식량이 넘쳐 나왔다. 극장의 특별석 같은 이 발코니는 원래 특권층 주민들이 번거롭게 집을 나와 다른 사람들과 섞일 필요 없이 안락한 높은 자리에서 미사에 참석할 수 있게 하는 용도였다. 그러나 다미앙이 이런 용도로 사용하는 것을 본 사람은 아무도 없었다. 발코니가 저장고에서 넘쳐난 식량으로 가득 찼으니 놀랄 일도 아니었을 것이다. 이보다 더 나쁜 일은 따로 있었다. 식재료에서 똑똑 떨어진 액체가 발코니 마루 틈새를 지나 아래에 있는 예배당으로 떨어진다는 항의가 잇달았다. 고기와 생선에서 떨어진 기름과 식초와 소금물이 예배당으로 떨어져서 밀가루 먼지와 뒤섞였다. 이것을 치우러 온 사람은 처음에 누가 소변을 본 것이라고 생각했다. 이상한 냄새가 났으니 그럴 만도 했다. 아마도 누군가가 급한 나머지 여기로 왔거나, 아니면 급하지 않은데도 여기로 와서 해결한 것이라고 말이다. 이 사실을 알게 된 왕실 건물 관리 책임자가 사람을 보내어 다미앙에게 항의하자 상황이 나아지기는 했다. 그러나 그러기까지 며칠이 걸렸던 탓에, 왕립 기록물 보관소장이 이 우려스러운 사태에 늦장으로 대응했다고 말한 사람들도 있었다.[3]

　소금에 절인 돼지고기가 상에 오르자 브리올란자가 조금 먹었다. 어쨌든 몸이 좋지 않았기 때문이다. 그리고 다미앙의 아내 요하나도 몸 상태가 좋지 않아서 고기를 조금 먹었을 가능성이 있다. 그런데 다미앙은 명백히 장난기가 발동한 상태였다. 브리올란자의 기억에 따르면, 다미앙은 그녀 혼자만 먹는다면 유감이라고 말했다고 한다. 그러면서 그 역시 소시지를 조금 먹었고, 돼지 어깨고기도 먹었다. 혹은 그가 심지어 먼저 고기를 먹은 다음, 다들 먹으니 그녀도 먹으라고 말했을 수도 있다. 브리올란자의 남편이 기억하는 바에 따르면, 다미앙은 그저 그녀의 마음을 편하게 해주려고 그랬을 뿐이다. 그는 다미앙에게는 그럴 자유가 있다고 했다. 그러나 다미앙에게 단식에서 면제받을 사정이 있었다고 하더라도, 그날만큼은 그 사정이 뚜렷해 보이지 않았다. 그래서 그의 행동에 브리올란자는 충격을 받았다. 그래도 그리 심한 충격은 아니었을 것이다. 다미앙이 이제는 이 벽만큼도 하느님을 믿지 않으며, 돌이나 막대기보다도 믿음이 없다고 그녀의 아버지가 늘 말했기 때문이다. 어쨌든 브리올란자의 아버지는, 자녀들을 플랑드르로 돌려보내서 그곳에서 키우고 싶어하던 다미앙을 절대 신뢰하지 않았다. 만찬 자리에서는 누군가가 무엇이라고 언급했거나 적어도 눈살을 찌푸렸던 것이 틀림없다. 다미앙이 자신에게 의혹을 품은 사람들에게 이렇게 답했기 때문이다. 입으로 들어가는 것들 중에 정신을 지옥에 떨어뜨릴 수 있는 것은 아무것도 없다. 혹은 당신들의 입으로 들어가는 것이 영혼을 더럽히지는 않는다고 말했을 수도 있다. 그가 이런 말을 한 것이 이번만은 아니었다. 다만 그의 딸 카타리나는 그가 이 말을 한 의도가 그저 더 많이 먹거나 적게 먹는 것에 대한 이야기를 하려고 한 것이지, 정확히 무엇을 먹었느냐를 따진 것은 아니라고 생각했다.

훗날 다미앙은 그가 이 구절을 처음 접한 것이 뢰번 대학교에서 술자리 놀이를 할 때였다고 말했다. 그는 거의 10년간 안트베르펜 인도 무역관 관장이자 특사로 일한 다음, 뒤늦게 공부를 하려고 뢰번 대학교에 들어갔다. 뢰번 학자들 사이에는 만취 문화—이제는 사라지고 없는 독일식 관습, 추트링켄Zutrinken이다—라는 것이 있었다. 그들은 서로 경쟁적으로 필요 이상의 술을 마시면서 동료들을 부추기며 말했다. 무엇이든지 밖에서 몸 안으로 들어가는 것은 사람을 더럽히지 않는다. (다미앙이 고집하듯이) 이 농담이 교회의 권위에 대한 모욕이 아닌 것은 분명했다. 이 농담을 한 사람들 모두가 가톨릭 신학자였기 때문이다. 사실 이 농담은 신학자가 아니고서는 제대로 이해할 수 없었다. 이 농담이 복음서에서 온 것이며 예수가 한 말이라는 것을 알아야 했기 때문이다. 게다가 나머지 구절에서는 더럽히는 것은 도리어 사람에게서 나오는 것이다(「마르코의 복음서」 7장 15절)라고 분명히 밝힌다. 술을 마시고도 취하지 않아야 하고, 마신 술을 망신스럽게 다 토해내서는 안 된다는 이 말은 음주자에게 일종의 도전이었다.

다미앙은 상당히 늦은 나이에 대학교에서 공부를 시작한 만학도였다. 그래서 어릴 때에 공부를 시작한 사람들처럼 라틴어와 그리스어가 유창할 수는 없었지만, 공평하게도 음주에서는 확실히 한몫했다. 그가 이 특이한 놀이를 뢰번에서 처음으로 한 것은 맞다. 그러나 그가 술을 마시고 이단에 아주 가까워진 것은 그때가 처음이 아니었다. 다미앙은 해외 공직에서 물러나기 전, 2년간 국왕을 대신해 집중적으로 순방을 다녔다. 대부분은 그의 첫 대사 업무지였던 유럽의 동북부를 다시 찾는 데에 할애했다. 폴란드에서 요한네스와 올라우스 망누스를 다시 만났고, 덴마크와 프로이센, 그리고 다른 몇 군데도 방문했던 듯하다. 이렇게 여행하는 동안 방종과 논란을 두루 경험한 다미앙은 그가 만난 사람들을 **식욕의 철학자**라고 부르면서 자기 나름의 재미있는 표현까지 만들어냈다. 폴란드로 가기 위해서 사순절 기간에 덴마크를 떠나려던 찰나, 다미앙은 슐레스비히의 한 덴마크 왕실 참사관의 초대를 받았다. 참사관은 취기가 절정에 달하자, 사람을 보내어 미사에 정식으로 사용하던 성배를 가져오게 한 다음, 그 잔으로 다음 건배를 하려고 백포도주를 가득 채웠다. 그러면서 다미앙에게 그의 조상들이 속아 넘어가서 이런 물건들이 성스러운 것이라고 오랫동안 믿었노라고 말했다. 다미앙이 머릿속으로 얼마나 화가 치밀었든지 간에 이것은 교회에 대한 모욕이 틀림없었다. 훗날, 그는 참사관에게 그런 식으로 행동하지 말라고 간청했지만, 오히려 그를 부추긴 결과를 낳았다고 주장했다. 참사관은 술이 담긴 이 장엄한 잔을 다미앙 앞에 놓더니, 축성하는 모습을 조롱하듯이 양손을 높이 들고는 하느님에게 기적을 행하시어 백포도주를 피로 만들어달라고 청했다. 다미앙이 끝내 성배로 술을 마시지 않자, 참사관이 그를 미신에 사로잡힌 사람이라고 몰아붙이면서 잔치가 끝난 것으로 보인다. 훗날 다미앙은 이것이 그날 일어난 사건의 전말이 아니라면 자기는 벼락을 맞아도 좋다고 말했다.[4]

　지극히 우호적인 분위기였지만, 다미앙이 유럽 전역을 휩쓸고 있던 전투에서 상대편으로 진영을 바꾸라고 요청하는 자리에 초대받는 것이 극도로 심각한 문제라는 사실을 다미앙과 덴마크 참사관, 두 사람 모두 잘 알고 있었다. 프로테스탄트 종교개혁의 신학적 논쟁의 중심에는 인간의 육체적 행동이 구원에 어떤 역할을 하느냐는 문제가 있었다. 개혁론자들은 하느님의 의지에 대한 단순하고 철저한 순종—신앙—에 비하면 종교적 생활의 사소한 부분들은 아무것도 아니라는 신념으로 기울었다. 수많은 의견 충돌이 있었지만, 일상에서 가장 많은 이견을 보인 것은 아마도 음식 문제였던 것 같다. 다시 말해서 기독교인이라면 단식 기간에 특정 음식 섭취를 금하는 교회의 규칙을 마음에 새겨야 하는지, 아니면 이런 규칙들이 기독교 정신에 반하며 하느님도 거의 개의치 않는지가 가장 뜨거운 감자였다. 종교개혁이 일어날 무렵 기독교가 지배한 유럽 전역에는 사람들의 음식 문제를 조율하던 복잡한 식단 달력이 존재했다. 사순절 40일 동안에는 누구도 육류나 유제품을 먹을 수 없었다. 모든 금요일과 토요일뿐만 아니라, 연중 고루 분포한 다른 많은 날들에도 이 음식들은 금지 대상이었다. 이 같은 규제는 모든 문화에 깊은 영향을 주었다. (플랑드르에서 인기가 많았던, 아몬드로 만든 우유와 치즈 등) 대체재의 발명을 촉발하기도 했으며, 농업과 어업 노동력을 형성하기도 했다. 프로테스탄트 국가인 잉글랜드가 가톨릭의 생선 먹는 날을 금하기 주저했던 이유도 여기에 있었다. 행여 어업이 붕괴하여 전시에 동원할 선원과 선박의 공급이 무너지지 않을까 두려웠기 때문이다. 그 결과, 정부는 전통은 잇되 그 종교적 의미는 부정하기로 간단히 결정했다. 그럼으로써 잉글랜드인들이 영혼의 건강보다는 조국의 건강을 위해서 생선을 구매하도록 했다.

식단 법칙을 둘러싼 전쟁은 1522년 스위스의 도시 바젤에서 극적인 절정으로 치달았다. 처음에는 음식 싸움으로 시작한 이 사건은 종국에는 유럽 최고 유명인의 경력을 위협하는 것으로 끝나고 말았다. 유럽을 휩쓸던 저항의 물결에 영감을 받은 한 의사가 작정하고 사순절 기간에 대대적인 연회를 개최했던 것 같다. 그는 손님들을 초대해서 돼지고기를 먹게 하고, 어리석은 미신을 고수하는 무지몽매한 시민들을 조롱하는 의미에서 창밖으로 달걀 껍데기를 던지게 했다. 시 정부에서는 이 행위를 저급하다고 판단하여 무례함의 죄를 물어 그 의사를 강력히 처벌했다. 그런데 바로 이 시점에 에라스뮈스가 등장한다. 인쇄의 시대 최초의 유명인사로서 그 영향력에 걸맞게 이름난 걸출한 인문학자 에라스뮈스 말이다. 그러나 그가 내놓은 답은 양쪽 어느 편의 마음에도 들지 않았다. 한편으로 그는 부주의한 열성으로 사회에 골칫거리를 안기고 훌륭한 종교에 해를 끼친 연회 참석자들의 행동을 개탄했다. 그가 관찰해보니 가장 많이 취하고 방탕하게 행동하는 자들은 늘 의로움을 주장하는 사람들이라고 했다. 다른 한편으로 그는 이러한 죄들을 처벌하는 것 역시 개탄스러워했다. 『성서』에 처벌에 대한 아무런 근거가 없는 데다가, 이것 자체가 대체로 사람들로 하여금 집행자의 의지를 따르게 만드는 도구에 불과하다는 이유였다. 그는 논쟁에 등장한 핵심 구절─입으로 들어가는 것은 사람을 더럽히지 않는다─를 「마태오의 복음서」에서 인용했다. 그러면서 이를 뒷받침하기 위해서 또다른 구절─하느님의 나라는 먹고 마시는 일이 아니라─을 사도 바울로의 편지에서 인용했다. 에라스뮈스는 초기 기독교인들이 단식했다는 사실─심지어 엄격한 채식을 채택하기까지 했다─은 인정했다. 그러나 그들은 일련의 불가사의한 규칙을 따랐던 것이 아니라, 육체적 욕구에서 벗어나기 위해서 그렇게 했던 것이다. 에라스뮈스는 요즘은 음식에 관한 규칙이 자제심을 고취하는 것과 무관하다고 지적했다. 아니, 오히려 그 반대라고 했다. 생선 먹는 날이면 부엌이 가장 분주해졌다. 누구나 훈제한 양고기나 돼지고기보다 철갑상어와 숭어, 곰치를 더 좋아했다. 단식 기간에 허용된 음식들, 가령 거북이, 달

팽이, 뱀은 소고기나 양고기보다 훨씬 더 기름졌고 정욕도 더 불러일으켰다. (에라스뮈스 본인은 교황으로부터 단식 기간에 고기를 먹어도 된다는 허가를 받았다. 그러나 이는 건강상의 이유 때문이라고 늘 주장했다.) 허브와 대추, 무화과, 건포도, 송로버섯, 아티초크, 양파 같은 음식은 영계보다 훨씬 더 음탕하게 생식기관에 불을 붙인다. 그런데 배가 늘어지도록 이런 음식을 잔뜩 먹으면서 양고기는 삼간다는 것이 무슨 의미가 있는가? 에라스뮈스의 주장에 따르면, 이런 규칙은 분노한 독실한 신앙심을 과장되게 실천할 기회라는 의미밖에 없었다. 요즘은 어디든지 만찬 자리가 있고, 아무도 비극적인 분위기를 잡지 않는다. 그런데 누군가가 살코기를 먹으면, 모두가 소리친다. "오, 하늘이여, 오, 땅이여, 오, 넵튠의 바다여", 교회의 지위가 흔들리고 이단이 홍수처럼 몰려오다니! 에라스뮈스의 영민하고 정곡을 찌르는 날카로운 풍자는 양측 모두의 마음에 들지 않았다. 그의 풍자에 분노한 프로테스탄트 진영은 인쇄물로 그를 공격했고, 가톨릭 진영은 그가 반대편에 충성하는 것이 분명하다고 확신했다.[5]

다미앙은 슐레스비히에서 그 마지막 한 잔을 마시지 않았을지도 모른다. 그러나 며칠간 숙취가 있었고, 움직일 때 균형을 잡지 못했던 것은 확실하다. 그는 몇몇 사람들에게 편지를 써서 그날 저녁의 일을 설명했다. 그중에는 포르투갈 국왕도 있었는데, 다른 경로로 먼저 왕에게 보고가 올라갈 것을 염려해서 그가 선수를 친 것이 확실하다. 그렇다고 해서 그후로 그가 손을 완전히 씻었다는 의미는 아니다. 덴마크에서 폴란드로 가던 도중, 그는 한 번 더 쉬었다가 가기로 했다. 이번 장소는 비텐베르크였다. 그단스크에 사는 그의 한 친구가 즐겨 하던 말이 있었다. 비텐베르크나 로마를 보지 않은 사람은 아무것도 보지 않은 것과 같다. 물론 로마와 달리 비텐베르크에는 볼 만한 것이 딱 하나뿐이었다. 다미앙이 그곳에 도착한 후 얼마 지나지 않은 1531년 종려주일, 그를 초대한 사람이 그에게 그날 오후에 루터의 설교를 들으러 가겠느냐고 물었던 것 같다. 그후의 장면이 다미앙의 기억 속에 뚜렷이 각인되어서인지, 많은 사람들이 그의 묘사를 거의 토씨 하나 틀리지 않고 똑같이 전달했다. 첫 만남이 그에게는 몹시 충격적이었던 모양이다. 다미앙은 서부 기독교 세계를 깨뜨린 수도사라면 더 화려한 행렬에 둘러싸여 있을 것으로 예상했기 때문이다. 그런데 루터는 그 대신 그의 수석 부관 필리프 멜란히톤만 대동하고 나타났다. 작은 체구의 폴란드 학자 멜란히톤은 머리에 아무것도 쓰지 않은 채 루터가 탄 노새를 끌고 걸어가면서 찬송가를 불렀다. 다미앙은 이것이 운명의 시간이 다가오자 종려주일에 그리스도가 예루살렘에 입성하던 장면을 재현한 것임을 알아챘지만, 결코 그렇게 말하지는 않았다. 다미앙은 설교 내용을 한마디도 이해하지 못했다고 주장했다. 독일어를 할 줄 몰라서 라틴어로 인용한 『성서』 구절만 조금 알아들을 수 있었다고 했다. 그러나 이는 그것만으로도 신자들에게 루터의 말이 미치는 힘을 충분히 깨달았음을 의미했다.[6]

　다미앙의 마음을 사로잡은 연출된 입장만 보더라도 알 수 있듯이, 루터는 모든 면에서 극적 기획의 달인이었다. 바로 전날의 설교에서는 한 달간의 사순절 단식으로 식욕이 예민해진 청중에게 「요한의 복음서」에 나오는 오병이어의 기적을 이야기했다. 그리스도가 변변찮은 식량으로 많은 군중을 먹였다는 일화이다. (루터의 설교에 따르면) 갈릴리 호수 옆에 모인 유대인들에게 예수가 오병이어의 기적을 행하신 데에는 이유가

다음 쪽 : 앉아 있는 가난한 남자(라자로)로 그려진 마르틴 루터가 연회를 즐기는 교황(부자)을 바라보는 모습(「루가의 복음서」 16장). 한스 라우텐자크의 판화(1556).

있었다. 먼저, 육체의 양식이 아니라 오로지 마음의 양식만을 추구해야 한다는 것을 분명히 하기 위해서였다. 또한 그분이 바로 생명의 빵이며, 그분의 몸을 먹어야만 구원을 얻을 수 있다는 것을 천명하기 위해서였다. 루터는 이 말이 비텐베르크 맥주도 갈증을 해소하고 아넨베르크 맥주도 갈증을 해소한다는 뜻이 아니라, 오로지 비텐베르크 맥주만이 갈증을 해소할 수 있다는 뜻이라고 설파했다. 이런 내용을 설교하고 찬송하고 요란하게 울부짖으면서도 여전히 다른 것들—예배당 짓기, 성지순례 가기, 성인들에게 기도하기—로도 구원에 이를 수 있는 것처럼 굴던 로마 가톨릭 교회의 사람들을 루터는 비웃었다. 그는 인사불성인 상태에서 자기가 무슨 말을 하는지도 모른 채 꾸벅꾸벅 졸면서 주절거리는 취객에 그들을 비유할 수 있다고 선언했다. 물론 『성서』의 나머지 부분에는 인간 삶의 다양한 부분에 관한 구체적인 선언이 담겨 있으므로 종종 찾아볼 필요가 있다. 그러나 (루터에 따르면) 이런 선언들은 구운 고깃덩어리에서 썰어낸 고기 위에 뿌린 파슬리와 같다. 바로 이 고깃덩어리가 기독교인의 삶의 주요 부분이며, 상추와 파슬리는 이런 고기에 고명 역할만 할 뿐이다.[7]

그다음 날, 다미앙은 이 위대한 인물의 집에서 그를 만날 기회를 얻었다. 그날도 루터는 계속해서 주변 사람들의 위액 분비를 자극하는 작전을 썼다. 그가 집으로 사용하던 옛 아우구스티노회 수도원 건물인 검은 수도원Schwarzes Kloster에는 비텐베르크 시청 직원들에게서 받은 식탁이 있었다. 루터는 사상을 청중에게 강하게 전달하기 위해서 내용만큼이나 무대 연출을 활용했는데, 바로 그 식탁이 많은 장면들의 배경이 되었다. 세월이 지나면서 세세한 부분에 대한 기억은 점차 희미해졌지만, 다미앙의 기억에 또렷이 남은 것이 있다. 그날 그들은 사과와 헤이즐넛을 먹었으며, 이 음식을 식탁으로 가져다준 사람은 수녀 출신였던, 루터의 아내 카타리나 폰 보라였다는 사실이다. 그 집은 행복한 가정의 전형이었다. 루터가 아내의 생일 선물로 마련해준 출입문을 통해서 집으로 들어갈 수 있었고, 멜론, 박, 호박을 심은 정원이 있었다. 오디를 추수하는 일이 걱정이라는 카타리나의 말로 집안 분위기를 느낄 수 있었다. 다미앙이 4월 초에 독일 땅 한복판에서, 가까이에서 구할 수 있는 소박한 음식─즉, 현지에서 나고 신선해서 향신료가 필요 없는 유일한 음식─만 대접받은 것은 결코 우연이 아니었다.

루터가 교회의 전제적인 식단 규제를 비판했다고 해서, 신앙에 대한 그의 생각에 단식이 아무런 역할도 하지 않았다는 의미는 아니다. 오히려 그의 추종자라면 더 큰 금욕의 성과를 보여주어야 한다는 기대가 있었다. 또한 다른 단식 기간들은 무시되었지만, 사순절만큼은 개혁론자들의 달력에 건재했다. 종교개혁 초기부터 루터의 추종자들은 독일에 사프란, 시나몬을 비롯한 낯선 향신료들이 몰려드는 것에 격분했다. 사람들은 조상 대대로 입던 모직 의복 대신 비단옷을 입게 되었지만, 많은 프로테스탄트 작가들은 독일이 후추에 집착한다며 통탄했다. 루터의 신봉자 한 명은 이런 글을 남겼다. 이 나라에서는 사는 데에 필요한 것이 다 나지만, 사람들은 마치 자연이 그들을 철저히 저버리기라도 한 듯이 낯선 것들을 향해서 돌진한다. 헤라클레스의 기둥(지브롤터 해협/역자)에서, 타프로바나 섬(스리랑카/역자)에서, 갠지스 강에서, 그리고 이보다 훨씬 더 멀리 떨어진 곳에서 옷이며 고기며 약을 가져온다. 루터 역시 프랑크푸르트에서 열린 대규모 무역 박람회를 가리켜 황금 구멍이라고 불렀다. 이 구멍을 통해서 독일의 모든 부가 빠져나간다는 뜻이었다. 그러면서 초기 기독교인들이 소와 모직, 곡식, 버터, 우유를 사고팔았던 것과는 달리 콜카타, 인도 같은 곳에서—과시용 말고는 유용한 쓰임새가 없으며 나라와 주민의 돈만 빼가는—값비싼 비단이나 금붙이, 향신료를 들여오는 해외 무역은 제대로 된 정부와 군주라면 허가하지 않을 법하다고 주장했다. 구운 고기와 맥주를 즐기던 루터의 가정식은 위장에 부담이 될 수는 있었을지언정, 결코 이국적인 적은 없었다. 카타리나는 사치의 기색이 조금도 얼씬하지 못하게 했다. 루터가 누군가에게 선물하고 싶어하던 백랍 접시 한 장을 숨기기까지 했다. 이런 행동이 쓸데없는 사치라고 생각했기 때문이다. 루터는 단순한 독일식 입맛이 이방의 맛에 오염된 것과 수많은 고명이 올려져서 기독교라는 고기가 보이지 않는 것이 매우 유사하다고 생각했다. 그는 신자라면 더 단순한 삶으로 회귀해야 한다고 느꼈다. 손쉽게 영혼을 앗아가는 이방의 관습과 순례, 향신료가 얽혀 있는 그물로부터 단절되어 현지에 더 충실한 삶으로 말이다. 그리스도에 대한 믿음이 구원의 열쇠라는 루터의 확고한 신념 아래, 이 신흥 종파에는 모든 면에서 엄격하게 준수해야 하는 행동 규약이 있었다. 그중 핵심은 세계적인 것보다 현지의 것에 충성하고, 고약하고 강렬한 이방의 음식보다 순수한 독일 음식에 강한 충성심을 가지는 것이었다. 다미앙은 비텐베르크를 떠나기 전에 멜란히톤의 집도 여러 차례 방문했다. 그곳에서도 그는 깊은 인상을 받았다. 멜란히톤의 아내가 낡은 부대 천으로 만든 옷을 입은 채 물레에 앉아 실을 잣고 있는 장면은 청빈 그 자체였다.[8]

전 세계적인 교역에 맞서서 외국의 것보다 현지의 것을 장려하는 방식으로 대응한 사람이 루터만은 아니었다. 같은 시기에 세계 전역에서는 외적으로나 물질적으로 신앙을 과시하기보다는 금욕주의와 내면의 영성을 장려하는 종교운동이 세력을 확산했다. 유럽의 프로테스탄트들과 북아프리카의 수피파 마라부트(지도자/역자)들과 인도 북서부의 시

크교 스승들은 이런 측면에서 많은 공통분모를 공유했다. 그런데 이러한 종교운동의 역사를 기록한 내용들을 살펴보면 흥미로운 점을 발견할수 있다. 이들 종교운동이 일어난 이유가 시장과 권력의 기반이 팽창한데에 따른 불안 때문이라고 설명하기를 주저한다는 것이다. 이들도 (루터와 마찬가지로) 점차 잠식해오는 세계시장과 정치세력의 영향력을 최대의 적으로 명시적으로 규정했는데도 말이다. 그 대신, 기독교나 이슬람교, 인도 종교계 내부의 긴장과 맥락 안에서 이런 운동들이 출현했다고 보는 경향이 있다. 그러나 현지의 지역적 차원의 현상으로 간주하려는 이런 결연한 태도야말로 이들을 등장하게 만든 강력한 동인을 잘 보여준다. 다시 말해, 이들 종교운동을 전 세계적 차원에서 생각하지 않으려는 이 같은 태도는 외부의 정치적 영향력이나 해외시장에 대한 의존도 증가에 대한 저항감과 일맥상통한다. 이처럼 이들 종교운동이 세계화로 인한 진동과 균열에 대한 대응이었음을 인정하면, 종교운동가들이 영적계시를 받거나 그들의 이해력이 도약했다기보다는 물질적인 환경에 반응한 것임을 수긍하게 된다. 그뿐만 아니라 어떤 종교운동도 당시 상황을 제대로 인식하지 못했으며 세계 각지에서 무슨 일이 일어나고 있는지 이해하기 위한 지식을 그다지 필요로 하지 않았다는 사실도 받아들이게 된다. 지역적 차원에서 사건을 들여다보면 심각한 오해를 할 수 있다. 경향은 오로지 전 세계적인 시각에서 보아야만 드러나기 때문이다. 방향감각을 상실했다는 데에 저항감이 커진 신자들은 형세를 보존하라고 권하는 이야기라면 무엇이든지 매력적으로 느꼈으리라. 역사의 향방을 지역적, 개인적, 영적 싸움의 일부로 이해할 수 있다는 말은 신자들을 안심시켰을 것이다.[9]

그러나 이 모든 것은 주로 비밀리에, 만찬 식탁에 둘러앉아서 다루어졌다. 만찬 때에 어떤 음식을 먹어야 하고 어떤 언어로 말하느냐 하는 문제를 두고 철저히 따지고 싸웠다. 이와 마찬가지로, 신기하게도 다미앙의 이야기 역시 그가 무엇을 누구와 먹었느냐 하는 문제와 연결되었다. 그러나 그가 겪은 고초의 근원은 슐레스비히의 백포도주나 비텐베르크의 과일과 견과류, 심지어 리스보아의 오렌지 주스와 소금에 절인 돼지고기에 있지 않았다. 그보다는 파도바에서의 식사가 문제였다. 훗날 그를 파도바로 보낸 사람은 다름 아닌 에라스뮈스였다. 다미앙은 뢰번 대학교를 떠난 뒤 에라스뮈스의 집에 갔다. 이 대학교 주변에서 시체의 일부가 사라지는 수수께끼 같은 사건이 벌어지기 시작했을 즈음이었다. 그런데 이러한 사건 전에, 다미앙은 외교 사절단으로서 마지막이자 가장 기이한 임무를 수행하게 된다. 세계 경제를 방해하고 일거에 포르투갈과 오스만 제국을 무너뜨리려는 음모에 맞서면서 말이다. 그러나 이 이야기를 하면 너무 앞서나가는 셈이 된다.

다시 1557년경, 리스보아 성에 있는 그의 거처로 돌아가보자. 다미앙과 손님들은 돼지고기도 다 먹었고 원래 준비했던 생선 요리도 다 먹었다. 염탐하기 좋아하는 하인들이 그들이 벌인 불경한 연회를 눈치채지 못하도록 증거를 인멸한 셈이다. 그후로 다미앙은 그날의 식사에 대해서는 한 번도 다시 생각해보지 않은 것 같다. 그로부터 15년이 지난 후, 그의 종교재판의 중심에 이 사건이 재소환되기 전까지 말이다. 이 장에서 상세히 소개한 기록들은 바로 이 종교재판 기록물을 바탕으로 했다. 이렇듯 다미앙의 식탁은 그에게 덫이 되었고, 그에게 행복을 안겼던 것은 함정이 되고 말았다.

8

세계를 요리하다

인도에 처음 도착하자마자 가장 먼저 포르투갈인들을 사로잡은 것은 후각이었다. 해 질 무렵 말라바르 해안의 공기는 온통 모그라라는 아라비아 재스민 향과 참파카 목련 향으로 가득했다. 현지의 구전 설화에 따르면, 이 목련 나무는 원래 여성이었다고 한다. 태양과 사랑에 빠진 이 여성은 태양이 지자 산 채로 몸을 불살랐고, 그 재에서 나무가 생겨났다고 한다. 그래서 이 나무의 꽃은 햇빛을 혐오하여 햇빛이 날 때에는 모습을 드러내지 않는다. 많은 유럽인들이 동방에서 향을 중요시하는 것을 보고 무척이나 놀랐다. 비자야나가르(14-16세기에 인도 남부를 지배한 힌두 왕조/역자) 왕들은 향을 위해서 매년 거금 5,000파르다우를 지출했다. 그뿐만 아니라 인도인들은 오로지 향기를 즐기기 위해서 먹는 것도 마다하는 것으로 유명했다. 인도인들의 집에는 꽃이 가득했으며, 가난한 사람들에게도 꽃을 구호품으로 주었다. 가난한 사람들 역시 아무리 음식을 살 돈이 없더라도 마지막 남은 한 푼까지 향수를 사는 데에 썼다. 이처럼 향에 강하게 끌리는 모습으로 보아, 카몽이스가 자주 언급하던 고대의 이야기가 신빙성 있게 들린다. 갠지스 강둑에는 꽃 냄새만으로 먹고 사는 사람들이 있다는 이야기 말이다. 현지인들은 씻는 것에도 진심이었다. 인도의 이슬람교도들은 적어도 사흘에 한 번 몸을 씻었던 반면, 인도 관습을 따르던 사람들(포르투갈인들은 이들을 "신사"라고 불렀다)은 목욕재계로 일과를 시작했고, 청결함과 신성함을 하나로 묶어 생각했다. 카몽이스의 표현을 보자.

주민들은 갠지스 강에서 목욕하며 살고
죄에 빠지더라도
이 물이 깨끗하고 순수하게 씻어주리라 확신한다.

이와 대조적으로 유럽인에게서는 고약한 냄새가 났다. 근대 초기의 한 무굴 연대기가 표현했듯이, 포르투갈인들은 매우 훌륭한 의복을 입지만, 아주 더럽고 여드름투성이인 경우가 많았다. 그 당시 유럽인들에게는 씻는 습관이 없었다. 그런데 이런 사실을 유럽인들도 의식하고 있었던 것은 틀림없다. 인도에 정착한 유럽인들이 대체로 현지의 생활방식을 금세 따랐기 때문이다. 물을 마실 때 잔에 입술을 대는지 아니면 인도 관습에 따라 공중에서 입안으로 부어 마시는지를 보면, 그가 최근에 인도로 온 사람인지를 알아맞힐 수 있었다. 새로 온 사람들이 어설프게 따라 하는 행동들이 웃음거리가 되기도 했다.[1]

1550년대 인도 항로의 최종 기항지는 다 가마가 1498년에 발을 디딘 코지코드가 아니라 고아였다. 첫 항해 때부터 포르투갈이 이 지역에서 쓸 만한 패는 없다는 것이 명확했다. 포르투갈인이 공급할 수 있는 새롭거나 우월한 상품은 거의 없는 데다가 포르투갈의 의도를 너무도 잘 파악하고 있는 이슬람 상인들이 이미 자리를 잡고 있어서 이들과의 경쟁이 상당했기 때문이다. 구자라트와 말라바르 해안에서 홍해를 가로질러 카이로와 알렉산드리아까지 향신료를 운송하던 기존의 무역로들은 바로 이 이슬람 상인들을 더 넓은 이슬람 세계로 연결해주는 역할도 했다. 인도에 관한 포르투갈의 초기 기록을 보면, 스페인과 북아프리카 이슬람 교도들뿐만 아니라 이스탄불을 거쳐서 동방으로 진출한 이탈리아와 폴란드, 슬라브 사람들을 만난 이야기로 가득하다. 물론 이것은 포르투갈인들이 도착하자 인도 통치자들이 이내 이들을 경계했다는 뜻이다. 그뿐만 아니라, 유럽의 강력한 힘을 보여주는 기술들을 튀르크인이나 유럽의 기독교인으로부터 직접 손쉽게 얻을 수 있었다는 의미이기도 했다. 코지코드의 포르투갈인들은 이미 여러 차례 예행연습을 했던 전술을 발휘했다. 먼저 교역소를 세운 다음, 조용히 전략 요새로 변신을 꾀하는 것이다. 그러나 다 가마가 도착한 후로 채 5년이 되기도 전에, 코지코드의 자모린은 밀라노와 베네치아 출신 기술자들을 동원해서 포르투갈의 화력에 맞대응했다. 리스보아 성에 있는 다미앙의 거처 근처에는 아랍어 글귀가 새겨진 거대한 "바실리스크" 대포가 있었다. 이 대포는 구자라트의 도시 디우에 있던 원정대가 고국으로 가져온 것이다. 심지어 몸바사의 왕은 포르투갈인들에게 맞서 싸우기 위해서 침몰한 선박으로부터 함포를 한 대 인양하기까지 했다. 그런데 동방에서 쉽게 획득할 수 있었던 것은 유럽의 군사 기술만이 아니었다. 문화적 지식도 마찬가지였다. 1509년에 포르투갈이 나포한 선박에서는 굉장히 많은 유럽 서적들이 발견되었다. 스페인어를 비롯해 라틴어, 이탈리아어, 독일어, 슬라브어, 프랑스어 서적뿐만 아니라 포르투갈어 책도 있었다. 그러므로 국왕 마누엘 1세가 포르투갈로 귀환한 다 가마에게 수여한 작위―에티오피아, 아라비아, 페르시아, 인도 항해 및 정복, 무역의 제왕―는 현실을 반영한 것이라기보다는 열망, 그것도 살짝 터무니없는 열망을 담은 것에 가까웠다.[2]

그러나 분파적이었던 인도의 정치 지형은 현지 세력들 간에 싸움을 붙이는 포르투갈식 계략에 딱 적합했다. 포르투갈인들은 서로 다른 왕국들 사이에서, 심지어 각 왕국 안에 있는 다른 파벌들 사이에서 이리저리 진영을 옮기면서 불안정한 상황을 조성하고는 이를 이용했다. 코지코드에 본거지를 세우기 어려워지자, 이들은 간단하게 닻을 올리고 해안을 따라 더 위로 올라가서는 코지코드의 경쟁 항구인 코친에 정착했다. 그러고는 코친을 통한 교역은 늘리고 코지코드에서의 교역은 봉쇄함으로써 두 왕국 사이의 균형을 깨뜨렸다. 포르투갈은 말라바르 해안에 있는 다른 소수의 왕국들―칸누르, 코둔갈루르(크랑가노르), 콜람―에도 이와 유사한 방식을 구사했고, 결국에는 훨씬 더 강력한 이슬람 왕국 비자푸르의 아딜 샤가 통치하던 고아까지 목표로 삼았다. 이곳에서 포르투갈은 고아의 비非이슬람 시민들과 이슬람 지배층 사이의 긴장 관계를 이용했다. 이 도시를 일단 무력으로 장악한 다음, 시민에게 여러 혜택―감세, 이슬람교도에게서 비이슬람교도에게로의 토지와 사무실 소유권 이전, 현지 전통과 신앙의 자유 등을 모두 리스보아로 파견된 브라만 대표단을 통해서 보장했다―을 제공하여, 예전의 주인에게 돌아가고 싶은 마음이 생기지 않도록 만들었다. 안트베르펜과 마찬가지로 고아도 자체적으로 생산하는 상품이 거의 없어서 북쪽 구자라트의 주산물을 대거 공급받았지만, 지리적 위치 덕분에 포르투갈이 인도에서 사업을 펼치기에 안성맞춤인 중심지가 되었다. 방어하기 쉬운 강어귀에 위치한 고아는 구자라트와 스리랑카(실론)의 교역 중심지를 잇는 중간 지점에 있었으며, 서西고츠 산맥으로 이어지는 길목에 있었다. 고츠 산맥은 놀랍도록 가파른 동시에 마치 물방울 하나 스며들지 않을 듯한 빽빽한 초목으로 덮여 있었는데, 이 산맥을 경계로 완전히 다른 세상이 펼쳐졌다. 산맥의 한쪽에는 세계인의 앞마당이 된 말라바르 해안이 있었고, 다른 쪽에는 인도 남부 대부분을 이루는 데칸 고원이 있었다. 포르투갈인들은 인도 중앙으로 진출할 가망은 없었지만, 이 통로 덕분에 데칸 고원의 비자야나가르 왕들에게 고원의 군사적 통제력을 보장하는 아라비아 종마를 공급함으로써 수익도 올리고 북부의 이슬람 지방에 맞설 유용한 동맹도 확보하는 일석이조 효과를 누릴 수 있었다.[3]

카몽이스가 도착한 곳이 바로 이 고아 도라다—"황금 고아"—였다. 그는 만도비 강 상류로 올라가서 이 강에서 이름을 딴 만도비 관문에 상륙했다. 초록빛 절벽처럼 우뚝 솟은 섬들 사이로 이어지는, 비단처럼 부드러운 갈색을 띤 작은 만이다. 부두에서 내륙으로 걸어 들어가면, 왼쪽으로 옛 샤들이 머물던 궁전이 자리했다. 현무암으로 만든 궁전 출입구의 정교한 검은색 벽기둥은 인도의 석조 기술을 보여주는 첫 작품이었다. 유럽인들의 눈에는 자연의 법칙을 거스르는 것처럼 보이는 솜씨였다. 여느 곳과 마찬가지로 이곳에서도 유럽 중개상들은 그들의 사업과 예술작품 매입을 병행했다. 이런 상황은 1515년 초, 메디치 가문의 한 중개인이 고아에서 고객인 줄리아노 공작에게 보낸 편지에 잘 나와 있다. 그는 기적과 같은 기술로 지어졌으며 파고다라고 불리는 오래된 사원에는 검은색 돌로 더없이 완벽하게 만든 고색창연한 조각상이 있다고 했다. 그러면서 이들 골동품 몇몇을 매입해서 줄리아노가 얼마 전 라파엘로에게 의뢰한 초상화와 함께 소장하면 좋겠다고 권했다. 부두에서 올라와 길 오른쪽을 보면, 훨씬 단조롭고 투박한 유럽식 교회가 늘어서 있었다. 그중에는 프란치스코회 예배당과 1510년 성 카타리나 축일에 포르투갈의 공격으로 결국 뚫려버린 관문 위에 건설된 산타 카타리나 대성당도 있었다. 바로 그 앞으로 솟은 언덕에 자리한, 바샤레이스라고 불리는 마지막 관문 너머에는 얼마 전에 예수회에서 인수한 상파울루 대학교가 있었다. 도시 한가운데를 관통하는 "직선 도로"인 후아 디레이타는 고아의 주요 동맥이었다. 바로 이 길을 따라서 도시의 고도로 복잡한 생활이 모두 정렬되어 있었다.[4]

  카몽이스는 인도가 그의 새 출발을 위한 기회의 땅이 되기를, 그의 재능을 발휘하여 새로 태어날 수 있는 곳이 되기를 희망했다. 그러나 고아의 파벌주의와 부패를 발견하면서 이런 환상은 금세 깨지고 말았다. 결국 그는 이 도시를 **고결한 빈자들의 묘지**라고 묘사했다. 고아의 주민 절대다수는 여전히 인도인이었지만—포르투갈인 3,000명에 비해서 인도인은 성안에 1만 명, 성 밖에 5만 명이 살았다—카자두스(기혼자)라는 작은 파벌이 도시 권력을 장악하고 있었다. 카자두스라고 불리는 이 포르투갈인들에게 사무실과 토지를 넉넉히 주고 인도 여성들과 혼인해서 영구 정착하도록 장려하는 정책이 있었고, 이런 정책의 이면에는 헤이누(포르투갈어로 "왕국")에 충성하는 계층을 만들려는 의도가 깔려 있었다. 그러나 이 정책은 완전히 실패로 끝났다. 카자두스는 정책의 의도와는 달리, 현지의 권력 투쟁과 아시아 내 교역 지분—왕실의 독점 대상이 아니었다—의 확장에만 온 힘을 쏟았다. 카몽이스가 도착하기 얼마 전, 카자두스 공동체가 총독이 조직한 군사 원정대에 대한 지원을 거부하면서 헤이누, 즉 포르투갈 왕국과의 관계가 명확히 단절되었다.[5]

  그러나 포르투갈 출신의 다른 임시직 관리들과 총독은 규모가 훨씬 더 큰 객원 솔다두스(병사) 공동체의 지원을 받을 수 있었다. 카몽이스가 그랬듯이 이들은 동방으로 군사 원정을 하는 동안 고아에 체류했다. 계절 풍이 부는 시기가 되면 도시는 이들 떠돌이로 바글바글했다. 날씨 탓에 군사 원정이 불가능하면, 이 무급 휴가 기간에 이들은 후아 디레이타로 몰려와서 한 집에 10명꼴로 묵었다. 인도를 방문한 15세기의 러시아 여 행자가 이곳의 계절풍을 묘사한 바에 따르면, 넉 달 동안 오로지 비와 흙뿐 이라고 했다. 돈도 없고 돈을 벌 수단도 없었던 솔다두스는 이 도시에 거 주하는 포르투갈 귀족가문들 중의 하나와 운명을 같이할 수밖에 없었 다. 이 귀족들은 원정이 재개될 때를 대비해서 사설 군대를 조직하고 군 사들을 먹여 살렸다. 이곳에서 폭우와 궁핍이 폭력으로 이어졌다는 사실 은 아마도 놀랄 만한 일이 아니리라. 결국 카몽이스는 리스보아의 암흑 가를 떠나서 그보다 상황이 훨씬 더 나쁜 곳을 제 발로 찾아온 셈이었다. 이곳에서는 약탈 대상을 찾아다니는 패거리들이 어떤 법의 적용도 거의 받지 않았다. 카몽이스는 고아에 대해서 이렇게 글을 남겼다. 이 바빌론 에는 창조된 온갖 악한 것들이 보내졌다.……이 미로에서는 미덕이 모든 지혜 와 권력을 동원하여 비겁과 타락의 문 앞에서 간청한다. 이 어둡고 혼란스러운 무질서에는 본래 저주받은 것들만이 존재한다. 카몽이스는 그후로도 종종 고아를 저주받은 도시 바빌론이라고 생각했다. 유대인들이 시온을 떠나 바빌론으로 망명했듯이, 그도 리스보아를 떠나 이곳으로 망명했기 때문 이다.[6]

현지 문화는 소외감을 증폭시킬 뿐이었다. 이런 현실 앞에 대부분의 유럽인은 완전히 혼란스러워했다. 포르투갈인이 처음에 품었던 희망— 개종자들과 카자두스에게 후하게 보상하면, 말라바르 해안에 거주하는 인도인들이 기독교로 떼를 지어 몰려오리라는 희망—은 큰 실망으로 귀 결되었다. 브라만들은 교회와 기독교 성상에 정중하게 관심을 보이면서 그들과 포르투갈인들의 믿음 사이에는 거의 차이가 없다고 말했다. 그러나 그들의 종교 전례를 버리고 기독교 전례를 받아들이라는 제안에는 보통 어리둥절해했다. 포르투갈이 코친 국왕의 부채負債를 지렛대로 삼아 그를 강제로 개종시키려고 하자, 국왕은 이렇게 대답했다. 말라바르에서 그가 통치하는 특정 지역은 산맥 아래를 지배하는 주님이 그곳에 세운 나라이며, 포르투갈인들의 도움은 감사하지만 그의 백성은 자신들의 전통을 계속 지켜나갈 것이라고 말이다. 포르투갈로서는 삼키기 싫은 쓴 약처럼 받아들이고 싶지 않은 반응이었다. 특히나 이 말은 코친 국왕이 포르투갈인의 주님과 구세주 대신에 원숭이 신 하누만을 택하겠다는 뜻이어서 더욱 반감이 컸다. 반면 타누르 왕국의 국왕은 포르투갈의 군사적 지원을 받는 대가인 개종에 대해서 개인적으로 열린 마음을 가지고 있었다. 단, 개종 후에도 전통 의례를 치를 수 있고 옛 신앙의 상징물을 착용할 수 있어야 한다는 조건이 달렸다. 물론 백성들이 충격을 받아 분개하지 않도록 형식적으로만 그렇게 하겠다는 뜻이었다. 올라우스 망누스가 묘사한 스칸디나비아인들의 종교관처럼 기독교를 기존 종교에 흡수시키자는 주장은 대부분의 포르투갈인에게 웃기는 소리로 들렸다. 질투심 많은 하느님이 어떤 경쟁자도 용납하지 않으리라는 것을 전혀 파악하지 못한 제안이었기 때문이다. 말라바르와 포르투갈이 끝내 의견의 일치를 보지 못한 것은 종교 문제만이 아니었다. 이와 관련해서 놀랄 만한 일화가 하나 있다. 코친 국왕이 두아르트 파체코 페레이라―초창기 인도에 관한 글을 쓴 저자이자 그즈음에는 전쟁 영웅이 되었다―의 용맹함을 기리기 위해서 그에게 문장紋章을 하사하기로 했다. 현지의 말라얄람어 기록을 다미앙이 상세히 옮겨 적은 바에 따르면, 페레이라가 받은 문장은 가장자리가 파란색과 흰색의 물결무늬로 둘러싸인 빨간색의 방패였다. 방패의 중앙에는 5개의 금관, 그리고 초록색 목성木城 8채가 있는 배 8척과 깃발 7개, 그리고 성이 그려져 있고 꼭대기에 깃발이 달린 은색과 금색의 투구 1개가 있었다. 전쟁 영웅에게 문장을 하사하는 일을 그림으로 포상하는 것이라고 혼동한 코친의 통치자가 수많은 요소들을 그려넣어 꽉 채운 것이 분명했다. 페레이라의 요청에 따라, 국왕은 이 문장을 기존에 쓰던 가문의 문장과 자유롭게 혼합하여 사용해도 되고 사용하지 않아도 되는 등 페레이라가 알아서 하도록 빠르게 양보했다.[7]

이처럼 좌절을 맛본 포르투갈인들은 반격을 가했다. 일련의 조치를 취하여 그들이 통제하는 지역에서 개종하지 않은 사람은 점점 살기 힘들어지도록 만들었다. 가장 먼저 이스타두―인도 내 포르투갈령 영토―안에 사원 신축을 금지했다. 뒤이어 낡은 사원의 수리나 개종자를 다시 전통 신앙으로 되돌리려는 시도를 금지시켰고, 마지막으로는 종류를 막론하고 비기독교인의 설교도 금했다. 메디치 가문의 중개인이 고객에게 인도 골동품 매입을 권했던 데에는 이유가 있었다. 교회를 짓기 위한 돌을 훔치느라 많은 위대한 예술작품들이 버려져서 주변에 아무렇게나 널려 있었기 때문이다. (중개인에 따르면) 이들 조각상이 버려진 이유는 **포르투갈인들이 이 조각상들을 전혀 존중하지 않았기 때문이다.** 고아를 정복할 때 했던 약속, 즉 이교도와 유대인 공동체가 자신들의 전통을 따르도록 두겠다는 약속은 철회되었다. 이교도에게는 세금을 인상한 반면, 개종자에게는 매우 유리한 조건을 제시했다. 또 비기독교인은 나랏일을 맡지 못하게 했다. 고아가 된 이교도는 수도회에 보내서 기독교인으로 키워졌다. 포르투갈인들은 구세주인 체하면서 제거했던 이슬람 정책 대부분을 복원했다. 1540년대 초 예수회가 도착하면서 비기독교인에 대한 압박이 거세졌다. 고아 교구의 사제단은 카몽이스가 코임브라에 있는 대학교에서 접했을 법한 열성적인 사제 한 사람이 이끌었다. 카몽이스가 고아에 도착했을 즈음에는, 기독교로 개종한 인도인만이 도시 경계 안에서 살 수 있었다. 개종하지 않은 사람의 수는 이보다 훨씬 더 많았지만, 그들은 도시 밖에서 살아야 했다.[8]

고아를 기독교 집단 거주지로 만들려는 포르투갈의 그 모든 노력에도 불구하고, 이 도시에는 카자두스와 솔다두스뿐 아니라 인도 남부의 고 도로 세계화된 세상을 구성하는 유연한 요소들이 있었다. 이 도시에 살 던 다양한 주민들 중에는 시력을 잃은 호르무즈 왕국의 국왕 13명도 있 었다. 통치자가 능력 미달로 판명되면 시력을 잃게 만들고는 이슬람법 아래에서 통치 자격을 박탈하여 물러나게 하는 정책에 희생된 자들이었 다. 이 지역은 오랫동안 페르시아 지식인 계층을 끌어모으는 역할도 했 다. 이들은 대개 데칸 지역 왕실의 소중한 재원이 되었고, 몇몇은 고아에 서도 볼 수 있었다. 그외에도 종교 박해를 피해 유럽에서 온 난민들도 있 었다. 그중에는 카몽이스가 경의를 표하면서 쓴 시의 내용으로 보아 그 의 안내자 역할을 한 듯한 인물인 유대계 포르투갈인 의사 가르시아 드 오르타도 있었다. 그는 이베리아 반도를 떠나기 전에 알칼라 대학교와 살라망카 대학교에서 의사 양성 과정을 거쳤다. 개종한 사람들조차도 곱지 않은 시선을 견뎌야 하고, 종교재판이 확산되면서 많은 기독교 새 신자들이 달아났는데, 그 역시 그중 한 사람이었다. 인도에 도착한 그는 유럽과 아라비아의 의술을 인도의 전통과 종합하여 그 사회에 없어서는 안 되는 중요한 사람이 되었으며, 포르투갈 총독과 고위 관료뿐만 아니 라 내륙의 이슬람 왕을 치료해달라는 요청도 받았다. 카몽이스가 인도에 체류하던 시기에 가르시아 드 오르타는 약초 백과사전을 편찬하고 있었 다. 그는 인도 남부의 모든 문화권에서 얻은 지식과 함께 약초명을 그리스어, 라틴어, 아랍어, 구자라트어, 카스티야어, 포르투갈어와 현지 언어인 콘칸어로 수집해서 정리했다. 이 과정에서 다양한 언어 사이의 연결 관계를 발견하는 일도 종종 있었다. 그 덕분에 멀리 떨어져 있는 이들 문화권을 연결하는 인도-유럽어족의 존재 가능성을 타진하는 사람들이 머지않아 생겨났다.[9]

오르타는 현지 관습에 관한 정보통이었다. (예를 들면) 대마(대마초)의 용도와 신체에 미치는 영향 등의 정보는 그의 인도인 하녀 안토니아가 시장에서 수집해왔다. 오르타는 본인이 직접 대마를 시험해본 적은 없다고 주장했다. 그러나 대마를 해본 적 있는 사람들로부터 그 효과가 어떤지 정보를 수집하는 일은 자신의 의무라고 생각했다. 그런 이들 가운데에는 그의 하인들도 있었다. 이들에 따르면, 대마를 하면 너무 일하기 싫어지는 대신 자꾸 무엇인가를 먹고 싶어진다고 했다. 그뿐만 아니라 대마는 사람을 웃게 만들어서 마치 모든 우환을 초월하여 근심을 잊은 사람처럼 보이게 했다. 사실 대마는 유럽인들이 동방에서 처음 접한 수많은 약물들 중 하나에 불과했다. 쾌락을 위해서 마약을 소비하는 전통이 거의 전무한 문화권의 사람들에게 이것은 완전히 새로운 발견이었다. 첫 항해 때부터 포르투갈인들은 인도인들이 방bhang을 씹는 모습에 크게 놀랐다. 방은 장미수와 함께 빈랑 열매를 빈랑 나뭇잎에 싼 것인데, 포르투갈인들은 자극제로서 방의 매력을 한동안 좀처럼 이해하지 못했다.

오르타는 포르투갈에서 온 방문객들에게 경이로운 인도 음식도 소개해주었다. 초창기에 인도에 온 사람들은 현지 요리에 사용되는 후추의 양을 보고 유럽인은 도저히 먹을 수 없는 음식이라고 생각했다. 반면 오르타는 그 지역 요리에 관해 해박한 지식을 자랑했다. 가령 그는 많은 인도 요리에서 맛을 내는 비밀 병기가 무엇인지 찾아냈다. 유럽인은 생각

지도 못할 재료였다. 유럽인들이 아사 포에티다assa foetida―"구린내 나는 유향 수지"―라고 부르던 나뭇진이었기 때문이다. 인도에서는 이 재료를 가장 널리 사용했는데, 가난한 사람들도 빠지지 않고 사서 난, 양파와 함께 먹었다. 이런 정보는 대부분 안토니아에게서 얻은 것으로 보인다. 오르타를 위해서 표본을 모아왔다는 등 그의 저서에는 그녀의 이름이 꾸준히 언급되지만, 그녀는 결코 그리스나 아라비아 당국들과 어깨를 나란히 하는 지식의 원천으로 인정받지 못했다. 오르타 역시 그녀가 만든 스타프루트 페이스트리와 잼이 손님들에게 인기가 많았다고 기록하는 정도가 적당하다고 보았다.10

카몽이스가 잔뜩 화가 난 것은 점령지에서 이방인으로 살면서 받는 스트레스 때문이 아니었다. 아니, 적어도 이 이유가 전부는 아니었다. 그가 고아를 증오한 이유 중에는 리스보아에 있을 때보다 여복女福이 좋지 않았다는 점도 있는 것 같다. 그가 도착하고 1년쯤 지났을 때 고국에 있는 친구에게 쓴 편지를 보면 여자들에 대한 불평을 늘어놓는데, 그 도시에 사는 소수의 포르투갈 여성들은 나이가 너무 많고, 인도 여성들은 그의 매력에 완전히 철벽이라며 투덜거린다. 그는 이 여성들을 유혹하기 위해서 페트라르카(14세기 이탈리아 시인/역자)와 보스칸(16세기 스페인 시인/역자) 같은 시인들의 시를 읊조렸지만, 아마도 소 귀에 경 읽기였던 것 같다. 그들의 사무적인 반응이 카몽이스에게는 충격적일 만큼 거칠게 느껴졌다. 세련된 희롱에 익숙하던 그에게는 완전히 딴판으로 느껴졌다. 아마도 현지 여성들은 혼인으로 이어지는 만남에만 관심이 쏠려 있었던 탓

이전 쪽 : 포르투갈 남성과 기독교 미혼 인도 여성의 모습. 카몽이스가 인도에 도착한 동시대에 제작된 『코데스 카자나텐스(*Codex Casanatense*)』에 수록.

일 것이다. 혼인하면 카자두스의 아내로서 신분과 안전을 보장받을 수 있었다. 혹은 포르투갈 남성을 대해야 할 때면 대마를 다량 섭취해서 감각을 무디게 만드는 것이 현지 여성들의 풍습이었기 때문일 수도 있다.[11]

친구에게는 모멸감을 느낀다고 했지만, 이 시기에 그가 쓴 소네트를 보면 이런 그의 말이 그저 허풍에 불과하다는 것을 알 수 있다. 시에서 그는 검은 머리의 연인, 그의 마음을 앗아간 어느 포로에 대해서 노래한다. 그는 온통 그녀의 짙은—고대 인도의 대서사시 『라마야나*Ramayana*』에 나오는 표현처럼, 까마귀의 날개처럼 새까만—머리카락 생각뿐이다.

> 들판의 꽃 중에도
> 하늘의 별 중에도
> 나의 사랑, 그녀만큼
> 나에게 아름답게 느껴지는 것은 없네.
> 그 무엇도 그녀의 얼굴에 비할 수 없네.
> 고요함이 담긴 그녀의
> 검고 지친 눈동자.
> 그러나 그 눈동자에 나는 죽을 것만 같네.

이 여성에 대해서 알려진 바는 거의 없다. 이름이 바르바라—덕분에 카몽이스는 그녀가 이방인이지만 바르바라(야만인)는 아니라는 수수께끼 같은 시적 표현을 할 수 있었다—였고, 따라서 시에서는 "포로"라고 묘사했지만 아마도 개종한 인도인이었을 것이다. 카몽이스의 시적 유혹에 철벽과 같은 반응을 보인다던 여성이 아마도 바르바라였던 것 같다.

이렇듯 고아에서 나태한 시절을 보내던 카몽이스는 호시절을 마감하고는 광범위한 지역을 순회하는 포르투갈 선박에 오르게 되었다. 포르투갈이 침투해서 정복한 항구도시가 인도에만 있었던 것이 아니었다. 포르투갈인들은 더 넓고 야심 찬 게임을 벌이면서 소팔라와 킬와를 이간질하고, 말린디와 몸바사에 서로 싸움을 붙였다. 그리하여 20년이 채 지나기 전에, 인도양 서안 전체를 따라 요새를 건설하여 거대한 망을 구축했다. 그 결과 이슬람 상인들이 홍해를 떠나지 못하게 만들었고 오랜 세월 유지되던, 카이로와 알렉산드리아를 거쳐 가는 무역로를 붕괴시키는 데에 성공했다. 포르투갈은 원하던 효과를 달성했다. 지중해의 동부를 거쳐서 베네치아로 연결되는 무역로로 공급되던 후추가 수년 만에 기존 물량의 3분의 2를 넘어 거의 10분의 9가 사라지면서 이 무역로가 붕괴했다. 포르투갈이 구축한 무역망을 연결하는 주요 지점들은 아프리카의 뿔이라고 불리는 대륙 동단의 과르다푸이 곶(라스 아시르 곶)과 호르무즈, 디우에 있었고, 때에 따라 오만과 소코트라 섬, 아덴에도 기착지가 열렸다. 이들 정박지를 유지하고 이들을 연결하는 바다를 순찰하는 것이 카몽이스처럼 인도 함대에 근무 의무가 있던 사람들의 주요 임무였다.[12]

이 일을 하는 자들의 일상은 영웅적인 것과는 거리가 멀었다. 카몽이스는 과르다푸이 곶 인근에서 보낸 편지에 **슬프고 고통스럽고 가혹하고 외로우며, 일거리와 비탄과 분노로 가득한** 나날이라고 적고 있다. 강렬한 더위와 습한 공기 때문에 그는 자신이 실패했다는 생각에 사로잡혀 벗어날 수 없었다고 한다. 나중에는 잇몸을 붓게 하고 공기를 오염시킨 전염병이 선상에 창궐한 일도 묘사한다. 또한 그는 이 세상이 가르치는 바에 따르면, 용맹함이란 친구가 총알을 맞아 팔다리를 잃어도 자신 있고 편안한 표정을 유지하는 것이라고 언급한다. 그들이 순찰하던 항구들은 적대적이었다. 그도 그럴 만했다. 초창기 포르투갈인은 처음에는 외교적으로 이들 항구의 문을 강제로 열려고 했다가 여의치 않자 금세 잔혹한 폭력을 휘둘렀기 때문이다. 아프리카의 뿔 지역만 해도 바라와(소말리아 남부의 항구 도시/역자)가 비협조적으로 나오자 도시를 잿더미로 만들어버렸다. (다미앙에 따르면) 현지 주민들은 근처에 있는 야자나무 숲에서 **부유하고 풍요롭던 도시가 한순간에 파괴되고 짓밟히는 모습을** 지켜보았다. 몇몇 현지 유지들은 포르투갈인의 세력을 약화시키기 위해서 그들이 할 수 있는 일을 했다. 오만의 도시 칼하트의 샤이크(왕)는 식량 대신 소똥과 길거리 쓰레기를 가득 담은 포대를 함대에 보냈다. 그러나 이에 대한 보복으로 그가 통치하던 도시가 불타버렸다는 사실로 보아, 이런 저항에 대한 대가가 혹독했음을 알 수 있다.

포르투갈에 협조적이던 곳에서도 식량을 얻기는 쉽지 않았다. 카몽이스가 1555년 겨울을 보낸 호르무즈 섬은 극도로 건조한 척박지였다. 게다가 본토에서 이 섬으로 식량을 공급하기가 어려워서, 이 섬에서 상인들은 이동할 때마다 은으로 만든 작은 물통을 든 몸종을 앞세웠다. 그들의 높은 지위와 그들이 누릴 수 있는 호사를 드러내는 징표였다. 이와 동시대에 한 인도 화가는 포르투갈인들이 호르무즈에서 시원한 수조 안에 들어가 식사하는 모습을 그렸다. 이 지역의 포르투갈인 안내인의 말에 따르면, 홍해에서 불어오는 바람이 워낙 뜨거워서 이곳에서는 죽어도 썩지 않고 말라서 가루가 된다고 한다. (머미아 혹은 "미라"라고 알려진) 중동의 시체 가루는 유럽 전역에서 약으로 취급되어 널리 인기가 많았다. 지금 생각하면 섬뜩한 일이지만, 당시에는 아마도 그렇게까지 오싹하게 받아들이지 않았을 것이다. 카몽이스는 끝없이 나태하던 시절에 나누던 이야기들이나 선상 생활을 애정을 담아 묘사한 시를 몇 편 쓰기도 했지만, 그 당시의 분위기는 암울함과 더위, 절박함이 지배하고 있었다.

옆에는 메마르고 거친 불모의 산

기형의 벌거벗고 쓸모없는 척박한 산

본디 모든 면에서 혐오의 대상이 되어버린 산

새 한 마리 날지 않고, 짐승 한 마리 쉬지 않는 곳

한 줄기 강도 흐르지 않고 샘 하나 솟아나지 않는 곳

초록빛 나뭇가지 하나 바스락거리지 않는 곳……

그런 이곳에서, 이 머나먼 가혹하고 매서운

세상의 한쪽에서, 나는 소망했네

나의 짧은 삶이 더 짧게 끝나기를,

세상을 가로지르며 부서지고 흩어져버린

나의 삶이.

이 시를 비롯한 다른 시들을 보면, 카몽이스가 이 거대하고 수치스러운 기계를 이루는 미미하고 보잘것없는 일부로서 환멸을 느꼈다는 데에는 거의 의심의 여지가 없다.[13]

포르투갈의 인도양 전략은 초창기의 압도적인 성공 때문에 오히려 피해를 보았다. 알렉산드리아를 통해서 카이로로 전달되던 향신료 무역이 증발하자, 이집트 맘루크 왕국이 곧장 몰락했다. 노예들 중에서 명목상의 이슬람 지도자를 선출하던 기이한 방식도 수백 년 만에 종지부를 찍으면서, 최소한 그중 몇몇 사람들은 기독교인으로서 새로운 삶을 시작했다. 불과 1503년에만 해도 맘루크 왕국의 술탄은 서양의 기독교 국가들을 위협하는 존재였다. 다미앙이 그의 연대기에 전문을 필사한 한 서한에서 술탄은 자신이 알렉산드로스 대왕의 진정한 후계자라고 주장했다. 그는 자신이야말로 땅에 드리워진 신의 그림자라고 선언하면서, 이베리아와 동방에서 기독교인이 이슬람교도를 대하는 태도를 개탄했다. 그리고 그에 대한 응징으로 예루살렘을 포함한 기독교 성지를 파괴하겠다고 위협했다. 그렇게 하면 저 돌들이 어느 하나도 제자리에 그대로 얹혀 있지 못하고 다 무너지고 말 것이며, 무너진 돌조차도 갈려서 흙이 될 것이라고 했다. 양측의 대립은 1509년 디우에서 정점에 달했다. 포르투갈은 처음에는 구자라트와 맘루크 해군의 합동 공격에 패했지만, 적군 함대를 궤멸한 후에는 도미노처럼 지중해 동부까지 차례로 무너뜨렸다. 수백 년간 유럽은 이슬람의 경제적 토대를 약화시키기 위해서 탐험을 이어갔다. 그러나 실제로 이 승리의 이면에는 재앙이 도사리고 있었다. 이 덕분에 오스만 제국이라는 훨씬 더 강력한 적이 부상할 수 있었기 때문이다. 다시 말해, 포르투갈이 맘루크 왕국의 힘을 빼앗은 것이 전 지구적 차원의 야심을 펼치려는 오스만 제국에게 필요했던 마지막 퍼즐 한 조각이 된 셈이다.[14]

1517년 튀르크인이 이집트를 정복하여 오스만 제국에 속하는 한 지방으로 복속되자, 인도양 무역의 통제권이 이스탄불로 이양되었다. 그뿐만 아니라 튀르크인은 성스러운 도시 메카와 메디나의 수호자가 되었으며, 이슬람의 영적 지도자 칼리프의 지위도 튀르크인에게 넘어갔다. 이로써 포르투갈은 타락하고 조직력도 형편없는 적 대신에 광활하게 뻗어나가는 제국을 마주하게 되었다. 이 제국은 훨씬 더 뛰어난 세련미와 자원, 야망을 가졌을 뿐만 아니라, 페르시아 만을 지나는 제2차 항로를 장악하고 있었다. 카몽이스는 바로 이 지역을 1554년에 순찰했다. 오스만 제국의 정보력과 지도 제작망은 유럽을 능가했다. 그 근거로 1513년에 일찍이 아메리카 대륙의 지리 정보까지 반영해서 작성한 피리 레이스의 지도를 들 수 있다. 또한 이 시기의 포르투갈 지도들 중에서 유일하게 남은 지도가 리스보아가 아니라 이스탄불에 있다는 사실로도 알 수 있다. 오스만 제국의 선박은 포르투갈 선박처럼 깊은 대양을 항해하는 능력은 없었지만, 카몽이스가 도착한 시점에는 강점을 발휘해서 우위를 차지하고 있었다. 오스만 해적선의 선장 세퍼 레이스가 노를 젓는 튀르크 선박에 유리한 잔잔한 해안으로 포르투갈 선박을 하나씩 차례로 유인하는 전략을 편 덕분이었다. 게다가 홍해부터 나일 강까지를 연결하는 고대 운하를 복원하는 계획도 진행 중이었다. 그로 인해서 지중해에서 인도양으로 직항 운항이 가능해졌다. 포르투갈과 스페인은 탐험에 뛰어들면서 로마의 영광을 재현할 전 세계적, 심지어 보편적 제국의 건설을 꿈꾸었다. 그러나 이들은 얼마 지나지 않아 같은 꿈을 꾸는 것이 그들만이 아니라는 사실도 알게 되었다. 몽골과 중국, 무굴, 남인도, 그리고 당연히 오스만 문화권에서도 그들과 유사한 야심을 품고 있었다. 오스만 제국은 알렉산드로스 대왕의 계승자를 자처했다. 술탄이 스스로 부여한 많은 칭호들 중에는 카이세리룸Qayser-i-Rûm, 즉 "로마의 왕"이라는 칭호도 있었다.[15]

이 같은 새로운 현실에 적응하기 위해서 포르투갈은 새로운 형태의 국제 정치를 고안해야 했다. 한때는 동방의 기독교 왕국을 통치하는 전설속의 사제왕 요한을 찾아서 기적과 같은 동맹을 결성하려고 했지만, 이런 계획은 환상이었음이 입증되었다. 사제이자 국왕인 요한의 신화가 탄생한 근거는 사실 에티오피아 군주들에게 있었다. 그런데 이들은 오스만 제국의 상대가 되지 못했다. 1530년대와 1540년대에 오스만 제국의 지원군이 포르투갈과 에티오피아 연합군을 궤멸한 수많은 사례들이 이를 잘 보여준다. 에티오피아 군주를 대신해 페르시아의 샤 이스마일 1세가 대안으로 떠오르자, 포르투갈인들은 스스로 운이 좋다고 믿었다. 절박한 심정으로 이들은 시아파가 엄밀히 말하자면 수니파와는 다른 이슬람이 므로, 얼마든지 시아파와 동맹을 맺어 수니파 오스만 제국에 함께 맞설 수 있다는 생각까지 했다. 시아파는 수니파를 이슬람 칼리프로 인정하지 않았고, 그들 나름의 야심을 품고 있었다. 여하튼 이스마일 1세는 모계 로는 트라페준타 제국의 기독교 황제의 후손이었고, 1515년에 이스마일 1세가 포르투갈 특사들에게 베푼 연회에서 알 수 있듯이 이들은 같은 언 어를 사용했다. 다미앙은 엄청나게 많은 술을 마신 그날의 연회에서 어 떤 음식을 먹었는지 자세히 기록함으로써 페르시아인들이 얼마나 **인간 적으로 인정 넘치게** 살았는지를 보여준다. 포르투갈 사절단은 호르무즈 에서 내륙으로 약 1,600킬로미터 이상 들어와 타브리즈 남쪽에서 페르시 아 군주를 만날 수 있었다. 3만5,000채의 천막 가옥이 있는 이 도시는 봉 우리에 눈이 덮여 있는 사한드 화산 아래에 자리를 잡고 있었다.[16]

  샤 이스마일 1세는 페르시아 예술가들 덕에 유명해진 정자亭子와 매우 비슷하게 생긴 정자에 있었다. 그는 못 한가운데에 있는 정자를 양단과 금실로 묵직하게 짜인 양탄자로 가득 치장하고는 송어가 헤엄치는 모습 을 그곳에서 즐겨 구경했다. 포르투갈 사절단이 도착했을 때, 마침 그의 속국이던 기독교 왕국 14개국 가운데 두 나라인 (아르메니아의) 로리와 조지아에서 파견한 대사들이 그를 수행하고 있었다. 그는 열두 번이나 두른 거대한 시아파 터번을 쓰고 있었고, 이 포르투갈 사절단은 이와 똑 같은 터번을 리스보아로 가져왔는데, 궁정 시종 시절 다미앙은 바로 그 터번을 관리하는 일을 맡았다. 아침 10시에 시작해서 밤 늦게까지 계속 된 연회 동안, 이스마일 1세는 포르투갈인들에게 고급 시라즈 포도주를 끊임없이 제공하면서 계속해서 잔을 비우라고 재촉했다. 그러면서 그도 보석으로 장식된 커다란 잔으로 보조를 맞추며 마셨다. 이 잔에는 2분의

1캐나다(주로 포도주 양을 측정하던 단위/역자), 다시 말해 약 850밀리리터에 달하는 포도주를 담을 수 있었다. 포르투갈 특사가 이스마일 1세의 잔에는 물을 탄 포도주가 든 것이 틀림없다고 주장하자, 이스마일 1세는 원액 그대로라는 것을 확인시키기 위해서 그 잔을 그에게 보냈다. 특사는 벌주로 한 잔을 다 마셔야 했는데, 워낙 많은 양이어서 세 번에 나누어 마셔야 했다. 이와 대조적으로, 이스마일 1세는 그가 받은 포르투갈 포도주가 꿀이나 버터와 거의 구별할 수 없을 정도라는 농담을 했다. 어느덧 취기가 무르익자 현지 총독이 눈물을 글썽이며 손님들에 대한 자신의 애정이 깊어서 자기도 피랑기firangi("프랑크인", 또는 서양의 기독교 이방인)인 양 느낀다면서 그들과 같이 살고 싶을 정도라고 발언했다. 이 틈을 타서 포르투갈 특사는 이스마일 1세에게 우호 관계를 맺자고 요구했다. 그러자 이스마일 1세는 술이 번쩍 깨는 대답을 내놓았다. 그는 친구 사이에는 포르투갈이 호르무즈 지방을 앗아간 것 같은, 상대방의 것을 서로 훔치는 행동을 하지 않는 법이라고 했다. 그러면서 그의 마음은 온통 튀르크를 격퇴하고 메카를 함락하는 것에 쏠려 있지만, 포르투갈 사절단에 베푸는 호의로 (페르시아의 오랜 고객인) 비자푸르의 샤에게 포르투갈인들을 건드리지 말라고 요청하겠다고 했다. 포르투갈 사절단은 특출한 수사적 문장이 담긴 아름다운 서한을 받아들고 호르무즈로 돌아갔다. 이 서한에는 향기로운 장미처럼 위대한 포르투갈 국왕과 그가 인도에 파견한, 동틀 무렵이나 사향처럼 우리에게 호의적인 장군을 향한 문안 인사는 담겨 있었지만, 정작 포르투갈이 원하는 동맹 관계에 대한 언급은 없었다.[17]

야망과 야망이 싸움을 벌이는 용광로와 같은 이 대양에서 카몽이스는 동방에서의 첫 몇 해를 보냈다. 그는 이때의 경험을 소재로, 약속의 땅으로 돌아갈 보증수표가 될 뿐만 아니라 (독일의 시인 프리드리히 슐레겔에 따르면) 그를 호메로스 이래 가장 사랑받는 시인으로 만들어준 서사시를 쓰게 되었다. 순찰선의 선상 생활은 버림받은 낙오자의 삶을 비탄하는 암울한 서정시 위에 그 이상을 창작할 기회를 주지 않은 것이 분명하다. 불행인지 다행인지 모르지만, 얼마 지나지 않아 카몽이스는 다시 옥살이를 하면서, 시를 생각하고 구상하고 쓸 충분한 시간을 넘치도록 가지게 되었다.

9

7037년, 그해 여름

직면한 문제를 해결할 열쇠를 페르시아에서 찾으려고 했던 것은 포르투갈만이 아니었다. 포르투갈이 이스마일 1세에게 대사를 파견한 것과 거의 같은 시기에, 제노바의 상인 파올로 첸투리오네는 북쪽 모스크바를 향해 매우 비범한 여행길에 올랐다. 그는 인도에서 중앙아시아와 러시아를 거치는 북쪽 향신료 무역로를 개척하여 고국의 부富를 보호하겠다는 희망을 품고 있었다. 포르투갈은 카이로와 알렉산드리아를 지나는 무역을 위축시킴으로써 이집트의 맘루크 왕국을 무너뜨렸을 뿐만 아니라, 베네치아와 제노바의 경제적 기반도 위태롭게 만들었다. 이 두 도시국가가 수 세기 동안 동방의 상품들을 알렉산드리아로부터 유럽의 여러 시장으로 중개하는 역할을 해왔던 터라, 이런 상황에 이탈리아 상인들은 몹시 화가 나 있었다. 첸투리오네는 이탈리아의 인문학자 파올로 조비오가 쓴 소책자에서, 포르투갈이 향신료 시장을 완전히 장악한 데에 대한 불만을 표출했다. 그는 포르투갈이 전대미문의 부담스럽고 감당할 수 없는 가격을 책정하고, 이런 가격에도 불구하고 형편없는 품질의 상품을 공급한다고 했다. 신선하던 향신료가 저장고의 오염과 선박의 불결한 위생 상태, 리스보아에서의 장기 저장으로 인해서 변질되어 원래의 풍미와 맛이 사라지고 품질이 떨어졌다는 주장이었다. 첸투리오네는 새로운 향신료 무역로를 개척하여 포르투갈인들이 벌인 게임에서 그들을 제압하자고 제안했다. 단거리 항해를 통해서 인더스 강 상류로 올라가 파로파미수스 산맥(현재의 힌두쿠시 산맥/역자)을 넘어 옥수스 강(오늘날의 아무 다리야 강/역자)까지 간 다음, 카스피 해로 내려간 후에 아스트라한에서 볼가 강 상류로 올라가 모스크바를 거쳐서 발트 해까지 도달하는 경로였다. 이 경로가 뚫리면, 오스만 제국이 지배하는 레반트를 지나거나 아프리카를 둘러가는 포르투갈 경로에 의존할 필요가 없었다.[1]

멀리 떨어져 있는 서유럽인들이 가진 중앙 유라시아 지역의 정치, 지리에 대한 극히 제한적인 지식을 감안할 때, 그들은 첸투리오네의 방안이 실행 불가능하다는 사실을 알 수가 없었다. 특히 러시아는 카스피 해 북부 지역에 대한 지배력이 없어서 심지어 러시아인도 그곳에서 교역할 수 없었다. 조비오는 자신이 제안한 경로를 지도로 작성했는데, 그중 유일하게 남아 있는 1점이 최근 베네치아에서 재발견되었다. 이 지도는 꽤 그럴듯해서 포르투갈인이 경각심을 느낄 만했다. 자신들에게 동방의 육상 운송을 통제할 능력이 실제로 거의 없음을 잘 알았기 때문이다. 다미앙은 아우크스부르크의 콘라트 포이팅거 대도서관에서 이 경로가 충분히 가능하다는 증거를 더 발견했을 것이다. 이 도서관이 소장하던 가장 위

다음 쪽 : 「타불라 페우팅게리아나(*Tabula Peutingeriana*)」(포이팅거 지도)의 일부. 고대 로마의 도로망 지도 가운데 유일하게 현존하는 것이다. 인도와 카스피 해 동쪽 지역이 보인다.

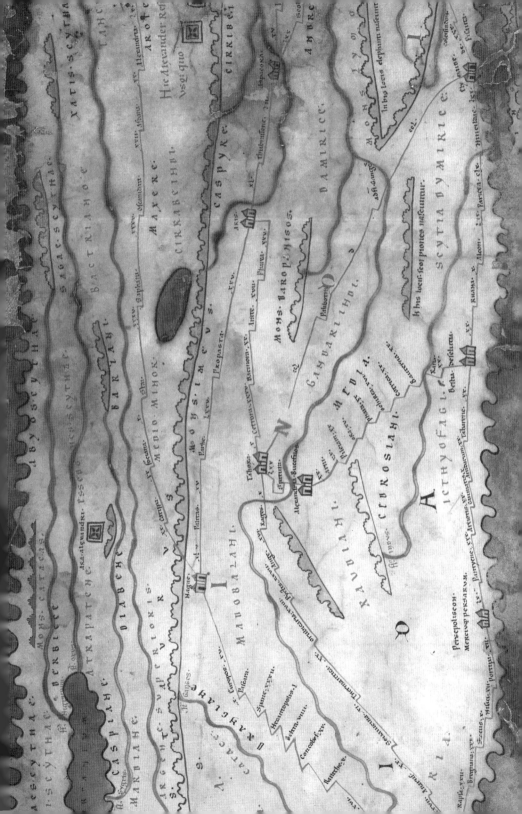

대한 보물인 「타불라 페우팅게리아나」는 고대 로마의 도로망을 나타내는 유일한 지도로 간주되었다.

약 6미터 길이의 이 지도는 도로를 중심으로 그려져 있어서 전 세계가 일직선으로 펼쳐져 있다. 여기에는 대양을 통하는 항로와 경쟁을 벌일 만한, 중앙아시아를 지나는 육로들이 다양하게 소개되어 있다. 다미앙은 글을 발표하여 포르투갈의 향신료 관리에 대한 이탈리아의 이런 공격을 반박했다. 그는 포르투갈이 가격을 올리고 신선도가 떨어진 상품을 판매한다는 주장을 전적으로 부정했다. 오히려 그는 어렸을 때 포르투갈 사람들이 오래된 향신료를 불사르는 냄새를 직접 맡았다고 했다. 게다가 포르투갈이 벌어들이는 이익보다 더 많은 돈을 기독교를 전파하고 튀르크와 싸우는 데에 지출했다고 주장했는데, 이는 알렉산드리아나 베이루트와 직거래함으로써 이슬람의 재정을 강화하던 베네치아와 제노바를 은근슬쩍 비꼬는 것이었다. 그러나 이것만으로는 포르투갈이 홍보전에서 승리하기에 역부족이었다. 그래서 다미앙은 외교관 경력을 마칠 무렵인 러시아력 7037년경에 폴란드를 떠나 동쪽으로 갔다.[2]

다미앙이 이 지역을 찾은 이유는 사실 수수께끼로 남아 있다. 표면적인 목적은 상업적 타당성 조사였던 것 같다. 그는 (에티오피아인처럼) 모스크바인과 리보니아인, 리투아니아인이 주로 마시는 술이 벌꿀 술이라고 기록했다. 이 술은 (카나리아 제도와 크레타 섬에서 나는) 말바시아 포도주나 칸디아 포도주와 맛이 비슷하다고 했다. 또한 이들 북쪽 지역에는 설탕이 거의 알려져 있지 않아서 포르투갈 입장에서는 상품을 팔기 좋은 미개척 시장이었다. 그런데 러시아는 이 시기 유럽인에게 이런 시장으로서의 매력보다 다른 측면에서 훨씬 더 매력적인 곳으로 인식되었다. 몰락한 티무르 제국으로부터 독립을 쟁취한 15세기 말 이래로, 모스크바 대공국은 기적적인 기독교 동맹이 될 가능성을 보여주었다. 많은 유럽 강대국들은 러시아가 북쪽에서 오스만 제국에 맞설 제2의 전선을 형성해줄 것이라는 희망을 품었다. 이보다 몇 해 전에 모하치 전투(1526)를 겪은 후, 이런 가능성은 특히 시급한 문제가 되었다. 모하치 전투에서 오스만 제국의 대제 술레이만 1세가 헝가리 군을 궤멸하면서 오스만 군을 바로 유럽의 심장까지 진격시켰기 때문이다. 이 전투에서 헝가리 국왕이 전사하자 유럽 전역은 이 비극을 애도했다. 다른 유럽 강대국들이 헝가리를 중심으로 한 동맹 결성에 완전히 실패했다는 사실이 이 패배에서 아마 가장 우려스러운 점이었을 것이다. 다미앙 역시 독일의 헝가리 군지원에 자금을 대려고 한 포르투갈의 노력에 참여했다. 그러나 이런 시도는 프로테스탄트 적들과의 거래를 의미한다는 이유로 교황 특사에 의해서 무산되었다. 헝가리는 근접한 국가들로부터 도움을 구할 수 없는 처지였다. 폴란드와 모스크바, 양측 모두와 상시로 영토분쟁을 벌였기 때문이다. 게다가 러시아의 차르는 헝가리와 리투아니아를 본래 러시아 소유라고 생각했다. 러시아는 오스만 제국을 공격하기는커녕 이슬람 동맹―크림 반도에 남은 몽골 타타르 군―의 지원을 이용해서 폴란드 영토로 진격하는 데에 더 관심을 보였다. 이 지역의 고질적인 적개심을 해결하는 것이 서유럽의 안전을 보장하는 열쇠라고 많은 사람들은 생각했지만, 이를 위한 가장 작은 발걸음마저도 내딛기 어려웠다. 처음으로 러시아 향신료 무역로를 개척하려고 한 파올로 첸투리오네의 노력은 폴란드가 바티칸에 열심히 로비를 벌인 결과 물거품으로 끝났다. 한편 러시아 측에서는 유럽 강대국들의 요구에 거의 양보하지 않으면서도 궁지에 몰린 이들의 애를 계속 태울 수 있어서 만족스러웠다. 차르인 바실리 3세 이바노비치는 대외적으로 엇갈리는 메시지를 보냈던 것 같다. 서양 기독교 국가들과의 동맹과 그의 통치권에 대한 교황의 인정을 환영하는 것인지, 아니면 교황에게 "박사"라는 칭호만 붙이면서 바티칸의 권위를 무시하는 것인지 갈피를 잡지 못하게 만든 듯하다. 헝가리가 대패했을 즈음 모스크바 대공국과 폴란드 사이에 5년 휴전 협정이 중개되었지만, 다미앙이 이 지역에 체류하던 동안에 이마저 만료될 예정이었다.[3]

다미앙의 임무가 무엇이었든 간에 이 해묵은 정치적 수렁은 조금도 바뀌지 않았다. 그의 소관 범위와 여정이 분명하지는 않다. 그래도 동시대 자료에 따르면, 그는 모스크바뿐 아니라 여전히 타타르의 지배를 받던 돈 강의 남쪽 계곡도 지나고, 돌아오는 길에는 망누스 형제 덕분에 매력을 느끼게 된 노르웨이와 스웨덴 일대도 방문한 듯싶다. 그가 이 지역을 탐험함으로써 심오한 영향을 받은 것은 분명하다. 그래서 훗날 포르투갈의 역사를 집필하면서 이때 얻은 지식을 자주 꺼내 쓰기도 했다. 러시아에 매료된 것은 다미앙만이 아니었다. 그는 올라우스 망누스를 통해서 이 지역에 관한 유럽의 권위자 두 사람과도 유대관계를 맺었다. 바로 폴란드의 역사가 야코프 치글러와 독일의 외교관 지기스문트 폰 헤르베르슈타인이다. 특히 헤르베르슈타인이 훨씬 더 광범위한 저작을 남긴 덕분에, 우리는 다미앙이 무엇을 목격했을지 잘 알 수 있다.

친숙한 세계적 도시 그단스크를 떠나면 시골 풍경이 금세 달라졌다. 그전까지는 유럽의 곡창지대로서 밀밭이 바다를 이루는 모습이었다면, 이제는 버려진 교회의 폐허 속에 덩그러니 서 있는 대리석 기둥들 같은 흰 자작나무 숲이 펼쳐졌다. 이 시기에 작성된 유럽의 모든 기록물들을 보면, 리투아니아와 러시아의 국경을 지나는 순간 마치 거울 너머로 발을 내딛는 것 같은 분명한 느낌을 받는다. 여행자들은 작은 황금 여인상 즐로타야 바바에게 공물을 바치며 이곳을 통과했다. 겨울이면 썰매 여행과 얼어붙은 땅이 녹을 때까지 시신을 묻지 않고 기다리는 모습 때문에 안 그래도 낯선 풍경이 더 낯설게 다가왔다. 유럽인들이 그들의 관습과 신앙이 확장되어 러시아에서도 그대로 유효하기를 바랐다면, 아마도 실망이 이만저만이 아니었을 것이다. 서유럽의 기독교 국가들은 사제의 혼인을 인정할지를 두고 논쟁을 벌였지만, 러시아 교회에서는 혼인이 필수 조건이었다. 특히 더 당황스럽게도, 사제의 아내가 사제 서품敍品의 전수자인 것 같았다. 아내가 사망하면 사제인 남편은 성찬의 전례를 거행할 수 없었다. 게다가 사제의 아내였던 여성이 재혼하면 그 남편은 의무적으로 사제가 되어야 했다. 그뿐만 아니라 치열한 종교개혁 논쟁을 벌이던 가톨릭과 프로테스탄트 중에 어느 편도 러시아의 지원을 구할 수 없었다. 러시아는 이들 모두를 진정한―동방―교회로부터 분리된 분파로만 여겼으며, 이들이 성찬 예식 때 누룩을 넣지 않은 빵을 사용하는 "유대교적" 전례를 한다고 규탄했다. 러시아의 단식 식단도 완전히 달랐다. 러시아에서는 사순절 동안 이크흐리(생선 내장) 식단을 했고, 시기를 불문하고 목 졸라 죽인 동물의 육식은 항상 금했으며, 종교 지도자들은 엄격한 채식을 지켜야 했다. 러시아인들은 심지어 그리스의 역법을 따랐다. 그리스도가 탄생하기 5,508년 전인 창조 시점을 기준으로 계산했으며, 포르투갈 역법보다 308년이 더 빨랐다.[4]

　제국을 건설해 로마의 영광을 재현하려던 유럽은 러시아가 동맹이 되어주리라는 희망을 품었지만, 이 역시 완벽한 오판이었다. 바실리 3세는 자신이 로마의 유산을 이어받을 적통이라고 생각했다. 그가 "차르"(카이사르)라는 칭호를 사용한 러시아 최초의 군주라는 사실만으로도 알 수 있다. 어쨌든 그의 어머니 소피아 팔레올로기나가 콘스탄티노폴리스의 마지막 황제의 후계자였기 때문에, 그는 자신이야말로 로마 제국의 온

전한 혈통이라고 주장할 수 있었다. 오래 전에 몰락한 서로마 제국을 계승한다는 그 어떤 주장보다도 훨씬 우월한 근거였다. 그러나 이 주장에 대해서는 오스만 제국뿐만 아니라 페르시아 제국까지 강하게 반박했다. 오스만 제국은 콘스탄티노폴리스 도시 자체에 합법적 권력이 귀속된다고 보았다(그래서 카이세리움, 즉 "로마의 왕"이라는 칭호를 사용할 권한이 그들에게 주어진다고 보았다). 페르시아의 샤는 자신이 동로마 제국의 또 다른 가계의 후손이라고 주장하면서 스스로를 신新알렉산드로스 대왕이라고 칭했다. 마키아벨리는 남성적인 오스만 문화가 겸손한 유럽 기독교 문화보다 로마니타스, 즉 로마다움의 진정한 후계자답다는 도발적인 글을 남기기도 했다. 모스크바 대공국에는 그들의 제국적 야심을 뒷받침할 그들 나름의 고전주의가 있었다. 유럽 군주들이 그랬듯이 모스크바 대공들도 먼 곳으로부터 학자와 예술가들을 초빙하여 그 사람들을 널리 알렸다. 이탈리아 르네상스가 절정에 달했을 때 볼로냐에서 활동하던 건축가 아리스토텔레 피오라반티는 모스크바로 와서 성모 영면 대성당을 건축했다. 선도적인 인문학자 미카엘 트리볼리스(러시아에서는 "막심 그레크"로 알려졌다)는 당대 최고의 출판사에서 알두스 마누티우스를 도와 고대 그리스 문헌들을 서유럽으로 전파하는 데에 일조했지만, 하던 일을 버리고 크렘린으로 왔다. 알려진 바에 따르면, 트리볼리스는 그곳에서 서유럽에 알려지지 않은 고대 그리스 문헌들을 소장한 위대한 도서관을 발견하고 놀랐다고 한다. 바로 전설 속의 "차르의 황금 도서관"인데, 이 도서관은 18세기 어느 시점에 사라지고 말았다(그럼에도 여전히 이 도서관이 크렘린 아래에 숨겨져 있다고 생각하는 사람들도 있다).[5]

바실리 3세를 알현한 대사들의 보고로, 딴 세상의 것과 같은 차르의 아우라가 더 강력해졌다. 관례상 그는 "천사들"—황금색과 흰색으로 된 예복을 입은, 수염이 나지 않은 소년들—에 둘러싸여 있었고, 높은 털모자를 쓴 귀족들이 그의 옆에 있었다고 한다. 보고 내용에 따르면, 바실리 3세는 귀족가문의 딸 1,500명을 눈앞에서 줄지어 지나가게 한 후, 그 중에서 아내를 골랐다고 한다. 그러나 왕비가 후계자를 낳지 못하자 다른 왕비를 들였다. 영국의 헨리 8세처럼 이 스캔들로 그와 교회와의 관계가 거의 끝장나기 직전까지 갔지만, 그래도 원하던 후계자 이반 4세(훗날 "뇌제雷帝"가 된다)를 얻었다. 유럽인들은 궁정 사람들이 차르에게 아부하는 모습에 무척이나 놀랐다. 지근에서 그를 모시는 조신들은 그의 앞에서 바닥에 머리를 찧으며 스스로 그의 노예라고 말해야 했다. 물론 차르를 이처럼 신과 같은 전제군주로 묘사한 것은 현지의 격식을 오해했기 때문으로 보인다. 유럽인이 어느 정도 혼동할 만도 했다. 구운 백조와 버터밀크가 차려진 연회 자리에 과한 음주가 곁들여졌기 때문이다. 워낙 취한 탓에, 차르의 적에게 피 한 방울 남기지 않듯 잔 속에 술 한 방울 남기지 않겠다는 맹세까지 하는 일이 벌어졌다. 다미앙은 그가 기록한 바 있는 페르시아의 연회가 서유럽과 남유럽의 관습보다는 폴란드와 러시아에서 목격한 관습에 훨씬 더 가깝다고 인정했다. 다미앙을 비롯한 다른 유럽인들은 궁정에 있는 몽골 타타르인들의 존재를 더욱 낯설어했던 것 같다. 이들의 옷차림과 예절을 보면 러시아의 관심이 유럽뿐만 아니라—혹은 심지어 유럽이 아니라—남쪽과 동쪽으로 향해 있음이 다시 한번 상기되었다. 훗날 다미앙은 타타르인의 비단 예복과 중국에서 본 예복이 유사하다고 기록했다. 이런 식으로 세계 정치를 점차 인식하기는 했어도, 유럽인들은 이 유목민족을 거의 이해하지 못했다. 전해지는 바에 따르면, 이 유목민족들은 흔히 악담으로 **기독교인처럼 한곳에 계속해서 살면서 자기 몸에서 나는 악취를 다 들이마시라**고 말했다고 한다.[6]

동방으로 가면서 깨지기 시작한 것은 유럽의 문화적, 종교적, 역사적 이념만이 아니었다. 유럽이 알던 현실의 기본 구조를 뒤흔든 보고서들도 있었다. 아마도 그중 가장 충격적인 것은 전설 속에 나오는 "타타르의 식물 양"을 보았다는 새로운 목격담이었으리라. 그후 수십 년간 이 이야기는 열띤 논쟁의 대상이 되었다. 아스트라한이나 카스피 해 연안에서 자란다고 알려진 이 식물은 멜론처럼 생긴 씨에서 줄기가 자라나는데, 여기에 양과 매우 비슷하게 생긴 것이 그것의 배꼽이 줄기에 붙은 모습으로 열린다고 전해졌다. 이것은 양처럼 머리와 눈, 귀, 딱딱한 발굽과 심지어 털도 있어서 모자를 만드는 데에 사용되었다고 한다. 땅에서 태어난 이 동물은 자르면 피가 났지만 살은 없었으며, 몸통은 게살과 같았다. 그래도 늑대를 비롯한 다른 포식동물들의 사냥감이 되었다. 세계 일주를 떠난 마갈량이스(마젤란) 선단의 항해 기록자였던 안토니오 피가페타 역시 보르네오에서 어떤 식물을 발견했다는 기록을 남겼다. 이 식물은 잎들 양옆에 두 다리가 달려 있어서 살아서 걸어 다녔다고 한다. 그 잎을 우리에 9일 동안 가둔 후에 보니, 이들은 피가 없었고 누가 건드리면 달아났다고 한다. 땅에 심은 용의 이빨에서 병사들이 자라나는 이야기처럼, 땅에서 동물이 싹틀 가능성이 있다는 것은 놀라운 일이었다. 그런데 식단과 단식을 둘러싸고 유럽에서 벌어지던 갈등을 생각해보면, 이러한 보고들은 더 큰 문제를 안고 있었다. 땅에서 싹튼 식물 양이 짐승처럼 피를 흘리면서도 살은 게살과 같다면, 이는 유럽의 분류체계에 문제가 되었다. 박학다식한 프랑스의 괴짜 동방학자 기욤 포스텔은 이렇게 질문을 던졌다. 이것은 식물인가, 동물인가, 아니면 물고기인가? 이 문제는 처음에 그저 추상적

이전 쪽 :『복세르 코덱스(*Boxer Codex*)』(1590?)에 실린 타타르 남녀의 모습.

인 추측의 문제처럼 보였겠지만, 사순절 동안 이것을 먹으면 신성모독이 되느냐 마느냐의 문제가 제기되면서 사정이 달라졌다. 또다른 곳에서 바다소와 바다민달팽이를 발견하면서 물고기와 짐승, 동물과 식물을 정확히 구별하기 곤란했던 경험은 이미 있었다. 그러나 이와 달리 식물 양과 같은 생명체가 보고되자 『성서』의 저자들이 이런 신세계를 한 번도 상상하지 않았다는 주장과 함께 종교법이 조롱당할 위기에 처했다. 시간이 지나면서 유럽인들은 이러한 모호함을 그들의 목적에 맞게 잘 활용해냈다. 예를 들면, 중국에 진출한 예수회는 불교의 채식주의가 동물과 식물의 잘못된 구별을 바탕으로 한다고 주장하면서, 그 근거로 게의 몸에 피가 없다는 사실을 끌어왔다.[7]

그러나 그단스크와 모스크바를 잇는 경로에서 발견된 것들 가운데 가장 큰 동요를 불러일으킨 것은 따로 있었다. 러시아는커녕, 신성한 도마뱀이 있으며 특정한 날에 처음 마주친 것을 신으로 삼는 풍습이 있다는 리투아니아까지도 갈 필요가 없었다. 다미앙이 한 차례 이상 다녔던, 그단스크에서 빌뉴스(리투아니아의 수도/역자)를 연결하는 도로상에는 프롬보르크(폴란드의 북부 도시/역자)라는 도시가 있다. 이곳에는 거대하면서도 잔잔한 비스툴라 석호를 내려다보는 탑이 하나 있었다. 그런데 이 탑에 새로운 우주가 비밀리에 감추어져 있었다. 지도 제작자이자 경제학자, 수학자, 천문학자였던 미코와이 코페르니크(코페르니쿠스)가 20여 년 전에 은퇴한 뒤 찾은 곳이 바로 이 탑이었다. 이곳에서 그는 얼마 지나지 않아 하늘의 움직임에 대한 새로운 모형을 개발했지만, 그 모형이 불러올 파장이 두려워서 그때껏 발표하지 않고 있었다.

정밀한 계산력이 뛰어났던 코페르니쿠스는 수많은 지식 분야에 기여했다. 그러나 가장 위대한 돌파구는 그가 여러 측면에서 시치미를 뗌으로써 성취할 수 있었다. 코페르니쿠스는 크라쿠프와 파도바에서 천문학 교육을 받았다. 천문학은 정신이 혼미해질 만큼 복잡한 학문인 탓에, 이른바 보이는 대로 믿는 천동설이 지배하게 되었다. 즉, 보는 사람 눈에 명백하게 보이는 대로 수학 규칙을 만들어낸 것이다. 한자리에 정지해 있는 관찰자의 머리 위 하늘에서 별들이 불규칙하게 움직이는 모습에 맞게 규칙을 끼워맞춘 셈이었다. 코페르니쿠스는 이러한 모형 하나를 들어서 그 부조리함을 지적하며 조롱했다. 그는 이 모형을 제안한 천문학자의 논리대로라면, 아테네에서 테베로 가는 길과 테베에서 아테네로 가는 길이 다르다고 믿어야 한다고 했다. 그러면서 그가 내놓은 대담한 대안에 따르면, 별들의 운동은 사실 훨씬 더 깔끔하고 단순한 일련의 규칙으로 설명될 수 있었다. 다만 지구가 우주의 중심을 차지한 채 꼼짝하지 않는다는 추정을 버리고, 태양을 중심으로 한 우주론을 채택해야 했다.[8]

코페르니쿠스는 이 주장이 즉각적인 반발에 부딪힐 것을 두려워했지만, 주위의 설득 끝에 그가 자신의 주장을 발표하자 대체로 호의적인 반응이 돌아왔다. 그 이유들 중의 하나는 그가 제시한 모형이 우아하고 단순해서 매우 유용하게 쓰일 수 있었기 때문이다. 게다가 그의 이론에는 거의 한 세기 정도의 숙성 기간을 거친 뒤 수면 위로 드러난, 심오한 논리적 귀결이 담겨 있었다. 이 우주론은 『성서』를 부정하기만 한 것이 아니라—루터는 이 점을 못마땅해했다—인간의 경험과 지식 사이의 관계에도 타격을 가했다. 우리 발아래에 있는 땅, 즉 우리 삶의 기반이 사실은 움직인다는 반직관적인 제안을 설명하기 위해서 코페르니쿠스는 어떻게 했을까? 그는 **행성들이 매우 아름답게 춤을 춘다는 발상**을 떠올렸다. 그는 그 춤 속에서 지구도 돌지만, 단지 지구는 가만히 있고 나머지 모두가 지구를 중심으로 움직이는 것처럼 보이게 도는 것뿐이라고 생각했다. 그러나 이 자명한 진리가 그저 환상이라면, 우리의 수많은 체계들이 인간이 만물의 중심이라는 확신을 지키기 위해서 정교하게 만들어진 것에 불과하지는 않는지 의문이 제기되었다. 코페르니쿠스의 계산에 따르면, "고정된 별들"—움직이는 것처럼 보이지 않는 천체들—은 상상할 수 없을 정도로 멀리 떨어져 있고, 우주는 거의 무한하게 넓으며, (추론상) 지구는 이에 비하면 거의 무한하게 작다. 다미앙이 이 지역을 지나면서 코페르니쿠스를 만났다고 볼 만한 증거는 없다. 그러나 그는 코페르니쿠스의 사촌과 후원자와는 가까운 친구 사이였다. 그래서 훗날 이들은 코페르니쿠스의 천체 모형에 관한 인쇄본 초판이 나오자 이를 다미앙에게 보내주었다. 다미앙은 우연한 만남으로 얻을 수 있던 것보다 더 심오한 것을 코페르니쿠스와 공유했다. 바로 우주 균형의 중심이 바뀐다는 엄청난 발상에 개방적인 태도를 보였을 뿐만 아니라, 심지어 그 안에서 즐거움을 만끽했다는 점이다.[9]

그해 성탄절 기간에 다미앙은 서유럽 저지대로—안트베르펜 대신 브뤼셀로—돌아왔다. 이곳에서 그는 아마도 마지막 공무를 수행했던 것 같다. 포르투갈 국왕의 후계자가 될 왕자의 탄생을 축하하는 연회에서 신성 로마 제국의 황제 카를 5세를 모시는 영예로운 임무를 맡은 것이다. 귀빈으로 이 자리에 참석한 황제는 그의 궁전에서부터 호위를 받으며 횃불을 밝힌 거리를 따라서 포르투갈 문장이 새겨진 개선문을 지났고 불타는 계피 다발 옆을 지나 대사 관저에 도착했다. 관저는 한쪽 벽 칸막이를 없애서, 황제 폐하가 새로 태어난 포르투갈 왕자의 건강을 기원하며 축배를 드는 모습을 가능한 한 많은 고위 관료들이 볼 수 있게 했다. 근방에 있는 사블롱의 성모 성당도 이 행사를 위해서 횃불을 밝혔고, 연회의 시작을 알리는 대포 소리에 관저 창문들이 활짝 열렸다. 귀빈석 상석에는 황제의 여동생 마리아가 자리했다. 그녀는 남편의 애도 기간이 끝나고 얼마 전에 네덜란드의 군주로 임명되었는데, 남편이 바로 모하치 전투에서 술레이만 1세의 공격으로 전사한 헝가리 국왕이었다. 황제 카를 5세는 식탁 한쪽 면의 중앙이자 황금 캐노피(차양) 아래에 앉았고, 그 반대편은 시야를 가리지 않도록 비워졌다. 그의 등 뒤로는 불꽃놀이와 다양한 포치 스트라니—아직 유럽인에게는 익숙하지 않은 이국적인 불꽃놀이—가 펼쳐지고 있는 모형 성이 있었고, 눈앞으로는 창문을 통해 길 아래에서 벌어지고 있는 후에고 데 카냐스(막대기 게임)를 관람할 수 있었다. 후에고 데 카냐스는 스페인인들이 아랍인들에게서 물려받은 일종의 전쟁놀이이다. 양 진영은 복장으로 서로를 구별하는데, 한쪽 편은 무어인 복장을 하고 다른 편은 튀르크인 복장을 했다. 다미앙은 황제 앞에서 음식이 부활하는 기적을 연출하고 싶었던 것이 틀림없다. 그래서 어떻게든 황제 앞에 차려진 페이스트리 용기에 앵무새를 비롯한 살아 있는 새들을 넣어서 용기가 열릴 때 새들이 날아오르게 하려고 진땀을 흘렸을 것이다. 그러나 카를 5세를 모시는 임무로 조금도 모욕을 느끼지는 않았다. 오히려 황제와 그 옆자리에 앉은 사람들—덴마크의 왕자와 비야프랑카의 후작—이 무슨 이야기를 나누는지 귀동냥할 수 있는 좋은 기회였다. 어쩌면 황제에게 말바시아 포도주를 따라주면서 러시아에서도 이와 아주 비슷한 술을 마시더라는 언급도 할 수 있었을 것이다. 여흥과 마찬가지로, 음식 역시 포르투갈의 팽창을 반영하는 맛의 지도 역할을 했다. 포도주로는 카나리아 제도와 마데이라 제도에서 생산한 포도주가 나왔다. 32가지 포르투갈 요리들(여기에 황제를 위해서 준비한 특별 요리 3가지가 추가되었다) 중에는 금박을 입힌 돼지 머리 요리도 포함되어 있었다. 디저트로는 서아프리카산 말라게타 고추와 인도와 믈라카산

후추로 만든 당과糖菓는 물론, 포르투갈 선단이 수집해온 **모든 마약도** 실제로 상에 올랐다.10

연회는 부어라 마셔라 하면서 사흘간 계속되었다. 사흘째에는 거의 환각 상태가 되었다. 숙녀 손님들을 놀라게 하려고 마늘을 넣은 당과로 장난을 쳤고, 몇몇 사람들은 여장을 한 채 가면을 쓰고 마상 창 시합도 벌였다. 황제는 첫날 밤 이후 자리를 떴지만, 풍요로운 축제는 계속해서 최고조로 달려갔다. 대사는 6,000두카트를 지출해서 손님들의 여흥을 북돋웠다. 사흘째 되는 밤, 24개국에서 온 외교관들과 교황 특사인 캄페지오 추기경 앞에서 연회의 절정으로 당대 가장 유명한 포르투갈 작가 질 비센트의 충격적인 연극이 상연되었다. 이 공연에 대해서는 단편적인 기록만 남아 있지만, (전해진 바에 따르면) 이 공연이 워낙 요란한 폭소를 자아내는 바람에 모두 웃느라 배가 아파서 더 이상 먹거나 마실 수가 없었다고 한다. 「게르타 드 주빌레우Guerta de Jubileu」(희년의 정원)라는 연극은 연애 익살극이었지만, 주로 교회에 대한 비센트의 신랄한 풍자로 폭소가 유발되었다. 이런 풍자를 주도한 등장인물은 핑계를 대고 추기경에게 직접 빌린 모자를 쓴 채 연기를 했다. 그런데 이날 저녁의 일에 대해서—악마의 시간을 보낸 것을 저주하는—분노에 가득 찬 보고서가 로마로 발송되었다. 이 보고서에 따르면, 교황이 수익을 위해서 지옥의 벌을 이용하는 한낱 면죄부 장사치라며 조롱하는 웃음소리가 크고 노골적이었으며 계속 이어져서, 황제의 영토가 아니라 마치 루터의 땅, 즉 작센 한가운데에 있는 것 같은 착각이 들 정도였다고 한다. 이 보고를 받은 교황 측에서는 강하게 항의하면서 이 연극을 무대에 올린 책임자가 누구냐고 추궁했지만, 포르투갈 측에서는 해당 정보의 제공을 거절했다. 오스만 제국의 위협과 사방에서 싹트던 신앙을 둘러싼 갈등, 전통적으로 믿던 것과는 달리 지구가 우주의 중심이 아니라는 주장 사이에서, 마치 주변의 온 세상이 흩어지는 것처럼 보였으리라. 이날 상연된 연극의 대본에 대해서는 더 이상 알려진 바가 없다. 공연이 끝나자마자 대본은 거룩한 믿음에 위협이 된다고 생각되는 도서들을 소장하는 "저주받은 자들의 도서관"으로 보내졌고 원본 외의 사본은 하나도 남지 않았기 때문이다. 훗날 이 도서관은 다미앙의 몰락을 가져오는 핵심 요소가 되었다.[11]

10

유령들의 왕자

고아에서 거룩한 시신 한 구로 인해 폭동이 일어날 뻔했을 때, 아마도 카
몽이스는 페르시아 만 순찰을 떠나 현지에 없었던 것 같다. 그가 현장에
있었든 없었든 간에, 예수회 대학교에 안치된 프란시스코 사비에르의 시
신을 보려고 몰려든 군중에 대해서 그는 단 한 번도 언급하지 않았다. 군
중은 성유 바른 자와 일반인을 구분하는 창살을 부수고 안간힘을 쓰며
앞으로 나갔다. 눅눅한 계절풍 기후에도 시신이 정말 부패하지 않았는
지, 혹은 부패한 냄새를 향으로 덮지는 않았는지 확인하고 싶었던 모양
이다. 사비에르는 평범한 예수회 수사가 아니었다. 그는 예수회를 창단
한 6명의 동지들 중 한 사람이었다. 가톨릭 교회가 처한 소용돌이 한가
운데에서 함께 예루살렘 순례를 마친 이들은 1534년 8월의 어느 날 파리
의 몽마르트르 구역에 모여, 새로운 종교 전사가 되어 교황에게 자신을
바치겠노라고 맹세했다. 군인에서 신비주의자로 전향한 이그나티우스
로욜라는 수많은 스페인 출신 동료들을 이끌었는데, 그중에는 훗날 포

르투갈 지회를 세우는 시망 호드리게스라는 이름의 포르투갈 학생도 있었다. 다미앙은 훗날 이 사람과 아주 잘 아는 사이가 되었다. 사실 두 사람은 몽마르트르의 맹세 직전에 이미 만난 적이 있었다.[1]

사비에르의 시신은 개선하듯 당당하게 고아로 운구되었지만, 그의 삶은 좌절 속에서 마지막을 맞이했다. 그는 로욜라와 가장 가까운 동지로서 예수회 주요 임무를 맡아 동방의 새로운 사도로 파견되었다. 한편 로욜라는 로마에 남아 예수회의 제도적인 구조를 공고히 했다. 그러나 잃어버린 기독교 왕국에 대한 초창기의 환상은 금세 물거품이 되었다. 새로운 무리가 넋을 잃고 기독교로 개종하리라는 희망조차도 환상임이 드러났다. 실제로 사비에르는 인도에서 현지 신앙에 파고들기는커녕, 도착할 때에는 기독교인이었던 사람들이 점차 교회에서 멀어지면서 이교도만큼이나 행동에 문제가 많은 광신적인 설교자에게만 관심을 두는 모습을 보고 불안해졌다. 헛된 기대는 일본에서도 이어졌다. 사비에르는 이곳에 사는 창백한 피부의 까다로운 사람들이 분명 하느님의 말씀을 환영할 것이라고 믿었다. 그러나 애초의 이런 낙관적인 기대는 천천히 사라져갔다. 예수회가 환영받은 배경에는 신앙에 대한 순수한 관심보다는 다이묘 군벌들 사이의 정치적 계략이 크게 자리했던 것이다. 그런데 사비에르는 단순히 잘못된 장소에서 선교를 시작한 탓이라고 생각하고, 일본의 정신적 규범을 따라 그 발상지인 중국으로 가야 한다고 확신했다. 중국에서는 기독교가 이러한 종교적 오류를 근원에서부터 바로잡을 수 있고, 그곳에서부터 기독교의 모든 것이 밖으로 퍼져나가리라고 믿었던 것이다. 그러나 그의 이런 생각은 결국 시도되지 못했다. 사비에르가 광저우(광둥 성) 항 근교의 한 섬에서 열병으로 사망하면서 그의 중국 선교 역시 중단되었기 때문이다.[2]

기독교의 유령이 세계를 가로질러 사라질 때 그 뒤를 쫓던 유럽인은 프란시스코 사비에르만이 아니었다. 모로코의 도시 사피의 포르투갈 중개인은 "맑은 산속"에 살던 기독교인 무리에 관한 보고서를 발송했다. 보고서에 따르면 이들은 라틴어 문헌들이 소장된 오래된 도서관을 보유하고 있다고 하는데, 아마도 팀북투의 위대한 이슬람 도서관과 혼동한 것 같다. 인도에 진출한 초기의 포르투갈인들은 사제왕 요한에 막 실망했던 터라, 성 토마의 흔적에 열심히 매달렸다. 부활한 그리스도의 오상五傷에 손가락을 넣어보았고, 인도 제국을 새로운 신앙으로 개종시키기 위해서 동방으로 갔다고 알려진 그 의심 많은 사도 토마 말이다. 사도 토마의 발자취는 심지어 브라질에서도 발견되었다. 예수회는 이곳에서 석화된 발자국이 발견되었다고 기록했다. "조메"라고 알려진 수염이 난 백인 남성이 이 발자국을 남긴 것으로 전해지자, 예수회는 재빠르게 이 남성의 신원이 바로 그들의 성인인 상 토메(성 토마)라고 밝혔다. 포르투갈인들은 초대 교회와 온전히 연결되기를 갈망했는데, 그리스도의 제자들이 시작한 개종 사업을 자신들이 완성하고자 했기 때문일 것이다. 그러나 포르투갈인들은 현실과 자주 부딪혔다. 인도의 기독교에는 아르메니아 사도교회와 연결되는 고유한 전례와 역사가 있었는데, 이는 포르투갈이 원하는 깔끔한 서사와 잘 맞아떨어지지 않았기 때문이다.

그러나 1540년대에 한 줄기 희망이 비쳤다. 죽어가던 인도 출신 코둔갈루르의 주교가 한 포르투갈 관리에게 자신이 아는 바를 털어놓았다. 이 지역에서 활동한 사도 토마의 행적을 기록한 구리 평판이 있었는데, 절박했던 순간에 주교가 이 평판을 전당포에 맡기고 20크루자두를 빌렸다가 그후로 찾아오지 못했다고 했다. 그 즉시 이 평판을 찾기 위한 사냥이 시작되었고 실제로 평판을 되찾았지만, 너무 오래되어 글씨를 알아볼 수 없었다. 다미앙이 애정 어린 마음으로 자세히 기록해둔 이 평판은 길이가 약 손바닥 폭의 1.5배에, 너비는 손가락 폭의 4배만 했다. 질 좋은 금속을 사용한 평판 양면에 글이 새겨져 있어서, 이 소중한 글을 화염이나 습기, 유기물의 급속한 산패로부터 지킬 수 있었다. 수소문 끝에 거의 희망을 버리려던 찰나, 서고츠 산맥에 살며 많은 언어를 구사하는 한 유대인 노인을 만났다. 그는 한참 연구한 끝에 이 평판에 세 가지 언어―칼데아어, 말라바어(말라얄람어), 아랍어―가 사용되었다면서 필사본을 작성해주었다. 그 번역본은 다미앙에게 보내져서 기록물 보관소에 안전하게 소장되었다. 포르투갈인들은 이 구리 책에 나오는 "토마스"가 사도 토마가 맞다고 확신했고 더 연구하기 위해서 이 책을 잘 숨겼다. 그런데 그후로 이 구리 평판은 그만 종적을 감추었다. 시리아의 기독교 공동체로서는 경악할 만한 일이었다. 이 공동체를 세운 가나의 토마스가 실제로 이 구리 책에 언급된 인물이었기 때문이다. 또한 이 평판은 현지 통치자가 그들에게 부여한 권리를 입증하는 가장 오래된 증거이기도 했다.[3]

사라져버린 흔적보다 더 문제가 된 것은 인도에 오래 머무는 동안 변형된 기독교 역사가 영향을 끼친다는 점이었다. 사도 토마가 영면한 곳인 마일라포르(첸나이)에 마침내 도착한 포르투갈인들은 사도 토마가 한동안 야생에서 비둘기의 몸으로 지냈다는 이야기가 현지에 전해져 내려온다는 것을 알게 되었다. 한편 스리랑카를 방문한 기독교인과 이슬람교도 여행자들은 인류의 아버지이자 조상인 아담이 남겼다는 거대한 발자국이 있다고 보고했다. 등반자들을 위해서 설치한 사슬을 타고 산을 오르면, 깊은 못과 함께 근처 바위에 발 모양으로 움푹 들어간 자국이 있었다. 바로 이것이 아담이 승천하기 전 땅과 마지막으로 접촉한 흔적이라는 것이었다. 스리랑카에 있는 이 발자국은 아브라함 계통에 속하는 모든 종교들의 순례지였다. 특히 이슬람교에서는 이곳의 호수에 정화와 사면의 특별한 힘이 있다고 믿었다. 그런데 모로코의 여행가 이븐 바투타가 14세기에 이곳에 와서 남긴 기록에서 알 수 있듯, 이 발자국과 관련된 이야기는 그뿐이 아니었다. 불교에서는 이것을 부처의 성스러운 발자국인 스리 파다Sri Pada라고 보고 경배했다. 또다른 이들은 힌두교의 시바신과 관련이 있다고 믿었다. 그외에도 전해져 내려오는 이야기가 하나 더 있다. 이곳이 바로 고대 인도의 대서사시 『라마야나』의 결정적인 장면에 나오는 장소라는 것이다. 원숭이 신 하누만이 라크샤사족의 (마)왕 라바나에게 납치된, 라마 왕자의 아내 시타를 찾아서 단 한 번의 도약으로 대양을 건너서 발을 디딘 지점이 바로 이곳이라고 한다. 이렇듯 익숙한 것들은 사라지고 그 대신 유럽 기독교인들은 상상도 하지 못했던 모습으로 탈바꿈하는 경향이 있었다. 성인과 『성서』 속 인물이 동물로 바뀌고, 아브라함 계통 종교의 바탕을 이루는 인간과 짐승의 엄격한 구분이 무너져버렸다. 이런 경향은 많은 관찰자들에게 큰 경종을 울렸다. 그러면서 동방 종교와 기독교의 대칭이 신앙인을 약화하려는 목적을 지닌 악마의 유혹이라는 주장이 점차 널리 퍼져나갔다.[4]

이처럼 유럽인이 경이로움과 경악이 뒤섞인 감정을 가장 강렬하게 느낀 순간은 인도 사원을 접했을 때였다. 인도 사원들 중에서 단연 최고봉은 마하라슈트라에 있는 가라푸리 섬에 있었다. 이 섬은 유럽인에게는 "엘레판타" 섬으로 알려졌다. 엘레판타 섬에 관해서는 수많은 이야기들이 있었지만, 이곳이야말로 세계의 불가사의 중 하나—아마도 가장 위대한 불가사의—이며, 보잘것없는 인간의 능력을 넘어선 것을 볼 수 있다는 데에 모두 동의했다. 이 사원 단지를 방문한 최초의 유럽인은 아마도 카몽이스의 친구 가르시아 드 오르타인 듯하다. 그의 글에 따르면, 엘레판타 섬에는 언덕 꼭대기에 자연석을 깎아 만든 거대한 지하 수도원이 있다. 수도원은 파티오(테라스)와 물탱크로 둘러싸여 있고, 벽 주변에는 사방으로 코끼리와 사자, 아마존 여전사 같은 여성의 조각상이 있다. 마치 악마가 기발한 재주를 부려 사람들이 그를 경배하고 싶은 마음이 들도록 한 것처럼 보였다고 한다. 은이나 밀랍에 조각하더라도 이보다 더 우수한 작품은 나올 수가 없을 정도로 석조작품이 섬세했다는 이야기도 있다. 또한 눈이 부실 정도로 하얀 석회를 얇게 칠한 것이 이 장소가 경탄을 자아내는 데에 한몫을 했다는 기록도 있다. 유럽인에게 익숙한, 어둡게 칠해진 교회와는 대조를 이루는 모습이었다. 가장 놀라운 인물상은 머리가 셋, 팔이 넷이고 보석으로 장식된 머리에 왕관을 쓴 채 네 가지 상징(뱀, 연꽃, 구球, 설명할 수 없는 무엇인가)을 들고 있는 거대한 석상, 바로 시바 마헤사무르티였다. 많은 이들이 이 석상을 지금으로부터 1,000년 전 칼라추리 시대의 가장 뛰어난 예술적 성과로 평가한다. 『코데스 카자나텐스』는 카몽이스가 동방에 도착했을 무렵에 인도 화가들이 포르투갈 고객의 의뢰로 제작한 수채화 작품집이다. 여기에는 다양한 인도 사람들뿐만 아니라 힌두교 3대 신의 모습도 그려져 있다. 다만 유럽인 필경사가 비슈누, 시바, 브라흐마의 이름을 제대로 표기하지 못해 쩔쩔맨 흔적이 역력하다. 많은 유럽 여행자들이 이 섬의 이름이 유래한 코끼리 신 조각상에 대해서도 한마디씩 말했다. 이 신의 이름은 가네샤이지만, "가네송"이나 "가베스"로 잘못 발음되기도 했다. 또한 거대한 여왕상을 보고는 고대 그리스 로마의 유물인 아마존 여전사의 조각상이라고 생각했다.[5]

사실 포르투갈 여행자들은 굳이 마하라슈트라처럼 멀리까지 가지 않아도 인도 종교미술품의 경이로움을 경험할 수 있었다. 고아와 가까운 살세테에도 거대한 지하 사원이 있었다. (오르타의 글에 따르면) 이 사원

은 포르투갈에 있는 그 어떤 종교 건축물보다도 인상적이었다. 300개가 넘는 방에 어마어마하게 많은 우상들이 돌에 조각되어 있었는데, 그늘 아래로 보이는 이 마성의 것들을 보고 오르타는 살이 사르르 떨리는 전율이 일었다고 한다. 한편, 고아에는 무너진 조각상들이 널려 있었다. 그 중에는 고아의 그라마데바타(현지 수호신)인 베탈의 조각상들도 있었다. 커다란 성기를 지닌 이 "유령들의 왕자"는 3,000가지의 이름으로 불리는데, 해골을 꿰어 만든 목걸이를 걸고 있고 전통적으로 아르주나 나무에 조각되었다. 그뿐만 아니라, 데칸 고원 일대 어디를 가든지 영웅석을 발견할 수 있었다. 3단으로 구분된 영웅석에는 전투에서 쓰러지는 위대한 전사들과 그들이 천상으로 승천하는 모습이 표현되어 있었다. 유럽으로 보내진 작품들도 많은데, 그중에는 다미앙이 묘사한 황금 우상도 있었다. 이 우상은 보석으로 덮여 있었다. 가슴에는 묵주 십자가 크기만 한 루비가 박혀 있었고, 눈은 에메랄드로 표현했으며, 표면은 얇게 두드려 편 황금으로 뒤덮었다. 그외에도 인도 총독이 은퇴하면서 귀국길에 산스크리트어가 새겨진 석판들을 챙겨가서 신트라 근처에 있는 자신의 별장에 가져다두었다고 한다.

고아에 있는 포르투갈 총독 궁전에서 강 건너에 있는 디바르 섬에는 1514년에 포르투갈인들이 파괴한 사원의 유적이 남아 있었다. 메디치 가문의 중개인이 고객을 위해서 눈도장을 찍었던 조각상들이 바로 이 사원에서 나왔다. 그래도 이 사원의 주요 조각상인 코끼리 신 가네샤의 조각상은 브라만들이 안전하게 밖으로 빼돌렸다. 파괴된 사원들에 대한 기

이전 쪽 : 카몽이스가 인도에 체류하던 시절, 인도에서 포르투갈 고객을 위해서 제작한 트리무르티(왼쪽부터 시바, 비슈누, 브라흐마)의 이미지. 『코데스 카자나텐스』에 수록.

억은 현지 사회에 선명한 상흔으로 남았다. 이런 사실은 카몽이스가 고아에서 알고 지내던 또 한 명의 매력적인 인물이 바친 인상적인 헌사를 보면 충분히 짐작할 수 있다. 바로 지도 제작자인 페르낭 바스 도라두이다. 그는 유럽의 지도 제작 혁명이 일어났다고 추정되는 곳의 지구 정반대편에서, 세상에 없던 가장 아름답고 정확한 해도의 일부를 조용히 제작하고 있었다. 르네상스의 지도는 앞선 지도들과의 차별을 꾀하기 위해서 고군분투했다. 이를 위해 고도로 전문적으로 제작되었다는 점을 부각하면서, 전대미문의 정확한 측정값을 위도와 경도로 이루어진 좌표로 표시했다. 그러면서 낡은 지도에서 어수선하게 자리를 차지하던 상상 속의 역사적 정보는 모두 쓸어버렸다. 멀리 떨어진 곳에는 개의 머리를 한 사람들이 산다는 환상 속 이야기나 대규모 전투가 벌어진 장소, 사라져버린 세계의 불가사의가 있는 장소 등이 모두 정리 대상이 되었다. 도라두는 이러한 정제 작업을 선도하는 선구자였다. 그러나 그는 자신이 살던 고아 북부만큼은 아픈 마음을 담아 지도상에 예외로 표시했다. 주요 도시명들 사이에 "고아의 불타버린 이교도 사원O pagode queimado vam de Goa"이라는 표기를 발견할 수 있다.[6]

카몽이스에게는 디바르 섬을 감상할 기회가 충분했을 것이다. 그가 꾸준히 드나들던 고아 감옥이 바로 그 건너편에 있었기 때문이다. 그런데 아이러니도 이런 잔인한 아이러니가 없다. 고아 감옥의 이름도 그가 갇혀 지내던 리스보아 감옥과 똑같은 트롱쿠였던 것이다. 카몽이스는 강 한가운데에 있는 섬에 대해서 노래한 짧은 시에 감옥 건너편으로 보이는 디바르 섬의 풍경을 담아낸 것으로 보인다. 이 시에서 그는 섬의 풀들이 소와 나의 눈의 자양분이 된다고 노래한다. 그가 섬을 감상하며 머무르던 감방의 모습은 「프리잠, 1556년」이라는 아주 특별한 그림에 잘 담겨 있다. 이 그림은 이 시인의 모습을 담은, 현존하는 가장 오래된 그림인 듯하다.

실생활을 그대로 그려낸 듯한 이 특이한 초상화를 보면, 카몽이스는 창살 있는 창문 옆 가대식架臺式 탁자에 앉아 있다. 창살 사이로 바깥의 강 위에 떠 있는 배들의 돛이 보인다. 한쪽 눈이 없는 것으로 보아 그림 속의 인물이 카몽이스임을 금세 알아볼 수 있다. 그의 옷차림은 우리가 생각하는 그대로이다. 값비싼 검은색 옷감으로 만든 상의가 군데군데 찢어지고 구멍 난 것이 몰락한 상류층의 전형적인 모습을 보여준다. 그의 앞에 놓인 탁자 위에는 빵 부스러기가 남아 있는 접시, 깃펜과 잉크병, 그가 시를 적은 종이가 있다. 그의 뒤쪽 벽에 부착된 선반 위에는 두꺼운 책이 네 권 올려져 있다. 책 제목은 보이지 않지만, 아래쪽에 있는 지도에 그려진 포르투갈 선박 두 척은 알아볼 수 있을 것이다. 탁자에 놓인 종이 맨 위에 적힌 제목 "칸투Canto X"도 알아볼 수 있다. 이 그림 속 장소가―카몽이스가 익숙하게 드나들던 다른 감옥들이 아니라―고아 감옥임을 알 수 있는 데에는 이유가 있다. 이 그림을 그린 화가가 카몽이스의 어깨 너머로 보이는 벽을 벗겨내고 다른 각도에서 보이는 감옥의 외관을 그려넣었기 때문이다. 이 그림 속 그림에는 감옥 정면에 야자수도 보이고, 허리에 천을 두른 짐꾼이 지나가는 모습도 보인다. 이 초상화에 그려진 책과 지도, 그가 쓴 글, 한쪽 구석에 보이는 족쇄 등으로 보아, 하룻밤 잠깐 감금된 것이 아님을 알 수 있다. 그보다는 역경에 처한 시인이 매우 야심 찬 무엇인가를 시작할 만큼 충분히 긴 시간이 주어졌다는 것을 알 수 있다.[7]

늘 그렇듯이 카몽이스가 감옥을 자주 드나든 탓에 그의 고난 이야기를 제대로 정리하기가 쉽지 않다. 게다가 그의 체포에 관한 기록이 많이 남

아 있을 만큼 중요한 인물도 아니었다. 그러나 다른 때와는 달리 이번에는 기질이나 돈 문제보다는 펜 때문에 그가 곤경에 처했다고 믿을 만한 이유가 충분히 있다. 카몽이스는 고역과도 같은 선상 생활을 하면서 문학적 재능이 자신을 구해주리라는 희망을 분명히 품었을 것이다. 그래서 신임 포르투갈 총독의 취임을 축하하기 위한 여러 작품을 썼다. 그중 하나가 우아하고 전형적인 르네상스풍 희곡인 「아우투 드 필로데무Auto de Filodemo」이다. 난파당한 쌍둥이가 이런저런 혼란을 겪은 후에 사랑도 얻고 진정한 정체성도 발견한다는 이야기였다. 아마도 이 작품은 인도에서 공연된 최초의 포르투갈 연극이었던 것 같다. 물론 그후로 정착자들의 연극 문화는 금세 뿌리를 내렸다. 더 나아가서 이 작품은 아시아에서 공연된 최초의 유럽 연극이었을 가능성이 매우 크다. 카몽이스가 여기에서 멈추었다면 아마도 모든 일이 좋게 끝났을지도 모른다. 그런데 그는 같은 일을 축하하기 위해서 짧은 촌극을 한 편 더 썼다. 이 작품은 고아의 지도층 시민들과 그들의 방탕한 음주 문화를 조롱하는 내용이었다. 이 촌극은 마상 창 시합의 형식으로 진행되었다. 참가자들은 각자 마지막 사람보다 더 취한 상태가 되었고, 각각 매서운 농담의 대상이 되었다. 가령 어떤 사람은 자기가 술에 취한 이유는 오로지 현지의 물을 마실 수 없기 때문이라고 주장하는 식이었다. 시합 참가자들에게는 기가 막히게도 고아 유명인들의 술꾼 면모를 정확히 보여주는 상징물─박쥐, 종려나무 잎, 도롱뇽─이 각각 주어졌다. 현재 남아 있는 이 공연에 관한 기록은 카몽이스가 공연 후에 작성한 것으로, 이 글에서 그는 이 같은 (명명백백한) 농담을 어떻게 누구를 비방하는 것으로 이해할 수 있느냐며 사뭇 놀

이전 쪽 : 감옥에 갇힌 카몽이스. 동시대에 그려진 것으로 추정되는 초상화.

라는 체한다. 심지어 현지 장인의 어눌한 포르투갈어 실력을 탓하면서, 그 때문에 도롱뇽은 불길 속에 산다라는 속담이 **불같은 독주를 마신다**로 바뀌었다고 주장한다.[8]

첫 번째 초상화의 모습처럼 카몽이스는 고아 감옥에 갇혀 건너편 디바르 섬의 폐허가 된 사원을 창밖으로 바라보면서 포르투갈의 항해에 관한 서사시를 썼을 것이다. 덕분에 그는 『루지아다스』에서 삭제할 내용을 예리하게 처리할 수 있었을 것이다. 포르투갈과 인도의 만남으로부터 영웅 전설을 지어내기가 어렵다는 것은 처음부터 뻔했다. 고아에 머무는 동안 카몽이스는 이런 느낌만 재차 확인할 수 있었다. 카자두스와 솔다두스는 옥신각신 파벌 싸움을 벌였고, 관리들은 타락하고 부패했으며, 해상 무역에서 포르투갈의 영향력은 약해지고 있었다. 게다가 이 낯선 인도 문화와 경이로운 예술성을 어떻게 서사에 끼워 맞추어야 할지도 불분명했다. 그러나 카몽이스는 역사가가 아니라 이야기꾼이었다. 그에게는 다양한 거푸집이 있어서 그곳에 과거를 부어서 만들기만 하면 되었다. 그러면 포르투갈 역사에 등장하는 인물과 사건들을 독자의 마음속 영웅주의와 연결해줄 틀이 만들어졌다. 이런 틀 중의 하나는 이미 앞에서 언급된 바 있다. 바로 기적의 보물을 찾아 동쪽으로 떠난 반인반신의 영웅담, 이아손과 아르고 호 원정대 이야기 말이다. 이 이야기 말고도 유럽인이 이해할 수 있는 틀 안에 인도를 끼워 맞출 수 있는 또다른 고대 그리스 로마 시대 이야기가 있었다. 바로 알렉산드로스 대왕의 전설적인 정복이다. 알렉산드로스 대왕은 실제로 인더스 강에 도달했지만, 그의 군사작전과 관련된 역사적 사실들은 그 주변에서 발달한 신화들 때문에 오랫동안 그림자 속에 숨겨져 있었다. 그중에는 어렴풋이 남아 있는 인도 요가 수행자("나체 고행자") 이야기와 놀라운 수중 항해 이야기도 있다. 유럽이 인도와 단절되었던 1,000년 동안, 이러한 이야기들이 동방에 대한 유럽인의 상상 속에서 중심을 차지했다. 그런데 포르투갈인이 인도에 발을 디디고 말로만 듣던 불가사의를 직접 경험했는데도 불구하고 이러한 이야기들은 힘을 잃지 않았다. 알렉산드로스 대왕의 동방을 정복한 유럽의 정복자라는 틀은 이런 이야기들의 인기를 오히려 더 높였고, 여행자들은 가는 곳마다 고대 그리스의 흔적과 증거를 발견하려고 했다. 초창기의 목격자들은 10만 기基의 묘비가 있었다고 전해지는 구자라트의 모스크와 묘지를 보고는 이곳이 헤라클레스가 아마존과 싸워 이긴 위대한 승리의 현장이라고 증언했다. 이 고대 영웅이 활약하던 시기와 이슬람교를 양립시키는 데에 문제가 있었는데도 말이다. 다미앙도 이와 비슷하게, 아리아누스가 묘사한 알렉산드로스 대왕이 진격을 멈춘 곳과 구자라트의 위치가 일치한다고 주장했다. 그러면서 말의 먹이로 물고기를 먹였고, 해변이 완만하게 경사져서 사람이 달리거나 심지어 말이 달려도 마카레오macareo—거칠게 부딪히는 물소리를 표현한 말—와 함께 몰려오는 밀물을 피할 수 없었다는 점에 주목했다. 인도 조각상에 등장하는 여성들 역시 대부분 아마존 여전사와 결부시켰다. 심지어 얼마 지나지 않아 엘레판타 섬이 인도의 천재성의 산물이 아니라, 자신이 진격한 최원거리 지점을 표시하기 위해서 알렉산드로스 대왕이 세운 기념물이라는 주장마저 제기되었다.[9]

디바르 섬과 엘레판타 섬에 있는 인도 기념물들에 대해서 충분히 잘 알고 있었던 카몽이스가 서사시 속에 인도 예술을 묘사하면서, 자신이 동방에 머무는 동안 보고 들은 모든 내용들을 거짓으로 꾸민 것도 바로 이런 맥락에서였다. 일부 구절에서는 오르타 박사를 비롯한 동시대 포르투갈인들의 엘레판타 섬 묘사를 거의 따라하면서 다 가마가 흥미로운 부조 조각상을 마주한 장면을 표현한다. 이 부조에는 나무와 돌에 조각된 신들의 형상이 다양한 자세와 색상으로 가득 조각되어 있는데, 마치 악마가 만들기라도 한 것처럼 보인다. 조각된 신들 중에는 많은 얼굴과 팔을 가진 형상도 있다. 그러나 이렇게 묘사된 신들에게는 인도식 이름이 아니라 고대 그리스 로마식 이름을 붙였다. 뒤이은 구절에서는 인도의 흔적이 모두 삭제되고 그 대신 위대한 침략을 축하하는 일련의 조각상들이 등장한다. 그런데 이 조각상들은—미궁 라비린토스를 만든 전설적인 그리스 건축가—다이달로스의 기술로 만들었다는 내용으로 바뀌었다. 그러면서 결국에는 인더스 강 옆에서 깃발을 휘날리는 알렉산드로스 대왕의 승리로 끝이 난다. 카몽이스는 띠 모양의 장식들 끝에 비어 있는 판들이 있다고 언급한다. 그 판들에는 새로운 정복자들의 모습이 조각될 것이며, 그러면 알렉산드로스 대왕의 전통을 이어받은 인도의 군주로서 포르투갈인의 모습이 그곳에 새겨질 것이라는 데에는 의심의 여지가 없다. 카몽이스가 연출한 무대에서는 인도인이 그들 자신의 역사에서 거의 완전히 삭제되었다. 그들이 모시는 신들의 이름도 사라졌고, 그들의 예술도 그리스인들에게 넘어갔다. 인도인은 오로지 길게 이어진 정복의 대상으로서만 존재할 뿐이었다. 그리고 그 긴 정복의 대열에서 마지막 자리는 포르투갈인들의 차지가 될 것이었다.

엘레판타 사원에서 인도의 흔적을 사라지게 한 카몽이스의 마술은 어떤 의미에서는 고아에서 그의 주변 어디에서나 일어나던 일을 보여준 것에 불과했다. 고아 기록물 보관소에는 "기독교 활성화 조치Provisões a Favor da Cristandade"가 담긴 두꺼운 책들이 여러 권 있는데, 이 책들을 보면 개종을 거부하며 버티던 사람들에게 가해진 압박이 점점 심해졌음을 알 수 있다. 브라만 성직자들이 포르투갈 관할 영토 안에서 교리를 설파하는 것을 금하는 칙령은 새로운 조항들이 추가되면서 강화되었다. 칙령을 위반하는 자를 신고하는 사람은 위반자의 재산 절반을 받으며, 위반자는 갤리선 노예로 보내진다는 내용이었다. 리스보아에서는 법령을 보내서, 고아와 주변 영토에 사는 이교도들이 우상을 숭배하고 사원에서 공개적으로 의식을 거행하며 악마의 의례를 행하는 위반 행위가 많이 발생하므로 돌이나 나무, 구리, 기타 금속으로 우상을 제작하는 것을 막고, 가정에서든 공공장소에서든 의식을 금하고, 인도인은 씻거나 태우는 의례를 할 수 없으며, 아레게리아 축제—아마도 거대한 종교행렬용 수레바퀴 아래에 신자들이 자진해서 깔리는 유명한 의식을 가리키는 것 같다—도 기념할 수 없고, 규칙을 위반한 의혹이 있는 가정은 수색을 받아야 한다고 선포했다. 또한 포르투갈 종교 당국은 이교도 사상이 기독교 예배에 은밀히 파고드는 것에 대한 우려도 분명히 했다. 그래서 비기독교인인 장인이 그림이든 십자가든 촛대든 또다른 금속공예품이든 간에 그 어떤 성물도 만들지 못하게 금했다. 공식 법령에서는 이교도들이 추앙심 없이 이런 성물을 다루기 때문이라고 그 이유를 설명했지만, 현지 장인들이 뛰어난 작품을 만들면서 그들의 고유한 전통 요소들을 작품 속에 녹여넣을 가능성 역시 고려한 것이었다. 가령, 코테 왕국의 상아에는 스리랑카풍 문양과 기독교풍 문양(일부는 뒤러의 판화에서 따온 문양이다)이 섞여 있고, 마르가오에 있는 십자가에는 락슈미 여신의 모습과 그녀를 상징하는 연꽃이 포함되어 있다.[10]

이처럼 포르투갈은 일찍이 동서양의 종교적 일치를 희망했으나, 이 희망은 곧 동방의 종교에 자신들이 감염될 수 있다는 공포로 바뀌었다. 이런 변화는 인도의 종교와 기독교의 근본적 차이를 점차 깨닫게 된 것과 깊은 관련이 있었다. 가장 심오한 차이는 인간과 동물의 관계에 있었다.

『루지아다스』는 인도에 대해서 어떤 사람들은 우상을 숭배하는데 또 어떤 사람들은 그들과 어울려 사는 동물을 숭상한다는 것을 가장 먼저 언급한다. 인도에 관한 포르투갈의 초창기 기록들을 보면, 한 가지 발견에 집중한다. 인도 사회 대부분에서 도살을 금하며 동물을 죽이는 장면을 보는 것조차 견디지 못하고 이를 끔찍한 일로 간주한다는 것이었다. 훗날 다미앙은 인도에 관한 글에서 지엽적이지만 사랑스러운 기록을 남겼다. 구자라트의 바니아(상인 계급/역자)들은 촛불을 켤 때 불빛에 이끌려온 모기가 해를 입지 않도록 초롱을 만들어 불을 감싼다는 이야기였다. 여행작가 두아르트 바르보자는 이슬람 상인들이 곤충이나 작은 새를 죽이겠다고 으름장을 놓는 방법으로 바니아들을 괴롭히는 버릇이 있다고 기록했다. 그러면 겁에 질린 인도 이교도들이 붙잡힌 동물을 풀어주는 대가로 이슬람 상인들에게 비싼 몸값을 지불했다고 한다. 기독교 선교사들은 이보다 더 잔인하게도 소의 피를 종교적 장소에 뿌리는 방식으로 이들을 조롱했다. 신성한 장소를 훼손하여 그곳을 슬픔과 오염의 장소로 만들어서 더는 예배 장소로 사용하지 못하게 하려는 의도였다.

동물 신이나 성스러운 물고기가 사는 수조, 보호종의 존재에서 드러나듯이 인도인과 동물의 관계는 유럽인을 당혹스럽게 한 것만이 아니라 그들의 신앙체계의 핵심을 강타했다. 동물―특히 가축―에 대한 애정이 유럽에서 완전히 낯선 개념은 아니었지만, 동물을 영적 구원의 계획의 일부로 취급하는 것은 아브라함 계통 종교에서는 혐오할 만한 일이었다. 아브라함 계통 종교에서는 인간과 짐승, 즉 신의 형상과 그 아래에 있는 동물을 가장 본질적으로 구분했다. 유럽인의 생활은 대부분 이런 구별을 유지하고 강화하려는 의도를 지닌 의례들을 중심으로 돌아갔다. 유럽인은 오로지 인간에게만 있는 정신계를 정화하기 위해서 짐승 같은 욕구를 억제하면 그 보상으로 불멸을 약속받았다. 따라서 인간의 구원이 그가 동물을 취급하는 방법과 밀접하게 연관될 수 있다는 사상은 (서쪽을 일컫는 사랑스러운 페르시아어 표현처럼) **바람의 뒤편에 있는 땅**의 문화적 바탕이 되는 사상 하나를 무너뜨릴 수도 있는 위협이 되었다.[11]

　동쪽으로 갈수록 동물의 역할이 달라지는 듯한 분야는 종교만이 아니었다. 다미앙은 코끼리의 특징을 광범위하게 다룬 글을 남겼다. 그 글에는 그가 1515년에 직접 목격한 코끼리와 코뿔소의 싸움 이야기도 나온다. 이 글의 대부분은 인도에서 보내온 보고서들의 내용을 담고 있는데, 그 보고들에는 모든 짐승들 중에 코끼리가 본디 가장 지혜로운 동물이라는 다미앙의 결론을 뒷받침하는 내용이 담겨 있었다. 그중에는 코친에서 유명하던 마르티노라는 이름의 코끼리 이야기도 있었다. 마르티노는 짐꾼 역할을 했다. 도시 곳곳을 잘 알던 그 코끼리는 도시 전역으로 물건을 나르고 그 대가로 현금을 코로 받은 다음, 시장에 가서 먹이와 교환했다. 포르투갈로 전해진 수많은 이야기 가운데 하나에 따르면, 마르티노는 상대가 거짓말을 하면 알았다고 한다. 그러면 화가 나서 상인의 집 벽을 무너뜨리고 포도주 통을 빼앗아 공중으로 높이 던져서 땅에 떨어져 산산조각이 나게 했다고 한다.

　마르티노가 유명인사이기는 했지만, 가장 인상적인 코끼리는 아니었다. 글을 읽고 쓰는 법을 배운 코끼리들도 있었기 때문이다. 이런 코끼리들은 심지어 다미앙도 쩔쩔맸던 그리스어까지 했다. 가령 비자야나가르에서는 데칸 고원의 기마 군주들이 그들의 경이로운 도시에 있는 특대형 마구간에서 코끼리를 키웠다. 다미앙은 매우 신뢰할 만한 사람의 증언도 전한다. 이 사람은 왕 앞에 불려온 코끼리가 쌀과 빈랑나무를 달라는 진정서를 긴 코로 땅에 작성하는 모습을 두 눈으로 직접 목격했다고 한다.

유럽인들의 눈에는 인간과 동물을 구분하는 역할을 한다고 믿어온 경제적, 문화적 행동들이 사라질 위험에 처한 것처럼 보였다. 그리고 그 뒤를 이어 나타난 심연이 몇몇 소중한 신념들을 집어삼키려고 위협하고 있었다. 러시아 여행가 아파나시 니키틴이 15세기에 작성한 인도에 관한 기록을 보면, 무장한 원숭이들이 자신들을 해친 사람들의 마을을 가혹하게 습격하여 응징했고, 함께 살던 사람들에게서는 수공예와 춤을 배웠으며, 그들의 고유 언어를 구사했다고 적혀 있다. 원숭이의 인간적 면모를 알아본 것은 인도인만이 아니었다. 예수회 기록에 따르면, 모잠비크에서는 짓는원숭이들이 한때 사람이었다고 믿어서 **이들을 가리켜 모잠비크어로 "최초의 인류"라고 불렀다**고 한다. 르네상스 인문주의 사상은 그야말로 인간 중심이었던 반면, 인도인들은 심지어 그들의 서사시에서도 인간의 존엄성을 인정하지 않는 듯했다. 포르투갈인들은 이런 사실을 1560년대에 코친의 마탄체리 궁전에 그려진 위대한 라마야나 벽화를 보고 알 수 있었다. 이 벽화에서는 새들의 왕 가루다와 원숭이 신 하누만을 포함해서 똑똑하고 조리 있는 동물들이 주인공 영웅으로 그려져 있다.[12]

이아손과 아르고 호 원정대 이야기는 유럽인의 동방 진출에 대한 꿈의 원형이었다. 카몽이스도 이 이야기를 늘 마음속에 품거나 곁에 두었다. 이 이야기의 영웅들은 고대 그리스 로마에서 가장 유명한 위험—여행자를 파멸로 이끄는 사이렌의 기이한 마법의 노래—의 집중공략을 받았다. 또다른 유명한 사이렌 이야기에서는 오디세우스가 날카로운 노래를 듣고 유혹에 넘어가 파멸에 이르지 않기 위해서 자기 몸을 돛에 묶는 반면, 아르고 호 원정대는 이와 다른 계책으로 위기를 모면한다. 이런 낯선 유혹의 위험으로부터 자신들을 지키기 위해서 오르페우스가 노래를 부른 것이다. 그가 노래하면 꿈쩍하지 않던 바위도 움직였고 흐르던 강물도 멈추었다. 그의 노래가 워낙 강력했던 탓에 사이렌의 목소리는 그만 묻히고 말았다. 유럽의 사상이 동방과 만나지 않도록 지키려면, 바로 그런 노래가 필요했다. 그리고 카몽이스는 바로 그 노래를 부를 사람이 되기로 결심했다.

11

죽은 자들의 신발

카몽이스의 인생은 불가사의할 정도로 반전에 반전을 거듭했다. 그는 다시금 자유의 몸이 되더니 또다시 동방으로 향했는데, 이번에는 중국과 일본으로 가는 포르투갈인을 위한 사망자 재산 관리인Provedor dos Bens de Defuntos으로 합류했다. 그가 과연 어떤 방법으로 징역형을 대신해서 모두가 선망하던 직책을 맡게 되었는지는 불분명하다. 사망자 재산 관리인이라는 직함에서는 섬뜩함이 느껴지지만, 이 자리는 사실 포르투갈 식민지 사업의 핵심 요직이었다. 포르투갈은 목숨을 잃는 경우가 허다한 위험한 항해에 나선 선원들이 만약 사망하더라도 그들 몫의 이윤을 안전하게 지켜서 가장 가까운 친인척에게 전달할 것을 보장했다. 이런 초기 형태의 생명보험은 잔인하게도 제대로 작동했던 것으로 보인다. 이런 보험 구조가 신뢰를 잃으면, 항해에 필요한 인력을 구하기가 어려워질 수밖에 없었다. 조난 가능성이 거의 절반에 달했기 때문이다. 사망자 재산 관리인이라는 직책은 중요한 자리이기만 한 것이 아니라 수입도 짭짤한 자리였다. 유산 가운데 한몫은 물론이고, 사망자가 유언을 남기지 않았다면 유산 전체에 대한 권리를 가졌기 때문이다. 그 결과 포르투갈 이스타두, 즉 포르투갈 식민제국이 부여하는 가장 수익성 좋은 직책이 되었다. 카몽이스가 이 직무를 큰 영광이자 인생의 정점으로 생각했던 것은 분명하다. 이것만큼은 확실하다. 훗날 이 직무에서 배제되자 그는 자신의 손실 규모를 거론하면서 최근의 수익 기대치가 그 어느 때보다 감소했다고 기록했기 때문이다. 그러나 일단 이제는 적어도 자유의 몸이었다. (그의 표현에 따르면) 여행하면서 이 위대한 바다를 찬찬히 생각할 수 있을 만큼 자유로웠다. 이렇게 자유의 몸이 된 그는 동방에서 가장 큰 개인 자산을 쌓을 수 있는 곳으로 향했다.[1]

다 가마가 처음 인도에 도착하고 10년 후, 포르투갈은 말라바르 해안을 지나서 향신료 무역의 심장으로 더 가까이 진격하기로 했다. 덕분에 카몽이스는 믈라카 항구에 있는 포르투갈 동방 사업의 중심지를 지나는 항로로 중국에 도착했다. 인도에 발판을 마련하기 위해서 10년간 크고 작은 충돌을 벌였던 포르투갈인들은 그들이 찾던, 마르지 않고 손쉽게 얻을 수 있는 재산을 마침내 믈라카에서 발견했다는 환상에 다시금 빠져들었다. 초창기 기록에 따르면, 이곳은 세계에서 가장 부유한 곳이어서 상인들이 사업을 하는 동안 엄청난 황금을 비축하는 것이 예삿일이었다. 이들 거상 중의 거상은 집에서 부리는 노예가 6,000명에 달했으며, 항구는 모잠비크, 페르시아, 벵골, 중국에서 온 배들로 넘쳐났다. 이처럼 초기 기록에는 무아지경으로 신나게 부를 평가한 내용과 환상적인 발견물들을 장황하게 설명한 내용이 거의 관례처럼 섞여 있었다. 항해 초창기에 한번은 광물성 물이 포르투갈인들에게 발사되면서, 정크선을 포획하려던 시도가 좌절된 적이 있었다. 이 불은 요란한 섬광을 뿜었지만, 아무

것도 태우지는 않았다고 한다. 차고 있으면 피를 흘리지 않는 마법의 팔찌라거나, 치료되지 않는 상처를 입히는 수마트라의 무기에 대한 기록도 있었다. 아티초크처럼 생긴 어떤 과일은 무척 달콤하고 진미여서 그 지역을 찾은 많은 여행자들이 오로지 그 과일이 나기만을 기다리며 그곳을 떠나지 않았다고 한다. 새로운 것들이 홍수처럼 몰려오면 무엇이 참이고 거짓인지 구별하기가 확실히 어렵다. 불꽃놀이와 두리안처럼 진짜인 것과 신화나 마법의 물건처럼 가짜인 것을 구별하는 일 말이다. 그러나 말레이 반도와 군도의 놀랍도록 다양한 식물 생태계 덕분에 그 지역이 향신료의 보고가 되었다는 것은 의심의 여지가 없는 확실한 사실이었다. 맛이 독특하고 강렬한 이 향신료들은 밋밋한 유럽의 주요 작물들에 생명을 불어넣었다.

　이번에도 포르투갈인들은 허를 찌르는 전략을 구사할 수 없었다. 그들이 미처 도착하기도 전에 구자라트와 자바의 이슬람 무역상들이 이미 믈라카 왕을 구워삶아서 포르투갈인에 대한 반감을 심어놓았기 때문이다. 다미앙의 연대기 중에서 이들 항해를 다룬 부분을 보면, 유럽인을 향한 비난이 공공연히 등장한다. 즉, 유럽인은 해적이고 도적이며, 그들을 친구로 맞아준 도시마저 파괴하고, 가는 곳마다 전쟁을 일삼으면서 요새를 짓게 해주는 자들만 살려준다. 그러나 그런 사람들에게까지 어떤 야만족에게서도 들어본 적 없는 폭압을 휘두른다는 내용이었다. 이런 모함을 부정하려던 시도는 포르투갈인들이 정확히 예견대로 행동하면서 금세 물거품이 되었다. 말레이시아에서 소문으로만 돌다가 나중에 기록된 사건들 중에는 포르투갈인들이 믈라카 왕을 속인 이야기도 있었다. 포르투갈인들은 왕에게 짐승 가죽 하나만 한 크기의 땅을 달라고 요구했고, 언뜻 소박한 요구처럼 들려서 왕은 무심코 수락했다고 한다. 그러자 왕의 약속을 등에

업은 포르투갈인들은 당장에 가죽을 가는 조각으로 잘라 밧줄을 만들었고, 넓은 요새를 세울 만한 충분한 공간을 그 밧줄로 측정해서 확보했다. 이렇게 요새를 지어 대포까지 설치한 후에는 그들을 맞아준 그 땅의 주인들에게 포문을 향했다. 이 식민주의 전설이 놀라운 이유는 식민지 건설 모험담에 자주 등장하는 트로이의 목마 계략이 이 이야기에 오롯이 담겨 있을 뿐만 아니라, 이 이야기가 실제로 고대 그리스 로마 신화에 등장하는 디도 여왕의 전설을 개작한 것이기 때문이기도 하다. 튀니지에서 카르타고를 세울 땅을 확보하기 위해서 디도 여왕도 이와 똑같이 소가죽 속임수를 썼다.[2]

믈라카의 모든 사람들이 포르투갈인을 적대시했던 것은 아니다. 포르투갈인의 이 항해는 중국 상인과 처음으로 접촉을 이어가는 기회가 되었는데, 중국인은 페르시아인과 마찬가지로 당연히 동맹처럼 보였고 (다미앙에 따르면) 거의 유럽 사람들 같았다. 무엇보다도 **플랑드르 사람이나 독일 사람들처럼** 술을 좋아한다는 면에서 그랬을 것이다. 실제로 당시 유럽의 다양한 지리학 서적에서는 몽골의 과거에 대한 이해가 뒤죽박죽되어 중국의 서쪽 국경이 유럽에 면해 있다고 주장하는 경우가 많았다. 중국인들은 그들 역시 왕으로부터 부당한 대우를 받았다면서, 포르투갈인의 믈라카 공격을 지지했다. 그러면서도 자국민에 대한 보복이 두려워서 공격에 가담하지는 못하겠다고 꽁무니를 뺐다. 포르투갈이 믈라카 항구를 장악하자, 중국인들은 이곳을 시암 출신 정착민들로 채우라고 포르투갈을 부추겼다. 이렇게 하면 이슬람계 말레이인과 자바인 쪽으로 기울어져 있던 인구 균형의 추가 포르투갈에 더 호의적인 민족으로 기울어질 것이라는 주장이었다. 이렇듯 중국인들은 기꺼이 포르투갈인을 이용하여 이 지역에서 그들의 이익을 증대시켰다. 그렇다고 중국인이 유럽 무역상을 두 팔 벌려 환대하며 그들 나라의 항구를 개방했다는 의미는 아니다. 중국은 거대하면서도 내륙의 사막과 산맥이 다른 나라들과의 사이를 가로막고 있어서 지리적으로 고립되어 있었고, 황궁의 권력은 막대한 국내 무역을 규제하는 데에서 나왔다. 이를 중심으로 고대부터 기록문화, 그리고 독보적으로 정교한 관료체제가 성장했다. 한 세기 전에 중국의 황제들은 페르시아와 동아프리카로 무역 사절단을 파견하고 만국을 손님으로 맞으며 환영했다. 그랬던 중국이 이제는 외국의 접촉과 간섭을 극도로 혐오하는 쪽으로 바뀌었다. 포르투갈인들은 1520년 이전의 수년간 남중국해에서 무역 기회를 탐색하기 시작했을 때에 이렇게 달라진 중국의 태도를 확인할 수 있었다.[3]

중국 본토를 향한 최초의 포르투갈 원정대가 올린 성과는 참사에 가까웠다. 믈라카에서 『동방지』를 집필한 후, 토마 피르스는 포르투갈 사절단으로서 베이징의 황궁으로 파견되었다. 그런데 사절단이 자리를 비운 14개월 동안, 광저우 근처에서 사절단의 귀환을 기다리던 포르투갈 선원들은 아비규환에 빠지고 말았다. 중국의 국장國葬 기간에 이들이 무역 활동을 지속하고 요새를 지으려고 한다는 보고가 황궁으로 전해졌고, 심지어 포르투갈인들이 인육을 먹으려고 유괴된 아이들을 돈을 주고 산다는 말까지 돌았다. 그러자 사절단은 황제를 알현하지도 못하고 문전박대를 당했고, 결국에는 광저우로 돌아온 피르스와 동료들은 체포되었다. 아마도 이들은 자신들이 해적이라서 정당한 벌을 받는 중이라는 내용의 팻말을 몸에 달아야 했던 것 같다. 그런 다음 이들은─중국의 옛 속국이었던─믈라카가 포르투갈의 지배로부터 벗어날 때까지 투옥되는 형을 선고받았다. 포르투갈의 희망대로 중국 제국과 관계를 수립하기는 커녕, 피르스가 이끈 사절단은 유럽 상인들에 대한 극심한 반목을 낳았

고 이는 향후 30년간 지속되었다.[4]

　그러나 포르투갈인은 광저우에 있는 내내 두 문화 사이의 관계를 단절하는 일만 하지는 않았다. 1520년에 포르투갈로 귀환한 사람들은 군침이 돌 만한 가공품과 정보를 가져갔다. 이들이 귀국 보고를 하러 왔을 때 다미앙은 에보라의 포르투갈 궁정에 있었다. 이들은 중국 의례에 관한 서책들과 중국 신들을 그린 그림들을 가져왔다. 이 가운데에는 믿을 수 없을 정도로 선한 종교적 삶을 살기 위해서 안락한 궁을 떠나 출가한 왕자가 기적적인 힘을 얻는 내용의 그림도 있었다. 위대한 성덕盛德을 통해서 부처가 된 싯다르타를 단편적으로 묘사한 그림이었다. 이 이야기는 중세에 인기가 높았던 성 요사밧("보리살타"의 변형) 이야기를 통해서 이미 유럽인에게 알려져 있었다. 이 이야기는 실크로드를 따라 전해졌지만, 전해지고 또 전해지는 과정에서 왜곡이 심해져서 동방의 원작들은 나중에야 알 수 있게 되었다. 이 그림들보다 더 소중한 성과물은 따로 있었다. 바로 비단으로 가득한 광저우 무역 박람회의 소식과 일본의 은에 대한 중국의 수요가 높다는 보고였다. 포르투갈인이 찾던 물꼬가 바로 이것이었다. 당시 중국과 일본은 공식 교역을 금했다. 다시 말해서 제3자가 중개인 역할을 할 기회가 있다는 뜻이었다. 프란시스코 사비에르와 예수회가 1540년대 후반 일본에 진출한 후, 무역 원정대들이 그 뒤를 이었다. 1550년대가 되자 중국과 포르투갈의 관계가 충분히 회복되면서 광저우 근처에 무역 거점을 두자는 제안이 다시 한번 수면 위로 부상할 수 있었다. 1554년, 숙원이었던 무역 허가가 마침내 떨어졌다. 예수회

다음 쪽 : 「대명여지도(大明輿地圖)」(1547?-1559) 중 광저우 일대. 리스보아에서 다미앙이 사용하던 것과 유사하다.

에서는 이것이 프란시스코 사비에르가 중국 문턱 바로 앞에서 사망하면서 낳은 기적과 같은 결과라고 주장했다. 이리하여—카몽이스가 관리인 직책을 맡아 합류한 것으로 보이는—1557년 선단이 첫 선발대로 파견되어, 광저우를 지나 남중국해로 이어지는 주장 강 하구에 위치한 마카오에 포르투갈 무역관을 설립하게 되었다.[5]

마카오로 가는 길은 『루지아다스』에 간략하게 묘사되어 있다. 카몽이스는 유럽인들이 이 지역의 질서를 유지하려고 노력했다는 내용을 짧게 언급한다. 선박들은 수마트라 섬을 오른편에 두고 믈라카 해협을 따라서 내려갔다. 어떤 사람들은 수마트라 섬이 한때 본토의 일부였으며, 고대 지리학자들이 『성서』 속 솔로몬 왕의 전설적인 부의 원천인 케르소네수스 아우레아Chersonesus Aurea(황금 반도/역자)라고 부른 곳이 바로 이곳이라고 믿었다. 해협을 지난 선박들은 말레이 반도 끝에 있는 싱가포르를 끼고 돌았다. 이곳에서부터 곡선을 그리며 해안을 따라 올라가면 시암 왕국이 나왔다. 시암 왕국의 젖줄이 되는 강줄기는 치앙마이라고 불리는 경이로운 호수로부터 내려온다고 알려졌는데, 이 호수에 도달하려면 새들이 지배하는 습지대를 지나 야생동물들이 완전히 장악한 깊은 산맥을 통과해야만 했다. 동쪽으로 뱃머리를 향한 선박들은 메콩 삼각주 아래 남쪽 바다를 지나 동진했다. 메콩 삼각주를 경계로 한쪽에는 캄보디아, 다른 한쪽에는 향기로운 숲의 땅인 참파와 코친차이나—다이비엣(대월) 왕국을 일컫는 포르투갈식 명칭—가 자리하고 있었다. 이 지역을 지나고 나면 저 콧대 높은 제국, 이루 말할 수 없는 땅과 부를 지닌 영광스러운 곳, 사나운 열대 지방에서부터 북극 한계선까지 장악한 나라, 바로 중국이 나왔다.

애초부터 유럽인은 중국이 어떻게 한없이 넓은 땅에서 완전히 외부와 단절될 수 있었는지에 집중했다. 포르투갈인은 중국의 지도와 서책을 손에 넣기 위해서 최선을 다했다. 심지어는 중국 문헌들의 내용을 파악하는 데에 도움을 줄 번역가도 리스보아로 데려갔다. 그러나 거의 무지한 상태에서 출발해야 했기 때문에, 중국의 지리와 문화를 이해하는 작업은 무척 느리게 진행되었다. 그러나 만리장성은 번역가의 도움 없이도 알아볼 수 있었다. 만리장성은 모든 지도상에 뚜렷이 표시되어 있었고, 중국에 관한 유럽의 기록물에 빈번히 언급되었다. 카몽이스 역시 『루지아다스』에서 깜짝 놀란 듯한 표현으로 만리장성을 묘사했다.

보라, 저 만리장성을. 제국과 제국 사이에 건설된
믿기지 않을 만큼 장대한 건축물을.
주권과 자부심, 부에 대한
궁극적인 확신과 자신감의 표현을.

그러나 카몽이스가 만리장성을 직접 목격했을 가능성은 거의 없다. 대부분 유럽인은 외국인에게 개방된 일부 항구도시 안에서만 활동하도록 제한되었기 때문이다. 그러나 외부 세계로부터 제국을 보호할 장벽을 건설한다는 발상은 오랫동안 서양인의 상상을 지배했다.[6]

포르투갈인은 광저우에서 더 내륙으로 들어가는 것이 허락되지 않았던 터라 중국 해안 너머로 진입하기가 어려웠다. 그래서 포르투갈인이 광활한 나라 중국보다 일본을 파악하는 속도가 훨씬 빨랐다. 카몽이스가 동아시아에서 지낸 시기에 관한 기록은 거의 존재하지 않는다. 그래서 우리가 그의 삶의 수많은 측면들을 퍼즐 맞추듯이 알아낸 것처럼, 훗날 그가 들려준 이야기들을 바탕으로 수수께끼를 풀 듯이 풀어야 상세한 내용을 알아낼 수 있다. 그래도 카몽이스의 항해 과정 역시 훗날 표준이 된 규약을 따랐던 것 같다. 그래서 주主무역선―"대선大船"―이 일본 히라도에 간 동안, 카몽이스는 마카오에 남아 있었던 것으로 보인다. 히라도에서 은 화물을 선적하면, 곧장 광저우로 운송되었다.

직접 일본 땅에 발을 들인 적이 있든 없든 간에, 카몽이스는 일본의 문화를 혼을 빼놓을 정도로 매력적으로 묘사한 포르투갈인들의 기록을 접하지 않을 수 없었을 것이다. 가령 예수회 사제 루이스 프로이스는 일본과 유럽의 예절을 상세히 비교한 내용을 책으로 엮었다. 그는 카몽이스가 다녀간 후 얼마 지나지 않아 예수회 정보원―이들은 전 세계로 파견되어 세계 각지에서 편지와 보고서를 작성해서 이른바 문서 정보망을 형성했다―으로서 이 지역에 도착했다. 포르투갈인은 일본인의 예의 바른 내성적 성향을 대개는 호의적으로 받아들였고, 일부 깜짝 놀랄 만한 차이점 앞에서는 어리둥절해했다. 예를 들면, 일본은 남성이 음식을 요리했고, 음식은 한입 크기로 미리 잘라 상에 올렸다. 이런 상차림 과정은 예술이자 명예로운 임무로 여겨졌다. 일본 여성은 목을 은밀한 순간에만 드러내는 매력적인 곳으로 보고 평상시에는 가리고 살았다. 반면, 옷 소매는 워낙 넓어서 그 안으로 가슴이 종종 보였다. 또한 일본 남성은 겨울철이면 불가에서 엉덩이를 드러내놓고 덥혔다. 여성은 남편에게 물어보지 않고 자유롭게 집을 나올 수 있었고, 실제로 자유롭게 남편을 떠났다. 여성이 집안의 가계를 관리했으며, 남성과 똑같은 옷을 입었고, 공개적으로 심하게 음주를 했으며, 종종 임신을 중절했고, 대부분 글을 읽고 쓸 줄 알았다. 사실 일본인에게 식자識字란 48개의 음절 기호에 더해 무한히 많은 글자를 평생 배우는 과정이었다. 특히 유럽 관찰자들의 강한 호기심을 자극한 것은 문서 문화였다. 일본인은 편지를 써도 마지막에 따로 서명을 하지 않았다. 서체만 보아도 누가 보냈는지 충분히 알아볼 수 있었기 때문이다. 위조 문제로 애를 먹던 유럽인에게는 군침이 도는 이야기였다. 또한 답장을 쓸 때에는 간단하게 받은 편지의 행간에 글을 썼다. 유럽인의 장황한 표현과 비교했을 때, 일본인의 표현은 놀라울 정도로 간결했다. 그들은 50종이 넘는 다양한 종이를 사용했는데, 유럽인의 눈으로는 겨우 4-5종만 구별할 수 있었다. 그들은 심지어 종이로 손수건도 만들어서 한 번만 사용하고 버렸다. 집 안의 공간을 나눌 때에도 종이를 사용해서 구분했는데, 덕분에 방을 드나드는 것이 마치 책을 넘기는 것처럼 느껴졌다.[7]

일본인이 주변의 물질계와 관계를 맺는 방식이 아마도 유럽인에게 가장 당황스러웠을 것이다. 프로이스는 일본인이 취하기 위해서 술을 마신다는 사실에 짐짓 놀란 체하며 다소 솔직하지 못한 반응을 보였다. 반면, 음식을 대하는 일본인의 태도에 혼란스러워하는 그의 모습은 의심의 여지 없이 진짜였다. 그가 묘사한 차노유茶の湯—"다도" 혹은 다례—와 복잡한 상차림 규칙에서 알 수 있듯이, 일본의 철학과 요리예술의 융합은 새로운 발견이었다. 유럽의 종교적, 사회적 관습 안에서 식문화가 중심 역할을 했음을 고려했을 때, 음식과 사상을 연결하는 일이 어쩌면 그리 낯설지는 않았을 것이다. 그러나 유럽인에게는 애초에 어떻게 먹고 마시는 의식—성찬의 전례부터 위계적 자리 배치까지—을 이용해서 "신"이나 "계급"과 같은 무형의 것을 더욱 견고하게 만드는지가 명확하지 않았다. 일본의 다례 의식이 다기茶器를 통해서 물 흐르듯이 예술적 사색으로 이어진다는 점은 더욱 놀라웠다. 다기는 비싼 가격이나 복잡함보다는, 세상을 이루는 몇몇 단순한 본질—뜨거움과 차가움 사이의 "서늘함", 삶과 죽음 사이의 "쇠약함", 결핍과 풍요 사이의 "섬연함"—을 그 안에

담도록 설계되었다는 점이 인상적이었다. 빵과 포도주를 먹는 의식을 위해서 정례적으로 종교예술 앞에 모이던 유럽인은 이 같은 일본의 다도가 특이하다고 생각했다. 그 당시 유럽 문화에서는 육체적인 것은 무형의 만질 수 없는 마음과 정신의 힘과는 아무런 관련이 없다는 주장이 확산되고 있었기 때문이다. 또한 일본의 예술가들이 유럽 예술작품의 복제품을 원본과 구별할 수 없을 정도로 정확하고도 빠르게 만들어낸 반면, 유럽인들은 일본의 미학 앞에서 어찌할 바를 몰랐다. 일본에서는 그림 속에 등장하는 요소가 가능한 한 적은 것을 선호했고, 붓과 먹으로만 그린 작품을 높이 평가했기 때문이다. 반면에 여전히 유럽에서는 이런 그림을 값비싸고 복잡하며 색상이 화려한 회화나 태피스트리를 위한 밑그림으로 취급했다.[8]

이와 같은 문화와 문화의 만남을 가장 놀랍게 묘사한 작품들이 있는데, 몇몇 작품들은 빽빽하게 그려진 고가의 미술품을 선호하는 유럽인의 욕구에 부응하여 만들어진 것으로 보인다. 16세기 말부터 난반南蛮(당시 일본인이 일본에 진출한 포르투갈인과 스페인인을 가리키던 말/역자) 또는 "남방의 야만족"을 묘사한 거대한 접이식 병풍들이 등장하기 시작했다. 이 병풍들에는 무역을 위해서 매년 일본을 방문한 포르투갈 대형 상선 "대선"이 도착하는 모습이 담겨 있다. 병풍의 그림은 여러 장의 판이 연결되어 하나의 형태를 이루는데, 그 덕분에 여러 판을 가로지르며 서사를 끌어갈 수 있다. 구로후네黒船(대형 흑선[16세기 일본에 도착한 서양 선박에 붙은 이름/역자])가 도착하는 모습부터, 사람들이 배 측면에서 쏟아져나와 널빤지를 따라 내린 다음 일본 항구의 일상으로 들어가는 모

이전 쪽: 「나무 위에 앉은 새」. 슈코(활동기 1504-1520)의 작품으로 추정.

습이 이야기가 진행되듯이 그려져 있다. 수많은 소소한 교역들이 이루어지는 장면이 세세히 표현된 이 그림은 같은 시기의 피터르 브뤼헐 더 아우더의 마을을 묘사한 유명한 그림과 매우 비슷하다. 다만 두 그림의 효과는 놀랍도록 서로 다르다. 브뤼헐의 작품에는 요란하지 않은 세속의 분위기가 감도는 반면, 일본의 병풍은 주요 색상인 검은색과 금색의 극명한 대조가 종교 성화의 느낌을 물씬 풍긴다. 마치 그림 속 부두에서의 만남이 그저 무역을 위한 순간만이 아니라, 삶 속의 한 문화를 비유하는 것 같다. 하선한 포르투갈인들은 풍선처럼 부푼 바지와 커다란 코 때문에 일본인과 쉽사리 구별된다. 또한 많은 아프리카 노예들이 돛대와 삭구素具에 올라가 있는 모습, 관리들에게 비스듬히 양산을 씌워주는 모습, 배에서 상품을 옮기는 모습으로 미루어보아 선단이 다양한 사람들로 구성되었음을 알 수 있다. 일본 화가들은 동물 또한 예리한 눈으로 묘사했다. 오늘날 고베에 있는 가노 나이젠의 병풍화를 보면, 마치 모든 포르투갈인이 각자 동물을 한 마리씩 관리하는 듯 말의 고삐를 당기는 모습, 코끼리를 몰고 가는 모습, 개에 목줄을 채우는 모습, 호랑이를 우리에 넣어 옮기는 모습 등이 보인다. 그런데 이들 동물은 그저 주인의 권위를 보여주기 위한 무표정한 짐승이 아니다. 그보다는 (얼마 후 만개한, 정밀 조각 분야인 네쓰케根付에서와 같이) 동물들의 표정에 강렬한 감정이 완벽하게 드러나 있다. 뒷발이 잡힌 채 울고 있는 말이 느끼는 극심한 공포에서부터, 오랜 항해로 마른 땅을 밟지 못했던 강아지가 펄쩍펄쩍 뛰면서 느끼는 기쁨까지 오롯이 표현되어 있다.

포르투갈인도 그들이 일본 땅에서 발견한 경이로운 것들에 대한 보답으로 그들 나름의 깜짝 선물을 가져왔다. 세계 다른 곳에서와 마찬가지로 일본에서도, 유럽인이 처음으로 소개한 것들 중에서 가장 눈에 띄는 것은 시간이었다. 아니, 정확히 말하자면 시간을 측정하는 특정한 방법이었다. 1551년, 프란시스코 사비에르가 스오 국의 다이묘인 오우치 요시타카에게 선물한 시계가 바로 일본 최초의 기계식 시계였다. 유럽 기독교인은 시간에 따른 규칙적인 삶을 살았고, 일정 시간이 되면 특정한 계율을 지켜야 했다. 많은 종교가 해나 달의 위치를 신앙의 길잡이로 삼았다. 선교사들은 그들 고유의 시간 개념을 비기독교 국가들이 도입하도록 열심히 노력했다. 그렇게 함으로써 그들과 같은 세계관을 가지도록 준비시키려는 의도였다. 이처럼 서양의 시간 개념을 강요하는 행위를 정당화하려면 근거가 필요했다. 그래서 이들 이교도에게 그들 고유의 시간 감각이 없다거나, 최소한 그들의 시간 측정법에 결함이 많다는 주장을 자주 해야 했다. 올라우스 망누스가 라프족 사람들은 최근까지도 하루와 시간을 나눌 줄 몰랐다고 주장했던 것처럼 말이다. 이런 주장이 틀리다는 사실은 중요하지 않았다. 사실, 라프족은 자신들만의 방식으로 낮과 밤을 4시간으로 구조화했고, 일본 사람들은 물시계로 측정하는 12시간 체계를 사용했다. 게다가 낮과 밤을 24시간으로 구분하는 유럽의 방식 자체가 매우 자의적이었다. 올라우스 망누스가 인정했듯이, 밤과 낮의 길이가 똑같은 날을 기준으로 해서 밤낮의 시간을 각각 12로 나누어 구분하는 방법은 고대 이집트의 어떤 동물이 낮 동안 소변을 정확히 12회 본다는 오래된 관찰 결과가 그 바탕인 것으로 알려졌다. 그러나 예수회 선교사들이 가져온 놀라운 기계식 시계는, 이런 유럽식 시간이 다른 문화권의 엉성하고 변수 많은 시간보다 어떤 의미에서는 더 정확하고 더 객관적이라고 주장하기에 충분했다.[9]

세계로 뻗어가던 유럽인은 세계 각지의 시간 개념과 관련해, 하루를 구분하는 방법에만 일관성이 없다고 생각한 것이 아니었다. 세상의 나

이와 역사의 기간에 관해서도 너무나 다양한 시각들이 존재한다는 사실은 더 큰 동요를 일으켰다. 물론 아브라함 계통 종교들끼리도 창조가 정확히 얼마나 먼 과거의 일인지, 또 창조에서부터 해를 세기 시작해야 할지 아니면 그리스도의 탄생이나 헤지라—무함마드가 메카에서 메디나로 이주한 사건—부터 시작해야 할지 옥신각신하기는 했다. 그래도 세상의 나이가 5,000-7,000년이며 역사시대의 종말이 다가왔다는 데에는 느슨하게나마 공감대가 형성되어 있었다. 그러나 이와는 대조적으로 중국인들이 서로에게 1만 세까지 살기를 기원하는 만세 소리가 유럽인의 귀에 자주 들렸고, 타타르 역사에는 7만4,000년 전의 사건들이 포함된다는 보고도 있었다. 알려진 바에 따르면, 중국인은 물리적 세계가 영원히 존재해왔으며, 인류가 존재한 지 10만 년이 넘었다고 믿었다. 그중에서도 가장 우려스러웠던 것은 인도에 있는 이교도들의 믿음이었다. 이들에 대해 회의적이었던 예수회가 유럽에서 발표한 바에 따르면, 이들은 현시대가 약 40만 년 더 지속될 것으로 믿었다. 더 나아가 현시대는 4개의 시대 가운데 하나에 불과하며, 이보다 앞서서 총 362만4,006년에 달하는 3개의 시대가 있었다고 믿었다. 이 같은 주장은 이슬람교도에게도 큰 혼란을 불러왔다. 페르시아의 역사가 피리슈타는 아담의 시대 이후로 10만 년이 흘렀다는 인도인의 믿음에 놀라 반박했고, 알-비루니는 현재 상태의 세상이 존재한 지 19억7,294만8,132년이 되었다는 주장을 비웃었다. 유럽인은 이러한 믿음을 대부분 비웃거나 철저히 묵살했다. 다시 말해서 역사적 위치 감각이 뿌리 깊이 달랐던 사람들과 다툼을 이어갔다는 뜻이다. 종말이 가까울 때 사람들에게 회개하라고 하는 것과 여전히 40만 년이나 남았을 때 회개하라고 하는 것은 엄연히 달랐다. 신의 섭리라는 역사적 서사도 마찬가지였다. 창조에서부터 구원과 심판으로 이어지는 사건들이 적은 세대―대부분의 유럽 군주들은 아담과 이브까지 거슬러올라가며 직접 세어볼 수도 있을 만큼 세대 수가 적었다―만에 이루어지는 것과 수백만 년이나 걸려서 이루어지는 것은 완전히 달라 보였다. 이를 잘 보여주는 대표적인 사건이 하나 있었다. 어느 일본 선박의 선원들이 **절반의 절반이 지났다**고 말하는 소리를 듣자, 포르투갈인들은 이들을 기독교 개종자로 인정했다고 한다.[10]

카몽이스는 일본 문화에 대해서 간접적인 보고서에 의존해야 했지만, 마카오에는 참신하고 낯선 것들이 넘쳐났다. 그가 맡은 새로운 직무에는 무기력하고 한가하게 기다리는 것도 포함되어 있었다. 1년 중에 간간이 격한 활동이 펼쳐지는 시기들도 있었지만―광저우 무역 박람회가 연중 2회 열리면 "대선"은 5월에는 비단을 싣고 일본으로 갔다가 11월에는 은을 싣고 돌아왔다―그 사이의 기간에는 사망자 재산 관리인이 할 일이 거의 없었다. 게다가 그의 일은 무역 과정에서 발생한 사망자의 몫을 안전하게 지키고 필요한 수수료를 수거하는 단순한 업무였다. 이 시기에 카몽이스의 기대가 부풀었다. 연간 6만-8만 파르다우의 수익에서 그의 몫을 챙기면, 충분히 부자가 될 만했기 때문이다. 그러나 이런 재산을 더 불리거나 더 빨리 생기게 할 방도는 별로 없었다. 어쨌든 그는 비극적인 사건의 결과로 돈을 벌었기 때문에, 최소한 그런 일이 벌어지지 않기를 바란다는 그럴듯한 시늉을 해야 했다. 그러는 동안 그는 이런 어중간한 상태로 남아도는 시간을 광저우 인근을 탐험하며 보냈다. 광저우는 포르투갈인의 눈에 거의 유토피아에 가까워 보였다. 카몽이스가 도착하기 직전에 작성된 기록물 두 편을 보면, 서양인의 눈으로 면밀하게 관찰한 이 도시의 모습이 지세히 기록되어 있다. 하나는 노미니코회 수사가, 다른 하나는 예수회 사제가 작성한 것으로, 두 편 모두 얼마 후 포르투갈에서 출판되었다. 두 기록물 모두—크기가 대략 리스보아 정도밖에 되지 않는—광저우가 중국이라는 거대한 규모 안에서는 극히 작은 도시에 불과하지만, 격자처럼 짜인 도로망이 끝이 보이지 않을 정도로 뻗어 있다고 강조했다. 이렇게 뻗은 길마다 수로를 통해서 민물이 공급되었고, 길가에 나무를 심은 모습이 마치 정원 같았다고 한다. 이 도시에서 가장 높은 건물은 이슬람 사원이지만, 주민들을 이슬람교로 개종시키는 데에는 크게 성공하지 못했다는 이야기를 전해 들은 기독교인들은 안도의 한숨을 쉬었다. 도미니코회 기록물에서는 현지 주민의 돼지고기 사랑이 이슬람교를 받아들이지 못하게 한 것 같다고 짐작하면서 은근히 고소해했다. 거리마다 끝에는 개선문이 있었다. 예수회 기록물에 따르면 그 수가 최소한 1,000개에 달했다. 이런 개선문은 지방 관리가 임기를 마치면서 세운 것이었다. 지방 관리는 임기가 단 3년이었고, 서로 다른 지역 출신이어야 했다. 황제는 감시망을 동원해서 이들의 부패를 막았다. 기록물의 저자들은 이곳에서는 모든 사람들이 고용되어 있다면서 혀를 내둘렀다. 심지어 눈이 먼 사람까지도 고용되어 곡식을 받는 덕분에 구걸을 면할 수 있었다고 했다. 그런데 예수회와 도미니코회 기록물 모두 이구동성으로 지적한 내용이 있다. 바로 사후세계에서의 보상과 벌에 대한 믿음이 별로 없다는 것이 이 근면하고 재주 많은 사람들의 주요 약점이라는 주장이었다. 이것은 그들이 세상을 이해하지 못한다는 증거로 간주되었다. 만약 그들이 세상을 잘 이해했다면, 틀림없이 하느님의 실체를 추론했으리라는 시각이다. 또한 중국인이 육체적 쾌락에 중독된 이유도 사후를 믿지 않기 때문으로 설명되었다. 그들은 육체적 쾌락을 위해서 악마가 지배하는 어두운 밤 중에 축제를 열었다(이는 낮에 축제를 열었던 유럽과는 반대였다).[11]

현지의 신앙을 파악하는 데에 가장 큰 장애물은 바로 언어였다. 카몽이스와 같은 시기에 마카오에 있었던 한 예수회 사제는 중국어를 배우려다가 너무 어려워서 건강과 정신적 안정을 잃고 포기해버렸다. 그래도 포르투갈인들은 조금씩 중국 문화의 여러 면들을 파악해갔다. 카몽이스 역시 마카오에서 중국 문화의 일면을 경험할 기회를 충분히 누렸다. 그 당시 마카오는 초가집들과 카몽이스가 도착하기 전해에 지어진 초가지붕 교회 말고는 거의 아무것도 없는 섬이었다. 포르투갈 무역관에서 좁은 물줄기를 건너면, 바다의 여신을 모신 커다란 사당이 정면에 있었다. 바로 만민을 구원하는 천상의 신부이자 신묘한 수호신, 뛰어난 울림과 너그러운 자애심의 소유자, 나라의 수호자이자 민족의 보호자인 아마媽 여신의 사원이다. 이 여신의 그림은 유럽으로 전해진 최초의 중국 그림들 중의 하나였다. 1520년에 포르투갈 국왕에게 전달되어 다미앙이 볼 수 있었던 중국 그림들에는 한 여성의 그림이 있었는데, 중국인이 성녀로 모시는 이 여성은 마조媽祖라고 불리며, 땅과 바다 모두에서 신에게 만민을 중재하는 역할을 한다고 했다. 유럽에서는 이 여신을 성모 마리아와 연관 지으려는 욕심 때문에 왜곡해서 이해하는 경우가 많았다. 그러나 다미앙의 간략한 기록에 따르면, 포르투갈인들은 이 전설 속의 인물을 매우 정확하게 파악한 것으로 보인다. 티안페이 혹은 마조는 현지에서 아마 혹은 "할머니"라고 불리는데, 이 여신의 이름에서 "아마 여신의 만" 마카오의 지명도 유래했다. 마조 여신은 10세기에 살았던 실존 인물을 신격화한 것인데, 이 여성은 비범한 기억력을 지닌 경이로운 존재였다고 한다. 그녀는 정신적 능력이 몹시 뛰어나서 먼 거리를 뛰어넘어 자기 모습을 보여줄 수 있고 비범한 힘으로 세상에 영향을 줄 수 있었다. 그녀는 아버지와 오빠가 바다에서 폭풍을 만나자, 집 안에 가만히 앉아 그들을 구해주면서

이런 능력을 처음 발휘했다. 그후로 그녀는 바다에서 목숨이 위태로워진 사람들의 수호자가 되었고, 1409년에 중국의 위대한 장군 정화를 폭풍에서 구해준 후로는 가장 최근에 정성을 들여 지은 칭호—**천상의 신부, 나라의 수호자이자 민족의 보호자**(호국명저천비護國明著天妃)—로 불리게 되었다. 정화의 원정대를 구할 때 그녀는 **메아리처럼** 신속히 나타나서는 빛을 발하는 등불의 모습으로 돛대를 맴돌면서 성난 파도를 금세 잠재웠다고 한다.

이 기적—다른 기적들과 함께 제례청에 정식으로 기록되어 있다—덕분에 정화의 원정대는 인도양을 가로지르는 여러 항해를 무사히 마치고 많은 발견품들과 함께 무사히 귀환할 수 있었다. 이는 다 가마가 반대 방향으로 대항해를 시작하기 90여 년 전의 일이었다. 이들 항해에서 마조 여신은 **바닷길을 정화하고 고요하게** 만들었고, 중국 문화의 **변혁적인 영향력**에 저항하던 야만인들을 생포하는 일도 도왔다고 알려졌다. 마조 여신을 소재로 한 문학도 생겨났고, 그녀를 모신 사원의 문은 그녀가 진압한 바다 괴물들이 지켰다. 천리안千里眼과 순풍이順風耳라는 이 두 괴물은 각기 초록색과 붉은색 피부에 노란색 송곳니를 한 거인의 모습이다.[12]

카몽이스가 쓴 글들에 유럽인들이 이쪽 세상에서 발견한 온갖 경이로운 것들은 등장하는 반면, 그의 마카오 시절을 명시적으로 언급한 부분은 거의 없다는 사실은 가장 큰 수수께끼이다. 이는 그가 겪은 세상에 대한, 그의 가장 이상한 은폐 행위이다. 아마도 그는 선택받은 영웅으로 묘사된 포르투갈 민족의 이야기 안에 놀라운 면모를 지닌 중국 문화가 등

이전 쪽 : 마조 여신이 중국의 선단을 폭풍에서 구하는 모습. 17세기의 마조 여신 기적 모음집에 수록.

장하는 것이 불편했기 때문에 침묵했을지도 모른다. 혹은 그가 언급한 단 한 가지 사건이 드리운 그림자 때문일 수도 있다. 그의 중국 체류를 중단시키고 그가 품은 희망에 재를 뿌린 그 사건으로 그는 다시 기소되었다. 그의 글에서는 이 사건을 그저 그에게 가해진 불의라고 암울하게만 표현하지만, 동시대 자료들에 따르면 그를 면직시키고 고아로 돌아와 조사를 받으라는 명령이 떨어진 것이 분명하다. 그가 감독하던 자금, 즉 유족을 위해서 따로 챙겨두어야 할 자금을 남용했다는 혐의였다. 늘 그랬듯이 카몽이스는 결백을 맹렬히 주장했지만, 이 경우에는 선단 단장이자 최초의 마카오 총독인 그의 상관이 그를 제거하려는 데에 확실한 이유가 있었다. 총독은 카몽이스의 직책으로 벌어들이는 이윤이 자신에게 귀속되는 것이 정당하다고 항의했고, 카몽이스가 해고되자 수수료는 영구적으로 총독에게 귀속되어 총독은 벌이가 쏠쏠한 이 직위에서 발생한 많은 부를 가져갈 수 있게 되었다. 이제 재산을 모을 희망만 물거품이 된 것이 아니었다. 다시 한번 감옥이 우리의 상습 전과자를 부르며 손짓하고 있었다. 카몽이스는 한 가난한 남자가 짧은 생 동안 안전하게 살 수 있는 곳, 무너지는 하늘로부터 안전한 작은 땅덩이를 달라고 청하는 부분을 그의 서사시에 삽입했다. 이런 청에 응답하듯이 그의 가장 오랜 주소지였던 감방의 딱 그만큼의 작은 땅이 그에게 주어지는 쓸쓸한 아이러니가 발생했다. 그러나 이번에는 그의 눈에 감옥이 안식처처럼 보일 만도 했다. 고아로 돌아가는 여정이 그의 귀환을 위해서 마련된 최저점이자 전설의 시작점이 되었기 때문이다. 오랫동안 그를 피해 다녔던 명성을 얻게 해줄 전설 말이다.[13]

214

12

우리의 죽어가는 신들

포르투갈 왕실 산하의 공직에서 내려와서 안트베르펜을 떠난 다미앙은 뢰번 대학교에 정착했다. 이 소도시를 북유럽의 르네상스의 진원지로 만든 콜레기움 트릴링게(3개 언어 학교)에서 수학하기 위해서였다. 여러 학부들로 구성된 이 종합 대학교는 화려한 배움의 금자탑이었다. 그중 다미앙이 속한 학부는 겉으로는 무척 겸손해 보였지만, 속으로는 결코 겸손하지 않은 야심을 품고 있었다. 이 콜레기움에서는 서유럽이 너무도 오랫동안 거리를 두었던 고전 언어─라틴어, 그리스어, 히브리어─와 비非기독교 지식에 관한 연구 부흥에 전념했다. 다미앙은 서른이라는 늦은 나이에 공부를 시작한 탓에 가장 유명한 인문학자들처럼 유창하게 고전 언어를 구사하지 못했다. 그래서 고전학 학자로서는 보통 수준을 뛰어넘을 수 없었다. 그러나 콜레기움에 (아랍어를 포함한) 다른 언어들에도 전차 관심을 두는 분위기가 조성되면서, 이곳이라면 라프족과 에티오피아인에 매료된 그를 환영하리라는 희망을 품게 된 것 같다. 그러나 다미앙이 뢰번에 도착한 시기는 그림자가 길게 드리우던 때였다. 보수파 신학자들이 오랫동안 반대운동을 벌인 끝에 에라스뮈스를 이 도시에서 몰아낸 지 얼마 지나지 않은 상황이었다. 사건의 전모는 이러했다. 어느 날 에라스뮈스가 대화에 너무 깊이 몰입하는 바람에 십자가상 앞에서 미처 모자를 벗지 못한 일이 벌어졌다. 그러자 이런 행동이 루터의 분리주의를 따르는 그의 충성심을 보여주는 증거라는 주장이 일었다. 그 결과 에라스뮈스의 저서들이 뢰번에서 금서가 되었다. 다미앙이 도착하기 직전의 일이었다. 콜레기움에서 다미앙에게 라틴어를 가르친 개인 교사도 팽배하던 무관용과 충돌을 빚어 1년간 옥살이를 한 후 자신의 견해를 철회하고서 석방되었다.[1]

시내에서 조금만 벗어나면, 운이 썩 좋지 않았던 사람들의 시신이 공공 도로를 따라 전시되어 있었다. 도로를 지나는 사람들에게 보내는 일종의 경고였다. 다미앙의 학우 한 명이 남긴 상세한 기록에 따르면, 이 사람들은 대부분 교수형을 받았기 때문에 피부 손상 없이 속에서부터 천천히 부패가 진행되었다고 한다. 사람들은 새들이 시신을 먹을 것이라고 흔히 잘못 생각하는데, 시신의 피부가 너무 질겨서 새들은 눈만 쪼아 먹었다고 한다. 다미앙의 학우는 새들이 살점을 깨끗이 벗겨낸 시신 한 구를 발견하여 얼마나 설레었는지 설명하기 위해서 자세한 기록을 남겼다. 이 시신의 경우, 길가에 전시되기 전에 살짝 불에 탔기 때문에 새들이 피부를 쉽게 벗길 수 있었다고 한다. 실패한 허수아비 처지가 된 이 시신은 장대에 축 늘어져서 매달려 있었다. 뢰번 시내에 있는 대성당의 십자가에 반쯤 매달려 몸을 앞으로 숙인 그리스도상처럼 말이다. (전설에 따르면) 이 십자가 위의 그리스도는 성당에 든 도둑을 현장에서 잡으려고 몸을 아래로 뻗는 기적을 행하다가 이런 모양으로 매달리게 되었다고 한다.

다미앙의 학우는 누가 시키지 않았는데도, 공공 도로 옆에 있던 이 해골을 훔쳤다. 조금씩 뼈를 해체해서 하숙집으로 가져와 숨기다 보니 이제 흉곽만 남게 되었다. 흉곽은 사슬로 묶여 있었고 너무 커서 숨길 수가 없었다. 이 마지막 조각을 얻기 위해서, 이 시체 도둑은 밤중에 직접 성벽 밖으로 나가 화형대에 올라가서 사슬을 풀었다.[2]

어둠 속에서 어깨에 시신을 둘러매고 집으로 걸어오는 길은 틀림없이 영원처럼 길게 느껴졌을 것이다. 인도의 흡혈귀 전설에도 딱 이런 모습이 등장한다. 귀신 들린 시체가 자신을 운반하고 있는 사람에게 끝없이 수수께끼를 낸다는 이야기이다. 이렇게 몰래 집으로 몸통을 가져온 그는 인대를 절단하기가 너무 힘들다는 것을 깨닫고, 깨끗한 뼈를 얻기 위해서 비밀스러운 방식으로 뼈를 끓였다고 적었다. 이렇듯 그가 시신을 수습하기 위해서 위험을 감수한 것, 그리고 그 시신에 비밀스러운 절차를 행한 것은 흑마술도 아니고 순교자를 추앙한 것도 아니었다. 그보다는 물질계의 고립된 표본들에 대한 정확한 관찰을 바탕으로 하는 새로운 시대의 움직임에 따른 행위였다. 이 오싹한 기록물의 저자는 바로 안드리스 판 베첼(안드레아스 베살리우스)이다. 훗날—그와 다미앙 둘 다 파도바로 이주한 후—베살리우스는 바로 이런 충격적인 행동을 통해서 인간과 인체를 파악하는 법을 완전히 바꾸어놓았다.[3]

다미앙이 뢰번에 체류한 기간은 그리 길지 않았다. 뢰번에 도착하고 1년이 조금 지나자, 그는 이 텅 빈 지식의 사원을 떠난 당대 지식의 수장을 찾아갔다. 1533년 봄, 끈질긴 시도 끝에 에라스뮈스와의 면담 약속을 잡은 것이다. 이 시기에 에라스뮈스는 바젤을 떠나 프라이부르크 근처에서 지내고 있었다. 딜걀 논생 이후 프로테스탄트가 바젤을 장악하고 그들의 의례를 의무화했기 때문이다. 달걀 논쟁이란, 에라스뮈스가 교회법을 무시하는 자와 이를 강요하는 자, 양측 모두를 비난하는 양비론을 들고 나오자 루터가 이런 에라스뮈스를 가리켜 뱀장어처럼 달걀 위를 걸으면서 어느 것도 깨지지 않기를 바라는 사람이라고 폄하한 사건이다. 이때부터 에라스뮈스는 진리를 위해서 목숨을 걸지는 않겠노라고 결심을 굳혔다. 친구에게 보낸 편지에서 그는 이렇게 밝혔다. 모든 사람이 순교 정신을 품을 만큼 강인하지는 않다네. 나는 교황과 황제가 올바른 결정을 내리면 따른다네. 그렇게 하는 것이 경건한 일이기 때문이지. 그런데 만약 그들이 잘못된 결정을 내리면 나는 관용으로 받아들인다네. 그것이 안전하기 때문이지. 그는 더 나은 희망이 없을 때에는 이렇게 하는 것이 그런대로 괜찮은 태도라고 판단했다.

다미앙이 1533년 봄에 만난 에라스뮈스는 많이 쇠락한 상태였다. 통풍과 신장결석을 앓고 있었고, 지속적인 열병에 시달리고 있었다. 더는 세상살이가 편안하지도 않았다. 그의 걸작 『대화집Colloquies』은 논쟁을 벌이는 양측의 달변을 재미있게 표현하여 원래는 유럽 전역에서 높이 평가받았지만, 이제는 양측 모두로부터 저주받는 처지가 되었다. 그는 가톨릭 진영으로부터는 주님의 들판에 최악의 씨앗을 뿌렸다고 비난받았다. 교회를 조롱해도 된다고 생각하게 만들었다는 이유였다. 루터와 그의 추종자들로부터는 바로 그 교회를 열성적으로 무너뜨리는 일에 동참하지 않는다고 지탄받았다. 회의주의와 관용을 세련되게 섞은 에라스뮈스의 태도는 이제 루터에게는 일종의 반역으로 보였다. 루터는 단호함에서 기쁨을 찾아야지, 그렇지 않으면 기독교인이 아니라고 믿었다. 에라스뮈스는 어느 편에 서지도 않았지만, 주기적으로 이들에 대한 경멸감을 드러내지

다음 쪽 : 한스 홀바인이 그린 에라스뮈스. 요하네스 프로벤이 판화로 제작(1538).

ER · ROT

TERMINVS

Corporis effigiem ſi quis non uidit Eraſmi,
Hanc ſcite ad uiuum picta tabella dabit.

않을 수도 없어서 점점 양측 모두를 겨냥하게 되었다. 가령 그의 1529년 저서 『가짜 예언자에 관하여*Epistola contra Pseudevangelicos*』에서는 양측, 즉 썩어빠진 교회와 밧줄을 풀어서 전체를 살리려고 하기보다는 끊으려고 하는 쪽, 모두에게 악담을 퍼부었다. 다미앙은 사방이 적으로 포위된 노쇠한 스승이 비서를 절실하게 필요로 한다는 것을 알고 기뻤다. 이 젊은 조수는 첫 만남에서는 에라스뮈스에게 별다른 인상을 심어주지 못했지만, 뜻을 굽히지 않았다. 그는 상당히 높은 직책을 제안받으면서 리스보아로의 귀환을 요청받았지만, 에라스뮈스의 조언과 달리 그 자리를 포기하고 노스승의 집으로 돌아와 그의 손님이자 동료, 도제로 머물기로 했다.[4]

에라스뮈스의 생애 마지막 2년간 두 사람의 관계는 감동스러울 정도로 돈독해졌고, 다미앙은 죽을 때까지 그 시간을 가슴속에 간직했다. 다미앙은 두 사람이 떨어져 있을 때 주고받은 편지들을, 자신의 보물들을 보관하는 특별한 상자에 담아 간직했다. 뒤러가 판화로 제작한 에라스뮈스의 초상화도 여기에 보관했다. 다미앙의 머릿속은 여러 계획들로 가득했다. 스승의 전작을 편집해서 출판하는 임무는 그가 맡을 테니, 전작의 편람은 권위 있게 에라스뮈스가 직접 만들라는 제안을 지체하지 않고 던졌다. 그래야 에라스뮈스의 유산이 정확히 그의 바람대로 남을 수 있다고 주장했다. 강아지처럼 천방지축으로 설치는 다미앙의 열의를 가라앉히기 위해서 에라스뮈스는 라틴어와 그리스어로 연습문제를 만들었고, 이런 훈련을 통해 다양한 방식으로 논거를 세우면서 상대의 오류를 과장하거나 축소하여 공격하거나 방어하는 법을 가르쳤다. 번역 연습도 시켰다. 다미앙이 모국어로 글을 쓴다는 점을 생각해보면 조금 더 야심찬 작업이었다. 이런 모습은 두 사람 사이의 흥미로운 애정을 보여주는 가슴 아픈 흔적이다. 에라스뮈스의 지도 아래에 다미앙은 키케로의 노년에 관한 글(『노년에 관하여De Senectute』)을 라틴어에서 포르투갈어로 옮겼다. 이 글에서 키케로는 인생 쇠락기에 접어든 사람들의 존엄을 옹호하면서, 청춘의 전성기에 감각의 포로가 된 사람들은 욕망의 불이 사그라든 사람들로부터 배울 점이 많다고 주장한다. 에라스뮈스는 여전히 방대한 저서들을 발표하고 있었다. 가령 희곡처럼 보이는 『대화집』으로 그의 명성이 빛나기도, 더럽혀지기도 했다. 에라스뮈스는 키케로가 소개하는 일화들 속에서 자신의 모습을 보았던 것이 틀림없다. 예를 들어 소포클레스의 일화를 보면, 노년의 소포클레스가 노망이 들었음을 보여주기 위해서 그의 후계자가 그를 법정으로 데려간다. 그러자 소포클레스는 그가 최근에 완성한 비극 『콜로노이의 오이디푸스Oedipus Coloneus』를 큰 소리로 읽더니, 재판관에게 이것이 어디가 모자란 사람이 쓴 작품인 것 같으냐고 묻는다.[5]

에라스뮈스는 스스로를 중요한 존재라고 느꼈지만, 그래도 다미앙의 인정이 필요한 사람이었다. 그는 일과 결혼한 사람이었지만, 살면서 여러 남성들과 진한 우정도 나누었다. 그의 말년에는 아마도 다미앙이 이런 역할을 했던 것 같다. 두 사람은 문득문득 서로의 건강을 걱정하기도 했고, 에라스뮈스는 다미앙의 어설픈 충성심에 쉬이 상처받기도 했다. 이것으로 보아 두 사람은 단순히 인문학자들의 편지에 등장하는 일반적인 표현을 넘어서는 수준으로 서로에게 감정을 표현했음을 알 수 있다. 이를 보여주는 한 가지 정겨운 일화도 있다. 다미앙은 그의 스승의 마음에 들려고, 그에게 **문체를 완벽하게 다듬어 어서 키케로를 바짝 따라잡으시**라고 했다. 에라스뮈스가 제2의 키케로 취급을 모욕으로 여기리라고는 생각지도 못했기 때문이나. 열성만 앞선 다미앙은 에라스뮈스의 엄청난 저서 전체에 대해서는 어중간하게 알고 있었다. 그래서 그의 스승이 오래 전부터 스스로 키케로를 넘어섰다고 생각한다는 사실을 놓쳤던 것이 분명하다. 실제로 에라스뮈스는 문단의 키케로주의자들과 기나긴 논쟁을 벌였다. 그는 키케로주의자들을 지금 당장 말할 줄 모르는 앵무새에 불과하다고 보았다. 그런 에라스뮈스였기 때문에 후배 다미앙의 이 제안에 대한 응답으로, 다미앙이 감탄을 표한 바 있던 다른 작가를 비판하기 시작했다. 그 작가는 문장에 너무 광을 낸 탓에 그의 독실함에서 느껴지던 감동이 무뎌지고 말았고, 정말로 불가사의한 것들은 자기만의 문체가 필요한 법이라고 말이다.[6]

이렇게 꾸지람을 들은 다미앙은 언제 그랬느냐는 듯이 그의 영웅 에라스뮈스의 공식 전기를 쓰겠다는 야심을 밝혔다. 특히 미래 세대가 에라스뮈스의 **삶**뿐만 아니라, 자신이 쓴 글의 씨실과 날실, 즉 맥락도 칭송할 만하게 쓰겠다고 했다. 이런 발상은 많은 이유로 말이 되지 않는 일이었다. 일단 다미앙은 에라스뮈스의 수많은 추종자들 중에서 가장 신참이었고 풋내기였으며, 이런 임무를 맡기에는 가장 자질이 떨어졌다. 에라스뮈스의 삶을 기록하는 작업은 서양 기독교 사회를 분열시키는 문제를 다루는 것과 마찬가지였기 때문에, 다미앙보다 훨씬 영리한 사람에게도 상당한 위험이 따르는 일이었다. 이것이 이유의 전부는 아니었다. 한때 에라스뮈스는 많은 글을—심지어 편지까지—출판해서 독자들이 읽고 친밀감을 느끼도록 했지만, 말년의 그는 생각이 바뀐 것 같다. 이것을 감지할 수 있는 사건이 하나 있다. 다미앙의 항의에도 불구하고 모두의 예상을 깨고 에라스뮈스가 그의 절친한 친구 토머스 모어의 처형에 대해서 아무런 글도 쓰지 않은 것이다. 아마도 자신의 슬픔을 대중이 공유할 자격이 없다고 느꼈기 때문일 것이다. 그외에도 다미앙이 그의 스승이 내준 라틴어와 그리스어 연습문제를 출판하자고 제안하자, 이번에도 에라스뮈스는 격하게 반응하며 이렇게 썼다. 자네가 나의 생명을 노리는 적이라면, 내가 오로지 자네만을 위해서 쓴 글을 출판하는 일이 나를 가장 치명적으로 해치는 길이 될 것이네.……그러니 자네가 그런 일을 저지르지 않도록, 나의 이름을 더럽히지 않도록 조심하게! 이 연습문제에 과연 어떤 내용이 담겼기에 에라스뮈스가 이토록 위협을 느꼈는지는 불분명하다. 아마도 행간으로 읽힐 수 있는 무엇인가가 있었던 것이 분명하다. 그래서 자신의 대중적 이미지를 지키려고 애썼던 이 어르신은 걱정이 되었던 것 같다.[7]

그래도 에라스뮈스는 문체를 개선하고 싶어하던 다미앙의 바람에는 긍정적으로 응했다. 다미앙은 에라스뮈스가 만든 고유하고 불가사의한 언어에 도달하고 싶어했다. 이를 위해서 에라스뮈스는 다미앙에게 새로운 번역 연습을 시켰다. 그 교재는 무척이나 매력적이게도 『성서』의 「전도서」였다. 훗날 다미앙이 출판하는 이 번역본은 위대한 『성서』 번역의 시대에 포르투갈어로 번역된 유일한 『성서』가 되었다. 다미앙이 남긴 글을 보면, 인생의 변화무쌍함과 허무함을 경고하는 「전도서」가 중년기 남성에게 적합한 선택이라고 적혀 있다. 중년에 접어든 남성이라면 자신의 힘과 활력으로 출세하고 세상을 마음대로 할 수 있다고 믿고 싶은 유혹에 빠질 수 있기 때문이다. 본문에서 뇌리를 떠나지 않는 구절은 가장 지혜로운 왕이었던 솔로몬 왕의 말이라고 알려진 대목이다.

내가 또다시 하늘 아래서 벌어지는 일을 살펴보았더니 발이 빠르다고 달음박질에 우승하는 것도 아니고 힘이 세다고 싸움에서 이기는 것도 아니며 지혜가 있다고 먹을 것이 생기는 것도 아니고 슬기롭다고 돈을 모으는 것도 아니며 아는 것이 많다고 총애를 받는 것도 아니더라. 누구든 때가 되어 불행이 덮쳐오면 당하고 만다.

이 구절에서 우리는 작업 중인 다미앙의 어깨 위에서 그를 내려다보는 에라스뮈스를 느낄 수 있다. "헛됨"—우리가 믿음을 주어서는 안 되는 세속의 것의 허무함—으로 번역한 단어는 히브리어 원어 헤벨hevel을 옮긴 것이라는 다미앙의 언급을 접할 때도 마찬가지이다. 헤벨은 순식간에 사라지는 섬세한 수증기를 의미한다. 헛되고 헛되다. 세상만사 헛되다. 즉 모든 것이 안개요, 수증기요, 입김일 뿐이로다.[8]

이렇듯 다미앙은 세상의 확고부동한 불의를 경고하는 에라스뮈스의 말에 성실히 귀를 기울였다. 그래도 마음속이 여전히 희망으로 가득했기 때문에 포기할 수는 없었다. 그는 자신의 심장을 두근거리게 하는 신념에 스승이 관심을 가지도록 계속해서 노력했다. 다미앙은 에라스뮈스를 처음 만났을 때 에티오피아인과 라프족에 관한 자신의 소책자를 선물하기도 했고, 발트 해 연안의 역사에 관한 저작들도 계속해서 권했다. 기독교인이 아닌 이 이웃들을 자애롭게 대해달라는 요구에 에라스뮈스가 힘을 실어줄 수도 있다는 희망을 품었기 때문이다. 다미앙은 에티오피아인의 신앙과 관습에 관한 더 긴 분량의 새로운 논문 작업에도 착수한 상태였다. 그는 1533년에 잠시 리스보아를 찾았을 때 자가자보라는 이름의 에티오피아인을 만났다. 그는 아비시니아 교회의 "대사제"였다. 늘 외톨이에게 관심이 많았던 다미앙은 자신의 신념을 따랐다. 자가자보는 눈물을 흘리며 다미앙에게 자신의 처지를 호소했다. 유럽에 온 지 7년이나 되었건만, 그동안 한 번도 성체를 모시지 못했다고 했다. 아무도 그와 성체를 나누려고 하지 않았던 탓이다. 자가자보는 교황을 알현하기 위해서 7년이라는 긴 시간을 기다렸지만, 에티오피아 교회와 로마 교회를 통일하자는 그의 청원에 교황은 끝내 관심을 거의 보이지 않았다. 결국 이 이방인은 포르투갈로 돌아와 다시 희망 없는 불확실한 상황에 놓이게 되

포르투갈의 화가 그랑 바스쿠의 작품「동방박사의 경배」(1501–1506). 그림 중앙에 유럽에서 최초로 그림으로 묘사된 신세계 아메리카 원주민이 보인다. 이 남성은 훗날 다미앙이 리스보아에서 만났던 투피 남바 사람들과 같은 부족민이다.

리스보아의 최대 번화가였던 상인들의 신작로(Rua Nova dos Mercadores). 초창기 근대 도시에서 볼 수 있던 다양성을 확인할 수 있다.

오스만 제국의 대제 술레이만 1세의 일대기를 그림으로 기록한 『술레이만나메(*Süleymanname*)』에
묘사된, 헝가리와 오스만 제국 사이의 모하치 전투(1526) 장면.

16세기에 포르투갈 수출용으로 베냉에서 생산된 상아 소금통. 서아프리카인이 유럽인을 어떻게 묘사했는지 알 수 있다.

16세기에 실론의 코테 왕국에서 생산된 "로빈슨 장식함"(1557?). 실론의 여러 신들과 함께 뒤러의 판화 속 인물들을 본뜬 모습이 표현되어 있다.

가노 나이젠의 병풍화 일부(1600?). 난반(남쪽 야만인, 즉 포르투갈인)이 일본 항구에 도착하는 모습이 보인다.

히에로니무스 보스의 「성 안토니우스의 유혹」제단화. 다미앙이 소유했던 보스의 작품들 중에 하나로 추정된다.

었다. 자가자보는 자신이 쓴 글에 다미앙을 친애하며 사랑하는 아들이라고 표현했다. 다미앙은 그가 만난 유럽인들 중에서 자신의 믿음을 공유한 극소수의 사람이었다. 에티오피아인과 유럽인 사이의 차이점보다는 수많은 공통점이 확실히 더 중요하다는 것이 두 사람의 공통된 의견이었다. 다미앙은 자신이 예전에 작성했던 소책자 때문에 생긴 오해를 말끔히 정리하고픈 마음이 간절했다. 자가자보는 다미앙의 소책자에 많은 오류가 있다고 지적했다. 그러나 다미앙의 정보원이었던 마지에이 미에호비타가 사제도 아닌 데다가 심지어 에티오피아인도 아니었다는 사실을 고려한다면 용납할 수 있다고 했다. 두 사람은 에티오피아 문화를 충분히 다룬 기록물이 있다면 서로를 이해하는 길이 열리리라고 확신했다. 자가자보는 에티오피아에서 포르투갈로 오는 길에 배가 난파된 탓에 가지고 있던 책들을 잃은 상태였다. 그래서 참고 도서 없이 작업에 임해야하는 형편이었음에도 에티오피아 문화에 관한 장문의 글을 작성하기 시작했다. 훗날 다미앙은 이 저작을 번역하고 출판해서 유럽 공공 기록물에 포함되게 했다.[9]

다미앙이 에티오피아에 대한 자신의 신념에 에라스뮈스가 동조할 것이라고 생각한 데에는 여러 이유들이 있었다. 평소 에라스뮈스는 유럽인보다 더 기독교인답게 행동하는 사람들—가령 동방 정교회 아르메니아인이나 심지어 튀르크인—이 있다는 선동적인 말을 즐겨 했기 때문이다. 또한 진리는 어디에서 발견되든지 간에 그리스도의 것으로 생각해야 한다는 과감한 시각을 지녔기 때문이다. 게다가 자가자보가 묘사한 에티오피아를 보면, 에라스뮈스 같은 성서학자들은 그 가능성에 군침을 흘리지 않을 수 없었다. 대사제 자가자보는 에티오피아에 열두 사도가 쓴 몇 권의 책이 있다는 것—이 책들이 있으면 유럽을 들끓게 하던 교회 전례를 둘러싼 논쟁을 가라앉히는 데에 도움이 될 수 있었다—뿐만 아니라, 어린 책보다 훨씬 더 기적적으로 살아남은 것에 대해서도 최초로 언급했다. 아비시니아의 통치자가 바로 기다리고 기다리던 사제왕이라는 희망에 다시 불을 놓으면서, 전통적으로 전해져 내려오는 이야기를 들려준 것이다. 바로 에티오피아 왕실이 솔로몬 왕의 후손이라는 이야기였다. 경의를 표하기 위해서 솔로몬 왕을 찾아간 에티오피아의 여왕, 즉 『성서』에는 세바의 여왕으로 알려졌으며 에티오피아에서는 마케다라고 부르는 여왕과 솔로몬 왕 사이에 자손이 생겨서 에티오피아 왕실로 이어졌다는 주장이었다. 더 나아가 에티오피아인들 사이에 전해지는 이야기에 따르면, 마케다 여왕이 솔로몬 왕을 떠났을 때 제1성전(또는 솔로몬 성전/역자)의 사제 아자리야가 성전이 느부갓네살(네부카드네자르)에 의해서 파괴될 것을 예감했다고 한다. 그래서 계약의 궤 안에 있던—시나이 산에서 하느님과 모세가 함께 새긴—십계명 돌판을 훔쳐서 에티오피아로 보내 안전하게 보관하기로 마음먹었다. 아자리야는 비밀리에 십계명 돌판과 똑같이 생긴 판을 만들어 원본과 바꿔치기한 다음, 원본을 몰래 숨기고 있다가 에티오피아에 도착해서야 공개했다. 아자리야가 마케다 여왕과 그녀가 솔로몬 왕 사이에서 낳은 아들 다윗에게 십계명 돌판을 보여주자, 다윗은 그 앞에서 길을 따라 춤을 추었다. 「사무엘」에서 그의 할아버지 다윗 왕이 추었던 것과 똑같은 모습으로 말이다. 자가자보에 따르면, 십계명 돌판은 다윗의 후손들이 2,600년 동안 가까운 (그러나 이름이 밝혀지지 않은) 곳에 보관했다. 당시 에라스뮈스와 동시대인들은 잃어버린 책들을 되찾아야 한다는 생각에 사로잡혀 있었다. 심지어 에라스뮈스와 가까운 동료 한 명은 영매를 고용해서 사라진 원고를 찾는 데에 도움을 받으려고 했을 정도였다. 그러나 십계명 돌판을 발견하는 것은 차원

이 다른 문제였다.[10]

그러나 하느님의 기록물을 찾을 가망이 있다는 유혹에도 에라스뮈스는 꿋꿋이 싸움판에 뛰어들지 않았다. 그는 친구 다미앙에게 약속하지 않을 수는 없었지만, 거의 지키지 않았다. 그리하여 당대의 가장 유명한 이 사상가는 죽는 날까지 유럽 너머에 있는 세상에 대해서는 대부분 침묵으로 일관했다. 그의 성년기가 당대의 대항해가 이루어지던 시기와 거의 정확히 일치했는데도 말이다. 에라스뮈스가 유럽 너머의 세상에 관심이 없었던 이유들 가운데 하나는 틀림없이 그의 마음이 딴 데에 있었기 때문이었다. 그는 건강이나 완성하려던 많은 계획에 마음이 팔려 있었다. 또한 현상現狀에 대한 도전이 과하면 후폭풍이 불어서 (아무리 기독교 가치의 버팀목이 될 것이라고 주장해도) 비기독교 저작을 연구할 자유가 또다시 후퇴할 것이라는 두려움이 그에게 늘 있었다. 빛과 어둠, 문명과 야만, 전쟁터인 로마 제국과 성내에 있는 로마 사이의 끝없는 투쟁의 일부로 인문주의를 여기는 태도도 작용했다. 즉, 자신은 역사의 드라마의 주인공이지만 나머지 세상은 오로지 조역만 할 수 있다는 생각이 깔려 있었다. 다미앙처럼 호기심이 많은 지식인조차도 다르지 않았다. 이들도 유럽 너머 먼 곳에 사는 사람들은 아직 파악되지 않은 방식으로만 이 드라마에 참여한다는 주장에 의존해왔다. 유럽이라는 테두리를 완전히 벗어난 장소와 사건을 중심으로 한 다른 역사가 존재할 수 있다는 생각은 대부분 그저 상상도 할 수 없는 발상이었다. 이런 생각은 심지어 유럽의 역사를 부차적인 것으로 보이게 만들 수 있다는 위협으로 다가왔다.

다미앙은 역사적으로 중요한 전투가 진행 중이라는 스승의 믿음은 수용했지만, 에라스뮈스의 조심성을 따라하거나 화해 가능성에 대한 그의 비관론에는 공감하지 않았다. 다미앙이 에라스뮈스와 함께 머물던 4개월 동안, 집주인 에라스뮈스는 유럽 대륙 전역에서 벌어지던 극렬한 논쟁에 스스로 휘말리는 이 젊은이의 부주의한 모습에 점점 불안해졌다. 에라스뮈스는 프로테스탄트 교회 전례에 관한 그의 입장을 두고 충돌을 피하기 위해서 바젤을 떠나 프라이부르크 근교로 왔지만, 다미앙은 약 65킬로미터 떨어져 있는 두 도시를 꾸준히 오가며 에라스뮈스와 그의 친구들 사이에 편지를 전달했다. 다미앙은 스토크 여인숙에 묵으면서 마음을 설레게 하는 지적인 환경에 빠져들었다. 비록 프로테스탄트 성향이 짙은 환경이기는 했지만, 그가 가담했던 조직들 가운데 몇몇은 해롭지 않아 보였다. 일례로 에라스뮈스의 친구와의 만남이 그랬다. 그 친구는 다성음악이 근대의 발명품이 아니라 고대인도 이미 알고 있던 것이며, 서로 다른 성부들을 복잡하게 섞어서 조화를 이루는 것이 고대 그리스 세계의 특징이었음을 증명하려고 했다. 에라스뮈스는 다성음악을 미심쩍은 눈으로 바라보는 사람이었고, 다성음악이 고대 그리스에 뿌리를 둔다는 주장에 의문을 품으며 노랫말을 이해하는 데에 방해가 된다고 우려했다. 반면 다미앙은 그의 영웅 조스캥을 모방해서 작곡도 하면서 이 계획에 공헌했다. 그런데 바젤에 머물다 보니 다미앙은 이보다 더 위험한 만남을 가지게 되었다. 훗날 그는 위대한 루터파 지리학자인 제바스티안 뮌스터를 바젤의 한 서점 입구에서 만났고, 프로테스탄트 신학자인 시몬 그리나이우스는 숙소 입구에서 철학책을 읽고 있는 모습만 보았을 뿐 그의 집에는 가지 않았다고 주장했다.

그러나 다미앙의 만남 대부분은 우연이라는 편리한 변명조차 통하지 않았다. 에라스뮈스의 집을 오가는 동안, 그는 루터와 멜란히톤과의 친분을 바탕으로 이 두 유명한 이단자를 직접 만나고 싶어하던 포르투갈 친구를 위해서 소개장을 써주기도 했다. 그의 말에 따르면, 스트라스부르크를 찾았을 때에는 가장 저돌적인 프로테스탄트 개혁론자에 속했던 마르틴 부처와 카스파어 헤디오를 초대해서 만찬을 함께하자는 여관집 주인의 제안을 자신은 그저 묵인했을 뿐이라고 한다. 이런 만찬은 아마 당시에 흔하던 일종의 지식 관광이었던 듯하다. 제네바에서는 가장 극단적인 개혁론자와 만났는데, (그의 말에 따르면) 두 사람이 같은 숙소에 머물렀기 때문이다. 이 사람(기욤 파렐)은 다미앙에게 개혁론자들이 사도 바울로보다 복음을 더 잘 이해한다고 말했다. 아마도 그는 그 얼마 후에 일어난 악명 높은 "벽보 사건"의 배후에 있었을 것이다. 프랑스 왕실이 무법적인 공격을 받아서 국왕이 자는 동안 침실 문에 개혁론자들의 선전문이 붙은 사건이다. 사실 멜란히톤을 만나고 싶어했던 다미앙의 친구가 이단자들을 만나 그들의 오류를 지적하고 설득할 생각이었다거나, 다미앙이 부처, 헤디오와 식사하면서 에티오피아 기독교인들의 신앙에 관한 이야기를 나누었다거나, 이런 활동들이 유럽 내 분쟁을 종식하는 길을 보여준다는 등의 주장은 거의 중요하게 생각되지 않았다. 포르투갈에서의 인식은 다미앙이 적들과 함께 식사를 했으며, 설상가상으로 증거가 될 문서까지 남겼다는 데에 초점이 맞추어져 있었다. 경각심이 든 에라스뮈스는 다미앙에게 경고하는 내용의 편지를 보냈다. (가장했든 가장하지 않았든 간에) 결백함이 그의 무모함을 어느 정도는 엄호하겠지만, 그가 멜란히톤이나 그리나이우스 같은 사람들과 교류를 계속한다면 그를 구할 방법이 없을 것이라는 내용이었다. 에라스뮈스의 친구들 역시 그의 젊은 도제가 이 위인을 위험에 빠뜨리지나 않을까 걱정했다. 또한 에라스뮈스는 개혁론자들과 조심스럽게 거리를 유지해왔건만 다미앙이 에라스뮈스를 대신해서 그들을 방문한다는 오해가 생기면, 모든 것이 수포가 될 수 있다고 우려했다. 그래서 다미앙을 파도바로 보내는 계획이 도

모되었다. 그곳에 가면 다미앙과 다른 사람들이 과도한 의심을 사지 않으면서도 연구를 계속할 수 있었다.[11]

수년이 지난 후, 포르투갈로 돌아간 다미앙은 우려스럽게도 이렇듯 혈기 왕성했던 시절을 떠오르게 하는 것을 발견하게 되었다. 바로 리스보아의 모든 교회 문에 공고문 형식으로 게시된 금서 목록이었다. 이 목록은 마치 다미앙이 예전에 만난 사람들의 명부라고 보아도 손색이 없었다. 루터와 멜란히톤이 쓴 글들은 당연히 모두 포함되었고, 부처의 저서 대부분과 함께 뮌스터와 헤디오의 저작물도 있었다. 브뤼셀을 웃음바다로 만들었던 질 비센트의 희곡 「게르타 드 주빌레우」도 있었다. 목록 가운데 철자 "D"는 대부분 로테르담 출신 데시데리위스 에라스뮈스의 저작물이었다. 그리고 이 목록에 있는 책들을 소각하고자 하니 반납하라는 명령을 피하지 못하도록, 제목이 없거나 인쇄인의 이름이 없거나 저자명이 없는 책이 모두 금지되었다.

포르투갈은 일종의 금서 색인을 만든 최초의 국가가 되었다. 저주받은 자들의 도서관은 독서의 힘을 보여주는 암울한 기념물이었다. 이 도서관은 특정 도서들을 세상으로부터 단절시켜서 봉인하려는 곳이었다. 다른 나라들도 포르투갈의 사례를 본보기로 삼아 그 뒤를 따랐다. 바티칸을 포함해 결국에는 유럽 대부분이 이런 제약의 주체가 되었다. 이제는 어떤 사람의 행동이나 말이 용납되는 수준에 부합하느냐의 문제가 아니었다. 책을 금한다는 것은 사람들의 조용한 마음속을 규제하겠다는 것과 다름없었다. 세상을 특정한 방식으로 볼 수 없게 하고 특정한 사상을 상상할 수 없게 하려는 것이었다. 금서 목록은 생각의 도구인 글의 예리함을 무디게 만들겠다는 위협과도 같았다. 당시의 누군가는 의아해하며 말했다. 배운 자들과 겸허하게 토론할 수 없다면, 대체 내가 왜 글을 배웠는지 모르겠다. 그러나 이런 금서 목록을 작성하는 것은 정설定說의 부서지기 쉬운 성질을 널리 알리는 셈이기도 했다. 너무 많은 사람들이 나쁜 질문을 하면, 정설의 집단적 망상은 산산이 부서질 수 있다는 뜻이 되기 때문이다. 금서 목록이 세상에서 가장 황홀한 상상의 도서관을 만들었다는 사실은 대단히 아이러니하다. 자물쇠가 채워진 방 혹은 봉인된 궤 안에 생각해서는 안 되는 모든 생각들이 가득 차 있는 공간을 만들어냈다는 뜻이다. 그래서 얼마 지나지 않아 이 금서 목록에 포함된다는 것이 악명이 아니라 오히려 자랑스러운 훈장이 되었다. 포르투갈의 시범적 금서 목록에 올랐으며 아마도 인쇄 또는 수입 금지의 대상이 되었을 최초의 서적들 중에는 다미앙의 「전도서」 번역본과 에티오피아인의 관습에 관한 논문도 포함되어 있었다.[12]

13

개의 몸속

다미앙이 파도바에서 거주한 지 이미 수년이 지났을 때였다. 예상하지 못한 손님들이 잘못된 타이밍에 줄지어 그의 집으로 들이닥쳤다. 첫 번째 주자는 호크 드 알메이다였다. 필리프 멜란히톤에게 보내는 소개장과 함께 파리에서 파견된 그는 단독으로 논쟁을 벌여 프로테스탄트 종교개혁을 중단시키겠다는 희망에 부풀어 있는 듯 보였다. 호크는 초라한 행색으로 파도바에 나타났다. 수도복도 벗고 이름도 "파비아의 제롬"으로 바꾼 상태였다. 다미앙은 자선을 베푸는 마음으로 그를 자신의 집에 묵게 했다. 두 번째 주자는 시망 호드리게스였다. 그는 거룩한 땅에 도달하여 전투적 교회의 새로운 장을 열기로 파리에서 맹세했던 이그나티우스 로욜라의 동료 6인 중 1명이었다. 이들 예수회는 베네치아에 도착했지만, 그 이상 나아가지는 못했다(이탈리아 전쟁 때문에 거룩한 땅 예루살렘으로 가는 것이 불가능했다/역자). 1537년, 이들은 베네치아에서 발이 묶여서 1년을 기다렸다가 레반트행 배를 탈 수 있었다. 훗날 시망은 그와 다미앙, 호크가 한때는 모두 친했다고 주장했다. 그러나 이 주장은 어디까지나 그가 뿌리 깊은 적대감이 있어서 두 사람을 비난한 것이 아님을 명확히 하기 위한 말이었을 뿐이다. 사실이 무엇이든 집안 분위기가 급속도로 나빠졌던 것은 분명해 보인다. 호크는 자신이 직접 루터와 논쟁을 벌였는데, 그 대단한 위인이 말문이 막히자 화를 내면서 포르투갈 사람들은 그저 다들 궤변가라고 했다며 뽐내듯 말했다. 호크는 말은 이렇게 했지만, 비텐베르크를 떠나올 때 그곳의 회의주의에 상당한 영향을 받았던 것이 틀림없다. 한편 시망은 로욜라의 모범적인 모습에 마음을 빼앗긴 상태였다. 로욜라는 망토처럼 어깨를 짓누르는 슬픔을 몰아내고 경건한 황홀경에 이르는 영성 수련법을 개발했고, 이 수련법 덕분에 열렬한 추종자들이 많이 생겼다. 호크는 늘 기도하는 시망을 조롱하기 시작했다. 기도보다는 그가 흠모하기로 천명한 『성서』를 읽는 편이 더 나을 것이라고 놀려댔다. 또 시망이 단식하기로 정해놓은 날에 그에게 치즈와 고기를 주면서 먹으라고 권하기 시작했다. 시망의 기억에 따르면, 현지의 명물 숙성치즈 파다노 치즈가 아니라, 모차렐라 치즈를 길게 늘여서 땋은 것이거나 양젖으로 만든 커드 치즈 같은 생치즈였다고 한다. 호크는 순결을 맹세한 서원誓願—아마도 호크 자신은 수도복을 벗으면서 이 서원도 함께 내려놓은 것 같다—을 가지고도 시망을 못살게 굴면서, 욕정에 불타는 것보다 결혼하는 편이 낫다는 『성서』 구절을 인용했다. 다미앙이 이런 일들을 주도하지는 않았을지 모르지만, 이 선동가의 고삐를 당겨서 자제시키지는 않은 것 같다. 다미앙은 시망이 북부의 교회 분리주의자들의 입장을 더 잘 파악할 수 있도록 그에게 「전도서」에 관한 루터의 책을 빌려주기도 했다.[1]

에라스뮈스가 다미앙을 파도바로 보낸 이유는 명확했다. 말조심하지 않는 자들에게는 파도바가 안전한 피난처와 같았기 때문이다. 유럽 대륙에서 입조심하지 않아도 되는 곳은 점차 줄고 있었다. 그런데 이는 다른 곳에서는 표면 아래에서 드러나지 않은 채 곪아 있는 반목이 파도바에서는 터지면서 밖으로 드러났다는 뜻이기도 했다. 베네치아 공화국의 대학 도시인 파도바는 참 특이한 곳이었다. 특히 스트라니에로—외국인—가 도시를 완전히 장악했다는 점에서 그랬다. 외국인들은 이곳에 외부의 영향으로부터 자유로운 그들만의 집단거주지를 건설했다. 유럽에서 가장 오래된 볼로냐 대학교를 모형으로 삼아, 파도바 현지인들은 파도바 대학교 교수직을 맡는 것은 물론이고 심지어 학생으로 입학하는 것도 금지되었다. 이 대학 기관의 범세계적 특징을 보존하기 위해서 실제로 베네토 지역의 주민 모두가 배제의 대상이었다. 그 대신 두 개의 학생 단체가 학교를 좌우했다. 알프스 산맥 위쪽 지역 출신이 모인 울트라몬타니와 알프스 산맥 아래쪽 지역 출신의 치스몬타니였다. 그중에서—독일 학생들이 주류이면서도 폴란드와 헝가리, 프랑스, 영국 학생들의 규모도 상당했던—울트라몬타니의 장악력이 확고했다. 학생들은 강의할 사람을 선정하는 데에도 막강한 힘을 발휘했다. 철학과 역사에 관한 대담도 매일 열렸는데, 다미앙도 여기에 꾸준히 출석했다. 볼로냐가 교황의 직접적인 통치 아래에 놓인 지금, 베네치아와 파도바는 교황과 신성 로마 제국 황제의 권력이 미치지 못하는 소수의 도시가 되었다. 파도바 대학교의 이 같은 특이한 상황이 유럽 전역의 학생과 학자들을 이곳으로 끌어모으는 원동력이 되었다. 코페르니쿠스와 베살리우스 같은 사람들부터 프랜시스 월싱엄(영국의 여왕 엘리자베스 1세의 최측근/역자)과 레지널드 폴(영국의 마지막 가톨릭 대주교/역자)까지 모여들었다. 그뿐만 아니라 당대 두 번째로 유명한 인문학자였던 피에트로 벰보 역시 파도바 대학교를

찾았다. 에라스뮈스는 질투심에 다소 주저하면서 다미앙을 벰보에게 부탁했다.[2]

파도바는 인문주의의 정신적 고향이라고 주장할 만했다. 고대 로마의 역사가 리비우스가 문자 그대로 부활하면서 로마식 학습의 부활 운동이 시작된 곳이 바로 이곳이었기 때문이다. 파도바 출신인 리비우스가 영면한 장소로 알려진 곳이 로바토 로바티에 의해서 발견된 후, 페트라르카와 보카치오의 지원을 받아 발굴되었다. 로바티는 또한 신화 속 영웅 안테노르의 무덤을 발견했다고 주장했다. 안테노르는 불타는 트로이를 탈출해서 아드리아 해안에 새로운 정착지 파도바를 설립한 인물이다. 이렇게 발견된 두 무덤은 파도바의 고대 유산을 기념하는 기념물이 되었다. 그리하여 로마니타스에 젖어, 오랫동안 묻혀 있던 유럽 문화 속 고대 그리스 로마의 정수를 빨아들이고 싶어하는 사람들의 순례지가 되었다. 이런 사람들 중에는 베네치아의 주요 인사들도 있었다. 이들은 학생으로 등록할 수는 없었지만, 빈번하게 약 3킬로미터의 거리를 달려와 파도바 대학교에서 강의를 들었다. 훗날 다미앙은 의회와 공화국 정부의 요직에 있는 50대, 60대, 70대 남성들이 시간을 쪼개 이곳으로 와서 역사와 철학 강의를 듣고 베네치아의 일자리로 돌아간다는 사실에 놀랐다고 기록했다. 그러나 다미앙은 이런 모습이 고대 로마에서 물려받은 유럽 특유의 관습이라는 의견에는 반대했다. 그 대신 이런 모습은 이슬람권에서 유래했다고 주장했다. 그러면서 모로코의 도시 크사르 엘-케비르와 호르무즈의 사례를 들었다. 이들 도시에서는 사람들이 매일같이 모여서 이슬람 철학과 다리우스 1세와 알렉산드로스 대왕에 대한 그들만의 고유한 역사 강연을 들었다.[3]

시망이 동료 포르투갈인과 함께 지내면서 마음의 위안을 얻으려고 베네치아에서 파도바로 왔다면, 그런 그에게 다미앙의 집은 결코 마음의 고향이 되지 못했을 것이다. 오히려 파도바 안에서도 유독 범세계적인 장소가 바로 다미앙의 집이었다. 다미앙은 때때로 호크 같은 동포들을 접대하기도 했지만, 주로 파도바의 울트라몬타니의 일원으로서 뢰번 대학교 출신의 학생들과 어울렸던 것 같다. 이들 중에서 최소한 한 명은 공개적으로 프로테스탄트라고 선언했다. 이 시절 다미앙과 어울린 또다른 동료들 가운데에는 프랑스의 시인 클레망 마로도 있었다. 마로는 프랑스 국왕의 침실에 불법 선전물 공격을 가한 벽보 사건에 연루되어 베네토로 피신한 상태였다. 이들 모두는 로마 교회를 위해서 헌신하고자 하는 시망의 열망에 전혀 공감하지 않았다. 시망은 관용적이고 관대한 다미앙의 집의 분위기를 자신의 신앙심에 대한 시험이자 자신의 굳센 신념에 대한 조롱으로 받아들였다. 시망을 벼랑 끝으로 내몬 주범이 치즈였는지, 사제의 성性 문제를 입에 담은 때문이었는지, 아니면 이단 서적을 받았기 때문이었는지는 분명하지 않다. 다만, 시망의 감정이 너무나 극적이고 터무니없을 정도로 폭발해버린 탓에 베네치아에 있던 이그나티우스 로욜라가 추종자들과 함께 직접 다미앙을 찾아와서는 동료의 욱하는 성질을 사과했다는 것은 분명한 사실이다.[4]

로욜라는 얼마 후 예수회를 설립하고 더 나아가서는 장차 성인이 될 인물이었다. 추종자 여럿과 함께 다미앙의 집을 찾아와 머물던 시기에, 로욜라는 인생에서 중요한 갈림길에 서 있었다. 그는 청년 시절 전투에서 입은 부상 때문에 군인으로서의 영광을 꿈꾸던 청운靑雲의 꿈이 좌절되며 이미 한 번 삶을 탈바꿈한 경험이 있었다. 고열에 시달리며 요양하던 그는 정신적 영광을 꿈꾸게 되었다. 이 꿈을 이루는 데에도 열정과 육체적 고통이 필요했지만, 이제 싸워야 할 대상은 살과 피를 지닌 적이 아니라 내면의 악마였다. 그후 15년간 로욜라는 학생이자 독실한 금욕주의자로서 유럽 전역을 비틀거리며 다녔다. 안락함은 거부하고 고통을 자초했으며, 동굴 속에서 오랫동안 기도하기도 했고, 머리카락과 손톱이 길고 지저분하게 자라도록 내버려두었으며, 이단으로 의심받아 투옥되기도 했고, 예루살렘에 정착하려는 시도도 했다. 그러는 동안 그는 신자들이 자기 내면에서 들리는 하느님의 목소리에 순종하게 하는 영성 수련을 개발했다. 그 과정에서 한 무리의 제자들이 생겼다가 없어졌고, 다시 10명이 모여 파리를 떠나 거룩한 땅으로 향했다. 그러나 오스만 제국과의 전쟁 때문에 동지들은 베네치아에서 발이 묶이고 말았다. 이 시기에 로욜라는 또다른 변신을 시작했다. 그의 세속적이지 않은 모습과 그에 따른 극단적인 행동들은 주변 사람들에게 열렬한 충성심을 불어넣었다. 그러나 그의 순수함은 결국 절제를 포기하여 생겨난 에너지를 지휘하고 질서를 잡으려는 투쟁의 결과였다. 로욜라는 예루살렘으로 배가 떠나지 않은 것을 또 하나의 시험이자 또 하나의 영성 수련이라고 생각했다. 그래서 그가 문자 그대로의 전쟁에서 영적 전쟁으로 전향했던 것과 마찬가지로, 이번에는 하느님에 대한 순종을 주장하던 것에서 단체와―아마도 더 중요하게는― 단체의 지도자들에게 순종을 요구하는 쪽으로 중심축을 옮기기 시작했다. 이제는 종교적 황홀경에 빠지는 것 그 자체가 유혹으로 여겨지게 되었다. 그러면서 하느님이 다른 사람들보다 더 많이 소통하는 사람이 있다는 교리가 등장했다. 이 교리에 따르면 하느님은 특정한 의지의 이동을 통해서 로욜라와 그의 옛 동거인인 프란시스코 사비에르에게 나머지 사람들에게 전달할 지침을 제공했다.[5]

예수회는 세계적 규모로 성장하면서 그 어느 때보다 규율과 복종을 중점적으로 강조했다. 그런데 원래의 동반자들 모두가 이 새로운 체제에

획일적으로 동의한 것은 아니었다. 카몽이스는 청년기—1540년대 말에서 1550년대 초 사이의 이 짧은 기간에는 다미앙과 카몽이스, 시망, 이 세 사람이 모두 동시에 포르투갈에 머물렀다—에 코임브라에서 예수회가 종교적 열정을 극적으로 과시하던 모습을 목격한 바 있다. 이것에서 알 수 있듯이 시망이 코임브라에 설립한 예수회 포르투갈 관구는 초창기의 극단적인 행동을 포기하지 않았다. 로마에서 점차 평판이 높아지고 영향력이 커지던 예수회 총원의 지도부와 포르투갈 관구 사이에는 뻔히 충돌이 예상되었다. 포르투갈 관구는 한편으로는 이탈자이면서도 동시에 포르투갈의 전 세계적인 연결망을 통한 예수회의 세계 진출의 열쇠를 쥐고 있었다. 로욜라와 시망 사이의 의견 차이가 공개적인 파열로 이어지기까지는 수년이 더 걸렸다. 그러나 베네치아에 있던 로욜라가 파도바로 와서 시망의 행동을 사과하면서 그의 독실한 믿음을 조롱하고 우롱한 자들의 편을 들자, 시망은 이를 자신에 대한 모욕으로 받아들였다. 시망이 쉽사리 영적 은총으로 전환할 수 없는 모욕이었다. 일개 방랑자 모임을 어엿한 단체로 바꾸기 시작한 참이던 로욜라에게는 이 사건이 그저 업무상의 문제에 불과했다. 그가 안트베르펜에서 구호금을 모금하던 시절부터 아마도 알고 지냈을 다미앙은 어쨌든 자신보다 인맥이 훨씬 넓었고 유럽 내 많은 주요 인사들과 연락을 주고받았다. 로욜라는 발로 뛰는 보병들의 헌신뿐만 아니라 권력자의 후원도 필요하다는 사실을 점차 깨닫고 있었다. 그러나 시망에게는 이 사건이 아물지 않은 상처로 남았고 이후 35년간 속에서 계속 곪아갔다.

만약 로욜라가 이 시기에 다미앙이 가담했던 은밀한 활동들에 대해서 알았다면, 어쩌면 덜 유화적인 태도를 보였을 수도 있다. 프로테스탄트 개혁론자들과 로마 교회에 충성하는 자들 사이의 전선이 고착화되는 동안, 다른 한편에는 이런 균열이 수습 불가한 정도는 아니라고 생각하는 온건파도 있었다. 에라스뮈스가 그런 사람이었다. 그는 종국에는 양측이 지쳐서 사태를 종결지을 것이라고 낙관했다. 교황이 만토바에서 공의회를 소집하는 데에 동의했다는 소식을 접한 이들 평화 신학자(평화주의자)는 새로운 희망을 품었다. (교황의 권력을 위협하던) 공의회 소집을 주저하는 바티칸의 성향을 고려했을 때, 이는 엄청난 진전에 해당했다. 특히 만토바는 신성 로마 제국의 영토였기 때문에 독일 땅에 속해 있있다는 점에서 더욱 의미가 있었다. 따라서 개혁론자들은 그들의 텃밭에서 만나자는 제의를 받은 셈이었다. 게다가 바티칸에는 비범하게 양보해서 분열을 끝내자고 주장하는 고위급 인물들도 있었다. 양보안으로는 독일 사제들에게 혼인을 허락하고 단식에 대한 선택권을 주자는 내용도 들어 있었다. 향후 100년간 유럽을 휩쓸 피비린내 나는 유혈 사태를 막을 수도 있었던 이 역사적 분기점에서, 다미앙은 루터파 인맥이 많고 그중 최고위직이 좋아하는 사람으로 지목되었다. 그래서 베네치아의 독일 상인 연합회—리알토 다리 근처에 있는 폰다코 데이 테데스키가 이들의 본부 역할을 했다—를 통해 추기경 사돌레토가 다미앙에게 접근했다. 로마의 평화주의자들을 이끄는 지도자였던 추기경은 다미앙의 동창 한 명을 사자使者로 삼아 피도비에 있는 다미앙에게 편지를 보냈다. 편지에 담긴 요청사항은 단순했다. 시기가 시기이니 만큼 과장된 요구는 거의 할 수 없었다. 그는 다미앙에게 로마의 평화파와, 편지에 명시되지는 않았으나 사자를 통해서 이름이 전달된 한 인물을 연결하는 비밀 창구를 만들어 달라고 부탁했다. 그 인물은 바로 루터의 오른팔 필리프 멜란히톤이었다. 수년 전 다미앙이 비텐베르크를 찾았을 때 그는 멜란히톤의 겸손하고 검소한 삶에 깊은 감명을 받았다. 이렇게 해서 사돌레토와 그의 사자,

다미앙, 그리고 멜란히톤은 실타래처럼 가는 유대관계를 형성했다. 어쩌면 이 가는 실타래가 걷잡을 수 없이 찢어지고 있던 유럽을 다시 하나로 봉합할지도 모를 일이었다.[6]

힘이 넘치고 낙관적인 다미앙은 이 임무에서 자신이 맡은 역할을 즉시 수락했다. 그는 편지를 쓰고는 아우크스부르크에 있는 중개인을 거쳐 멜란히톤에게 전달했다. 편지에는 사돌레토가 만토바 공의회를 제안한다는 내용을 담았고, 호의적인 응답이 돌아올 수 있도록 사돌레토의 편지도 첨부했다. 일을 진행하면서 흥분에 젖은 다미앙은 한 걸음 더 나아갔다. 그는 자신이 번역하던 자가자보의 에티오피아 교회에 관한 글을 동원해서, 프로테스탄트 교회와 가톨릭 교회의 화해만을 위해서가 아니라 전 세계 모든 기독교 교회의 화해와 수용을 위해서 지금 이 기회를 잡아야 한다고 주장했다. 또한 공의회에는 필요한 양보를 교황에게 강제할 권리가 있다고도 했다. 에티오피아 교회에 관한 글을 수령한 사람들 중에는 로욜라도 있었다. 로욜라가 이런 자신의 신념에 동참할 수도 있다는 기대를 품고 그에게 보낸 것이다. 공의회가 서방 기독교 국가 내 분파들 사이의 균열을 봉합할 방법을 찾는다면, 이를 지구 전역의 사람들을 아우르는 더 넓은 통합을 이룰 기회로 삼을 수 있지 않을까? 차이점은 있어도 몇몇 핵심적인 신념을 공유하는 사람들과의 통합을 말이다. 그뿐만 아니라 다미앙은 직접 만토바로 가서 친구 요한네스 망누스도 만났다. 망누스는 망명한 스웨덴 교회의 지도자로서 공의회에 참석할 예정이었다. 어쩌면 이번 공의회가 라프족 사람들을 학대하는 스웨덴의

다음 쪽 : 뒤러가 그린 에라스뮈스의 초상화. 다미앙은 이 그림을 자물쇠를 채운 금고 안에 죽을 때까지 보관했다.

고삐를 늦출 기회가 될 수도 있었다. 이것은 이들 두 사람의 심장을 뛰게 하는 또다른 소중한 신념이었다. 유럽이 더 위대한 관용에 이르는 궤도에 오르려면, 조였던 밧줄을 느슨하게 풀어서 유럽을 온전하게 지켜내려는 소수의 사람들이 유럽을 조각내려고 안간힘을 쓰는 사람들을 노련하게 압도하기만 하면 되었다.[7]

아마도 이것은 어리석은 바보의 희망 그 이상은 결코 아니었던 것 같다. 유럽의 평화를 지킬 이 마지막 절호의 기회가 무산되는 모습을 에라스뮈스가 살아생전에 보지 않은 것은 감사한 일이었다. 이 위대한 인물은 제안된 공의회가 열리기 전해인 1536년에 사망했다. 마지막까지 그와 가까웠던 사람들이 보낸 편지들을 통해서 다미앙이 알게 되었듯이, 에라스뮈스는 숨을 거두는 순간에도 자신의 입장이 분열된 어느 한편으로 귀착되는 것을 단호히 거부했다. 확실히 말할 수 있는 것은 그가 훌륭한 기독교인으로 죽었다는 사실뿐이다. 그는 끝까지 함구함으로써 어떤 의미에서는 세상을 떠나는 그와 함께 분노도 어느 정도 가져가려고 했던 것 같다. 공명정대함을 위해서 목숨을 바친 순교자라고나 할까. 다미앙은 암담함에 마음이 먹먹했다. 여생 동안 그는 두 사람의 우정이 담긴 유물을 늘 가까이 지니고 살았다. 에라스뮈스의 전작을 편찬하려던 계획은 포기했다. 이 계획에 대한 저자의 의견이 명시된 기록을 찾을 수 없었기 때문이다. 그래도 만토바 공의회 소집을 추진하는 것은 스승의 유산을 영예롭게 할 또다른 방법이었다. 그러나 이에 맞서는 세력이 너무도 막강했다. 멜란히톤은 다미앙의 편지에 끝내 응답하지 않았다. 프랑스의 국왕은 공의회 장소 때문에 황제에게 너무 많은 통제권이 주어질 것을 두려워한 나머지 공의회를 방해했다. 신성 로마 제국에 속하지 않는 독일 국가들 역시 뒤로 물러났다. 카드로 만든 집처럼 불안정했던 계획이 결국 스스로 무너지고 말았다.

　다미앙은 무척이나 다양한 세상의 모습을 통해서 "우리"와 "그들"이라는 단순한 서사를 중단시키겠다는 환상을 품었다. 그리고 다성음악처럼 메아리와 대조의 메들리가 이를 대체할 수 있다고 생각했다. 그러나 다미앙의 환상은 순식간에 증발해버렸다. 설상가상으로 조류의 방향이 반대로 바뀌고 있었다. 한쪽으로 입장을 정한 사람들은 이러한 메아리들을 통해서 분열 시도를 무력화하는 무한한 다양성을 주장하지 않있다. 오히려 그보다는 상대편의 생각이 위험하리만치 이질적이라고 비난하면서 상대편 얼굴에 먹칠하기 위해서 이를 이용했다. 프로테스탄트 측이 가톨릭의 성상과 성인이 인도 다신교의 우상과 다를 바 없다고 주장하면, 정통 가톨릭 신자들은 프로테스탄트가 이들 성상을 혐오하는 것이 이슬람교의 성상 혐오와 같다는 의심이 든다며 맞받아쳤다. 동시대인들이 난해한 인물로 평가하던 프랑스 출신의 기욤 포스텔은 타타르 지방의 식물양이 기독교 국가에 무엇을 의미하는지에 대해서 격하게 논쟁하던 사람이었다. 사절단으로 이스탄불에 파견되었다가 최근 돌아와서는 베네치아에 있는 친구 로욜라와 합류한 그는 얼마 후 개혁론자의 사상과 이슬람교도의 사상을 면밀하게 비교하는 글을 썼다. 포스텔과 그의 점점 기이해지는 종교 이론이 설 자리는 끝내 예수회에서 찾지 못했지만, 개혁론자에 맞서는 십자군의 언어는 흔하게 사용되기 시작했다. 그리고 (일부) 개혁론자들이 이슬람교의 유일신 교리와 삼위일체론을 같은 선상에 놓는 등 삼위일체설에 의문을 제기하기 시작하자―삼위일체인 하느님이 언급된 『성서』 구절의 신빙성을 놓고 에라스뮈스가 의문을 제기한 이후였다―십자군의 언어는 더 많은 신뢰를 얻게 되었다. 다른 한편에서는 칼뱅이 종교개혁을 위한 무장을 거부한 사람들을 공격하며 나섰다.

그는 예수를 오로지 비밀리에만 지원하려고 했던 바리사이파를 "비밀 신자Nicodemite"라고 부르며 비꼬았다. 얼마 지나지 않아 양측 모두, 공개적으로 자신을 반대하던 사람들뿐만 아니라 조용히 침묵하던 사람들, 더나아가 종국에는 행동은 나무랄 데 없지만 마음은 동참하지 않는 듯한 사람들마저 적으로 간주하기에 이르렀다. 추기경 사돌레토는 내부의 적으로 지목되어 교회에서 배척될 지경까지 투쟁을 계속했다. 반면 다미앙은 이 시점에 불길한 조짐을 간파하고, 사돌레토에게 더는 멜란히톤과 접촉하려고 시도하지 말라며 설득했다. 또한 더는 괜한 이목을 끌지 않기 위해서 선동가 호크에게도 집에서 떠나달라고 했다. 그러나 이미 보낸 편지들을 회수하지는 않았고, 이미 보여준 패도 숨기지 않았으며, 던진 주사위를 주워 담지도 않았다. 그렇게 덫에 걸리고 말았다. 이제 다미앙은 처형이 점점 확실해지는 가운데 집행 유예 상태로 여생을 보내게 되었다.[8]

파도바에서 일어난 극적인 사건들 모두가 닫힌 문 뒤에서 비공개로 진행되지는 않았다. 바로 이 시기에 다미앙의 뢰번 시절 동료가 당대의 가장 화려한 공연을 준비하고 있었다. 시체 도둑 베살리우스가 바로 그 주인공이다. 베살리우스는 다미앙이 파도바에서 참여했던 단체의 일원이었음이 확실하다. 심지어 다미앙과 같은 집에 살았을 수도 있다. 뢰번에서 신체 각 부위를 구하러 집을 나서던 섬뜩한 모습에서도 알 수 있듯이, 베살리우스는 새로 등장할 자연철학자 세대의 일원이었다. 이들은 가까이에서 직접 자연계를 관찰하는 것이 연구 대상을 더 잘 파악하는 열쇠라고 생각했다. 이론만 끝없이 공부하고 실제로 약이 어디에서 나는지도모르던 약리학자들을 고아의 오르타 박사가 조롱했던 것과 마찬가지였다. 베살리우스는 모름지기 대발견은 그것을 발견할 만큼 충분히 배짱이 좋은 사람들 가까이에서 기다리는 법이라고 확신했다. 베살리우스가 파악했듯이 가장 중요한 문제는 실제 해부—인체의 해체—와 의학이 단절되었다는 사실이었다. 궂은일은 (적어도) 보잘것없는 조수들이 했다. 다시 말해서, 이른바 의사라는 사람들 중에 전문 분야라고 자처하는 인체 속에 한번도 손을 넣어보지 않은 사람이 부지기수였다는 뜻이다. 그는 이런 상황을 두고 치료 기술의 사악한 세분화이며……의과대학에 가증스러운 풍습이 도입된 것이라고 일컬었다. 이에 따라 한 집단은 인체를 실제로 해부하고 다른 집단은 신체 각 부분을 설명한다. 후자는 한 번도 직접 해본 적 없고 그저 외우기만 한 것을 높은 의자에 앉아 갈까마귀처럼 능숙하리만치 오만한 태도로 꽥꽥 떠들어댄다. 야망이 가득한 남자에게는 구미를 당기는 좋은 기회였다. 아리스토텔레스가 인체 내부는 대부분 알려지지 않았다고 선포한 지 거의 2,000년이 지난 때였다. 고대 말기의 갈레노스가 설정한 기준이 유럽과 아시아 대부분의 지역에 걸쳐서 지난 1,300년 동안 유효했지만, 베살리우스는 자신이 거장의 갑옷에서 작은 틈을 발견했다고 생각했다. 1537년 말, 파도바에서 박사학위를 받은 것을 기념하기 위해서 베살리우스는 모든 사람이 볼 수 있도록 자신의 기량을 공개적으로 실연하는 자리를 마련했다.[9]

수년 후, 베살리우스는 해부학의 기념비적 저작 『인체의 구조에 관하여De Humani Corporis Fabrica』를 출판했다. 이 책의 표지 그림을 보면 그의 쇼맨십이 어느 정도였는지 가히 짐작이 간다. 방 안에 불편할 정도로 많은 사람들이 모여 있다. 발코니에서 몸을 앞으로 내밀고 있는 사람, 맨 앞줄에서 기대에 찬 모습으로 웅크리고 앉아 있는 사람, 조금이라도 잘 보려고 기둥을 타고 오르는 사람, 해부대 가장자리에서 파도처럼 앞뒤로 번갈아 밀리고 있는 사람, 어떻게든 가까이에서 보려고 안간힘을 쓰

ANDREAE VESALII
BRVXELLENSIS, SCHOLAE
medicorum Patauinæ professoris, de
Humani corporis fabrica
Libri septem.

CVM CAESAREAE
Maiest. Galliarum Regis, ac Senatus Veneti gra-
tia & priuilegio, ut in diplomatis eorundem continetur.

면서도 자칫 등 떠밀려 개복한 몸통 가까이로는 가지 않으려고 애쓰는 사람……. 해부대 위쪽에는 등골을 오싹하게 하는 해골이 놓여 있다. 인체의 골격 구조를 보여주기 위해서 조립된 것이지만, 무시무시하게도 마치 목숨을 잃었다는 사실을 상기시키는 듯한 자세―순례자의 지팡이를 움켜잡은 채 절망에 빠진 모습으로 위를 올려다보고 있다―를 취하고 있다. 지켜보는 군중 속에는 수염도 나지 않은 학생들과 높은 지위에 있는 무게감 있는 인사들도 보인다. 이들은 서명한 베네지아풍 모자를 쓰거나 수도사의 옷을 입고 있다. 주인을 따라온 개도 한 마리 보인다. 목줄이 달린 원숭이 한 마리는 막 사람들 어깨 위로 뛰어올라 아수라장을 만들려는 것 같다. 이 모든 광경의 중앙에 베살리우스가 자리를 잡고 있다. 그의 손은 열린 복부에서 심연이 시작되는 곳에 아무렇지도 않은 듯이 놓여 있다. 그의 시선은 지면을 벗어나 이 책을 들고 있는 독자를 향한다. 이 공간 전체가 극장처럼 보인다면, 제대로 본 것이다. 당시에는 이런 종류의 공간이 해부용 장소로 개발되었다가 나중에 가서야 무대극을 위한 극장으로 사용되었다. 둘 다 인간의 비밀스러운 측면을 사람들에게 보여준다는 점에서 아마도 자연스러운 연속성이 있었던 것 같다. 게다가 베살리우스는 기획의 거장이었다. 그는 심지어 일련의 벽보도 제작해서 인쇄했다. 아무래도 혼잡한 탓에 군중 대부분이 실제로 보지 못하는 것들을 그림으로 포착해서 벽보에 담았다. 벽보는 이 위대한 폭로의 본질을 강조한다. 그래야 사람들이 나중에 자신이 목격한 장면들 중에서 무엇을 자랑해야 할지 알 수 있을 테니 말이다.

이전 쪽 : 조반니 다 칼카르가 베살리우스의 해부 장면을 그린 『인체의 구조에 관하여』의 표지. 다미앙은 파도바에서 베살리우스가 해부하는 모습을 보았을지도 모른다.

훗날 베살리우스를 전 유럽의 유명인사로 만든 이 충격적인 발표에는 훌륭한 이야기에 필요한 모든 요소들—추앙받던 오래된 권위를 넘어뜨리고, 모두가 알고 있다고 생각한 모든 것에 의문을 제기한 다음, 대담하고 영웅적인 새로운 길을 전격적으로 제시하는 것—이 들어 있었다. 베살리우스는 우리가 인체에 대해서 아는 것은 그 기반부터 썩었다고 했다. 갈레노스가 수립한 해부학 자체가 사람이 아니라 유인원을 토대로 했기 때문이다. 그는 이렇게 공언했다. 나는 갈레노스의 저작을 꼼꼼히 읽고 이를 여러 문헌으로 복원했다. 이에 대해서 나는 사과하지 않겠다. 이런 과정을 거쳐서 이제 새로 태어난 해부 기술에 근거하여 나는 확신한다. 갈레노스는 결코 인체를 열어본 적이 없다. 그래서 그가 해부한 유인원에 속아⋯⋯실제로 인체를 해부하며 수련했던 고대 의사들에게 오류가 있다고 오히려 잘못 지적한 경우가 빈번했다. 고대 의학의 위대한 권위자와 수 세기에 걸쳐 그의 뒤를 이어온 모든 의사들이 사람을 유인원처럼 다루고 있다는 의견 때문에 갈레노스와 의학계 전체가 웃음거리로 전락하려고 하자, 유럽 전역의 많은 사람들이 베살리우스의 주장에 격하게 분노했다. 그러나 그들은 패배가 뻔한 전투에서 싸우는 셈이었다. 베살리우스는 유럽의 대중 앞에서 인간과 원숭이의 몸속 기관의 무한히 많은 차이점들을 과시하듯이 공개했다. 이런 차이점들을 알아채지 못한 갈레노스 때문에, 확고한 신념을 가지고 갈레노스를 따르던 사람들은 자신들의 주장과 달리 인체를 잘 몰랐다는 사실을 끝없이 인정해야 하는 불편한 처지에 놓이게 되었다.

위대한 발견을 했다고 주장하는 많은 사례들이 그렇듯이, 베살리우스의 업적은 무엇보다도 발표했다는 데에 있었다. 사실, 갈레노스는 해부할 인체를 구하기 어렵다는 점을 극복하기 위해서 (아리스토텔레스의 조언대로) 자신이 몇몇 포유류 사이의 유사성을 활용하여 원숭이 해부에 의존했다는 사실을 매우 공개적으로 밝혔다. 그러나 르네상스는 인간이 유일무이한 존재라는 사상에 집착하던 시대였다. 인간에게는 천사와 같은 위엄이 있다는 연설에 환호하면서, 인간을 그토록 특별한 존재로 만드는 것이 무엇인지 끊임없이 논쟁하던 시기였다. 하느님의 계획 안에서 인간이 차지하는 위치, 인간의 말하는 능력, 인간의 정치적 본성, 웃음이나 수학, 심지어 음주를 즐기는 인간의 성향 등 모든 가능성이 고려 대상이 되었다. 다만 따져보면 정말로 인간에게만 해당하는 고유의 것은 없다는, 상상도 할 수 없는 발상만이 배제되었다. 베살리우스는 바로 이런 시대적 요청에 더할 나위 없이 부합하는 인물이었다. 그에게는 유인원과 인간이 서로 어떻게 다른지 자세히 보여줄 능력이 있었다. 사실 유인원은 편하게 받아들이기에는 인간과 다소 너무 가까운 거리에 있었다. 그는 이런 능력을 이용해서, 우리 눈을 가리던 콩깍지가 벗겨지고 새로운 진실이 드러나는 새로운 시대의 아침이 밝아오고 있음을 알릴 능력도 있었다. 베살리우스가 이룬 성과에도 약점이 있었지만, 이런 사실은 그냥 무시하는 것이 속 편했다. 특히, 머리뼈 해부에 관한 그의 지식은 대부분 개의 머리뼈를 바탕으로 한 것이었다. 그리고 그의 발견은 그 시대에 완벽하게 들어맞았을 뿐만 아니라 훗날 소름 돋는 속편이 등장할 조건을 만들기도 했다. 3세기 후, 유럽 과학계가 베살리우스의 발견과 정반대되는 사실, 즉 인간과 유인원이 매우 가까운 관계임을 발견하고 자축하게 된 것이다. 이 주장 역시 깊이 뿌리박힌 신념을 뒤흔들며 과거와 유사한 분노와 불신에 부딪혔다. 어느 철학자의 적절한 표현처럼, 과학적 발견이 자연에 대한 우리의 생각을 바꾸는 것이 아니다. 자연에 대한 우리의 생각이 바뀌어야 발견이 가능해진다. 유럽 사회는 세계와 조우하는 시대에 들어서면서 유럽만이 예외적이고 유일한 지위에 있다는 생각에 의문을 품게 되었다. 그러면서 역사와 자연, 세계에 대해서 새로운 사상을 만들어내고 있었다. 이 사상은 여전히 유럽 남성을 중심에 두고 있었으며 극적인 발견들이 쏟아지면서 그 진리를 드러내고 있었다.[10]

만토바 공의회가 무산된 후, 결국에는 그 대신 트렌트 공의회가 열렸다. 이 공의회에는 루터파가 정식으로 포함되지 않았고, 종교개혁 문제에는 훨씬 더 유화적이지 않은 자세로 접근했다. 호크는 연금술의 비밀을 터득하겠다는 희망을 품고 슬그머니 베네치아로 빠져나갔다. 시망 호드리게스는 얼마 지나지 않아 예수회 포르투갈 관구의 초대 관구장에 임명되었다.

14

이스토리아 트라지쿠 마리티마
(비극의 해양사)

마카오에서 귀국길에 오른 카몽이스는 매우 위축되어 있었다. 그에게 운명처럼 느껴졌던 영원한 어둠이 걷히기는커녕 헛된 기대마저 사라지고 오히려 더 깊은 어둠 속으로 빠지고 말았기 때문이다. 쉽게 바뀌는 권력의 구도와 정실주의情實主義 때문에 카몽이스 같은 청년들은 운의 부침이 심했다. 중국의 놀라운 능력주의를 알게 된 포르투갈인들은 이러한 처지를 더욱 통절하게 느낄 수밖에 없었다. 유럽에서는 야망 있는 청년이라면, 무엇이라고 설명할 수 없는 부패한 정실주의를 헤쳐 나가야만 했다. 이런 유럽과는 달리, 중국은 오래 전부터 철저하게 공정한 일련의 시험을 통해서 엄청난 규모의 정부 관직을 충당했다. 이 같은 관료 선발 절차에 관한 상세한 보고서는 카몽이스가 중국에 거주하던 시절부터 작성되었는데, 여기에는 지역, 지방, 전국 단위의 표준화된 시험제도, 부정행위에 대한 가혹한 처벌, 시험관 매수 방지를 위해서 답안을 익명으로 받는 기발한 방법 등이 기록되어 있었다. 시험은 중국의 위대한 고전 문학서와 역사서를 기억해서 답하는 방식으로 구성되었다. 이런 사실에 많은 유럽 독자들은 틀림없이 더 분통이 터졌을 것이다. 이들도 중국인과 비슷하게 고전 공부를 마르고 닳도록 해야 했지만, 그런 다음에는 각자 알아서 밥벌이할 방도를 찾아야 했기 때문이다. 중국 정부가 제공하는 취업 기회는 어마어마했다. 혹자에 따르면, 중앙정부에 고용된 사람을 제외하고도 13개 성마다 3,000개에 달하는 공직이 있었다고 한다. 이에 따라 중국에서는 유럽보다 훨씬 앞선 문필 문화가 조성될 수 있었다. 관리 채용 시험의 경쟁이 무척이나 심해서, 관직 수의 몇 배에 달하는 사람들이 시험 준비를 위해 고전을 공부했다. 그러면서 시험의 기준이 되는 수많은 서적들에 대한 수요가 창출되었고, 이런 수요는 6세기 동안 인쇄술 덕분에 충족될 수 있었다. 제지산업의 경우에는 핵심 생산처 한 곳에서만 3만6,000명을 고용했다. 중국에서는 헤아릴 수 없이 다양한 방언이 사용되었지만, 황제의 신하라면 모두 같은 문자로 읽고 썼다. 덕분에 문자화된 문헌들이 드넓은 중국 영토 전체로 쉽게 퍼져나갈 수 있었다. 그뿐만이 아니었다. 방대한 국가 기록물 보관체계가 세워져서 이를 토대로 왕국의 역사서들이 집필되었다. 이처럼 막강한 글을 기반으로 한 관료제 덕분에, 고전소설 『서유기西遊記』에서처럼 내세마저 개인별로 할당된 수명이 기록된 명부들이 가득한 정부 부처로 표현될 정도였다. 그렇다고 이 관료체제에 불만스러운 점이 없지는 않았다. 『서유기』의 주인공, 원숭이왕 손오공이 단순히 생사부에서 자신의 이름을 지워버리는 것으로 불사신이 되었듯이, 분명 문제점도 있었다.[1]

중국의 서적이 유럽으로 배송되기 시작했다. 다미앙과 가까운 친구였던 역사가 주앙 드 바후스는 중국 지도와 서적 한 질, 그리고 이를 번역할 중국인 노예를 구했다. 다미앙 본인은 여왕의 장서 관리를 담당했는데, 장서들 중에는 중국 연대기도 다수 있었다. 얼마 지나지 않아 한 묶음의 중국 장서들이 필리핀으로 보내졌다. 그러면 그곳에서 "상글리"(필리핀에 거주하는 중국계/역자) 번역가들의 손을 거쳐 스페인어로 번역되어 유럽으로 보내졌다. 이 장서에는 『중국 왕국의 유래와 천지개벽, 그리고 누구를 위해서 언제 천지가 개벽했는가에 대하여』, 『하늘의 개수와 그 움직임에 대하여』, 『중국인들이 아는 왕국과 민족, 그리고 그곳에 있는 특별한 일들에 대하여』, 『주사위 놀이와 장기, 속임수와 꼭두각시에 대하여』, 『건축과 온갖 종류의 건물에 대하여』 등의 제목이 붙은 책들이 포함되어 있었다. 이런 자료들은 사실상 모든 측면에서 유럽인의 생활을 새로운 관점으로 보게 했고, 새로운 관점을 얻으려면 이 자료들을 번역하고 평가하고 완전히 이해해야 하는 엄청난 작업이 필요했다. 주눅들 정도로 방대한 양의 생소한 정보를 접하게 되면서, 과연 유럽 작가들이 이처럼 유례없이 몰려드는 새로운 지식과 사상에 어떻게 대응할지 의문이 제기되었다. 카몽이스와 같은 방랑 시인이 시끄럽고 혼란스러운 시대에 자신의 목소리를 내려면, 매우 비범한 힘이 있는 이야기가 필요했다.[2]

카몽이스의 인생이 바닥을 친 바로 이때 그의 주위에 일련의 매혹적인 전설이 자라나기 시작했다. 이 이야기의 몇몇 기본적인 사실관계는 역사 기록에서 확인할 수 있기는 하지만, 그를 괴롭혔던 무명의 삶은 이제 그의 가장 큰 자산이 되었다. 이와 관련된 다른 증언이 없는 탓에, 세상은 오로지 카몽이스의 말을 통해서만 무슨 일이 벌어졌는지 알 수 있었기 때문이다. 르네상스를 풍미한 낭만적인 이야기들과 마찬가지로, 카몽이스의 새로운 인생도 마카오에서 돌아오는 길에 남중국해에서 조난을 겪으며 시작되었다. 현재까지 남은 조난 기록들 가운데 카몽이스가 겪었을 법한 경우가 몇 가지 있기는 하지만 그중 어느 것이 맞는지는 누구도 확신할 수 없다. 카몽이스는 이 사건을 상세히 묘사한 적이 없지만, 그의 서사시에 등장하는 많은 해상 재난의 상황들은 그의 경험을 바탕으로 한 것이 분명하다. 인도 해안에 도착한 바스쿠 다 가마의 업적을 치켜세우기 위해서 연출한 폭풍 장면이 좋은 예다. 이 장면에서 선원들은 돛을 접고 배에 들어온 바닷물을 퍼내며 미력하나마 노력하지만, 세상을 부숴버릴 듯한 기세로 부는 성난 바람 앞에서는 아무런 소용이 없다.

배가 처한 상황은 이제 인간의 능력과 기술을 넘어섰다.
바람은 더할 나위 없이
잔혹하고 사나웠다.
바벨 탑을 무너뜨렸을 때처럼.

파도는 구름 위로 높이 일며 부서졌고, 비밀에 싸여 있던 깊은 바닷속이 밖으로 드러났다. 사방에서 부는 바람이 세상을 박살낼 기세로 덮쳤고, 하늘 전체를 불태운 번개가 칠흑같이 험악한 밤을 밝혔다. 얼마나 많은 산이 이런 파도에 깎여 평평해졌는가? 얼마나 많은 고목들이 바람에 뽑혔으면서도 자신의 거대한 뿌리를 하늘에 보여주었다는 생각은 하지 못했는가?[3]

폭풍에 대한 공포는 한 선원의 세상에 대한 이해를 산산조각 내기에 충분했다. 그래도 최소한 배가 완전히 가라앉는 순간이 다가오는 것보다는 나았다. 배가 침몰하면 생존자는 망망대해를 떠다니게 되었다. 고군분투하는 몸이 해저나 해안에서 얼마나 멀리 떨어져 있는지도 모른 채, 영원히 사방으로 표류했다. 인간은 무한한 공간에 익숙하다고들 하지만, 여기에서는 규모가 상실되면서 심연이 열린다. 그런데 이 심연은 나중에 떨쳐버리기가 어렵다. 그냥 눈만 감으면 될 정도로 늘 가까이에 있기 때문이다. 카몽이스는 대양을 헤엄쳤던 경험에 대해서 삼키고 삼켜지는 혼란이라고 묘사했다. 마치 거대한 야수의 내장을 통과하듯, 굴곡진 파도 속을 헤치고 달아나면서 바닷물도 먹다가 해안으로 토해져 나왔다고 했다. 일본의 용궁도 아마도 이와 비슷한 경험에서 생겨난 전설인 것 같다. 동시대 보고서에 특징적으로 등장하듯이, 일본인은 이성적이고 복수심에 불타는 도마뱀들의 해저 왕국이 있다고 믿었다. 예수회 선교사들은 이런 생각에 코웃음을 쳤다. 그러면서 유럽에서는 이런 물속에 사는 사람들 이야기가 조롱거리일 뿐이라고 자랑스럽게 공언했다. 그러나 이 말이 사실인지는 미지수였다. 물이라는 거울 너머에 있는 어두운 바닷속은 오래 전부터 지상 세계의 평행우주 역할을 했다. 전설에 따르면, 정복왕으로서 자부심이 강했던 알렉산드로스 대왕은 결코 소유할 수 없는 광활한 해저 왕국을 탐험하면서 겸손해졌다고 한다. 입을 떡 벌리고 기다리던 심연을 마주한 뒤 살아남은 그는 막강한 권력을 쥐었으며, 많은 것을 보지 못한 사람들은 그의 앞에서 아무 말도 하지 못했다.

카몽이스는 그의 재난 경험을 두 번 언급한 적이 있다. 첫 번째 언급에서 그는 난파당했을 때의 아찔한 느낌과 생존자들이 받은 축복을 이렇게 묘사했다. 나는 지푸라기를 잡고 기적적으로 목숨을 건져 해안으로 탈출했다. 수명이 연장된 유대인의 왕과 다를 바 없었다. 카몽이스는 자신을 『구약 성서』에 나오는 히즈키야 왕에 비유하면서, 왕이 무덤 문 앞까지 갔던 것처럼 자신도 죽다가 살아났다고 주장했다. 그러면서 그의 오른팔인 이사야를 통해서 내려주신 응답, 광야에서 외치는 이의 목소리처럼 자신도 통찰력을 얻어 돌아왔다고 말이다. 나중에 알게 된 사실이지만, 재난 장소는 메콩 강 삼각주 기슭이었다고 한다. 카몽이스는 이처럼 거창한 주장을 펼쳤지만, 사실 메콩 강 삼각주 기슭에서 조난을 당하면 유럽인 누구라도 껍데기가 다 벗겨지고 정신적 핵심만 남을 수밖에 없었다. 토사가 쌓인 강바닥과 습지대 해안선은 조난자에게 악몽 그 자체였다. 실제로 안전한 해안에 도달한 것이 맞는지, 아니면 깊은 구렁으로 빨아들이려고 기다리는 또 하나의 심연일 뿐인지 도무지 구분이 되지 않았기 때문이다. 카몽이스의 서사시와 거의 똑같은 시기에 지어진 캄보디아의 위대한 서사시 『레암케르Reamker』가 묘사하는 폭풍에도 『루지아다스』와 마찬가지로 악몽과 같은 요소들이 뒤섞여 있다. 뒤집힌 파도가 하얀 거품으로 변할 때, 마치 백마들이 해수면을 뚫고 나오는 듯했다. 물은 하늘처럼, 해저는 구름처럼 보였다. 이와 같은 습지대 조난 사고에 관한 동시대 포르투갈 기록물이 또 있다. 이 기록물에 따르면, 끈끈한 점액질 구렁에 깊이 빠진 생존자들이 모두 자신에게 일어난 일에 넋을 빼앗겨 마치 정신 나간 사람처럼 울부짖으며 자학하기 시작했다고 한다.⁴

그런데 바로 이 예상외의 순간에 『루지아다스』의 원고가 등장한다. 사람보다 바다에 더 취약한 존재가 있다면, 그것은 단연 종이이다. 종이에 물이 닿는 것은 곧 죽음을 의미한다. 그렇다면 카몽이스의 주장에 거의 기적에 가까운 내용이 있다는 뜻이다. 그가 조난 상황에서 시 원고를 구해서 공중에 높이 든 채 강기슭까지 헤엄쳐 나왔다고 주장했기 때문이다. 그는 서사시의 가장 끝부분에서 다 가마 시대 이후에 포르투갈이 극동으로 팽창한다는 예언자적 언급을 제시한다. 그리고 메콩 강을 묘사하면서, 처음이자 마지막으로 난파 사고에 대해서 다음과 같이 직접 이야기한다.

강물은 폭풍과 배고픔, 위험에서 벗어나
황량하게 버려진 슬픈 난파선으로부터

흠뻑 젖어 도망나온 시들을

아늑하게 들어간 어귀에서

고요하고 즐거이 맞아주리라.

그에게 부당한 명령이 내려졌을 때

그의 낭랑한 서정시는

보상보다 명성을 얻으리.

　그의 시는 심지어 출판도 되기 전에 물에 빠진 책들을 뽑아놓은 장서에 합류한다. 그리고 물에서 떠오른 더 희귀한 책 더미에 속하게 된다. 이렇게 살아남았다는 것은 모종의 더 고귀한 목적에 쓰이기 위해서 따로 마련된 책이라는 점을 시사한다. 이 조난 사고가 일어나기 30년 전의 이야기가 하나 있다. 무굴 제국을 건국한 바부르는 계절풍으로 자신의 자전적 서사시 『바부르나마*Bāburnāma*』가 젖어서 거의 파손될 지경이 되자, 밤새 불가에서 젖은 종이를 말렸다. 바부르는 푹 젖은 책들을 어떻게 모아서 말렸는지 설명하는데, 모직 침대보로 싸서 간이침대 밑에 두었다가 불이 지펴지면 한숨도 자지 않고 날이 밝을 때까지 부지런히 종이와 책을 말렸다고 한다. 초창기 편집인들은 카몽이스의 이야기와 율리우스 카이사르의 이야기 사이에 유사성이 있다고 주장했다. 전해지는 이야기에 따르면, 알렉산드리아 전쟁에서 카이사르는 자신이 쓴 『갈리아 전기*Commentarii de Bello Gallico*』의 원고가 젖지 않도록 파도 위로 높이 들고서 해안으로 헤엄쳐갔다고 한다. 그러나 이런 이야기들을 근거로 카몽이스의 일화가 진짜일 가능성이 작다고 주장한다면 핵심을 놓친 것이다. 언제나 그렇듯이 이런 이야기들은 어떤 의미에서는 신화 창자 행위이다. 말하자면, 전설이라는 옷감에 새로운 실을 짜넣는 의식인 셈이다.[5]

이 의식은 결코 여기에서 멈추지 않았다. 전체 시 가운데 카몽이스가 난파선에서 건진 부분은 마카오에서 그가 즐겨 찾았던 어느 동굴 안에서 지은 것이라는 주장도 나중에 나왔다. 이렇게 되면 『루지아다스』는 동굴 문학의 계보도 잇는 셈이다. 아폴론 신의 신탁을 전하던 피티아(사제)의 예언처럼, 지구상의 어두운 곳에서 모습을 드러내면서 숨겨진 진실을 뽑어내는 그런 글들 말이다. 예를 들면, 「요한의 묵시록」도 파트모스 섬에 있는 한 동굴 안에서 작성되었다고 알려졌다. 히에로니무스의 『불가타』(헬라어 원문의 『성서』를 라틴어로 번역한 것/역자) 역시 베들레헴 근처의 작은 동굴에서 탄생했다. 마요르카 출신의 박학다식한 학자 라몬 류이는 9년간 동굴에서 한 이슬람 노예와 함께 지내면서 아랍의 지혜의 비밀을 밝혀냈다고 전해진다. 그런데 카몽이스는 이런 전설의 계보에 또 하나의 비극적인 차원을 덧붙였다. 조난으로부터 시는 건졌지만, 사랑하는 여성은 잃었다는 이야기였다. 사실 이것은 베트남 문학에 나오는, 물의 질투로 익사한 연인들의 전설과 놀랍도록 유사하다. 16세기의 고전 『전기만록傳奇漫錄』(놀라운 전설 모음집)에 실린 이야기에서, 아내는 자신에게 반해 쫓아다니는 바다 괴물을 오랫동안 잘 피해 다니다가 단 한 번의 실수로 미끄러져 괴물이 사는 물의 왕국에 빠지고 만다. 카몽이스는 익사한 자신의 연인을 고대 그리스의 물의 정령("디나메네"[바다의 신 네레우스의 딸인 네레이드들 중에 한 명/역자])의 이름으로 부르지만, 그의 동시대인들에 의해서 알려진 바에 따르면 이 여인은 그가 마카오에서 데리고 온 중국인이었다고 한다.

오, 나의 디나메네, 정녕 그대는 떠났는가?
결코 그대에 대한 사랑을 멈추지 않는 이를.

나의 님프여—나는 이제 그대를 볼 수 없네.

그대가 이번 생을 소중히 여기지 않았기에.

어찌 그대는 영원히 떠날 수 있는가?

그대 없이는 살 수 없는 이를 내버려두고.

파도는 그대의 고통을 몰랐기에

그대를 살려줄 수도 있었을 텐데……

오, 바다여, 하늘이여, 나의 암울한 운명이여!

한갓 슬픔만이 지속된다면

내가 고통을 느끼거나 신경 쓸 것이 있겠는가.

이 이야기의 진실이 무엇이든 간에 가슴 아픈 한 가지 사실만큼은 부인할 수 없다. 아무리 기록물을 찾아보아도 어느 가여운 중국 여성의 사망에 관한 자세한 내용을 발견할 가능성이 없다는 점이다. 기껏해야 그당시의 정황—감옥행인 불운한 한 남자와 함께 세상을 가로지르기 위해서 모든 것을 버리고 떠났다—만 알 수 있을 뿐이다. 그러나 모든 측면에서 이 이야기가 사실이든 아니든, 카몽이스는 바다에서 선원들을 구하는 님프들의 이야기를 시의 중심으로 삼았다. 폭풍을 잠재우는 이 바다의 여신들에게는 그리스어와 라틴어 이름이 붙었는데, 중국 선원들의 수호신인 마조 여신과 묘하게 닮기도 했다. 마카오의 포르투갈 주둔지에서 만을 가로질러 바로 건너편에 세워져 있던 사원이 바로 이 마조 여신의 사원이다. 디나메네의 이야기는 이국적인 여성과의 연애에 대한 환상을 품었던 초창기 독자들이 지어냈을까? 아니면 중국인 연인을 잃은 카몽이스의 실제 경험이 중심이 되어, 그가 남성들을 심연에서 구해주는 여성들로 가득한 바다를 상상하게 된 것일까? 그러나 우리가 둘 중의 하나로 결론을 내릴 수 있다는 발상 자체가 환상이다. 사실 작가든 독자든 상상력이 춤을 추면, 사실과 허구 사이의 단순한 관계가 유예되는 경우가 많다. 시란 진실에 더 가까이 가기 위해서, 정말로 하고 싶은 말을 들려주기 위해서 하는 거짓말의 한 방식이다.[6]

그러나 재난 사고를 신화로 만드는 연금술 과정은 먼 미래의 일이다. 당장 카몽이스는 미지의 해안에 도착한 일개 조난자일 뿐이었다. 가진 것이라고는 이야기를 만들 단편적인 조각들뿐, 이것들로 무엇인가를 만들 방법은 없었다. 이 시기에 메콩 강 삼각주는 캄보디아 왕국과 참파 왕국을 나누는 국경 역할을 했다. 다만, 참파 왕국은 베트남 제국이 북쪽으로 진출하면서 천천히 잠식당하던 상황이었다. 이 일대는 대부분의 유럽 여행자들에게는 알려지지 않은 곳이었다. 아니, 알려지지 않았다기보다는 잊혔다고 말하는 편이 더 맞을 것이다. 메콩 강의 옥에오 문명과 고대 그리스 로마 사이에 이미 접촉이 있었기 때문이다. 근대 발굴 작업을 통해 이곳에서 마르쿠스 아우렐리우스의 동전과 메달이 발견되기도 했다. 그러나 그 접촉 이후로 고대 지리학에서 이 지역에 대한 기억은 절망스러울 정도로 뒤범벅이 되었고, 이제는 거의 쓸모없는 지경이었다. 16세기 말, 동남아시아 민족들을 다룬 한 민족지학 서적이 편찬되었다. 그런데 여기에서는 **캄푸치아(캄보디아)가 주권 왕국이며 시암 왕국과 국경을 맞대고 있다**고 언급되었다. 그리고는 이 왕국의 의식이나 관습에 대해서 현재 알려진 바는 **없다**고만 덧붙였다. 캄보디아 문화에 대한, 잘 이해할 수 없는 기록이 하나 있기는 하다. 광저우에 대해서 자세히 기술한 초창기 자료를 집필했던 바로 그 도미니코회 수사가 편찬한 기록이다. 그는 캄보디아 왕국에 개종할 분위기가 무르익었다는 소문을 듣고 이곳으로 왔지만, 브라만 지배층의 저항에 부딪혀 완전히 실망하고 말았다. 그들에게는 이미 26개의 천국이 있었기 때문에, 기독교의 천국 이야기를 해도 아무런 소용이 없었던 것 같다. 내세에는 이토록 수많은 천국들이 미로를 이룬다고 믿는 모습에 도미니코회 수사는 크게 당황했다. 이들 천국 중의 한 곳에서는 광야에서 살던 성자들에게 시원한 바람이 부는 가운데 앉아서 영원한 시간을 보낼 기회가 주어졌다. 또다른 천국에서는 구球 모양의 신들이 살았는데, 이들은 덕 있는 사람들에게도 구 모양이 될 수 있는 영광을 주었다.[7]

이 도미니코회 수사는 불교와 브라만 사상을 접하기는 했지만 거의 이해하지는 못했다. 그래도 현지 신앙의 한 가지 핵심은 파악했던 듯하다. 카몽이스도 바로 이 신념에 주목했다. 메콩 강 삼각주는 카몽이스의 신화 같은 이야기의 중심을 차지했지만, 그의 글에서 단 몇 줄만이 이 장소에 헌정되었다.

캄보디아를 가로지르는 메콩 강을 보라.
그가 강물의 우두머리라고 불리는 이유는
하나의 강이 많은 지류를 두고 있기 때문이니.
메콩 강은 범람하여 평야를 덮친다, 쉼 없이.
마치 차갑게 밀려오는 나일 강처럼,
사람들은 믿는다.
죽은 후의 영광과 고통은
온갖 짐승에게 다 똑같다고.

유럽인은 남아시아인이 인간과 동물의 관계를 바라보는 방식에 한동안 놀라워했다. 그러나 많은 사람들이 동물을 인간의 운명에 연루된 존재로만 보는 것이 아니라 동등하게 운명을 공유하는 존재로 본다는 사실을 깨닫기까지는 더 많은 시간이 필요했다. 카몽이스 역시 『루지아다스』에서 이런 애니미즘—동물에도 영혼이 있을 뿐만 아니라 인간과 똑같은 종류의 영혼이 있다는 믿음—을 넌지시 언급한다. 그는 인도의 브라만 승려들에 대해서 이야기하면서, 이 사람들은 어느 위인의 유명한 가르침을 따르는 사람들인데, 그 위인은 과학에 그 이름을 붙인 자라고 했다. 이렇듯 암호 같은 말로 고대 철학자 피타고라스—유럽 전통에서 윤회 혹은 환생을 지지한 주요 인물이다—를 암시하는 것으로 보아, 애니미즘은 감히 이름을 입 밖에 낼 수 없을 정도로 위험한 가르침이었음을 알 수 있다. 그 이유는 자명했다. 베트남 문학에서 동물들이 변신을 거듭하는 내용이 나오듯이 하나의 영혼이 다양한 동물 안에 환생할 수 있다는 것은 인간과 짐승 사이에 근본적인 차이가 없다는 뜻이었다. 도미니코회 수사가 남긴 캄보디아인의 신앙에 관한 기록을 보면, 이처럼 상상도 할 수 없었던 것을 알게 된 유럽인들이 얼마나 난감했을지 어느 정도 짐작이 간다. 그의 기록에 따르면, 그들은 천국을 7개 하고도 20개나 더 만들어내면서, 모든 생명체가 이들 천국에 간다고 말한다. 심지어 벼룩과 이도 천국에 간다. 왜냐하면 이들도 영혼이 있으니 내세를 살아야 하기 때문이다. 여기에서 벼룩과 이를 예로 든 것으로 보아, 도미니코회 수사가 끝까지 얼마나 안간힘을 썼는지 알 수 있다. 그는 대화 상대자들이 (겉보기처럼) 정말로 하느님의 형상을 한 인간이 해충 중에서도 가장 골치 아픈 벌레들과 똑같은 정신적 본질을 공유한다고 믿는지 시험하고 있었다.[8]

이렇듯 유럽인에게는 이런 믿음이 가능하다고 상상하는 것조차 고역이었다. 이를 고려한다면, 이런 믿음이 유럽의 사상계에 얼마나 큰 위기를 안겼는지 충분히 알 수 있다. 복잡하고 까다로운 신학체계만이 아니라, 그 체계로부터 나온 윤리적, 철학적 사상에도 큰 위협이 되었다. 만약 인간이 영혼을 소유하는 유일한 존재가 아니라면, 역사의 흐름이 인간 구원의 서사와 엮여 있다고 믿을 이유가 거의 없었다. 또한 인간이 다른 동물과 다르게 행동하기 때문에 불멸의 존재가 될 수 있다고 믿을 이유 역시 거의 없었다. 이는 "짐승 같은" 욕망을 경건함의 반대로 간주하고 이를 삼가도록 가르친 아브라함 계통 종교의 근간을 흔드는 일이었다. 모든 동물에 인간과 비슷한 영혼이 있다는 애니미즘 신념은 인간과 동물을 나누던 모든 경계를 허무는 위협으로 다가왔다. 이런 내용은 『서유기』에서 손오공이 내세의 생사부를 정독하는 장면에 재미있게 표현되어 있다.

판관이 책 한 무더기를 들고 종종걸음으로 돌아왔다. 이 가운데에는 생명체 10종의 생사부도 포함되어 있었다. 손오공은 생사부를 일일이 살펴보았다. 털 없는 종, 털 짧은 종, 깃털 달린 종, 기어다니는 종, 비늘 있는 종은 있었지만, 우리 원숭이에 대한 언급은 없었다. 알다시피 원숭이는 분류하기 힘든 존재였다. 어떤 점에서는 인간과 닮았으면서도 인간으로 분류하기에는 부족했다. 털은 짧았지만, 털 없고 털 짧은 종에 속하지는 않았다. 겉모습은 동물 같았지만, 일각수와도 일치하지 않았다.……결국, 원숭이는 별도의 생사부가 따로 있었다. 이 생사부를 살펴보던 손오공은 자신의 이름이 영혼 제1,350호에 적혀 있는 것을 발견했다.

동방에서 접한 이런 사상들은 유럽인이 성스럽다고 믿어온 모든 것을 자칫 소롱할 판이있다. 띠리서 이런 외혹들을 잠재우기 위해서 가장 큰 위험을 감수하게 되었다.[9]

사실 엄밀히 말하자면 포르투갈 작가들이 주장한 것처럼 모든 생명체 앞에 같은 운명이 기다리고 있던 것은 아니었다. 이 지역 사람들의 눈에는 바로 포르투갈 사람들이야말로 영적 차원에서 점점 더 받아들이기 힘든 자들이었다. 이 말인즉슨, 카몽이스가 적대감이 뿌리 깊이 박힌 영토에 고립되었다는 의미였다. 그가 조난된 때와 동시대에 캄보디아에서 작성된 한 보고서에는 포르투갈인에 대한 현지인의 시각이 기록되어 있다. 이 수염을 기른 악명 높은 종족들은 땅을 염탐하면서 상인 행세를 하다가 나중에 돌아와 도적처럼 공격하고 약탈해서 부를 쌓는다. 이들은 입에 불붙은 나무 토막을 물고 있는데, 이들이 뻐끔뻐끔 빨아들이면 나무토막이 하얀 재로 변한다. 이들은 여기에서 나는 불꽃으로 우리 집과 들판에 불을 지른다. 유럽인이 왠지 비정상적인 것 같다는 느낌은 캄보디아인만 느낀 것이 아니었다. 『라마야나』를 읽은 이슬람 독자들은 오래 전부터 악령의 제국 랑카가 다름 아닌 로마라고 생각했다. 또한 남중국해 가장자리에 있는 말루쿠 제도의 주민들 사이에서는 수수께끼 같은 생물에 관한 이야기가 생겨나고 있었다. 정글에서 영혼의 구원과는 단절된 채 살던 주민들은 이 생물을 야와스 또는 비리-비리라고 불렀다. 이 파란 눈에 머리가 긴 괴물들은 예전에는 왕이었지만, 신분이 강등되어 다른 동물들보다 못한 처지가 되어서 이제는 동물의 법칙도 지키지 않는다고들 했다. 바로 이 야와스가 포르투갈 식민지 개척자와 조난자를 가리키는 것으로 알려졌다. 상륙한 땅을 약탈하는 이들의 이야기는 이렇듯 이제 전설이 되었다. 주민들은 이 생물들이 품위가 땅에 떨어지다 못해 죽음의 안식에서조차 배제되었다고 믿었다. 이후로 수 세기에 걸쳐 집필된 야와스의 이야기는 이 괴물들이 16세기 포르투갈인의 후손이 아니라, 수백 년 전 이곳 바다에 도착해서 그후로 야생에서 살던 바로 그 사람들이라고 주장했다. 이들은 다

른 생명체들보다 수준이 낮은, 죽지 않는 악당이라고 했다.[10]

영원히 정글에서 살 운명이었던 카몽이스가 어떻게 이 운명에서 벗어났는지는 역사 기록에 남아 있지 않다. 아마도 그다지 흥미롭지 않은 이야기여서 시인을 둘러싼 신화로 연결할 방법이 없었기 때문인 듯하다. 메콩 강 삼각주 일대의 문화는 한동안 유럽인에게 수수께끼로 남았지만, 이 지역의 다른 주요 항구들 사이에는 꾸준히 해상 교역이 이루어졌다. 그래서 도미니코회 수도사는 캄보디아 선교를 실패작이라고 판단한 후에 쉽게 다른 뱃길을 찾을 수 있었다. 한편 카몽이스는 이처럼 기적과 같이 생존했지만, 그렇다고 그를 기다리던 감옥행의 마법이 풀린 것은 아니었다. 그러나 최소한 그에게는 이제 전설을 빚어낼 재료가 생겼다. 장차 그의 운명과 유럽의 미래를 하나로 묶어서 함께 가라앉기도 하고 헤엄치기도 하는 전설을 빚을 수 있게 된 것이다.

15

바람 너머의 땅

다미앙은 1545년에 포르투갈로 돌아왔다. 그의 나이 마흔셋이었다. 그리고 얼마 지나지 않아 톰부 탑의 구아르다-모르 직을 수락했다. 왕립 기록물 보관소의 소장이 된 것이다. 파도바를 떠나면서 그는 포르투갈로 곧장 가는 대신에 뢰번에서 몇 년을 지냈다. 그러나 점점 조국으로 돌아가지 않을 수 없게 되었다. 그동안 그는 논란에 휩쓸리지 않으려고 노력했다. 저명한 가톨릭 가문 출신의 네덜란드 여성과 결혼도 하고, 황제에 대한 충성심을 보여주는 작품들도 출판했다. 이런 노력에도 불구하고, 예전에 그의 토양이 되었던 범세계적 세상은 그 주위를 둘러싼 벽이 점점 좁혀 들어오면서 쪼그라들고 있었다. 프랑스 군대가 뢰번을 포위하면서 상황은 극에 달했다. 다미앙은 제2의 고향을 구하기 위해서 목숨을 걸었다. 교섭자 역할을 맡아서 프랑스 측에 허세를 부려, 황제가 도시를 구할 지원군을 파병할 것이라고 믿게 만들었다. 그 결과 프랑스 군이 물러나면서 도시를 구할 수는 있었지만, 다미앙은 인질로 남게 되었고 그의 계략은 곧 드러나고 말았다. 이제 그의 운명은 「전도서」에 나오는 지혜롭지만 가난한 자와 같은 처지가 되었다. 그의 지혜가 도시를 구했지만, 누구도 그를 기억하지 않았다. 「전도서」의 설교자가 말한다. 지혜가 힘보다 낫기는 하지만 이 사람은 가난하기 때문에 아무도 그의 말에 귀를 기울이지 않으니 그의 지혜가 빛을 못 보는구나. 아무도 다미앙을 구하러 오지 않았고 그는 뻔히 고립될 처지에 놓였다. 이탈리아에 있는 인맥이나 황실로부터는 아무런 소식도 없었다. 심지어 배은망덕하게도 뢰번에서도 나 몰라라 했다. 하는 수 없이 그는 포르투갈 왕실에 그의 몸값을 내달라고 간청했다. 『성서』속의 돌아온 탕아처럼 고향으로 돌아온 그는 궁정의 요직으로부터 배제되었다. 그 대신 힘들기만 하고 인정은 받지 못하는 연대기 집필 임무를 맡게 되었다. 영향력은 거의 없으면서 많은 전임자들의 건강을 해친 자리였다. 이처럼 세상에 드러나지 않는 자리에 있는 것이 그에게는 바람막이가 되어 운명의 순간을 지연시키기는 했다. 그러나 오래된 상처를 들쑤시려고 안달이 난 시기로부터 그를 구하기에는 역부족이었다. 특히나 그는 너무 노련해서 그냥 내버려둘 수가 없었다.[1]

연대기 집필 업무는 오랜 시간이 걸리는 고된 일이었다. 그래도 기대하는 바는 명료했다. 다미앙은 국왕 마누엘 1세 통치기의 역사를 써야 했다. 다미앙은 9살 때부터 1521년에 국왕이 승하할 때까지 마누엘 1세를 모셨다. 연대기 집필인은 통치 기간에 일어난 주목할 만한 사건들을 수집해야 했다. 마누엘 1세의 경우 이런 사건들이 부족하지 않았다. 그의 통치 기간에는 바스쿠 다 가마의 인도 항해, 페드루 알바르스 카브랄의 브라질 상륙, 모잠비크와 고아 정복, 믈라카 무역관 설립, 중국과의 첫 접촉, 포르투갈에서의 기독교의 승리가 있었고, 그러면서 헤이누, 즉 왕국의 부와 위상이 어마어마하게 성장했다. 게다가 이 연대기를 의뢰한 사람은 마누엘 1세의 아들, 추기경 왕자 엔히크 1세였다. 그는 왕국의 최고 권력자들 중의 한 명이었으며, 종교재판소 소장이기도 했다. 조카의 아들 세바스티앙 1세가 아직 어렸을 때(1560년대 중반 다미앙의 집필 후기)에는 왕국의 섭정도 맡았다. 따라서 다미앙의 소관 업무는 간단했다. 기록물 보관소에서 영웅심과 미덕, 자선의 증거를 찾아내서 국민적인 자부심을 고양하고 통치자 가문을 돋보이게 하면 되었다. 이런 일쯤이야, 다미앙은 어느 정도까지는 기꺼이 할 생각이었다.

그런데 기록물 보관소는 겉보기와는 달리 완전히 무기력하고 힘없는 곳이 아니었다. 문자 기록 덕분에 정보는 시공간을 초월해서 전달되고 보전될 수 있었고, 세세한 내용이 손실되는 일도 구술 문화에서보다 훨씬 줄었다. 그럼에도 문자 기록에 의존하는 일의 악순환은 계속되었다. 기록물 보관소가 왕국에서 일어나는 일들의 공식적인 기록 보관소가 되자, 어떤 의도와 목적이 있었든 간에 이곳에 없는 일은 사실상 일어나지 않은 일이 되어버렸다. 하느님이 생명책에서 죄인의 이름을 지워버린다고 믿듯이, 역사책에서 지워지는 것이다. 세상에서 일어난 무한히 많은 거래와 교류가 글로 기록되기 전까지는 아무 의미도 없었다. 다른 문화권은 유럽보다 오래 전에 이미 문자 기록에 의존하는 단계에 도달했다. 이슬람권에서는 완벽한 기록물 보관소가 있다고 믿는다. 다시 말해서 알-라우 알-마푸즈al-Lawh al-Mahfuz, 즉 "보존된 서판"에 적혀 있는 운명은 변경될 수 없다고 믿는다. 이런 믿음 역시 인간의 기록이 끊임없이 지워지고 유실될 수 있다는 불안감을 방증한다. 바스쿠 다 가마의 기록에 따르면, 코지코드의 왕이 가는 곳마다 서기들이 따라다니면서 야자수잎 책에 그의 주변에서 일어난 모든 일을 적었다고 한다. 포르투갈이 중국에 도착했을 당시, 중국인은 새로 지은 황실 기록물 보관소에 6만 권에 달하는 10년치 세금 장부를 보관하고 있었다. 온도를 통제할 수 있는 30채의 저장고는 문의 무게가 2톤에 달했고 벽 두께는 3미터에 이르렀다. 난징 근해 섬들에 있던 저장고에 사본도 함께 보관되어 있었고 1,400명의 인력이 그곳에서 일했다. 어떤 의미에서 보면 중국을 지탱한 것은 공유 기록체계라고 해도 과언이 아니다. 중국에 온 예수회 선교사들이 혀를 내두를 정도였다. 그들에 따르면, 중국 사람들은 방언들이 워낙 다양해서 서로가 하는 말을 알아들을 수 없었지만, 글을 통해서는 나라가 하나가 되었다. 글은 중국 전역에서 통했기 때문에 중앙정부와 지방을 잇는 유일한 의사소통 방법이었다. "포르투갈"이나 "중국"이나 "가톨릭 교회"에 대해서 말로 이야기하는 것은 좋았지만, 실제로 무슨 의미인지 이해하려면 기록물 보관소를 찾아야 했다. 이들 자료에 접근할 수 있는 사람은 극소수였지만 이런 자료가 존재한다는 사실 자체가 국가의 모든 주장을 보증해주는 역할을 했다. 필요하다면 이런 주장을 기록물 보관소의 기록물과 대조해서 확인할 수 있다고 보장하는 셈이었기 때문이다. 마치 금을 기탁해두었기 때문에 통화의 가치가 있는 것처럼 말이다.

그뿐만 아니라 문자 기록은 기록물 보관소라는 소우주에 일종의 공감적인 주술을 선물했다. 안에 있는 자료에 손을 댐으로써 저 너머의 세계를 조작하는 힘을 준 것이다. 부두voodoo 인형, 즉 저주 인형에 핀을 꽂으면 다른 곳에서 느낄 수 있다고 믿는 것과 마찬가지이다. 이런 힘을 인정하듯이 중국 황제들은 공식 연대기 집필이 완료되면 이전 왕조의 기록을 파쇄하는 풍습이 있었다. 누구도 과거를 다시 방문해서 과거의 의미를 바꾸지 못하도록 확실히 해두기 위해서였다. 영국 왕실도 런던 타워 능에 있던 국가 기록물 보관소에 접근할 수 있는 사람들을 엄격히 통제했다. 공식 역사를 뒤엎을 수도 있는 이력을 지닌 사람들에게는 접근이 허용되지 않았다. 마찬가지로 포르투갈도 "침묵의 모의"라는 이름으로 알려진 포르투갈판 통제를 가했다. 포르투갈인들이 지구를 가로지르면서 접한 장소들에 관한 정보를 외국인에게 공개하는 것을 금지하는 왕령을 내린 것이다. 다미앙은 바로 이 미로의 한가운데에 있었다. 국왕의 유통 허가를 받은 자료들의 공개 여부를 관리하고, 이미 비밀 준수 서약을 한 기록물 보관소 소속 서기들에게조차 접근이 허용되지 않은 불가사의한 자료들을 지키는 역할이었다. 기밀 자료는 왕실의 서한과 지도, 보고서로 이루어졌다. 이런 자료들은 국제 무역에서 포르투갈이 다른 국가들보다 우위를 유지할 수 있게 하는 밑거름이 되었다. 포르투갈은 경쟁국들이 미지의 세계에 대해서 까막눈인 채로 배회하게 내버려두었다. 다른 한편으로 이는 포르투갈 선단이 매년 인도로 파견된 지 반세기가 지났건만, 그곳에서 정확히 무엇을 발견했는지에 대해서 대중이 알 수 있는 정보들이 여전히 놀라울 정도로 적다는 의미이기도 했다. 그러니까 기록물 보관소는 두 가지 방식으로 세상에 마법을 부리는 셈이었다. 내부 반입이 허용되어 공식 기록이 된 것과 외부 유출이 허용되어 세상에 관한 지식이 된 것, 이 두 가지 모두를 통제하는 방법으로 말이다. 다미앙이 작성할 역사는 기록물 보관소의 정수로 여겨졌다. 이 역사는 포르투갈 국왕의 서한을 그 중심으로 삼으면서, 난감할 정도로 다양한 세상의 모습들을 한 사람의 관점으로 축소할 것이다. 이 기록물 보관소에서 바라본 세상은 국왕과 그의 중개인 간에 오고 간 계약서와 보고서, 기록물의 총합에 불과한 것이 될 수 있었다.[2]

　이런 식으로 세상을 통제한다는 것은 말만큼 쉬운 일이 아니어서, 날마다 힘들어졌다. 중국 황제의 기록물 보관소와 비교하면 다미앙의 근무처는 보잘것없었다. 겨우 높이 9미터, 둘레 13미터에 불과했다. 직원들 수도 손에 꼽을 정도밖에 되지 않았다. 그런데 포르투갈의 해외 사업 규모가 팽창하면서 문서 업무는 폭증하고 말았다. 핵심 수집품은 상대적으로 많지 않아서 1532년에 1,860점에 불과했다. 이들은 몇몇 서랍(가베타)에 보관되다가 37권의 핵심 문서들로 정리되었다. 그러나 기록물 보관소에는 정리가 덜 된 제2의 공간이 있었다. 이곳에는 수많은 서한과 기록들이 기껏해야 대략적인 연대순으로 정리되어 있었다. 톰부 탑은 이런 자료들로 포화 상태였다. 다미앙은 수개월을 넘어 수년에 걸쳐 이 모든 혼란 덩어리를 분류하기 시작했다. 문서들을 기밀 정도가 더한 무더기와 덜한 무더기로 나누어 쌓은 다음, 꾸러미로 묶고 그 내용물을 메모했다. 그런 다음, 각 꾸러미를 궤와 상자, 책상에 나누어 넣고 여기에 다시 하나하나 꼬리표를 붙였다. 이토록 엄청나게 많은 자료들 중에는 공식 양식에 전혀 맞지 않는 문서들도 있었다. 대개 다른 문화에서는 다양한 크기의 종이와 양피지, 심지어 완전히 다른 재료로 문서를 작성했기 때문에, 말 그대로 양식에 맞지 않았다. 중국 기록물 보관소에서는 문서의 종류별로 정확한 형태를 규정했지만, 포르투갈 기록물 보관소에서는 불쑥불쑥 삐져나오는 것들이 몇몇 있었다. 가령, 오만에서 도착한 4미터 길이의 서한이나 말린디에서 보내온, 화려하게 접은 사각형 모양의 편지가 그랬다. 그렇다고 포르투갈 기록물 보관소가 모든 것을 다 수용했다는 뜻은 아니다. 세상의 일을 기록하는 방법은 셀 수 없이 많았다. 문신에서부터 얼굴의 흉터, 안데스 지방의 키푸―매듭 끈으로 표시하는 결승문자結繩文字로 만든 책―에 이르기까지 유럽인이 보기에 너무도 이상해서 지식의 보고에 포함할 수 없는 것들도 많았다. 그럼에도 많은 문서들이 일찍이 포르투갈어로 번역되어 훨씬 더 친숙한 종이에 기록되었고, 이를 통해서 비공식 역사들이 기록물 보관소로 소개되었다. 이런 문서들은 정부 관료체제 밖에 있는 외부인, 즉 표준화된 관습의 틀에 맞추어지지 않은 관점으로 세상을 보는 사람들의 증언과 같았다.³

기록물 보관소에 있던 바로 이 다른 목소리들 때문에 다미앙은 주어진 임무를 뒷전으로 미루게 되었다. 예전에 리스보아 안내서를 만들던 그가 인어 이야기를 기록하는 쪽으로 관심을 돌렸던 것처럼 말이다. 다미앙은 포르투갈의 북아프리카 정복에 관한 자료를 모으다가, 사피 출신의 마그레브인 영웅 야이아 벤 타푸프의 이야기에 빠졌다. 벤 타푸프는 사랑을 위해서 자기 민족을 버리고 포르투갈인들에게 충성을 다했지만, 그를 완전히 신뢰하지 못한 사람들로부터 결국에는 배신당한다. 이 이야기를 들려주고 싶었던 다미앙은 기록물 보관소를 뒤져 벤 타푸프가 쓴 편지들을 찾아냈다. 그는 이슬람의 헤지라력에 따라 날짜들을 특정하면서, 배은망덕한 포르투갈인들에게 항의하는 편지 내용을 옮겨 적었다. 그뿐만이 아니었다. 이 이야기를 다른 편에서는 어떻게 보았는지 알려주는 기록도 찾아냈다. 이 내용은 벤 타푸프의 동포인 레오 아프리카누스가 쓴 글에서 발견했다. 다미앙은 말루쿠 제도의 역사를 기록한 수기 원고도 확보했다. 이 원고는 동양의 문명이 서양의 문명을 능가한다고 느꼈던 한 친구의 유산이었다. 이 친구는 다미앙이 자신의 신념에 공감한다고 생각한 것이 분명하다. 기독교의 승리이자, 포르투갈의 팽창이 신성한 임무라는 증거인 콩고의 개종에 대해서 기록할 때, 다미앙은 알폰소라는 기독교식 이름으로 쓴 콩고 왕의 편지들을 발견하고는 상당한 분량을 할애해서 편지 내용을 단어 하나하나 옮겨 적었다. 다미앙이 포함시킨 이 문서들을 보면, 포르투갈의 승리가 정확히 어디에 있는지 알기 힘들다. 그 대신, 우리는 기독교로 개종한 탓에 자기 민족과 아버지로부터 배척당했다는 사실에 여전히 마음이 쓰라린 한 남성의 편지들을 보게 된다. 아버지는 엄청난 경멸과 비애를 보이면서 우리를 머나먼 땅으로 추방했고, 아버지의 시선과 은혜가 닿지 않는 그곳에서 우리는 오랫동안 살았다. 추방당했던 알폰소는 비범한 종교적 신념—그는 여느 유럽 사람보다 예언자와 복음, 성인의 삶에 관한 지식이 많았다—을 품고 돌아왔다. 그러나 그를 반긴 것은 백성들의 경멸이었다. 백성들은 알폰소에게 반기를 들고 그를 그의 형제에게 넘기려고 했다. 알폰소의 편지를 읽으면 진퇴양난에 빠진 이 인물의 고뇌를 외면하기 힘들다. 그는 심지어 자기 백성들이 포르투갈인들에게 발견되었다고 생각했다. 그는 홀로 전혀 다른 세상에서, 내켜하지 않는 백성들에게 이국의 신앙을 강요하고 있었다. 코친 국왕의 이야기도 마찬가지이다. 포르투갈인들에게 그는 좋을 때만 친구로 삼은 동맹들 가운데 한 사람이었을 뿐이지만, 그는 자신의 희생을 거의 신경 쓰지 않던 사람들에게 죽는 날까지 충성을 다했다. 다미앙은 다음과 같이 논평했다. 고대 그리스 로마인들은 황제, 국왕, 왕자, 공화국, 도시, 민간 시민에 대해서 얼마든지 원하는 대로 써도 좋았다. 대중의 신뢰처럼 그들이 약속을 지킨 것은 크게 칭송받아 마땅하기 때문이다. 그러나 나는 우리 국민을 보호하고 지켰던 코친 국왕의 믿음과 진실성이 고대인들이 책에서 거창하게 떠받드는 사람들 중 어느 누구 못지않다고 생각한다.[4]

다미앙의 손을 거치자 포르투갈의 역사는 물론이고 심지어 유럽의 역사도 마치 솔기가 풀리듯이 무너질 위험에 처하기 시작했다. 그가 작성한 연대기에는 다른 지역에 관한 이야기가 워낙 많아서 대체 이 연대기가 어느 나라의 역사인지 정확히 말하기 어려울 정도였다. 무타파 제국의 이야기에서부터 구자라트인의 관습, 아소르스 제도에서 발견된 거대한 기마상을 둘러싼 추측, 페르시아의 샤 이스마일 1세의 족보, 시아파의 탄생, 호르무즈와 믈라카의 식습관에 이르기까지 그야말로 다양했다.

그뿐만 아니라 국왕 마누엘 1세의 품성과 덕성을 묘사한 분량보다 코끼리의 습성과 장점에 할애한 분량이 더 많았다. 그는 2,000단어에 달하는 분량으로 코끼리의 지혜와 예사롭지 않은 재주를 자세히 설명했다. 다미앙은 그가 집필한 에티오피아의 종교와 문화에 관한 기록이 포르투갈에서 판매 금지되자, 거의 같은 내용을 왕국의 공식 연대기에 포함시키는 간단한 방법으로 문제를 우아하게 해결해냈다. 아르메니아인 한 명과 흑인 한 명의 증언을 두 단으로 20쪽에 걸쳐 빽빽이 담아냄으로써 에티오피아의 이야기가 포르투갈 역사의 한복판을 차지하게 했다. 이들 두 사람은 포르투갈에 왔을 때 사람들로부터 멸시받고, 심지어 성체를 나누는 것도 거절당했으며, 다른 곳에서는 그토록 부르짖던 구원의 기회에 굶주리던 자들이었다. 이 부분에서는 흑인 여성들의 학식을 보여주는 내용도 발견할 수 있다. 아비시니아의 엘레니 황후가 쓴 책들과 콩고 왕의 누이가 귀족 1,000명을 위해 세운 학교에서 가르쳤다는 이야기가 나온다.[5]

다른 목소리들을 역사에 포함했더니, 포르투갈과 유럽의 역사 이야기에 담긴 우월적 승리주의를 가라앉히고 싶은 욕심이 뒤따랐다. 다미앙은 바스쿠 다 가마의 항해에 관한 기록을 시작하면서 이렇게 말문을 뗀다. 많은 포르투갈인이 저지르는 실수가 있다. 그들은 자신들이 최초로 이 항로를 항해했다고 말한다. 그러나 이 뱃길은 그저 오랫동안 인류에게 잊혔던 길일 뿐이다. 다미앙의 행동 가운데 가장 도발적인 부분은 따로 있다. 마치 크레셴도로 강조하듯이, 국가적인 망신을 당한 순간들을 총 4부로 구성된 연대기에서 제1-3부의 끝부분에 배치해둔 것이다. 아마도 그중 가장 충격적인 부분은 제1부 마지막에 길고 상세하게 기록된 1506년 부활절 일요일 사건일 것이다. 그날 군중은 기독교의 새 신자들—망명 대신 개종을 선택한 유대인들—에게 적대적으로 돌아서서 이틀간 1,900명이 넘는 사람들을 죽였다. 연대기에서는 수사 두 명의 지휘 아래 리스보아 시민과 독일 선원들이 새 신자들을 아내, 자녀들과 함께 길거리로 끌고 나와서, 청년과 노예들이 지핀 불구덩이에 산 채로 혹은 죽은 채로 던져넣는 모습을 꼿꼿이 묘사한다. 이런 모습은 심지어 우리 아이들, 요람에 있는 어린아이들까지도 저들의 다리를 붙잡고 나와 갈기갈기 찢고 술에 취해 저들을 벽에 던져버리는 잔인함을 지닐 수 있다는 것을 보여주는 증거이다. 군중은 교회에서 사람들을 끌어내고 집을 약탈했을 뿐만 아니라, 개종자가 아니었던 사람들에게도 원한을 풀었다. 다미앙은 이 잔혹한 사건을 단 한 번 있었던 특별한 사건으로 취급하지 않았다. 그는 다른 부분에서도 여러 쪽을 할애하여 유대인 아이들이 재교육을 위해서 잔혹하게도 부모와 강제로 분리된 이야기를 기록했다. (다미앙의 표현에 따르면) 이것은 굉장히 공포스러운 일이었다. 유대인에게만 비통함과 슬픔, 눈물을 불러온 것이 아니라, 기독교인에게도 경악을 불러일으킨 일이었다. 어떤 생명체도 자식과 생이별하는 고통은 상상도 하기 싫은 법이다. 모르는 사람이더라도 이 모습을 보면 마치 자기 일처럼 느끼기 마련이다. 특히 자연의 순리를 명백하게 받아들이는 이성적인 생명체라면 더욱 그렇다. 자연의 순리에 따라 수많은 오래된 신자들이 유대인들의 울부짖음과 흐느낌, 비통함에 깊은 연민을 느꼈다.[6]

이처럼 다미앙의 역사관은 자칫 화를 불러올 정도로 고국의 국경에 제한받지 않았다. 가정에서도 사정은 별반 다르지 않았다. 연대기 작성을 하다가 휴식기가 되면, 기록물 보관소에 있는 그의 방은 외국인과 도시 밖에서 온 사람들로 북새통을 이루었다. 이런 모습은 그의 자랑이었다. 누구나 환영이었지만, 특히 음악가들이 환대받았다. 그중에는 플랑드르 출신의 에라스모, 자크 키 파스 오스 오쿨루스("렌즈 제작자 자크", 프랑스인), 폴란드 출신의 한스 펠크, 독일인인 티발도 루이스가 있었다. 그들은 식사를 마친 후에는 미사곡과 모테토를 칸토 디 오르가노, 즉 다성음악으로 연주하고는 했다. 다미앙은 전문가 수준으로 다성음악을 잘 알았지만, 대부분의 포르투갈 사람들의 귀에는 여전히 낯설게 들렸다. 다미앙이 직접 작곡한 곡들에는 『구약 성서』의 「아가」에 곡을 붙인 작품도 있었다. 고조되는 분위기의 이 곡에서는 뚝 떨어지는 음조와 어우러져 노래하는 새, 열매 맺는 나무, 포도나무에서 뻗어나온 덩굴이 마치 터질 것 같은 연인의 마음을 그린다. 자, 겨울은 지나가고 장마는 활짝 걷혔소. 산과 들에는 꽃이 피고 나무는 접붙이는 때 비둘기 꾸르륵 우는 우리 세상이 되었소. 파란 무화과 열리고 포도 꽃 향기가 풍기는 철이오. 물론 이와 다른 분위기의 어두운 곡들도 있었다. 가령 예언자 미가의 예언은 감옥의 그림자에서 울려 나오는 애가처럼 들린다.

원수들아, 우리가 이 꼴이 되었다고 좋아하지 마라.
지금은 쓰러졌지만, 일어설 날이 온다.
지금은 어둠 속에서 새우지만,
주님께서 우리의 빛이 되어주실 날이 온다.

다미앙은 다성음악에 익숙하지 않던 사람들에게 음악이 흐르는 물과 같다고 설명했던 것 같다. 그가 자신의 우상 조스캥 데프레를 칭송하는 시에서도 사용했던 비유이다. 그는 한번은 친구 두 명과 함께 뢰번 외곽의 숲속을 산책하다가도 이런 비유를 들면서 더 길고 자세히 설명했다. 친구 한 명의 기억에 따르면, 그는 두 사람을 헤베를레이를 관통해서 흐르는 강가에 불러 세운 다음 이렇게 말했다. 바스락거리는 개울물이 자갈과 돌에 부딪혀 장엄하게 튀어오르는 가운데, 경이로운 하모니를 들을 수 있네. 마치 정령들이 강물 아래에서 동시에 목소리를 내며 노래하는 것만 같다네. 서두르느라 주의를 기울이지 않은 사람의 귀에는 그저 왁자지껄한 소리로만 들리던 것이 사실은 기적과 같은 대위법이었던 셈이다. 한쪽에서 물살이 솟아오르면 다른 쪽에서는 그만큼 깊이 떨어지듯, 각자 제 갈 길을 가면서도 서로가 있어야 소리가 완성되었다.[7]

그때까지 사람들은 정확하고 정적인 법칙으로 축소할 수 있는 완전한 일치가 조화라고 생각했지만, 다미앙은 물처럼 움직이는 유체 운동에서 이런 사고방식에 반하는 주장을 발견했다. 그런데 이런 주장은 다미앙만 한 것이 아니다. 프랑스에서 활동한 미카엘 세르베투스는 베살리우스처럼 고대 의학의 권위에 도전하여 체내 혈액 순환을 최초로 기술한 사람이다. 그는 결국 화형대에서 처형되었고 그의 주장을 담은 책들은 금서목록에 올랐다. 그는 인간의 생명을 좌우하는 본체가 뇌나 심장, 간에 있는 것이 아니라 정맥을 통한 혈액의 흐름에 있다고 주장했다. 이에 따르면 "동물의 정신"이라는 문제가 제기되면서, 동물에게 온전한 의미의 영혼(정신)이 있다는 주장이 다시 힘을 얻었다. 그러나 이런 주장은 인간을 다른 생명체들과 무서울 정도로 가까운 존재로 만든다는 것이 문제였다. 레오나르도 다 빈치도 마찬가지였다. 원래 그는 비범하도록 정확한 데생 실력으로 명성이 자자했다. 이를 잘 보여주는 작품이 바로 「비트루비우스적 인간」이다. 이 작품은 인체의 단순하면서도 우아한 기하학을 드러낸다. 그러나 말년의 레오나르도 다 빈치는 폭포수의 모양을 스케치하고 초승달 모양 파도의 구조를 묘사하는 데에 몰두했다. 한없이 복잡하고 덧없는 폭포와 파도의 대칭구조에 매료되었기 때문이다. 물질계는 유동적이고 불안정하며 예측할 수 없다는 발상이 고대 철학에서는 위험하고 혁명적인 생각이었다. 그리고 플라톤이 고정되고 불변하는 형이

상학적 세계에 대한 생각을 정립한 것은 바로 이 생각에 반대되는 것이었다. 이 형이상학적 세계야말로 알 가치가 있는, 혹은 실제로 그나마 알 수 있는 유일한 세계였으며, 이후에 기독교가 이 개념을 채택했다. 그런데 흐름 그 자체에 나름의 의미가 있으며 영원히 고정된 것을 완성하기 위한 포장에 불과하지 않다는 생각은 기존 세계관의 근간을 위협했다. 이에 따르면 역사는 지역과 시기에 따라 나눌 수 없으며, 마치 물처럼 기존의 모든 구조를 그에 수반되는 신념들과 함께 쓸어버릴 수도 있었다.[8]

　다미앙은 연대기를 마무리하면서 머리말을 작성했다. 여기에서 그는 자신의 임무가 역사의 본질을 고찰하는 것이라고 설명했다. 그가 미천한 판단력에도 불구하고 연대기 집필 임무를 맡기로 결심한 데에는 이유가 있었다. 그는 자신에게 일을 의뢰한 추기경 왕자 엔히크 1세가 요구하는 것은 마누엘 1세의 행적을 빠짐없이 모두 기록하는 것이 아니라, 본질적이고 연대기에 적합한 행적만 기록하는 것이라고 믿었다. 더 나아가, 행적마다 그에 걸맞도록 진실하게 칭송하거나 질책하는 것이 자신의 의무라고 생각했다. 그에 따르면 많은 연대기 작가들이 역사를 칭송하는 것으로 연대기를 시작한다. 그러나 이런 칭찬은 언제나 사안을 과소평가한다. 역사는 무한하기 때문에 역사의 미덕 역시 끝이 없으며, 어떤 한계 안에 국한되지 않기 때문이다. 역사의 무한함은 역사를 법칙과 규칙, 선례로 축소하려는 시도를 웃음거리로 만들었다. 세상 대부분을 무시해야만 성취할 수 있는 질서는 착각이라고 하면서 말이다. 다미앙이 생각하는 역사는 여러 물줄기가 흘러드는 것을 목격하는 것처럼, 와자지껄한 소란함 속에서 몰입하는 것과 같았다. 소란함 속에서 유사점과 차이점이 연주하는 대위법의 선율에, 각자 제 갈 길을 가면서도 서로가 있어야만 만들어지는 완전한 소리에 귀를 기울이는 것이었다.[9]

16

민족 이야기

그런데 연대기 말고도 역사 이야기를 들려주는 다른 방법이 있었다. 기록물 보관소에는 압도적으로 많은 자료가 보관되어 있었고, 그 안에는 무수히 많은 목소리가 담겨 있었지만, 이를 지배하는 명백한 논리는 부족했다. 그러자 세상에 특정한 의미를 부여하는 시각으로 세상을 보게 함으로써 안도감을 주는 사람들이 등장했다. 세상의 혼돈을 조율하는 이런 단일한 관점은 같은 시각을 공유하는 모든 사람들을 하나로 통합시키는 일종의 토템, 즉 상징물을 제공한다. 그러나 이런 공동 운명을 건설하려면 과거를 재정비해야 한다. 불확실하고 기나긴 항해를 정리해서 오로지 하나의 목적지만을 향했던 것처럼 보이게 해야 한다.

우리가 다시 카몽이스를 만나게 되는 시점은 1569년이다. 장차 연대기 작가이자 고아에 있는 포르투갈 기록물 보관소의 초대 소장이 될 디오구 두 코투가 포르투갈로 돌아가던 그때 우연히 이 시인을 만났다. 만난 곳은 훗날 마드리드의 엘 에스코리알 궁전을 짓게 될 건축가가 동아프리카에 신축한 강기슭의 요새였다. (세월이 한참 지난 후 코투가 남긴 기록에 따르면) 우리는 모잠비크에서 당대 시문학의 왕자이면서 나의 동료 여행가이자 친구인 루이스 드 카몽이스를 발견했다. 그는 친구들에게 먹을 것을 얻어먹을 정도로 궁핍했다. 우리는 그가 왕국으로 돌아올 수 있도록 필요한 복장을 마련해주었다. 그해 겨울 모잠비크에서 그는 『루지아다스』가 출판될 수 있게 마무리 작업을 하고 있었다. 그런데 카몽이스는 메콩 강에서 인도로 어떻게 (심지어 언제) 돌아왔을까? 마카오에서의 불법행위로 그에게 부과된 죄목은 무엇이었을까? 어쩌다가 다시 궁핍해졌으며, 그런데도 어떻게 용케 모잠비크처럼 먼 곳까지 오는 배편을 구할 수 있었을까? 이 모든 의문은 베일에 싸여 있다. 카몽이스는 그가 들려줄 이야기에 어울리는 삶의 편린들만을 남겨두었기 때문이다. 그러나 돈 문제가 지구를 돌아 그를 따라다녔다는 소문과 그가 고아에서 급조한 부채 200크루자두를 상환하지 못해서 모잠비크에 발이 묶였다는 소문이 끊이지 않았다. 중간에 사라져버린 세월 동안 과연 그에게 무슨 일이 있었는지는 모르지만, 그는 기진맥진한 상태였다. 이를 반영하듯이, 그의 서사시의 마지막 작품은 도움을 청하는 기도로 시작한다. 이 마지막 작품을 위해서 부디 제가 잃어버린 글맛을 다시 찾게 해주소서. 제가 나이 들고 슬픔이 쌓여 망각의 검은 강과 영면에 도달하기 전에 작업을 끝낼 힘을 주소서.[1]

카몽이스가 모잠비크에서 마무리하던 시의 첫 구절 역시 바로 그곳, 모잠비크에서 시작된다. 서사시답게, 1497-1498년의 항해 중 인도로 가는 길의 딱 중간에 와 있는 바스쿠 다 가마의 모습으로 막이 오른다. 그는 부서지기 쉬운 목조선을 타고 믿을 수 없는 바다에 몸을 맡긴 채, 아무도 간 적 없는 길의 한복판에 있다. 첫 장면은 다 가마가 인도양에 도달하자, 순진무구한 사람들을 태운 작은 배들이 무리 지어 다가오는 것으로 시작한다. 유리잔에 담긴 포도주를 대접받고 기뻐하는 그들은 유대인 어머니와 이교도 아버지의 아들로 태어나 이제는 세상을 다스리는 아브라함의 위대한 후손이 가르치는 율법을 따르겠다고 한다. 다 가마는 실제로는 모잠비크에서 아랍의 영향을 크게 받은 범세계적인 문화를 발견했다. 그러나 카몽이스의 시에서는 그런 모습이 어디에서도 보이지 않는다. 그 대신 눈을 동그랗게 뜬 순진한 사람들만 보이는데, 희한하게도 콜럼버스가 카리브 해 연안에서 만난 타이노족을 묘사한 것이 연상된다. 카몽이스가 묘사한 사람들은 아무런 의심도 하지 않는 포르투갈인들에게 자신들이 이슬람교도라는 사실을 내숭 떨듯이 아리송하게 드러낸다. 이 만남 장면은 장인과 같은 솜씨로 세상을 삭제해버리는 망각의 서사시가 실제 앞으로 어떻게 전개될지를 보여주는 복선 역할을 한다.[2]

공평하게도 카몽이스는 시에서 포르투갈인의 행적이 고대 세계의 행적에 그림자를 드리울 것이고, 그러면 우리는 고대 그리스 로마, 아시리아, 페르시아의 영웅적 위업을 잊게 될 것이라고 우리에게 직접 거듭 이야기한다. 그런데 사실은 우리가 그렇게 잊어야 이 시가 효력을 발휘할 수 있다. 이 항로들이 일찍이 고대 세계에서 뱃길로 이용되었다는 증거는 사라지고 없다. 앞다투어 그리스 로마의 유산임을 자처하던 그 많던 주장들도 사라졌다. 카몽이스가 말하듯이, 이 항해는 **누구도 항해한 적 없는 바다들** 가운데 하나를 항해하는 것이다. 이를 통해서 포르투갈인들은 **어떤 인종도 개척한 적 없는 바다**의 문을 열게 된다. 유럽인들은 스칸디나비아와 모스크바, 리보니아(라트비아와 에스토니아/역자)라는 **교양 없는** 지역에 둘러싸인 탓에 이 항해에 착수하게 되었다. 바로 그 유럽의 심장에 있는 나라가 포르투갈이다. 이슬람교도를 쫓아내기 위해 유럽 전역에서 병력이 모이면서 포르투갈이라는 국가의 운명이 시작된다. 적이 세상에 발붙이지 못하도록 몰아내는 운명 말이다. 그리하여 바스쿠 다 가마와 그가 이끄는 아르고 호 원정대—이들은 반복해서 이렇게 불린다—가 세계를 가로지르는 항해를 떠난 출발지가 바로 테주 강의 백사장이다.[3]

이 서사시는 다 가마를 인도까지 가게 만든 모든 상황—향신료 확보 경쟁, 머나먼 곳에 있는 기독교 동맹에 대한 꿈—을 삭제하는 속임수를 썼다. 그리고 그 대신 유럽과 포르투갈의 역사 이야기로 채워넣었다. 전체 시의 절반가량을 차지하는 이 역사 이야기는 여기에서 막을 내린다. 역사 이야기에서 국가의 탄생은 특정한 역할을 할 운명이라는 증거이며, 다시 이것은 어떤 대가를 치르더라도 그 역할을 해야 한다는 타당한 이유가 된다. 수 세기 동안 이어지는 국가의 거대한 드라마 안에서 개인의 삶은 그저 부수적인 것이 되고 만다. 유럽인과 그들이 만났던 여러 문화들 사이의 경계를 허물던 일화—코지코드와 마카오의 우상들을 보고 성모 마리아상이라고 생각했던 일, 언뜻 보고 삼위일체 사상을 공유한다고 오해했던 일—는 모두 사라졌다. 카몽이스는 그 빈 자리를 표리부동한 이슬람교도가 부린 속임수로 채웠다. 포르투갈인이 우상을 숭배하도록 미끼를 던지기 위해서 기독교인으로 가장하는 모습을 묘사한 것이다. 카몽이스의 이런 작업은 모잠비크에서부터 시작된다. 그는 포르투갈인들이 기독교인이라는 사실을 안 이곳의 샤이크가 **모종의 증오심을 품고서 악의적인 생각을 하는 것으로** 묘사한다. 이런 계략은 까다롭게 얽혀 있는 역사를 흑백논리의 종교전쟁, 즉 이슬람교와 기독교 사이의 이원론적인 투쟁으로 깔끔하게 갈라치기한다.

다미앙을 비롯한 다른 사람들은 포르투갈과 동방의 만남을 기록하면서, 포르투갈인이 현지 조력자들에게 신뢰가 가지 않게 대했다는 사실을 세세하게 기록하면서 널리 비판했다. 그러나 카몽이스가 들려주는 이야기에서는 이 문제도 그저 이슬람교도의 또다른 음모로 탈바꿈한다. 그들은 악의적이고 사실 확인이 되지 않는 소문—포르투갈인은 사람들에게 평화로이 다가가는 척하다가 그들을 약탈한다—을 퍼뜨리는 방법으로 포르투갈인을 무력화시키려고 한다는 것이다. 바스쿠 다 가마는 우리의 선의를 짓밟는 저들의 속임수에 한탄하면서 이슬람교도의 이런 표리부동한 모습을 통렬히 비난하기 시작한다. 그러면서 저들이 고결한 기독교적 행동에 대한 의심을 계속 조장한다며 악담을 퍼붓는다. 만약 그가 그렇게 야비한 동기로 행동하는 것이라면, 어째서 성난 바다와 얼어붙은 남극, 그리고 그곳에서 겪는 혹독한 고통에 그 자신을 바치겠는가? 이처럼 유럽인은 세상에서 가장 기이한 원정을 떠날 정도로 큰 야망을 품었다. 이 야망의 규모로 보아, 그들은 사리사욕 없이 고결한 동기에 이끌려서 지구 반대편 가장 먼 곳까지 탐험을 나선 것임을 알 수 있다. 유럽인의 "발견"의 대상이었던 많은 사람들은 이런 식의 이야기 전개를 견디기 힘들어했겠지만, 그래도 상관없었다. 그들이 이러한 이유로 항해가 시작되었다는 주장을 불신하고, 고결한 동기를 머릿속에 떠올리지 못하는 것은 그들의 열등함을 보여주는 충분한 증거가 되기 때문이다.[4]

그러나 다 가마 일행이 표리부동과 무지를 이겨내는 것만으로는 그들의 이야기를 서사시로 변모시키기에 역부족이었을 것이다. 그래서 카몽이스는 시에 고대 그리스 신들을 도입하는 파격적인 조치를 취한다. 인도 항해라는 역사적 사건을 올림피아 신들의 다툼을 중심으로 한 신화적 서사 안으로 끌어들인 것이다. 첫 구절은 이렇게 시작한다.

남풍 혹은 북풍이
빽빽한 숲을 지나 불어오면

통제되지 않은 조심성 없는 힘에
깊고 짙은 숲속 나뭇가지들이 부러지네.
산 위에서 부글거리며 부서지는 나뭇잎들의
속삭임으로 산은 울부짖네.
올림포스 산에서 폭발한
신들의 다툼도 이와 같았네.

디오니소스는 포르투갈인들의 승리를 반대한다. 그 자신의 유명한 인도 정복 이야기가 무색해질 수 있기 때문이다. 반면 아프로디테는 그들의 힘과 언어에 감탄한다. **포르투갈어는 라틴어에서 조금 바뀌었을 뿐**이라며 그들의 편을 든다. 카몽이스는 나중에 시 후반부에서 이 신들이 단지 은유일 뿐이며, 이 항해의 성패를 극적으로 표현하기 위한 한 가지 방법이었다고 해명한다. 이렇게 설명함으로써 검열을 통과해 그의 시가 금서목록에 오르지 못하도록 막았을 것이다. 우리 역시 이 이상한 설정에 대해서 그저 시적 허용이겠거니 하며 어깨 한 번 으쓱이고 그냥 넘어갈 수도 있다. 그러나 짚고 넘어가야 할 사실이 하나 있다. 이처럼 연극을 가장한 이교도적 관습이 계속 유행해서 향후 수백 년간 유럽 문화의 중심이 되었다는 점이다. 이 시기는 유럽 국가들이 식민 제국으로 성장한 시기와 정확하게 겹친다. 초기 인문학자들이 이교도적 종교와 문화에 관심을 보였을 때에는 경계의 시선을 한 몸에 받아서 무신론 혐의로 고발되거나 심지어 파문까지 당했다. 반면, 신고전주의는 16세기 말 이후로 이론의 여지가 없는 탐미주의 운동이 되어 유럽 전역은 물론이고, 유럽 국가들이 식민지로 삼기 시작한 세계 전역으로 퍼져나갔다. 페루에서부터 고아에 이르기까지 지구 전체가 흰색 대리석 기둥과 이탈리아 그로테스크풍의 장식, 로마 양식의 개선문으로 가득 찼다. 이로써 고대 세계의 재편이 시작되었다. 세계를 아우르는 로마 제국의 드넓은 영토와 대대적인 동방 진출은 그냥 없던 일이 되고 말았다. 그 결과, 오로지 로마의 아우구스투스 제국과 이 제국의 자연 상속인인 유럽 제국들만 남게 되었다.[5]

이런 식으로 풀어나간 이야기 안에서 포르투갈의 동방 원정은 자연과 야만의 힘에 맞서 쟁취한 승리로 그려진다. 여기에서 자연과 야만은 바다의 신으로 표현되었다. 다미앙의 상상력을 그토록 사로잡았던 바다의 사람은 이제 괴물로 묘사된다. 이 괴물들은 포르투갈 선박들이 자신들의 세계 제국에 위협을 가하는 것을 경계하여, 파도를 끌어올려 다 가마를 항로 밖으로 던져버린다. 이들 선동의 배후에는 디오니소스가 있다. 그는 포르투갈의 항해가 성공하면서 이교도의 땅 동방을 그가 멋대로 통치하던 시절이 끝날까 봐 두려웠다. 여기에서는 폭풍이 몰아치는 희망봉을 괴물 같은 거인 아다마스토르(길들여지지 않은 자)로 바꾸어 묘사한다. 이 거인은 어두운 얼굴에 수염은 지저분하고 눈은 움푹 들어가 있어서 무섭고 사악한 인상을 준다. 피부는 흙빛이고, 머리카락은 더럽게 들러붙었으며, 입이 거칠고, 이가 누렇다. 그야말로 거대한 모습으로 구현된 두려움의 화신이며, 많은 사람들이 멜빌의 『모비 딕*Moby Dick*』이 이 거인에게서 부분적으로 영감을 받았다고 추측한다. 이런 악당들에 맞서는 포르투갈인들 편에는 바다의 여인들이 포진하고 있다. 바다의 요정 네레이드와 인어들은 선원들을 지켜보면서, 그들의 배를 몸바사 항구에서 끌어내어 이슬람교도의 계략으로부터 구해준다. 선단이 막 인도에 도착할 때에는 이들을 침몰시킬 듯이 위협하던 바람도 잠재운다. 이 여인들의 선봉장은 바로 아프로디테이다. 아프로디테는 마치 화살처럼 하늘에서 순식간에 망망대해로 내려와 선박들 위를 맴돌면서 포르투갈 원정대가 위험에 빠지면 바다를 진정시킨다. 시의 마지막 부분에서 다 가마가 인도를 떠날 때, 아프로디테는 바다에서 마법의 섬 일랴 나모라다Ilha Namorada, 즉 사랑의 섬이 떠오르게 한다. 이곳에 바다의 님프들이 모여 광란의 성행위를 벌이면서 선원들에게 오랫동안 기다려온 상을 준다는 일화가 등장한다.[6]

이런 낯설고 불편한 공상은 종국에는 동양 문화에 대한 틀에 박힌 생각을 낳았다. 유럽 남성의 정복을 끈기 있게 기다리는 매혹적인 이국적 여성으로 가득한 세계로서 동방을 보는 시각이 자리 잡게 된 것이다. 그러나 여기에서 간과하지 말아야 할 것이 있다. 이 이야기는 신과 바다 괴물, 인어들을 매개로 들려주고 있지만, 사실은 어디까지나 카몽이스의 극히 개인적인 경험이 강하게 투영된 이야기라는 사실이다. 그가 겪었던 모든 치욕의 경험이 그곳에, 시라는 표면 아래에 흩뿌려져 있다. 거대한 아다마스토르가 사람 목숨을 앗아가는 희망봉으로 탈바꿈한 것은 그가 사랑하는 님프에게 속은 다음에 일어난 일이다. (예전에 안토니아 브라스가 카몽이스에게 그랬던 것처럼) 이 님프가 아다마스토르와 밀회를 약속한 것은 오로지 그에게 치욕을 안겨주기 위해서이다. 언감생심 그의 흉측한 몰골로 아름다운 자신을 넘보았다는 것이 이유이다. 그 결과 그는 수치와 분노의 괴물로 변하게 된다. 파도 아래로 사라진 카몽이스의 실제 연인, 즉 물에 빠져 죽은 디나메네가 떠오른다면, 아프로디테의 명을 받고 배 주변으로 무리 지어 다니는 네레이드가 허구라는 생각은 조금 덜 든다. 시의 마지막 부분에 가면, 카몽이스가 리오나르두라는 선원으로 살짝 가장한 채 사랑의 섬에 직접 등장한다.

풍채 좋은 그 병사는
남자답고 기사도 정신이 투철한 호색가

하지만 그가 사랑한 사람은 그를 혐오했네

언제나 그를 함부로 대했네

마침내 그는 확신했다네

그에게 사랑의 행운은 없다고.

심지어 이 공상의 세계에서도 리오나르두 곁에 있던 님프는 그에게 거의 흥미를 보이지 않는다. 그러다가 그가 들려준 페트라르카풍 애가哀歌의 애절한 아름다움에 무릎을 꿇고 마침내 그와 언약을 맺기로 한다. 결코 사랑하는 여인을 얻지 못할 것 같은 선원인 그와 말이다.[7]

시의 마지막 대목에서 다 가마는 포르투갈 제국을 기다리는 영광스러운 미래를 본다. 그러면서 카몽이스는 이 화려하고 선정적인 공상은 우화일 뿐이라고 선언한다. 과감하게 세상을 가로지르려고 길을 떠나는 사람들에게 명성이라는 보상이 주어지는 현실을 풍자했다는 것이다. 그러나 진실은 아마도 이보다 조금 더 복잡했던 것 같다. 카몽이스가 명성과 그에 따른 경제적 안정을 갈망했던 것은 분명하다. 그러면서도 그는 관습을 초월한 방식의 글로 결국 그를 사랑하게 될 누군가를 발견하는 내용에 집착하는 모습도 보인다. 그가 포르투갈에서는 이룰 수 없었던 상호 대등한 사랑을 동방에서 이루게 되리라는 환상은 부질없는 것으로 드러났다. 양측 관계가 너무도 불평등하게 형성되었기 때문에 아마도 이런 결과를 피할 수 없었을 것이다. 그가 권력과 특권 덕분에 연인을 차지할 수 있었다는 사실은 또 하나의 사실을 끊임없이 상기시켰다. 연애라는 거래가 성사된 것이 그의 그 어떤 장점 덕분이 아니라, 바로 그 권력과 특권 덕이었다는 사실 말이다. 이는 강박적인 수치심으로 발전했던 것 같다. 그는 이렇게 썼다. 사용하기 위해서 만든 것을 사랑하고, 사랑하기 위해서 만든 것을 사용하지 않는 것이 이 시대의 대죄이다. 카몽이스는 몇몇 사람에게는 유용한 사람이었을지도 모르지만, 결코 그 이상이 되었던 적은 없었다. 그러나 그의 삶에서 형성된 지극히 개인적인 집착은 그의 서사시에서 식민지 환상의 원형이 되었다. 고결한 업적을 이루었다는 명성과 정복에 따른 보상, 그리고 정서적, 성적 욕구의 충족이 전부 버무려진 식민지 환상의 탄생이었다.8

어쨌든 카몽이스는 자신의 집착을 더 고귀하고 추상적인 것—명성의 추구—에 대한 풍자로 표현해야 한다고 느꼈다. 이런 사실은 동방과 조우한 유럽이 더 폭넓은 범위에서 내린 문화적 판단의 일면을 보여준다. 카몽이스가 그의 서사시에서 인도에 대해 가장 먼저 언급한 것은 동물이 인도 문화의 중심이라는 상상 밖의 사실이었다. 그가 두 번째로 거론한 것은 유럽인이 도저히 이해할 수 없는 인도인의 성性에 대한 사고방식이다. 브라만의 채식주의를 접한 포르투갈인은 무척 당황스러웠다. 그런데 식단 문제에는 이렇게 엄격하면서도 성에서는 정반대라는 사실은 훨씬 더 당혹스러웠다.

  그러나 욕정에 관해서는
  그들은 더 많은 자유와 더 적은 규칙을 누리네.
  여성은 널리 보편적인 존재
  남편의 가족 사이라면
  그들은 질투하지 않네

인도의 성에 대한 이처럼 갈피를 잡을 수 없고 모호한 평가는 성과 종교의 관계를 매우 다르게 생각하는, 동방에서 보내온 유럽인들의 경악이 담긴 보고서와 궤를 같이했다. 이런 보고서는 오류와 오해로 점철되어 있기는 했지만, 그 파급효과는 대단했다. 아브라함 계통 종교에서는 성욕을 통제하고 제한하는 것이 핵심이었다. 가장 짐승 같은 이 욕구를 거부하는 것이 내세에 보상을 받을 수 있는 열쇠였다. 그렇기 때문에 비자야나가르에 성스러운 매춘부를 위한 사원이 별도로 있다는 사실에 유럽인은 경악했다. 이런 풍습은 여성 승려 매춘부가 있는 일본에서도 볼 수 있었다. 예수회 선교사들의 서한에는 인도의 경건한 종교 행렬에 온몸에 기름을 바른 남녀 무용수가 거의 나체로 동행하는 이해하기 어려운 모습도 기록되어 있다. 고아에서는 본토에서 온 극단원들이 사원에서 우상을 숭배하며 의식을 올릴 때 음란한 춤을 추거나 추잡한 노래를 부르거나 악마에게서나 배웠을 법한 행동을 하지 않도록 금지하는 칙령이 내려졌다. 더욱 놀랍게도 호르무즈의 페르시아 상인들 사이나 중국 황궁의 지식인들 사이에서처럼, 유럽인이 찾아간 많은 곳에서 동성 간의 관계가 널리 공공연하게 이루어지고 있었다. 포르투갈인은 이런 일들을 발견하면 근절하려고 노력했다. 호르무즈에서는 "남색 행위를 하는 자"의 콧구멍을 화살로 관통시켰고, 중국에서는 동성애를 맹렬히 비판했다. 그래도 이러한 것들이 포르투갈인들의 믿음을 위협하지 못하도록 막을 수가 없었다. 동물에 대한 태도와 마찬가지로, 성에 대한 이런 사고방식은 사소한 문제에 대한 의견충돌 그 이상을 의미했다. 서양의 형이상학에서는 이승의 타락하고 저급한 것에 등을 돌리는 금욕을 실천함으로써 이승이 아닌 더 나은 또다른 세상에 대한 믿음을 확인한다. 그런데 우리의 구원이 가장 깊은 곳에 있는 욕구를 억누르는 것과 철저히 연결되지는 않는다는 발상은 바로 이런 서양 형이상학의 근간을 정통으로 강타했다. 내세에 약속된 것을 고려한다면 절제의 고통은 그만한 가치가 있어 보였다. 그런데 이제는 하느님의 것들이 고통스러운 수치심이나 금욕과 결부되어 있기 때문에, 그토록 강력하게 느껴진다고 뒤집어 생각할 수도 있었다. 카몽이스의 『루지아다스』 마지막에 등장하는 사랑의 섬이 시사하듯이, 이러한 욕구들은 결코 사라지지 않았다. 그 대신, 욕정과 탐욕 그리고 희망 사이에 치명적인 혼란을 불러일으키면서 다른 것들로 옮겨갔을 뿐이다.[9]

카몽이스는 산타 클라라 호를 타고 1570년 4월에 리스보아로 돌아왔고, 1571년 9월 24일에 서사시의 출판 허가를 받았다. 이보다 여섯 달 전인 3월의 마지막 날, 포르투갈 종교재판소장은 순결의 종교적 가치를 부정한 다미앙 드 고이스의 행위가 징역형의 충분한 사유가 된다고 판단하고, 그에 대한 체포영장과 그의 책들에 대한 압수영장을 발부했다.[10]

17

지금은 어둠 속에서 새우지만

체포된 다음 날 아침 다미앙은 종교재판소 재판관들과의 면담을 요청하고, 고발 혐의가 무엇인지 알려달라고 했다. 그가 합당한 이유로 투옥된 것인지, 아닌지 알기 위해서였다. 그들은 기소가 신성한 종교재판소의 관행이 아니라고 했다. 오히려 재판관들은 세심하게 범죄를 조사한 뒤, 죄가 확정된 다음에야 당사자에게 체포영장을 보낸다고 했다. 그의 경우처럼 말이다. 그에게는 자비가 베풀어질 희망이 있으니, 부디 거룩한 신앙에 반해서 그가 행동하고 말한 모든 것을 털어놓으라고 했다.[1]

다미앙은 자신이 어느 부분에서 잘못했는지 기억을 더듬으면서 그동안 살아온 이야기를 들려주기 시작했다. 주앙 3세의 명에 따라 덴마크로 가는 임무를 맡아서 폴란드로 향하는 길에 뤼베크와 비텐베르크에 들렀던 이야기, 그곳에서 루터와 그의 뒤를 이은 2인자 멜란히톤을 포함해 여러 개혁주의자들을 만났던 이야기, 전신 시사 중에 루터가 자신은 할 수 있는 최선을 다해 사람들을 진리로 이끈다고 말했다는 이야기, 멜란히톤이 루터를 따른 이유는 그가 진리를 가르치는 것 같았기 때문이라는 이야기를 들려주었다. 다미앙은 자신은 멜란히톤의 말에 별다른 반응을 보이지 않고 퉁명스럽게 있었으며, 그들과 함께 있는 것이 불편하다는 내색을 비쳤다고 말했다. 또한 다미앙은—뢰번에서 두통에 시달렸던 터라—의사의 조언에 따라 프라이부르크로 갔으며, 에라스뮈스에게 줄 소개장을 가지고 갔다고 했다. 어느 서점 입구에서 프로텐스탄트 지리학자 제바스티안 뮌스터를 만났으며, 머물던 여인숙 문 옆에서 철학서를 읽고 있던 그리나이우스도 만났지만, 그의 집에는 가지 않았다고 했다. 다미앙은 스트라스부르크에서 또다른 프로테스탄트들을 만났고, 그들에게 아비시니아인들이 어떻게 교황이 교회의 수장이라고 믿게 되었는지를 들려주었다고 했다. 그러다가 루터파에게 편지를 쓴 적이 있느냐는 질문을 받자, 파도바에 살 때 추기경 사돌레토의 간청에 따라 멜란히톤에게 편지를 전달하면서 자신이 쓴 편지도 함께 보냈다고 했다.[2]

조사의 끝 무렵, 다미앙은 그가 루터파의 땅에서 보고 들은 모든 것을 자백하라는 강력한 권고를 받고 기꺼이 그렇게 하기로 동의했다.

그다음 달 동안 이루어진 6차례의 심문에서 다미앙은 인생 이야기를 되풀이해서 들려주어야 했고, 신앙의 주요 요소마다 꼬치꼬치 질문이 이어졌다. 심문이 끝날 때마다 그는 자백을 권유받았고, 그의 죄를 인정하라는 말을 들었다. 모든 것을 자백하지 않으면 지방 검찰관이 기소장을 발부하지 않을 수 없다는 경고도 받았다. 면죄부의 효력을 믿는가? 성인들의 중재력을 믿는가? 성체 제병 안에 그리스도가 실재한다고 믿는가? 사제의 순결을 믿는가? 언제든지, 심지어 중요한 단식일일지라도 고기를 먹어도 된다고 생각하는가? 금서 목록에 있는 책들 중에 소장한 것이 있는가? 금서를 서재에서 골라내서 종교재판소로 보내라는 요구에 그대로 따랐는가? 다미앙은 모든 것을 다 말했다며 되풀이하고 되풀이해서 주장했다. 그러나 재판관들의 무응답에 점점 더 많은 기억을 끌어냈다. 고발당할 만한 일이 무엇인지 알아내려는 필사적인 노력이었다. 그는 플랑드르에서 교황의 칙서인 불라 다 크루자다Bula da Cruzada를 구입했다고 했다. 건강을 유지하기 위해서(아프지 않은 날에도 육체적 건강을 유지하기 위해서) 생선 먹는 날에 고기와 유제품을 먹을 수 있게 허락하는 칙서였다. 병을 치료하는 것뿐만 아니라 건강을 유지하기 위한 목적이었던 것은 맞다. 다만, 이런 자유를 누리는 데에 특별한 허락을 구해야 한다고는 생각하지 않았다. 그러나 고기를 먹은 날에는 분명히 생선을 먹지 않았다. 그가 고기를 먹은 이유는 생선이 몸에 맞지 않았기 때문이다. 그는 자신의 책들 가운데 풍수지리에 관한 책 한 권과 에라스뮈스의 책 몇 권이 있다고 기억했다. 비텐부르크에서 루터의 설교를 듣기는 했지만, 독일어를 할 줄 몰라서 한마디도 알아듣지 못했다고 했다. 이 대목에서 교황 공증인이 끼어들더니, 슐레스비히에서 포즈난으로 가는 길에 비텐베르크로 가려면 가던 길을 벗어나 3-4리그―15-20킬로미터―나 가야 한다는 내용을 기록해야 한다고 언급했다. 다미앙은 언제인가 이탈리아에서 어느 학자와 나누었던 대화가 기억났다. 그는 교황이 누구나 원하는 음식을 먹을 수 있도록, 공의회를 소집해서 데 딜렉투 키보룸De dilectu ciborum(금식 관련 규정/역자)을 삭제해야 한다고 했다. 교황이 그렇게 하면 많은 이단자들이 원래의 신앙으로 돌아오리라고 생각했기 때문이다. 다미앙은 덴마크 참사관이 그의 독실한 신심을 조롱한 사건도 기억해냈다. 참사관이 그에게 성배로 건배하라고 재촉했지만 자신은 끝내 그렇게 하지 않았다고 하면서, 만약 이 말이 사실이 아니라면 하늘에서 떨어진 불기둥에 타 죽어도 좋다고 했다. 그는 스테판 돌레라는 사람이 쓴 책도 몇 권

가지고 있었던 것 같지만, 전부 라틴어 사전이었기 때문에 신경을 쓰지 않았다. 그런데 그 책들의 저자인 돌레가 혐의를 받는 사람이었다. 그래서 다미앙은 이런 책들을 마음대로 소유할 자유가 없었다.[3]

다미앙은 재판관들에게 자신의 집을 수색해서 그가 서명하고 봉인한 유언이 보관된 금고를 찾아보라고 권고했다. 금고를 부수어서 열어보면 그가 가톨릭 신자인지 이단인지 확인할 수 있으며, 그의 인생 이야기와 그가 어울렸던 사람들을 기술해놓은 글을 발견할 수 있다고 했다. 그뿐만 아니라 에라스뮈스가 보낸 편지 대여섯 통과 그가 뢰번에서 출판했던 라틴어 작품집도 들어 있다고 했다. 그러나 재판관들은 그 대신 추기경 왕자 엔히크 1세가 보낸 여러 통의 편지를 기록했다. 1541년에 작성된 이 편지들에는 에티오피아인의 신앙에 관한 그의 해석이 칭찬할 만하지만, 포르투갈에서 출판하거나 유통하는 것은 허가할 수 없다는 내용이 담겨 있었다. 물론 추기경은 다미앙이 훌륭한 기독교인이라고 믿지만, 어쩔 수 없다는 것이었다. 다미앙의 그 책에는 몇몇 미신적인 요소들도 있었고, 다미앙은 책에서 왜곡된 이유를 들어 이런 요소들을 정당화했다. 포르투갈에서 이런 오류들을 출판하는 것은 위험했다. 포르투갈에는 이러한 사상에 끌릴 수 있는 새 신자와 이단이 많았기 때문이다. 다른 국가의 관습에 대해서 단순히 이야기하는 것과 나중에 반박도 하지 않고 거짓 이유로 그 관습을 뒷받침하려고 애쓰는 것은 분명 다른 문제이다. 이 일은 나중에 정식 고발―라우단도 헤레티쿰, 논 비투페란도(이단을 규탄하지 않고 칭송한 죄)―로 이어졌다. 그런데 흥미로운 사실이 하나 있다. 다미앙의 연대기들도 다른 신앙과 문화를 가진 사람들을 꼭 이렇게 반박 없이 칭송하는 내용으로 가득하지만, 재판의 증거로 제시되지 않았다. 아마도 연대기들은 추기경 왕자 엔히크 1세의 공식 인쇄소에서 출판되었기 때문에,

비난할 여지 없이 훌륭하다고 생각한 것 같다. 혹은 이런 내용이 1,000쪽 분량의 빽빽한 역사 기록 속에 뿔뿔이 흩어져 있다는 점을 고려하면, 어쩌면 그때까지는 아직 발견되지 않았을 수도 있다.[4]

다미앙은 마음속으로는 이단을 믿으면서도 가톨릭 국가에서는 가톨릭 신자들이 하는 것처럼 행동하고 교회가 하라는 대로 행동하는 것이 가능하냐는 질문을 받았다. 그는 이런 잘못이 좋다고 생각한다고 그 누구에게도 말한 기억이 없다고 대답했다. 입 밖으로 말하지는 않았지만, 그 질문에 내포된 의미는 분명했다. 다미앙이 표면적으로 순명하는 모습을 보이는 것만으로는 충분하지 않다는 뜻이었다. 진짜 생각을 드러내지 않는 말을 하는 사람들, "비밀 신자들"에 대한 두려움이 확산되고 있었기 때문이다. 이런 공포, 즉 공식적인 수단의 통제를 넘어서는 내면의 심연에 대한 공포와 싸우려면, 영혼의 내면을 끌어낼 새로운 도구가 필요했다. 다미앙은 죄를 자백하라고 재촉당했다.[5]

그러는 동안, 추기경 왕자의 금고 관리인인 루이스 드 크라스투가 고해신부의 강권에 따라서 종교재판소에 왔다. 크라스투는 고해소의 비밀 유지 서약을 깨뜨리면서, 다미앙 드 고이스가 했던 말을 들려주었다. 교황 중에 독재자가 많으며, 많은 사제들이 위선적이고 심지어 세속의 권력자보다 더 폭군 같다고 말했다는 것이다. 이 말은 다미앙이 단체―예수회―이야기를 하다가 했던 말이며, 다미앙은 많은 예수회 선교사들이 그 창립자와 달리 겸손하게 살지 않는다는 말도 했다고 했다.[6]

심문이 있고 한 달 후, 다미앙에 대한 기소장이 공개되었다. 기소장에는 이런 내용이 담겼다. 다미앙은 특히 오랜 기독교인으로서 성모 교회의 가르침을 믿어야 하는 의무가 있지만 이를 저버렸다. 그 대신 그는 다양한 기회에 루터파 이단들에 대해 이야기했다. 그들을 지지하기 위해서 교회 당국을 왜곡하고, 그렇게 하는 것을 즐기면서 다른 사람들을 자기 편으로 끌어들이려고 했다. 그는 이단 종파의 수뇌들과 친한 사이인데, 가던 길을 벗어나 일부러 그들을 만나러 가서 함께 먹고 마실 정도였다. 나중에는 그들과 편지도 교환했으며 그들로부터 큰 존경을 받았다. 한 저명인사가 다미앙에게 루터파와 연결해줄 중개자 역할을 해달라고 요청했다는 사실이 이를 잘 보여준다. 다미앙은 교회와 교회법에 대한 애정이 거의 없는 모습을 보였다. 허가나 긴급한 필요 없이도 언제나 고기를 먹어야 한다고 생각한다는 것을 행동으로 보였다. 그는 이단자들이 자리에 없거나 사망해서 그들과 대화할 수 없게 되자, 서재에 보관한 금서들을 매개로 해서 그들과 교감할 정도로 애착을 보이며 죄를 저질렀다. 또한 그는 교회에 가서 가톨릭 신자처럼 미사에 참석은 하지만, 마음속으로는 그 안에 품은 것을 지키겠다고 말하는 소리를 들은 사람도 있었다.[7]

기소장이 공개되자, 다미앙은 비로소 자신을 고발한 자의 신원을 알 수 있었다. 그에게는 적이 꽤 많았다. 그가 조국의 역사를 미화해서 기록하지 않았던 탓에, 고결한 조상들에 대한 기억이 왜곡되었다고 느낀 자들로부터 불평이 쏟아졌기 때문이다. 그러나 감염의 원인은 이보다 훨씬 더 오래된 상처에 있었다. 그로부터 약 25년 전, 포르투갈로 돌아온 시망 호드리게스가 거의 귀국하자마자 다미앙을 종교재판소에 고발했던 것이다. 시망은 1545년 여름, 다미앙이 에보라의 한 성당에서 나오는 모습을 보고 깜짝 놀랐다고 한다. 그보다 전에 파도바에서 다미앙을 만났을 때, 호크 드 알메이다와 함께 두 달에 걸쳐서 다 같이 신앙 문제로 논쟁을 벌였던 적이 있었기 때문이다. 그때 다미앙은 교황과 고해성사를 업신여기는 루터에게 동조했고, 그렇게 하는 것을 즐겼으며, 심지어 시망에게 루터가 쓴 「전도서」에 관한 책까지 빌려주었다. 그가 에보라에서 다미앙에게 가톨릭 신자처럼 미사에 참석하는 것에 대해서 물었을 때, 다미앙은 자기도 다른 사람들처럼 행동하겠지만, 마음속으로는 그 안에 있는 것을 그대로 지키겠다고 말했다고 했다. 그러면서 시망은 자신이 이런 일들을 이야기하는 것이 다미앙에게 악감정이 있기 때문이 아니라고 주장했다. 오히려 반대로 두 사람은 한때 좋은 친구였지만, 그로서는 다미앙이 라틴어, 프랑스어, 이탈리아어, 어쩌면 네덜란드어와 독일어까지 할 줄 알기 때문에 가톨릭 신앙에 커다란 위험이 될 수도 있다는 점이 두렵다고 했다. 그리고 시망은 더 기억난 사실이 있다면서 이틀 뒤 다시 종교재판소를 찾았다. 그는 호크가 다미앙도 같이 있는 자리에서 순결에 대한 수도서원을 저격하는 말을 했으며, 그들의 그런 말이 **분명히** 자신을 개종시키려고 하는 것처럼 보였다고 했다.[8]

그 당시에는 아무 일도 일어나지 않았다. 추측에 따르면, 재판관 한 명이 다미앙의 친척이어서 기소되지 않도록 바람막이가 되었던 것 같다. 혹은 어쩌면 당시에는 이런 일들만으로는 보통 재판거리가 되지 않았을 수도 있다. 5년 후인 1550년에 시망은 다시 종교재판소를 찾아 자신이 했던 증언을 재차 확인하고 몇 가지 세부적인 내용도 추가했는데, 파도바에서 다미앙의 집에 머무는 동안 단식일에 고기와 치즈를 먹으라는 권유를 받았다는 이야기를 덧붙였다(다만, 그 자리에 다미앙은 아마도 없었을 것이라고 했다). 그리고 다미앙이 루터파의 구원에 관한 주장을 뒷받침하기 위해서 「고린토인들에게 보낸 편지」의 몇몇 구절을 인용했던 것도 기억해냈다. 예수회 기록물 보관소에 있는 어느 비공개 서한에 따르면, 그 사이에 시망은 로욜라에게 편지를 써서 다미앙과 그의 가족이 포르투갈 이단계의 중심에 있다고 비난했다. 시망은 그들을 종교재판에 회부하겠다는 의향을 밝히면서 "사실 더한 일도 할 수 있을 것 같다"고 했다.[9]

이번에도 20년이 넘는 시간 동안 아무 일도 일어나지 않았다. 그러다가 1571년 봄, 마침내 종교재판관들이 다미앙에 대한 고발 사건이 수사 대상이 될 만하다고 결정했다. 시망은 기꺼이 다시 증언하기로 했다. 이때 그는 스페인 톨레도에 있는 예수회 신학대학에 있었는데, 예수회 수련 수사들에게 엉뚱하고 불안정한 관행을 장려한 탓에 포르투갈에서 추방된 이후로 그곳에서 망명 생활을 하고 있었다. 그는 예전의 증언 기록에 남아 있는 모든 내용이 틀림없다고 확인했다. 다만, 한 가지만 수정했다. 다미앙이 자신에게 루터의 책을 빌려주었다고 말한 적은 없으며, 단지 그가 빌려주려고 시도했다는 의미였을 뿐이라고 했다.[10]

고발 사실이 공개되자, 관련 증언들이 봇물 터지듯이 밀려들었다. 수많은 증인들이 종교재판소 사무국을 통해서 직접 들은 다미앙의 말이나 다미앙에 대해서 들은 내용을 보고했다. 증언을 시작할 때 각각의 증인들은 자신에게 충격을 준 행동이나 말을 보거나 들었는지 증언해달라는 요청을 받았다. 다미앙이 플랑드르에 가서 살다가 죽고 싶다, 아들이 그곳에서 교육을 받았으면 좋겠다고 말하는 것을 들었다는 증언이 나왔다. 어떤 귀족은 자신이 코임브라의 산토 도밍고 수도원에 예배당 건축 비용을 댈 생각을 하자, 다미앙이 그의 교구에서 그렇게 하는 편이 더 좋겠다는 제안을 했다고 말했다. 그 증인이 보기에는 다미앙이 독일에서처럼 포르투갈에서도 수도원이 억압받으리라고 예상했기 때문에 이런 제안을 한 것 같다고 했다.[11]

평판 좋은 한 여성이 왕실에서 일하는 어떤 신사에게서 들은 바에 따르면, 동료의 누이 한 명이 단식일에 다미앙의 집에 간 적이 있는데, 그때 다미앙이 오렌지 주스와 함께 돼지고기를 먹는 것을 보았다고 했다. 그 누이를 찾아서 확인한 결과, 6년 전에 정말로 다미앙의 집에 갔던 적이 있다고 했다. 당시 그녀는 임신 중이었는데, 다미앙이 돼지고기를 권하면서 그녀 혼자만 먹어서는 안 된다고 말했다고 했다. 그들은 재빨리 돼지고기를 먹어치운 다음, 준비되어 있던 생선 요리도 먹었다고, 다만 이제 생각해보니 6년 전이 아니라 13-14년 전의 일로 기억된다고 했다. 그때 그녀는 확실히 충격을 받았으며 오빠와 그 아내에게도 자신이 충격을 받았음을 말했고, 다미앙이 무엇이든지 밖에서 몸 안으로 들어가는 것은 사람을 더럽히지 않으며, 더럽히는 것은 도리어 사람에게서 나오는 것이라고 말했다는 사실도 그들에게 언급했다고 했다. 또한 그녀의 아버지가 그녀에게 다미앙은 이 벽만큼도 하느님을 믿지 않는다고 말했다고도 했다. 재판관들은 그녀가 사실대로 말했다고 생각된다는 메모를 남겼다.[12]

이 식사 자리에 있었던 다른 사람들도 소환되었다. 그러나 그들은 기억이 확실하지 않아서 많은 것을 떠올리지 못했다. 다미앙의 딸 카타리나는 당시 자신의 나이가 아홉 살에 불과했다고 주장하면서, 아버지가 입으로 들어가는 것이 영혼을 더럽히지는 않는다는 말을 한 것은 기억한다고 했다. 그러나 이 말은 소식할 것이냐, 대식할 것이냐를 이야기하다가 나온 말이라고 했다. 그리고 그의 아들에게 남의 험담을 하지 말라는 충고의 말이었다고 했다. 이 증인들에 대해서는 그들이 자신들의 증언대로 말했다고만 언급되어 있다.[13]

이후 6개월간 점점이 고발이 이어지는 동안, 다미앙은 끊임없이 심문을 받았다. 그는 30년도 더 전에 자신이 교황의 면죄부가 무슨 소용이 있는지 의심했던 일을 기억해냈다. 그래도 그는 한 번도 빠지지 않고 교회에 가서 성체를 모셨으며, 이방인을 칭송했던 것은 사실이지만 그들의 잘못을 칭찬한 적은 없다고 했다. 아마도 4-5년 정도 고해성사와 면죄부에 의혹을 가졌던 것 같지만, 이것은 그가 라틴어를 배우기 전의 일이라고 했다. 파도바에 있을 때 학식 있는 사람들과 이런 주제들로 논쟁을 벌인 뒤, 이런 의심을 품었던 것을 회개하고 교회에서 고해했다고 했다. 다미앙은 이런 새로운 기억을 간간이 떠올리면서 재판관들에게 그가 고령의 노약자여서 감옥에서 죽어가고 있으니 신속한 결론을 내려달라고 간청했다. 그러면서 부디 그에게 속죄의 기회를 주어 하느님을 섬기고 용서를 받을 수 있게 해달라고 청했다. 또한 외로워서 미칠 지경이니—아무 책이나—라틴어 책을 한 권 달라고 간청했다. 책을 달라는 요청이 수락되었다는 증거는 남아 있지 않다. 새로 제기된 고발 내용을 반영해서 두 번째 기소장이 공개되었다. 다미앙은 이제 무척 괴로워하면서 재판관들에게 이 모든 사태를 촉발한 시망의 진술을 믿어서는 안 된다는 내용의 편지를 썼다. 시망이 이그나티우스 로욜라에게 다미앙이 죄인이라고 비난하면서—로욜라는 이 일을 사과하기 위해서 급히 그를 방문했다고도 했다—그에 대한 뿌리 깊은 증오심을 드러냈던 사람이기 때문이라고 했다. 게다가 시망은 25년 전 포르투갈로 돌아왔을 때 그 즉시 그를 고발하지 않고 있다가 몇 달이 지난 후에야, 심지어 그때도 자신이 가정교사로 모시던 왕자의 의상 담당관에 다미앙이 임명되는 것을 막으려고 신고한 것뿐이라고 지적했다. 그는 9개월간 투옥됨으로써 명예가 실추되었을 뿐만 아니라, 육체적으로도 일흔이라는 나이로 거의 서 있을 수도 없고, 온몸에는 피부병으로 인해 딱지가 앉아서 나병 환자로 오인될 지경이라고 호소했다.[14]

두 번째 기소장이 공개되자 고발인들로부터 새로운 기억들이 다시 한 차례 접수되었다. 다미앙은 멜란히톤이 모자를 쓰지 않고 시를 노래하면서 루터 앞을 걸어가는 모습을 보았다며 자랑했다고 한다. 그리고 플랑드르 사람들과 독일 사람들을 집으로 자주 초대했다고 한다. 성 경내에 살던 다른 사람들은 그곳에서 다미앙이 미사에 참석하는 모습을 본 적이 없다고 했다. 그의 가족에게 물어보면 미사를 드리러 다른 교회에 갔다고 대답하면서도, 그가 대단한 미세이루misseiro—미사에 참가하기 좋아하는 사람—가 아니라면서 웃었다고 한다. 어떤 사람들은 그가 에라스뮈스에 대해서 절도 있고 절제하는 삶을 살았다고 말하는 것을 들은 적 있다고 했다. 다미앙은 에라스뮈스를 덕망 높은 사람이라고 평했다. 그의 집에는 외국인들이 자주 들락거렸다. 힌 목격자는 그들이 부르는 노래를 들었는데 그가 도무지 알아들을 수 없는 노래였다고 했다. 그저 사람 목소리만 들렸고 노래는 한참 동안 계속되었는데, 익숙하게 듣던 종류의 노래가 아니었다고 했다. 다미앙의 거처에는 예배당으로 통하는 발코니가 있었지만, 그가 그곳에 나와서 미사에 참례하는 모습은 본적이 없다고 했다. 그 대신 그곳에 베이컨과 염장한 고기를 보관한 탓에, 발코니 아래에 있던 예배당 날개석에 놓인 십자가상 위로 기름과 소금물이 떨어졌다고 했다. 이것을 보고 어떤 사람은 십자가 위로 소변이 떨어지는 줄 알았다고도 했다. 이런 일이 한동안 계속되자, 십자가가 이런 몰골에 처한 것을 본 한 여성의 하인들이 경악과 충격을 금치 못하면서 **예수님, 보고 계십니까?**라고 말했다고 한다.[15]

다미앙이 루터 추종자나 이슬람교도들처럼 성화와 성상을 혐오했다는 주장이 제기되자, 그는 자신이 소유했던 모든 그림과 조각상, 교회 비품 목록이 담긴 문서를 확인할 수 있게 해달라고 요청했다. 또한 그가 수십 년간 왕과 왕비, 교회에 바쳤던 작품들과 심지어 특정 교황 특사에게 선물했던 작품 목록도 요구했다. 특히 이 특사는 다미앙이 소장하던 히에로니무스 보스의 작품들과 같은 그림은 본 적이 없다면서 이 작품들을 자신에게 팔라고 간청하기까지 했다고 했다. 그는 자신의 방이 위대한 작품들로 가득했다는 사실을 증언해줄 많은 증인도 불렀다. 그는 이 작품들을 수집하느라 거금을 썼으며, 작품 하나하나마다 아주 자세히 언급하면서 사람들이 특별히 이 작품들을 보기 위해서 그의 방을 찾았다고 했다. 또한 예배당에 떨어진 것은 기름이나 소금물이 아니라, 벽을 따라 설치되어 있던 배수관에서 매년 물이 넘쳐서 빗물이 떨어진 것이라고 해명했다. 게다가 음식물을 저장했던 통들은 발코니가 아니라 타일이 깔린 방 한가운데에 보관했다고 했다. 따라서 그 때문에 성 경내의 예배당 안에 있는 십자가 위로 소금물과 기름이 새지 않은 것이 분명하다고 주장했다. 그러면서 재판관들에게 국가를 위해서 봉사했던 공과 선한 성품을 고려해서 부디 자신을 풀어달라고 간청했다.[16]

다미앙의 이런 간청에도 불구하고, 5년 전 트렌트 공의회가 끝나면서 이단으로 선언된 수많은 요소들에 대해 그가 충분히 회개하지 않았다는 답변이 돌아왔다. 그의 변명—그저 호기심으로 프로테스탄트 개혁론자들을 만나러 간 것이지, 그들의 주장을 수용할 의도는 전혀 없었다, 당시 가톨릭 신자들 사이에서는 흔한 일이었다, 에라스뮈스가 유죄 판결을 받지 않았으므로 그도 에라스뮈스와의 우정 때문에 처형되어서는 안 된다 등—은 거의 소용이 없었다. 그는 이 일을 꾸민 자—시망 호드리게스—가 자신의 **불구대천의 원수**이며, 자신을 감옥에 오래 잡아두기 위해서 그에게 반감을 품도록 사람들을 물들였다고 항의했다. 그는 자신을 고발한 자와의 대질을 요청했다. 그는 하느님이 극악무도한 자들에게 내리는 처벌을 그자에게 내리기를 바라면서 「시편」의 한 구절을 인용했다.

교만한 자들이 나를 마구 희롱하여도 나는 당신의 법에 버티고 굴하지 않았사
옵니다.

그 옛날에 내리신 당신의 결정, 그것을 생각하오면 주여, 나는 위로가 되옵니다.

당신 법을 버리는 악인들 앞에서 울화가 치밀어 견딜 수가 없사옵니다.

나그네살이하는 이 내 집에서 당신 뜻을 노래로 따르리이다.

주여, 밤에도 당신의 이름을 잊지 않고 당신의 법을 지키리이다.

그의 요청은 수락되지 않았다. 그는 16개월간 수감 생활을 하면서 심문과 암흑과 무지의 시간이 교차하는 고통에 시달린 끝에, 재판관들에게 애절한 편지를 보냈다. 그의 병환이 깊은데, 한 가지 병이 아니라 무려 세 가지 병을 앓고 있다고 호소했다. 온몸의 피부에는 마치 나병처럼 딱지가 앉았고, 신장에도 문제가 있으며, 어지럼증도 있다고 했다. 그에 따르면, 그를 본 사람은 누구든 동정심이 일지 않을 수 없으며, 그의 몸에는 온전한 곳이 한 군데도 없다고 했다. 편지에서 그는 자신이 30-40년 전에 이미 젊은 시절의 죄를 자발적으로 고백하고 뉘우쳤다는 사실을 상기시켰다. 그러면서 성 아우구스티누스와 성 카일레스티누스, 성 히에로니무스도 한때는 이단이었지만 결국 회개한 사람들이라는 점을 지적했다. 한 달 후 재판관들로부터 답변이 도착했다. 재판관들은 그의 앞에서 그에 대한 혐의를 발표할 것이며 죄를 자백하라고 촉구할 것이라는 내용이었다.[17]

그후, 재판 시작 19개월 만에 더 이상 언급할 사건 없이 재판이 종료되었다. 종교재판소는 그에게서 더는 들을 내용이 없다면서, 그의 나이와 상황을 고려하여 공개처형을 면하게 해주었다. 그 대신, 그가 왕국을 더 오염시키지 못하도록 그를 바탈랴 수도원에 영구 감금하고, 그의 재산은 몰수해서 왕실 국고에 귀속하기로 했다. 다미앙은 정식으로 이단을 포기해야 하며, 만약 신앙을 저버리거나 여생을 기도와 반성으로 보내야 하는 속죄 생활에 문제라도 생기면 법의 엄중한 처벌을 받기로 했다.[18]

그다음에 들려온 다미앙의 소식은 15개월이 지난 어느 날 아침에 들려온 그의 사망 소식이다. 당시 그는 바탈랴 수도원에서 풀려난 상태였던 것으로 보인다. 그는 자신의 마지막을 맞을 준비를 확실히 해두었던 것이 분명하다. 이미 10년 전에 로마 숫자로 MDLX(1560)라고 새긴 묘비가 마련되어 있었다. 여기에 그가 산 햇수를 합하기만 하면 되었다. MDLX의 뒤에 XIV를 추가해서 1574년으로 표기해야 했지만, 결국 이 숫자들은 묘비에 새겨지지 않았다. 그리고 그는 사망한 당일에 땅에 묻혔다. 14년이나 지난 연도가 쓰인 묘비 아래에 말이다. 남아 있는 기록들을 보면, 그의 죽음에 폭력의 흔적이 있었다는 데에는 의견이 일치한다. 그러나 그가 불에 타 죽었는지 아니면 목이 졸려 죽었는지, 사망 장소가 집이었는지 아니면 여인숙이었는지 등 주요한 세부 사항들에 대해서는 의견이 분분하다.

18

흩어진 낱장으로 존재하는 우리

1903년 5월, 한 저명한 애서가가 리스보아 국립 도서관 관장을 불쑥 찾아왔다. 이 신사, 카를루스 페헤이라 보르즈스는 도서관 사람들도 잘 아는 인물이었다. 그가 존경을 한 몸에 받던 샤비에르 다 쿠냐 관장을 찾아온 이유는 몇몇 필사본을 매도하겠다는 제안을 하기 위해서였다. (그가 분명히 밝힌) 매도 이유는 재정난 때문이 아니었다. 서고를 정리해서 다른 자료를 소장하고 싶기도 했고, 그가 소유한 귀중한 문서를 안전하게 국가에 맡겨서 여러 개인들의 손에 뿔뿔이 흩어지는 사태를 막고 싶었기 때문이다. 그의 제안에 솔깃해진 관장은 국립 도서관 및 기록물 보관소 소속 조사관과 함께 몇 주일 후에 보르즈스의 집을 방문하여, 그가 제안한 문서들을 세세히 조사하기로 했다. 두 사람은 보르즈스 소유의 필사본들 가운데 비메이루 저택 서재에 있던 책들이 다수 있다는 사실을 알고는 매우 기뻐했다. 그 책들 대부분이 1755년 리스보아 대지진 당시 분실된 것으로 생각되었기 때문이다. 방문 결과, 보르즈스의 소장품들 가운데 66권의 필사본과 방대한 양의 묶이지 않은 문서를 구입할 수 있었다. 그중에서도 가장 큰 쾌거는 젊은 시절의 카몽이스가 쓴 편지 한 통을 발견한 것이었다. 이 시인이 쓴 것으로 알려진 편지는 단 네 통뿐인데 그 중 하나가 나타난 것이다. 조금의 과장도 없이 말하자면, 편지에 담긴 내용은 예상 밖이었다.

3세기라는 세월이 흐르는 동안, 카몽이스의 명성은 포르투갈에서 타의 추종을 불허할 정도로 높아졌고 전 세계로도 널리 알려졌다. 시인은 생전에는 이름도 거의 알려지지 않았고 겨우 보잘것없는 보상만 받다가 1580년 6월 10일, 아마도 당시 리스보아를 휩쓸던 역병에 걸려 사람들의 기억에서 잊힌 채 사망했다. 그는 극빈자 병원에서 사망하면서 잊힌 예술가로 널리 유명해졌다. 훗날 허먼 멜빌은 그를 가리켜 운명의 칼이 화음을 연주하던 리라를 갈기갈기 찢었다고 했다. 한술 더 떠서 기가 막히게도 카몽이스는 사망 직후에 명성이 수직상승해서 거의 전설의 반열에 올랐다. 비교적 소박하게 출간된 초판 『루지아다스』는 금세 거창하게 편집되어 출판되었는데, 많은 주석을 추가해서 시인의 의도와 의미를 해석하고 그를 유럽의 정통 거장들과 어깨를 나란히 하는 위치에 두었다. 얼마 지나지 않아서는 라틴어와 스페인어, 영어, 프랑스어로도 번역되었다. 그가 평생 발표한 서정시는 세 편에 불과했지만, 사망 직후부터 그의 시 모음집이 우후죽순으로 등장하기 시작했다. 이내 어마어마한 양의 소네트가 사소한 핑계라도 대서 그의 작품인 것처럼 발굴되었다. 400편이 넘는 시에 그의 이름이 붙었을 정도였다. 그는 사후에 전사戰士 시인의 전형으로 조명되었고, 스페인의 포르투갈 병합(1580-1640)의 여파로 인해서 포르투갈의 국가적 자부심의 중추가 되었다. 포르투갈인이 스페인인과 다를 뿐만 아니라 우월하다는 것을 나타내는 상징이 된 것이다. 낭만주의 작가들은 카몽이스를 방랑자이자 망명자 시인의 모범으로 보았다. 그의 이야기와 글은 워즈워스와 멜빌, 에드거 앨런 포에게 영감이 되었다. 프리드리히 슐레겔과 알렉산더 폰 훔볼트는 그의 작품에 관한 비평을 썼고, 리처드 프랜시스 버턴은 그의 글을 번역했다. 그러는 동안, 포르투갈 국내에서는 그의 모국어 포르투갈어를 카몽이스의 언어라고 부를 정도로 그의 위상이 하늘을 찔렀다. 포르투갈 지식인들은 이 국민 시인의 위상을 위협하거나 심지어 뛰어넘는 위업을 이룰 작가, 이른바 제2의 카몽이스가 언제 나올지를 두고 격렬한 논쟁을 벌였다.[1]

이처럼 카몽이스가 남다른 명성을 얻게 된 큰 이유는 포르투갈과 유럽이 세계 무대에서 위상이 흔들린다고 느끼던 시기에 이들에게 미래상을 제시했기 때문이다. 그 당시 상황을 보면, 고대 그리스 로마와 기독교 전통의 계승자이자 가장 존경스러운 권위자들인 그들이 미처 존재하는지도 몰랐던 서쪽의 어느 대륙(아메리카 대륙/역자)에 우연히 발을 디디는 일이 벌어졌다. 지구가 움직일 뿐만 아니라 우주의 중심이 아니라는 주장도 등장했다. 여기에 더해서 동방에서 만난 문명들이 정교하고 세련된 문화와 기술을 보유하고 있었던 탓에, 세계 역사의 중심이 예루살렘과 로마라는 단순한 생각이 무너지고 말았다. 유럽이 로마 제국의 유산의 상속자라는 주장마저 수많은 경쟁자들의 도전을 받았다. 이런 도전이 고대 세계가 전 지구적으로 연결되어 있었다는 사실을 상기시켜주기도 했다. 결과적으로 이것은 새로운 길이 열리고 있다는 주장의 근간을 약화시켰고, 야만적인 이방인에 맞서는 유럽인이라는 단순한 서사에 흠집을 냈다. 마찬가지로, 동방의 수많은 다양한 종교들을 접하면서 기독교라는 빛과 유대교와 이슬람교라는 어둠 사이의 이분법적 투쟁이라는 단순한 서사 역시 흔들렸다. 그 대신, 삶의 가장 중요한 것들—음식, 성적 취향, 성별 관계, 영성—에 접근하는 방식이 이 세상에 당혹스러울 정도로 다양해서 이해는커녕 분류하기도 힘들 정도라는 사실이 드러났다. 이와 같은 여러 종교들 앞에서 금욕과 절제, 단식을 철저히 실천하던 기독교인들은 무안해지고 말았다. 그들은 이런 엄격한 행동들을 나머지 세상과 자신들을 구별하는 차별점으로 생각했기 때문이다.

이처럼 균형이 깨지는 혼란의 와중에, 카몽이스가 유럽의 영웅주의에 의해서 발견되고 정복된 세계가 있다는 세계관을 제시한 것이다. 이런 세계관으로 보면, 세계를 기만적인 이슬람 원수와 덕망 높은 기독교 동맹으로 쉽게 분류할 수 있었다. 또한 카몽이스는 이런 세계관을 로마 제국과 유럽의 새로운 식민 제국들 사이의 연속성을 보여주는 신고전주의 양식으로 제시했다. 슐레겔에 따르면, 영웅적 민족주의에 바탕을 둔 그의 세계관이 그가 지은 『루지아다스』를 완벽한 서사시로 만들었다. 그러나 카몽이스는 특정한 역사관을 떠받치는 훨씬 더 큰 흐름의 한 줄기에 불과했다. 지금도 우리는 유럽이 다양한 종류의 내적 투쟁을 통해서 구축되었다고—종교와 폭정에 승리함으로써 계몽주의와 민주주의, 자유의 시대가 열렸다고—생각한다. 이런 시각에서 보면 나머지 세계는 그저 조연밖에 되지 않는다. 우리가 유럽에 대해서 이렇게 생각하게 된 주된 이유는 어마어마한 노력을 들여 국가적, 문화적 신화를 만들어, 유럽과 개별 유럽 국가들의 역사가 본질적으로 일관적이고 연속적이며 자족적이라고 역설하는 사상을 주입했기 때문이다(이러한 노력은 나중에 북아메리카까지 포함하는 방향으로 확대되었다). 2세기가 넘는 기간에 걸쳐 식민 제국주의가 성장하는 동안, 유럽은 문화 에너지의 대부분을 카몽이스가 활용했던 각색된 고전주의 양식에 쏟았다. 이와 함께 건축과 교육, 문학, 유행을 동원하여 유럽이 로마의 역할을 이어받았다는 정당성을 주장했다. 오랫동안 잠들어 있던 고대 문화가 서유럽에서 다시 태어난 것처럼 보이는 르네상스, 이런 르네상스를 성공적으로 만들어낼 수 있었던 가장 큰 요인은 동양을 지워버린 덕분이었다. 한때 새 로마 또는 콘스탄티노폴리스라고 불렸던 도시를 다시 "비잔티움"이라는 이름으로 부를 정도였다. 동양에 의존해야 하는 연속성을 버리고, 그 대신 남의 덕을 볼 필요가 거의 없는 기적과도 같은 재각성再覺醒이라는 방법을 선택한 셈이다. 일찍이 동양과 서양의 종교 사이에는 유사점이 포착되었지만, 이제는 그 대신 프로테스탄트 종교개혁과 반종교개혁이라는 교리를 앞세워서 기존에 인식했던 유사성과 거리를 두었다. 게다가 이는 보편적인 기독교 진리를 나머지 세계에 전파한다는 명분으로 식민 제국 사업을 정당화하는 구실이 되었다. 비유럽 민족의 문화와 사고방식은 그나마 주목받더라도 절충주의 전문가들의 연구 영역이었다. "동양주의"와 (훗날에는) "인류학"이라는 가면 아래에 별도의 연구 기관을 만드는 방법으로, 이들을 정통 유럽 문화로부터 안전하게 고립시킨 것이다. 그래도 최근에는 한때 온전히 유럽의 전유물로 생각되던 "계몽주의"의 뿌리를 전 세계적인 차원에서 밝혀내기 시작했다. 유럽은 이처럼 더 넓은 세계와의 만남을 감추면서 또다른 삶의 모습들도 외면해버렸고 그후 수 세기 동안 이를 개념화하지 못했다. 그러나 훨씬 더 넓은 범위의 시간을 바탕으로 세워진 이 세계들에서는 인간만이 중요한 종이 아니었으며, 성적 취향과 성별 관계에 대해서도 무척이나 다양한 생각이 존재했다.[2]

 카몽이스의 삶에 대해서 거의 알려진 바가 없었던 탓에 그를 이런 신화의 영역에 흡수시키기는 무척 쉬웠다. 그의 일대기에 등장하는 세세한 내용들은 대부분 『루지아다스』 1613년판의 서문과 주석을 바탕으로 했다. 이 판을 편집한 두 학자는 시인의 말년에 그와 알고 지냈던 것으로 보인다. 그래서 시인이 그들에게 들려준 몇몇 단편적인 이야기에 살이 붙어 그의 인생의 전설로 자라나게 된 듯하다. 예를 들면, 사망자 재산 관리인에 임명된 일, 마카오에서 억울하게 해임된 일, 메콩 강 삼각주에서 귀국선이 난파된 일, 조난 과정에서 중국인 연인을 잃은 일, 해안으로 헤엄치면서 서사시 초고를 지킨 일 등이 그렇다. 그후 수 세기에 걸쳐서 여기에 몇몇 신뢰할 만한 세세한 내용과 믿기 힘든 이야기들이 추가되었다. 그럼에도 그의 초창기 삶에 관한 자세한 이야기는 대부분 암흑 속에 남아 있다.

1903년에 국립 도서관이 구입한 문서들 중에는 16세기와 17세기에 쓰인 다양한 편지들을 모아놓은 두꺼운 책이 한 권 있었다. 보르즈스가 짙은 색 가죽으로 제본한 이 책에는 금색 글씨로 "다양한 문서들"이라고 적힌 이름표가 붙어 있었다. 이 가운데 첫 번째 수확물이 바로 카몽이스의 편지였다. 그다음 해, 쿠냐 관장은 이 편지를 「국립 도서관 회보*Boletim das Bibliothecas e Archivos Nacionaes*」에 발표하면서 심심한 사과의 말을 덧붙였다. 편지에 무례한 대목이 너무 많이 나올 뿐 아니라 심지어 그 내용이 충격적이었기 때문이다. 시인이 리스보아에서 지내던 시기에 쓴 편지가 이렇게 재발견되면서 그가 젊은 시절에 리스보아 암흑가와 관련을 맺었다는 사실이 명백해졌다. 얼마 후에 이 편지가 진짜라는 것과 편지를 쓴 사람이 문제아였음을 확인해주는 다른 편지들도 다수 발견되었다. 1920년대 영국에서 구입한 두 번째 필사본이었는데, 그가 청소년기에 쓴 편지들의 사본이었다. 그중에는 1903년에 발견된 편지와 이어지는 것도 있었다. 이 편지에서 카몽이스는 리스보아의 매춘부와 자신이 가담했던 깡패단에 관한 잡담만 더 늘어놓은 것이 아니라 이 리스보아 지하세계의 배후 인물이 누구인지 그 이름까지 거명했다.

주변에 있는 최정예 암살자들은 시망 호드리게스에게 고용된 자들일세. 이들은 한때는 그를 괴롭혔지만 지금은 그의 금고에서 사례비를 지불받고 있지. 마멀레이드 사탕과 찬물이 담긴 주전자로 말이야. 여기에 그의 귀부인 누이의 시선은 덤이지. 요새의 대장이 이런 식의 거래를 금지하고 있지만, 이런 중국행 항해에서는 급료보다는 도둑질로 돈을 더 번다네.

암살자들이 금고에서 마멀레이드 사탕과 찬물이 든 주전자로 사례비를 받는다고 언급한 부분은 그로부터 4세기가 지난 오늘날에는 거의 사라진 도둑들의 은어를 사용한 것으로 추정되었다. 또 여기에서 거명된 "시망 호드리게스"가 포르투갈 예수회 창립자와 동일 인물이라는 것은 워낙 상상할 수도 없는 일이라, 당시의 전문가들은 즉각 그 가능성을 일축해버렸다. 그리고 이후로도 이 문제는 한 번도 진지하게 다루어지지 않았다.[3]

그러나 이 편지 속 수수께끼 같은 표현은 시망 호드리게스가 우리가 아는 그 사람일 가능성을 배제하지 않는 사람들에게는 보기보다 명확하게 느껴질 수도 있다. 광신적인 수련 수사들의 우두머리이자 사반세기에 걸쳐 지치지도 않고 다미앙 드 고이스를 박해했던 시망 호드리게스. 그는 공식적인 처벌 수단이 미치지 못한 자들에게 폭력의 응징을 가하도록 의뢰한 뒤 대가를 지불했을 수도 있다. 여하튼 예수회는 1553년에 산투 안탕 우 노부 예수회 대학이 설립되기 전인 1550년대 초에 추기경 왕자 엔히크 1세의 왕실에서 일했다. 왕의 금고 관리인들 중에서 적어도 한 명이 다미앙의 재판에 증인으로 출석했다. 이들 예수회는 엄격하게 식단을 제한하는 것으로 유명했다. 포르투갈 국왕이 방문하더라도 조금도 느슨해지지 않을 정도였다. 그들에게 허락된 유일한 예외는 주요 축제일을 위해서 준비한 몇몇 당과였다. 그중에서 가장 유명한 것이 바로 **마멀레이드 사탕**이다. 이렇게 보면, 카몽이스의 편지 속 농담은 뒷골목의 은어라기보다는 낙 없이 사는 예수회에 대한 우스갯소리—한때 혈기 왕성한 청년들의 조롱을 받던, 신앙심이 독실한 외톨이가 이제는 그들을 지휘하는 아이러니한 상황을 빗댄 농담—처럼 들린다. 마찬가지로 중국행 항해라는 표현은 1540년대 중반부터 예수회가 야심만만하게 중점을 두었던 중국 선교 사업을 반어적으로 표현한 것으로 읽힌다. 편지에 언급된 **귀부인 누이** 등 몇몇 요소들은 여전히 파악이 힘들다. 그러나 카몽이스는 첫 번째 리스보아 편지에서 예수회 사제들이 수수료를 받고 부적절한 밀회를 알선하는 **큐피드** 노릇을 했다고도 주장했다. 어쩌면 과거를 특정한 방식으로만 생각하려는 우리 자신의 완고한 고집이 때로는 우리가 풀어야 할 단 하나의 암호일 수 있다.[4]

1571년 다미앙이 투옥될 무렵, 시망은 거의 20년째 스페인과 이탈리아에서 망명 생활을 하고 있었다. 다시 말하자면, 그가 멀리 떨어진 곳에서 다미앙에 대한 고발을 재개했고 증언을 위해서 톨레도에서 증언했다는 뜻이다. 그의 망명 이유에 대해서는 극히 일부만 알려져 있다. 그 시작은 1551년, 예수회 회칙을 만들기 위해서 예수회 설립자들이 로마에 모였을 때였다. 이 자리에서 시망 호드리게스와 나머지 회원들 사이에 그동안 속에서 부글부글 끓던 긴장이 표출되었다. 로욜라의 권위를 찬탈하려고 할 뿐만 아니라 독립해서 단독으로 수도회를 설립하려고 한다며 많은 회원들이 시망을 비난했다. 그러자 시망은 포르투갈 왕실과의 유대와 포르투갈 제국의 무역의 성장에 힘입어 그의 관구가 예수회 전체 사업에 보조금을 대고 있지 않느냐며 항의했다. 그러면서 아마도 자신의 관구가 독립해야겠다고 했다. 로욜라는 그를 측면에서 공격하기 위해서 움직였다. 코임브라의 예수회 대학에 새로운 총장을 취임시킨 다음, 시망에게 직접 알리지 않은 채 그가 맡던 포르투갈 관구장 자리를 교체했다. 시망에게 가장 충성했던 조력자들은 수도회에서 축출하거나 해외로 파견했다. 시망은 포르투갈 법정에 고발되었고, 재판을 위해서 로마로 가라는 명령을 받았다. 시망은 로욜라에게 그에 관해서 제기되는 많은 중상모략을 믿지 말라고 간청하는 편지를 썼다. 그러나 이 고발의 정확한 본질이 무엇인지는 불분명하다. 예수회 기록물 보관소에서 가장 비밀스럽고 엄밀하고 소중하게 관리된 장소에 보관되었음에도 불구하고, 시망이 로욜라에게 보낸 편지들 대부분과 그의 재판과 관련된 자료들이 사라졌기 때문이다. 결국, 시망은 그때부터 이탈리아와 스페인에 있는 몇몇 예수회 재단에서 조용히 살라는 선고를 받았고, 그렇게 지냈다. 포르투갈 기록물 보관소에 있는, 시망의 삶에 관한 비공개 자료들로 알 수 있듯이, 1573년 말 다미앙이 사망하기 몇 달 전에 다시 포르투갈로 돌아오기 전까지는 말이다.[5]

이제 다미앙의 사망 관련 기록들이 서로 모순된다는 문제가 남았다. 한쪽 기록에서는 그가 교살되었거나 질식사했다고 추정할 뿐 그 이상의 언급은 없다. 다른 한쪽 기록에서는 그의 시신이 불에 탄 채로 발견되었다고 언급하지만 교살에 대한 언급은 없다. 다미앙의 사망과 그가 교살되었다는 보고서가 발표된 시기 사이에는 25년이 넘는 시간 차이가 있지만, 그의 일대기와 관련된 상세한 내용들은 전부 정확하다. 아마도 이런 내용은 안트베르펜의 출판업자 크리스토프 플랑탱의 정보망을 통해서 확보한 것이리라. 플랑탱은 리스보아에서 정기적으로 보내온 보고도 받았으며, 전기 출판업자 아르놀트 묄리우스와 함께 일하기도 했다. 다미앙의 사망과 관련해서, 보고서 내용 중에는 몇 가지 정확하지 않은 점들이 있다. 재판 결과 다미앙의 전 재산이 몰수되었다는 사실을 고려하면 범인이 그의 하인들일 가능성은 없다. 또한 다른 증언들과 차이가 나는 탓에 의문이 드는 부분들도 있다.

그런데 만약 이 보고서들이 모순되는 것이 아니라, 단지 하나의 그림을 이루는 단편적인 두 조각의 사실이라서 무의미해 보일 뿐이라면 어떨까? 사실 사람을 교살한 다음에 시신을 불로 태우는 것이 일반적인 관행이었던 특정한 상황이 하나 있었다. 바로, 이단죄로 종교재판소의 사형 선고를 받은 자들 중에서 죄를 자백하고 회개한 자들에게 내려지던 표준적인 처벌이다. 이 경우 피고는 고해하고 회개한 것을 인정받아 이에 대한 선처로 교살되었다. 그런 다음 시신을 불살랐는데, 대중에게 경고를 하기 위함이었다. 따라서 이 두 가지가 혼합된 다미앙의 사망 정황으로 보아, 이 방법은 그가 이단으로서 마주해야 할 마땅한 종말을 맞지 않았다고 느낀 누군가에게는 완벽한 살해 방법이었을 것이다. 그래서 다미앙에 대한 증오가 해소되지 않은 범인은 사법제도 밖에서 자신이 생각하는 정의를 이렇게 실현하려고 했을 것이다.

17세기 중반에 기록된 다미앙의 죽음과 관련된 한 일화는 그가 제물로 바쳐진 일이 의미심장하게도 리스보아에서 있었던 아우투-다-페, 즉 종교재판에 따른 화형식과 동시에 일어났다고 주장한다. 이 기록은 세부적으로는 신뢰성이 떨어지지만, 그의 죽음이 이단 처형이었다는 동시대에 떠돌던 소문을 기록한 것으로 보인다. 실제로 다미앙의 죽음과 리스보아에서 57명—남성 39명, 여성 18명—을 화형에 처한 사건은 거의 동시에 (그의 사망 다음 날인 1574년 1월 31일에) 일어났다. 이 화형식은 7년 만에 집행된 것이었다. 두 번째 보고서에 언급된, 다미앙의 손에 쥐어진 반쯤 타다 만 종이쪽지 역시 중요한 단서가 될 수 있다. 종이에 무엇이 적혀 있었는지 우리가 알게 될 가능성도 거의 없지만, 어쩌면 그럴 필요도 없을 듯하다. 보고서에서는 문서의 내용을 밝히려는 시도도 하지 않았다. 그 대신, 이 종이가 반쯤 타다 만 상태로 발견되었다는 것 자체가 중요한 세부 사실이다. 그래서 보고서 작성자도 이 점을 기록한 것으로 추정된다. 문서가 반쯤 타다가 중단되었다는 사실은 현장에서 누군가가 불을 껐다는 이야기이다. 아마도 그 사람은 불로 시신을 태우는 목적이 일단 달성되었으니, 집안에 잠들어 있던 다른 사람들이 불길 때문에 잠에서 깨기를 원하지 않았던 것 같다.[6]

그런데 나이 많은 두 명의 남성, 그리고 어쨌거나 수명이 거의 다해서 죽은 한 남성을 중심으로 하는 400년도 더 된 사건으로부터 과연 우리가 어떤 만족감을 얻을 수 있는가? 아마도 고작 다음과 같은 의문의 답을 구하면서 느끼는 만족감 정도일 것이다. 카몽이스는 자신의 바다의 여신들을 만들어내기 위해서 중국의 마조 여신의 사례로부터 영감을 받았을까? 혹은 그의 서사시 속 그리스 기념물들은 그가 인도와 그 너머의 땅에서 보았던 사원들을 실제로 기술한 것이었을까? 우리가 문화가 경건한 형태를 유지하거나 조금도 다른 영향을 받지 않아 순수하고 예외적이라고 주장하는 일에 지나치게 관심을 둔다면, 최종적인 증거를 영원히 파악하기 어려워질 것이다. 우리는 살인이 부리는 속임수 역시 조심해야 한다. 살인은 우리에게 무력감을 안기는 무한한 불의 대신, 우리가 바로잡을 수 있을 것 같은 유한한 불의를 제공하기 때문이다. 그래도 번개가 번쩍일 때 그 섬광 아래가 잠시 훤히 보이는 것처럼, 살인은 한 시대의 숨겨진 윤곽을 보여줄 수도 있다. 즉, 살해된 희생자가 자유롭게 숨 쉬며 세상과 함께하기에는 그 세상의 생활양식에 너무도 큰 위협이 되기 때문에 살해되고 말았다는 것을 알 수 있다. 살인 사건 자체를 해결하는 것보다는 그 과정에서 목격한 내용이 더 중요할 수 있다. 즉, 이 살인의 이면에는 세상을 숨기려는 음모가 도사리고 있었다는 사실 말이다.

우리는 포르투갈의 위대한 작가 페르난두 페소아를 흉내 내어 리스보아에 이르렀지만, 결말에는 도달하지 못했다. 수백 년간 유럽 문화는 다미앙의 다성음악과 같은, 한계를 두지 않는 역사관 대신에 카몽이스의 획일적인 유럽 중심 역사관을 주류로 삼았다. 그렇더라도 16세기 초 새로운 문화 교류에 열린 마음으로 파고들며 탐구했던 몇몇 사람들의 노력이 완전히 물거품이 된 것은 아니었다. 다미앙이 종교재판소에 체포되던 그즈음, 또다른 괴짜 지식인 한 사람이 문서와 책으로 가득 찬 탑에 제 발로 들어가 틀어박혔다. 그는 전쟁으로 지친 바깥세상을 등지고, 자기 내면에 숨어 있는 자기기만으로부터 벗어난 사고방식으로 생각해야겠다고 결심했다. 이 사람, 미셸 드 몽테뉴는 다미앙의 저서에는 그저 함축적으로만 표현되었던 것을 『수상록Les Essais』에 훨씬 더 노골적이고 명백하게 표현했다. 몽테뉴는 지구 저편의 문화들이 식습관과 단식에서부터 의복, 시간, 천체, 성별과 성차性差에 이르기까지 무척이나 많은 삶의 측면에서 다르게 느껴지지만, 이런 문화들과의 교류는 유럽의 많은 사상과 신념들 가운데 불가피하거나 필요하거나 선천적으로 우월한 것은 없다는 사실을 보여준다고 썼다. 유럽적인 것만이 자연의 순리에 맞다고 보는 관점은 식탁 예절과 복장 규정에서부터 건축양식 등에 이르기까지 또다른 문화적 측면에 의해서 끊임없이 강화되었다. 몽테뉴는 여기에서 그치지 않았다. 유럽 중심주의를 허물어버린 다음에는 인간 중심주의라는 억측에 공격을 가했다. 그는 우리를 속이고 우리에게 문화적 우월감을 심었던 바로 그 관행들이 우리가 다른 동물들과 다르다는 잘못된 관념도 만들었다고 결론을 내렸다. 그는 이렇게 적었다. 우리는 나머지 그들보다 위에 있지도 아래에 있지도 않다. 차이가 있고 순서와 정도가 있다고 하지만, 본질은 모두 똑같다. 몽테뉴는 10년간 스스로 서재 탑 안에 갇혀 수많은 책을 읽었다. 그중 그에게 가장 심오한 영향을 주었으며 다른 문화들의 정보의 주요한 출처가 되었던 책이 한 권 있었다. 포르투갈인 제로니무 오조리우 다 폰세카가 쓴 책으로, 몽테뉴는 그를 가리켜 시대의 가장 위대한 역사가라고 칭송했다. 그러나 몽테뉴는 오조리우의 『마누엘 왕 통치기의 역사*De Rebus Emanuelis Regis*』가 그저 다미앙 드 고이스가 쓴 마누엘 1세 연대기를 거의 그대로 라틴어로 번역한 것이라는 사실은 몰랐던 듯하다.[7]

　실제로 다미앙은 포르투갈인들이 지구 저편에서 만난 여러 문화들에 관한 정보를 한동안 외부로 유출했다. 1540년대 초에 베네치아 공의회의 간사인 조반니 바티스타 라무시오가 다미앙에게 접촉했다. 그는 유럽 국가들이 최근 세계를 가로질러 항해한 결과를 담은 여행 보고서들을 수집해서 최초의 모음집을 만들려고 하고 있었다. 라무시오의 요청에 따라 다미앙은 포르투갈의 작가 프란시스쿠 알바르스가 쓴, 에티오피아에 관한 상세한 기록물의 사본을 그에게 제공했다. 이 기록은 세계 역사에 관한 라무시오의 획기적인 작품인 1550년판 『항해와 여행에 대하여 *Delle Navigationi et Viaggi*』에 수록되어 출판되었다. 그런데 라무시오는 포르투갈의 원정의 결과물인 상세한 지리학적 자료를 수중에 넣느라 고군분투해야 했다. 이런 정보를 다른 나라와 공유하거나 공개하는 것을 금하는 조치, 이른바 "침묵의 모의" 때문이었다. 다미앙이 포르투갈로 돌아온 후, 라무시오는 오랫동안 구하던 『두아르트 바르보자의 서』 사본을 마침내 간신히 얻을 수 있었다. 그런데 그는 이와 거의 동시에 세비야에서도 이 책의 사본을 한 권 발견했다. 아마도 위대한 장서가였던 에르난도 콜론의 서재에서 찾은 듯한데, 비밀 정보 수집 활동을 통해 포르투갈에서 몰래 들여온 사본으로 보인다. 다미앙이 기록물 보관소 소장으로 자리를 잡자, 라무시오는 마찬가지로 오랫동안 찾던 토메 피르스의 『동방지』 사본 역시 손에 넣는 데에 성공했다. 다만, 가장 귀한 말루쿠 제도와 향신료 무역에 관한 정보는 제외하기로 양보했다. 라무시오는 군주들의 관심거리가 너무도 큰 영향을 미친다고 한탄했다. 이처럼 다미앙이 불법으로 제공한 자료가 가득 담긴 라무시오의 여행기는 훗날 (대표적으로는) 리처드 해클루트와 새뮤얼 퍼처스의 여행기로 재탄생하여, 바깥세상에 대한 탐구심이 강한 유럽인들을 위한 바깥세상에 관한 지식의 초석이 되었다. 몽테뉴와 라무시오와 같은 사람들을 통해서 다미앙의 노력은 수십 년 후 열매를 맺었다. 다미앙이 통절한 마음으로 소환한 리스보아의 유대인 박해 사실은 베네치아에서 반유대주의를 반박하는 논거로 활용되었다. 그가 전달한 에티오피아에 관한 정보는 폴란드의 세계사에 수록되었다. 몽테뉴가 발전시킨 회의적 상대주의가 살아남아, 종국에는 식민주의와 세계대전의 여파 속에서 유럽인들의 사고방식에 자기반성의 전통을 남겼다.[8]

그러나 문화적 우월성에 대한 신념을 빈틈없이 수호하려는 욕구가 지배적이었다는 데에는 의심의 여지가 없다. 그런데 이런 욕구가 유독 유럽인들에게만 있었던 것은 아니다. 중국인들은 15세기 초 명나라의 정화가 원정 중에 접촉한 것들에 대해서 남긴 그의 기록들을 파기해버렸다. 위험한 해외의 영향을 받았던 시기의 기록들로 치부했기 때문이다. 다미앙의 사망에 뒤이은 17세기에는 오스만 제국이 로마의 유산을 이어받은 유일한 적자이자 세계 제국의 통치자로 자리매김하기 위해서 매진했다. 일본과 중국은 외부로부터 문제의 소지가 있는 사상이 유입되지 못하도록 유럽인들에게 빗장을 걸어 잠갔다. 서양인의 눈에는 일본과 중국의 물리적 고립이 이상하고 극단적으로 보였다. 일본과 중국의 쇄국정책은 유럽이 지구의 나머지 지역과의 사이에 쌓아올린 물샐틈없는 장벽보다는 어떤 면에서는 완벽하지 못했다. 유럽의 장벽은 상품과 부의 유입은 허락했지만, 세상에 있는 사상과 증언, 주장은 들어오지 못하게 걸러냈다. 유럽의 기록물 보관소는 기준 공식 창구를 통해서 접수되었으며 로마 문자로 기록된 종이 문서—에 맞는 것들만 기록으로 인정하는 단순한 방식을 동원했다. 일각에서는 (망누스가 기록한 라프족의 역사처럼) 구술 역사도 문자 기록만큼 오래되었으며 유효할 수 있다고 인정하기도 했지만, 구술 역사—말루쿠 제도의 가수와 서아프리카 송가이 제국의 그리오griot(역사와 설화를 전하는 음유시인/역자)에 의해서 유지되는 역사적 설화 등—는 일상적으로 멸시받고 묵살되었다. 기록물 보관소에 진입한 해외의 지식은 유럽인의 눈을 거쳐 걸러진 다음, 대개는 폐쇄적으로 감시해야 하는 비밀로 분류되어 자물쇠가 채워졌다. 1580년 포르투갈과 스페인의 병합 이후, 시망카스의 스페인 기록물 보관소는 이와 같은 포르투갈 기록물 보관소의 규약을 그대로 베껴서, 스페인 제국의 기록물들도 이와 유사하게 처리했다. 어떤 경우에는 비유럽인의 삶에 관한 자료가 분류되지 않고 다른 자료들과 한데 섞인 덕에 기적적으로 보존되기도 했다. 유대인 공동체가 성스러운 문서들을 지켜내기 위해서 모든 글을 히브리어로 기록한 카이로의 게니자, 즉 유대교 회당의 서고가 그랬다. 그러나 많은 경우, 이런 자료들은 사라져버렸고 너무 늦게서야 그 가치를 인정받았다.[9]

오늘날 우리가 사는 세상보다 이런 충동을 더 효과적으로 보여주는 경우는 거의 없을 듯하다. 세상은 전에 없이 자유롭고 전 세계적으로 연결되어 있다. 그러나 그러면서도 극도로 지역적이고 유사한 것 너머로는 보지 못하게 자신의 시야를 제한할 방법을 집요하게 스스로 구축하고 있다. 우리는 늘 서로 옆집에 앉아 있으면서도 마치 자기만의 세상에 있는 것처럼 굴지 않았던가? 우리는 이미 존 던이 꿈꾸는 기록 보관소에 살고 있다. 이 보관소에서는 우리의 흩어진 낱장들을 다시 하나로 묶어서, 모든 책이 서로에게 열려 있는 도서관을 이룬다. 우리 앞에 놓인 도전은 하나인 것 같다. 우리가 읽고 있는 내용을 떠나, 책장 선반 위에서 우리를 기다리는 세상 속을 거니는 것이다.

감사의 글

다미앙과 카몽이스처럼 세계를 무대로 삶을 살고 다양한 직업을 가진 사람들의 이야기를 쓰는 작업은 그야말로 광범위한 사람들의 막대한 지원과 조언이 있어야만 가능한 법이다. 이 책의 집필에 도움을 준 많은 분들에게 지면을 빌어 감사의 인사를 전하게 되어 크나큰 기쁨을 느낀다.

가장 먼저, 관련 연구 대부분과 초고 작업을 할 수 있도록 연구비를 지원해준 리버흄 재단과 연구년 동안 휴가를 허락해준 케임브리지 대학교 시드니 서식스의 학장과 동료들에게 감사의 말을 전한다.

늘 그랬듯이 이번 책도 나의 경이로운 편집자 애러벨라 파이크의 한결같은 응원이 없었다면 불가능했을 것이다. 편집자로서 예사롭지 않은 방향으로 나아가는 작가를 기꺼이 믿어주는 일은 흔치 않을 뿐만 아니라 대단히 중요하다. 윌리엄 콜린스 출판사 편집부는 한결같은 유쾌함과 응원을 보내며 이 아름다운 책을 만들어주었다. 조 톰프슨과 케이티 아처와 디자인 팀에게, 그리고 일부러 특이하게 쓴 나의 글을 인내심을 가지고 교열해준 키트 셰퍼드에게 고마움을 표한다. 나는 미켈레 루차토,

프란시스코 마르티네스 소리아, 호르헤 가르시아 등 여러 나라의 훌륭한 편집자들로부터 일찍이 응원과 신뢰를 받는 혜택을 누렸다. 블레이크 프리드먼 저작권사의 이소벨 딕슨과 그녀가 이끄는 팀에게도 무한한 감사를 보낸다. 소속 작가들을 대신하여 세계를 정복하는 그들의 조용한 노고의 수혜자가 된 나는 행운아이다.

이 책을 위해 연구하고 원고를 쓰는 동안, 나는 운 좋게도 다양한 학문 분야의 광범위한 학자들이 보내온 충고와 격려를 자원으로 삼을 수 있었다. 먼저 존-폴 고브리얼의 초청을 받아 옥스퍼드 학회에서 몇몇 초기 구상을 발표한 것을 시작으로, 나는 주세페 마르코치와 조르즈 플로르스, 그리고 애석하게도 고인이 되신 존 엘리엇 경으로부터 중요한 조언을 받을 수 있었다. 그후로도 엔히크 레이탕, 안나 위라싱헤, 존 마셜, 만주나트 히레마스, 그리고 줄리아 러벌, 찰스 에일머, 노가 개너니, 조 맥더모트, 그리고 제임스 워맥, 얀 헤닝스, 그리고 빌 셔먼, 클레어 프레스턴, 그리고 마르코스 마르티논-토레스, 루퍼트 스태시, 필리프 데스콜라는 무척이나 도움이 되는 제안과 지적을 아끼지 않았다. 분명 감사의 인사를 받아 마땅한데도 내가 놓친 사람들이 있을 것이다. 그들이 부디 나의 보잘것없는 기억력과 무례함을 너그러이 용서해주기를 바란다. 감사하게도 조 모셴스카, 주세페 마르코치, 호세 마리아 페레스 페르난데스, 톰 얼, 그리고 (언제나처럼) 켈시 윌슨-리가 이 책의 원고를 읽고 결정적인 조언을 해주어 많은 오류를 바로잡을 수 있도록 도왔다. 물론, 그래도 여전히 많은 오류가 남아 있을 테지만, 이는 전적으로 그들의 탓이 아니다. 암브로조 카이아니도 한결같은 격려와 우정을 아끼지 않았다.

나는 인내심과 탁월한 실력을 갖춘 전 세계의 도서관 사서들과 기록물 보관 담당자들에게도 빚진 바가 어마어마하게 크다. 이들의 노고가 없었다면 이 책은 결실을 맺지 못했을 것이다. 특히나 코로나 바이러스가 세계를 강타하고 그로 인해 여행이 제한된 탓에, 관련 연구들 일부는 어쩔 수 없이 원격으로 진행할 수밖에 없었다. 그러므로 토흐 두 톰부 국립 기록물 보관소, 아주다 도서관, 이스타두 다 인디아 역사 기록물 보관소, 예수회 로마 기록물 보관소, 바티칸 기록물 보관소 겸 도서관, 뉴베리 도서관, 그리고 물론 항상 그렇듯 케임브리지 대학교 도서관과 영국 국립 도서관에 고마움을 표한다.

이 책의 대부분을 집필하는 동안 코로나 바이러스가 창궐하면서 봉쇄가 이루어져 오랫동안 재택 수업을 해야 했고 업무 부담도 증가했다. 이런 상황에서 가족의 응원이 없었다면 이 책을 완성하는 것은 꿈도 꾸지 못했을 것이다. 특히 아내 켈시는 훨씬 더 중요한 자신의 일에 할애하는 시간 그 이상으로 시간을 내어 나의 글을 기꺼이 읽어주었다. 이 책은 나의 사랑을 온전히 담아 아들 게이브리얼과 앰브로즈에게 바친다. 세상은 아이들에게 너무도 오랫동안 비밀에 부쳐져 있었지만, 아이들은 호기심과 모험 정신 덕분에 그 미로를 빠져나갈 길을 틀림없이 찾을 수 있을 것이다.

더 읽어볼 만한 문헌들

특정 주제에 관한 더 자세한 정보가 궁금하다면 주에 실린 참고문헌들을 살펴보라. 여기에서 소개하는 문헌들은 이 책에서 다룬 일반적인 주제와 관련하여 추가로 읽을거리를 찾는 독자를 위해서 제안하는 것이다.

다미앙 드 고이스와 루이스 드 카몽이스에 관한 현존하는 연구 성과물을 살펴보면, 양측이 뚜렷한 차이를 보인다. 두 사람의 명성과 남아 있는 관련 자료의 양이 다르기 때문이다. 다미앙에 관한 연구물은 상대적으로 많지 않지만, 대부분 연구의 질이 뛰어나다. 반면, 카몽이스를 다루는 글은 방대하게 많고 몹시 다양하다. 현대 다미앙 연구의 시발점으로는 마르셀 바타이옹의 『인본주의 시대의 포르투갈*Portugal au Temps de l'Humanisme*』(Coimbra : Por ordem da Universidade, 1952)이 꼽히지만, 영어권 독자들에게는 엘리자베스 파이스트 허쉬의 저서 『다미앙 드 고이스 : 포르투갈 인문주의자의 삶과 사상, 1502−1574년*Damião de Góis : The Life and Thought of a Portuguese Humanist, 1502-1574*』(The Hague : Martinus Nijhoff, 1967)이 주요 연구 결과물이 될 것이다. 이제는 허쉬의 연구가 다소 시대에 뒤

떨어진다고 볼 수도 있다. 그렇더라도 다미앙이 프로테스탄트에 충성하는지 혹은 가톨릭에 충성하는지에 특히 큰 관심을 기울였다는 점에서, 이 매력적인 여성(독일계 유대인 이민자로서 하이데거를 사사하고 바드 대학교에서 철학을 강의했다)이 수행한 연구의 질은 가히 탁월하다. 그녀의 저작을 보면 이 책에서는 논하지 않은 더 심오한 다미앙의 글들을 얼마나 뛰어나게 다루고 있는지 확인할 수 있을 것이다. 장 오뱅은 『라틴어와 성반: 르네상스의 포르투갈 및 아시아 확장과 국제 관계에 대한 연구*Le Latin et l'Astrolabe : Recherches sur le Portugal de la Renaissance, son expansion en Asie et les relations internationales*』(Lisbon : Centro Cultural Calouste Gulbenkian, 1996) 등을 통해서 허쉬의 연구물을 주로 정치적, 지적 차원에서 더 자세히 파고들었다.

영문으로 번역된 카몽이스의 『루지아다스』는 무수히 많지만, 그중 최고는 아무래도 랜디그 화이트의 『루지아다스』(Oxford : Oxford Worlds Classics, 2008)인 듯하다. 화이트는 『루이스 드 카몽이스 시 선집*Collected Lyric Poems of Luís de Camões*』(Princeton, NJ : Princeton University Press, 2008)도 번역했다. 이외에도 포르투갈어와 영어로 소개된 카몽이스의 시 선집인 『루이스 드 카몽이스 : 오늘날의 세계적인 시인*Luís de Camões : A Global Poet for Today*』(토머스 얼과 엘데르 마세두 편역, Lisbon : Lisbon Poets & Co., 2019)도 훌륭하다. 카몽이스에 관한 가장 포괄적인 영문 연구물은 클라이브 윌리스의 저작 『카몽이스 : 시의 왕자*Camões : Prince of Poets*』(Bristol : HiPLAM, 2010)이다. 이 책은 정식 서한들의 번역물뿐만 아니라, 카몽이스 연구 과정에서 직면하는 그의 일대기와 작품 관련 문제들도 예리하게 다루고 있다.

포르투갈과 아시아의 만남에 관한 우수한 연구들은 대부분 포르투갈어로 되어 있지만(예컨대 루이스 필리프 F. R. 토마스의 『세우타에서 티모르까지De Ceuta a Timor』[Linda-a-Velha : DIFEL, 1994]), 영어권 독자라면 『아시아의 포르투갈 제국, 1500-1700년 : 정치 및 경제사The Portuguese Empire in Asia, 1500-1700 : A Political and Economic History』(New York : Longman, 1993), 『연결된 역사의 탐험 : 테주 강부터 갠지스 강까지Explorations in Connected History : From Tagus to the Ganges』(Delhi : Oxford University Press, 2004)와 최근의 『이슬람과 기독교 사이의 제국, 1500-1800년Empires Between Islam and Christianity, 1500-1800』(New York : State University of New York Press, 2019) 등 산제이 수브라마니암의 연구물을 참고하면 좋다. 또한 잔카를로 카살레는 오스만 제국의 시각에서 바라본 포르투갈과 아시아의 만남에 관한 뛰어난 연구서 『오스만 제국의 탐험 시대The Ottoman Age of Exploration』(Oxford : Oxford University Press, 2010)를 발표했다. 혹시 인도 예술이 궁금하다면, 파르타 미터의 『수많은 악의적인 괴물들 : 인도 예술에 대한 유럽인의 반응의 역사Much Maligned Monsters : A History of European Reactions to Indian Art』(Chicago : University of Chicago Press, 1992)를 반드시 참고하기 바란다.

16세기에 역사를 기록하는 일이 궁금하거나, 더 넓은 맥락에서 다미앙이 속했던 세계화가 진행되던 역사를 기록하는 문제가 궁금한 독자들은 주세페 마르코치의 『종이 위의 지구 : 르네상스 유럽과 아메리카 대륙에서의 세계사 기록에 대하여The Globe on Paper : Writing Histories of the World in Renaissance Europe and the Americas』(Oxford : OUP, 2020)를 찾아보기 바란다. 이외에 세계적 차원에서 역사를 연구하려는 현재의 여러 시도를 살펴볼 수 있는 입문서로는 제리 H. 벤틀리, 산제이 수브라마니암, 메리 E. 와이스너-행크스가 편집한 『케임브리지 세계사, 제6권 : 글로벌 세계의 건설,

기원후 1400-1800년*The Cambridge World History, Volume VI : The Construction of a Global World, 1400-1800 C.E.*(제1-2부, Cambridge : Cambridge University Press, 2015)이 있다.

주

약어 안내

AHEI : Arquivo Historico do Estado da Índia(포르투갈령 인도 역사 기록물 보관소), Goa, India

ANTT : Arquivo Nacional da Torre do Tombo(포르투갈 국립 기록물 보관소), Lisbon, Portugal

ARSI : Archivum Romanum Societatis Iesu(예수회 로마 기록물 보관소)

BNP : Biblioteca Nacional de Portugal(포르투갈 국립 도서관)

CJ : *Chronica do Principe Dom Ioam, Rei que foi destes Regnos segundo do nome⋯⋯ composta de novo per Damiam de Goes*(『주앙 2세 연대기』, Lisbon : Francisco Correa, 1567)

CM : *Chronica do Felicissimo Rei Dom Emanuel composta por Damiam de Goes, Dividida em quatro partes*(『마누엘 연대기』, Lisbon : Francisco Correa, 1566–1567)

Dicionário : *Dicionário de Luís de Camões*(『루이스 드 카몽이스 사전』), ed. Vítor Aguiar e Silva (Alfragide : Caminho, 2011)

Er. Epist. : *Opus Epistolarum Des. Erasmi Rotterdami*(『에라스뮈스 서한집』), ed. P. S. Allen et al., 12 vols. (Oxford : Oxford University Press, 1906–1958)

Inéditos : *Inéditos Goesianos*(『다미앙 드 고이스 미공개 자료집』), ed. Guilherme João Carlos Henriques, 2 vols. (Lisbon : Vicente da Silva, 1896)

Opúsculos : Damião de Góis, *Opúsculos Históricos*(『역사 소품집』), trans. Dias de Carvalho(Porto : A Portuense, 1945)

Lusiadas 1613 : Luís de Camões, *Os Lusiadas do Grande Luís de Camões*······ *commentados pelo licenciado Manoel Correa*(『루지아다스』 1613년판, Lisbon : Pedro Craesbeeck, 1613)

본문의 번역문은 모두 저자가 번역했으며, 그렇지 않은 경우 주석에 따로 밝혔다.

제1장

1 첫 번째 보고서는 다미앙 드 고이스의 저서인 *De Rebus Hispanicis, Lusitanicis, Aragonicis, Indicis & Aethiopicis* (Cologne : Birckmann for Arnold Mylius, 1602), sig. [*7]ᵛ의 서문에 그의 일대기를 소개한 부분에 등장한다. 비르크만 (Birckmann)과 뮐리우스가 입수한 정보 출처에 관한 더 자세한 내용은 제13 장을 참조하라. 두 번째 보고서는 18세기 말에 고서 수집가이자 고등법원 판 사(Desembargador do Paço)였던 베르나르두 카르네이루 비에이라 다 소자 (Bernardo Carneiro Vieira da Sousa)가 "알렝케르 메모서"에서 발견하여 *Inéditos*, II, 140-141에 실렸다. 이 자료는 포르투갈 국립 기록물 보관소에 소장된 문서 ANTT PT/TT/GMS/F25, 342-343를 사료로 삼았는데, 이 문서는 베르나르두 카르네이루 비에이라 다 소자를 출처로 인용한다. 두 번째 보고서 작성일은 미 상이지만, 비에이라 다 소자는 이 사건과 동시대에 작성된 것으로 여겼으며 이 문서에는 16세기 말과 17세기 초의 족보풍 특징이 남아 있다. 세 번째 보고서는 아주다 도서관(Biblioteca de Ajuda, 51-IX-22, fol. 130ʳ⁻ᵛ)에 소장된, 17세기 중 엽에 발간된 진술서 모음집에 수록되어 있다. 이 보고서에 관한 더 자세한 사항 역시 제13장을 참조하라.

2 *Inéditos*, II, 83. 『서유기』(16세기 말)에 나오는 손오공의 기록물 보관소 방문 이 야기는 제14장에서 논한다. 이와 유사한 일화가 16세기 베트남 시인 응우옌 주 (18세기의 시인 응우옌 주와는 다른 시대의 문인/역자)가 베트남에 떠돌던 기이 한 이야기를 모아서 쓴 『전기만록』(16세기)에 10번째 이야기로 등장한다. 물론, 주제 사라마구의 소설 『리스본 쟁탈전』(*História do Cerco de Lisboa*, 1989, 김승 욱 역, 해냄, 2007)에서도 삭제된 기록의 힘을 이야기의 전제로 삼는다.

3 *Inéditos*, II, 63-64, 85-90에 다미앙에 대한 혐의가 기록되어 있다. 그를 피고로 세운 종교재판 내용 전문은 제17장에서 다룬다.

4 António Joaquim Dias Dinis, "Relatório do Século XVI sobre o Arquivo Nacional da Torre do Tombo", *Anais*, 2nd series 17 (Lisbon : Academia Portuguesa da História, 1968), 133, 152-153. 톰부 탑 기록물 보관소는 규모 측면에서는 베네치아 기록 물 보관소와 바티칸 기록물 보관소에 추월당했지만, 지리적 관점과 (특히) 원 본 기록 보관 전통을 지닌 문화들과의 교류 측면에서는 타의 추종을 불허했다. 최근, 유럽의 기록물 관리와 기록 보관소 발전사에 관한 뛰어난 연구들이 대단

히 많이 이루어졌다. 본 작업의 대부분은 이들 연구를 기반으로 삼았지만, 그중 에서 특정 정보와 통찰을 인용한 주요 출판물은 다음과 같다. Markus Friedrich, *The Birth of the Archive : A History of Knowledge,* trans. John Nöel Dillon (Ann Arbor : University of Michigan Press, 2018) ; Randolph C. Head, *Making Archives in Early Modern Europe : Proof, Information and Political Record-Keeping, 1400– 1700* (Cambridge : Cambridge University Press, 2019) ; Liesbeth Corens, Kate Peters and Alexandra Walsham (eds.), *The Social History of the Archive : Record-Keeping in Early Modern Europe* (*Past and Present* supplementary issue 2016) ; *Archives and Information in the Early Modern World* (Oxford : Oxford University Press, 2018). 기 록물과 기억에 관해서는 특별히 *The Social History of the Archive,* § VI에 포함된 월섬(Walsham)의 서론을 참조하라.

5   이 문제를 대표적으로 체계화한 내용은 J. H. Elliott, *The Old World and the New, 1492–1650* (Cambridge : Cambridge University Press, 1970 ; rpr. Canto, 1992, 2011), 제1장에 수록되어 있다. 본 연구는 전체적으로 엘리엇(Elliott)의 저작에 영향을 받았다.

6   리스보아의 인도 무역관(Casa da Índia)은 포르투갈과 인도의 교류에 관한 많은 기록을 소장하고 있었지만 1775년에 지진으로 완파되었다. 그러나 다미앙이 출 처로 삼은 자료 대부분은 톰부 탑 왕립 기록물 보관소에 있었다. 톰부 탑의 이후 역사에 관해서는 다음을 참조하라. Pedro A. D'Azevedo and Antonio Baião, *O Archivo Da Torre do Tombo : Sua Historia, Corpos que o compõem, e organisação* (Lisbon : Imprensa Commercial, 1905), 7, 15, 28. 나폴레옹의 파리 만국 기록물 보관소 건설계획에 관해서는 다음을 참조하라. Maria Pia Donato, *L'archivio del Mondo : Quando Napoleone confiscò la storia* (Bari : Laterza, 2019).

제2장

1   *Urbis Olisiponis Descriptio*(『리스보아 시에 관한 기술』, Évora : Andream Burge[n]sem, 1554), sig. aii[r-v] ; Damião de Góis, *Lisbon in the Renaissance : A New Translation of the Urbis Olisiponis Descriptio,* trans. Jeffrey S. Ruth (New York : Italica Press, 1996), 1–2. 마누엘 1세 통치 기간(1495–1521)의 기존 연 대기 작업에 관한 다미앙의 설명은 *CM* IV, sig. F6[v]을 참조하라. 주앙 드 바후 스의 *Décadas da Ásia,* II.vii.1에는 후이 드 피나(Ruid de Pina)가 알부케르크 (Albuquerque)로부터 반지를 선물로 받고 인도에서 있었던 사건들을 기록했다 는 다미앙의 불평이 나와 있다. 다미앙은 1556년에 *CJ,* sig. A3[v]을 작성하면서 언급했듯이, 이때 주앙 2세 통치 기간(1481–1495)의 연대기 작업을 진행했다. 그러나 『리스보아 시에 관한 기술』의 서문을 보면, 그에게 국왕 주앙 2세의 연 대기 (그리고 1558년에 추기경 왕자 엔히크 1세의 명으로 국왕 마누엘 1세의 연

대기) 작성 임무가 주어졌을 때, 그는 아마도 바후스의 *Décadas* 작업을 보조하면서 발견의 항해기를 집필 중이었다. 훗날 다미앙은 바후스를 언급하며 "이 왕국에 있는 가장 친한 친구 중에 한 사람(hum de mores amigos que eu tive nestes Reynos)"이라고 표현했다(*Inéditos*, II, 121).

2 *Urbis Olisiponis Descriptio,* sig. [aviii[r]]-bi[r] ; Ruth (trans.), *Lisbon in the Renaissance,* 10–12. 이 계약서의 사본이 Livro de Mestrados of the Leitura Nova, ANTT PT/TT/LN/0053, fol. 198[v]에서 발견되었다. 여기에는 "우연히 고래나 고래 새끼, 사이렌[여자 인어], 바다코끼리, 뱀 등과 같은 거대한 물고기가 세심브라에서 죽으면……(E se perventura algua balea ou baleato : ou serea : ou coca : ou Roas : ou musurana ou outro pescado grande que semele algun destes morrer en-se Simbra……)"이라고 언급되어 있다. Chet van Duzer, *Sea Monsters on Medieval and Renaissance Maps* (London : British Library, 2013)의 26–47, 83, 88쪽을 참고하면, 해양 생명체에 대한 근대 초기 상상의 산물에 관한 유용한 안내를 받을 수 있다. 1555–1556년, 스위스 자연사가 레온하르트 투르나이서 춤 투른과 함께 체류하는 동안, 다미앙은 반인반어에 관한 토론을 했던 것으로 보인다. *A História Natural de Portugal de Leonhard Thurneysser zum Thurn,* ca. 1555–1556, ed. Bernardo Jerosch Herold, Th omas Horst and Henrique Leitao (Lisbon : Academia das Ciências de Lisboa, 2019), 89. 근대 초기에 구술 내용을 역사 문서로 통합시키는 문제와 이것이 비유럽인의 역사를 기록할 때 특별한 중요성을 지닌다는 점에 관해서는 다음을 참조하라. Walter D. Mignolo, *The Darker Side of the Renaissance : Literacy, Territoriality, and Colonization,* 2nd edn (Ann Arbor : University of Michigan Press, 2003), 김영주, 배윤기, 하상복 역, 『서구 근대성의 어두운 이면 : 전 지구적 미래들과 탈식민적 선택들』, 제3장, 현암사, 2018 ; Kathryn Burns, *Into the Archive : Writing and Power in Colonial Peru* (Durham, NC : Duke University Press, 2010).

3 폭우 속에서 리스보아 시내를 걸어 다니기 힘들다는 내용에 관해서는 다음을 참조하라. Eddy Stols, Jorge Fonseca and Stijn Manhaeghe, *Lisboa em 1514 : O relato de Jan Taccoen van Zillebeke* (Lisbon : Cadernos de Cultura, 2014), 116.

4 보지의 오스버트(Osbert of Bawdsey)가 쓴 『리스보아의 정복에 관하여(*De Expugnatione Lyxbonensi*)』의 사본은 케임브리지 대학교(Cambridge, Corpus Christi College MS 470, fols. 125[r]–146[r])에 소장되어 있으며, 스탠퍼드 대학교의 훌륭한 "파커 온라인 도서관(Parker Library on the Web)"을 이용해서 열람할 수 있다. M. R. 제임스(M. R. James)는 fol. 24[r]에 있는 분류번호가 노리치 대성당(Norwich Cathedral Priory) 수도원에 소장되었을 당시의 것으로 추정했다. 출처에 관한 내용은 다음을 참조하라. C. W. David (ed.), *De Expugnatione Lyxbonensi* (New York : Columbia University Press, 1936), 27–8 ; Sanjay

Subrahmanyam, *The Portuguese Empire in Asia, 1500-1700 : A Political and Economic History* (London : Longman, 1993), 39. 1514년에 순례선을 타고 리스보아를 방문한 장 타코엥 방 질레베크(Jan Taccoen van Zillebecke)가 남긴 문헌도 참조하라. *Lisboa em 1514.* Dinis, "Relatório", 153.

5   *Opúsculos,* 118–119. 말라게타(후추)가 인기 없었던 이유에 관해서는 다음을 참조하라. Garcia de Orta, *Coloquios dos simples, e drogas he cousas medicinais da India* (Goa : Ioannes de endem, 1563), sig. Giii^v.

6   *Opúsculos,* 118–120 ; *CM,* III, sig. K1^v(나무껍질 옷감), sig. Q1^{r-v}(페르시아에서 보낸 터번). 최근의 다음 책에서는 리스보아의 범세계적 물질문화를 비중있게 다루었고, 부록으로는 리스보아에 도착한 다수의 상품 목록도 실었다. Annemarie Jordan Gschwend and K. J. P. Lowe (eds.), *The Global City : On the Streets of Renaissance Lisbon* (London : Paul Holberton Publishing, 2015). 16세기 중엽 중국 도자기가 보편화된 내용은 이 책의 제8장을, 뿔피리에 관한 내용은 제10장을 참조하라. 저자들이 지적하듯이, 포르투갈 고객을 위해서 시에라리온과 베냉에서 제작한 상아 작품에 조각되어 있는 일부 인물들은 유럽에서 인쇄된 그림을 본뜬 것으로 보인다. 도자기를 땅속에 묻는다는 내용은 다음을 참조하라. *The Book of Duarte Barbosa,* ed. and trans. Mansel Longworth Dames (London : Hakluyt Society, Second Series XLIV and XLIX, 1918–1921), I.214. 도자기 제조법에 관한 이런 오해는 훗날 다음의 문헌에서 수정되었다. Gaspar da Cruz, *Tractado em que se côtam muito por esteso as cousas da China* (Évora : Andre de Burgos, 1569), sig. ciii^r ; C. R. Boxer (ed.), *South China in the Sixteenth Century (1550–1575) : Being the Narratives of Galeote Pereira, Fr. Gaspar Da Cruz, O.P., Fr. Martin de Rada, O.E.S.A. (1550–1575)* (London : Hakluyt Society, Second Series CVI, 1953), 126–127. 이 내용은 다음을 참조하라. Mary Laven, *Mission to China : Matteo Ricci and the Jesuit Encounter with the East* (London : Faber and Faber, 2011), 87 ; Anne Gerritsen, *The City of Blue and White : Chinese Porcelain and the Early Modern World* (Cambridge : Cambridge University Press, 2020), ch. 10. 다미앙은 1519년 "주택수당 및 봉급 지급 기록(Pagamento de Moradias e Soldos)", ANTT PT/TT/CRC/N/2/139, fol. 37^{r}에 "모수스 다 카마라", 즉 시동으로 명단에 있다. 이 장부에는 필경사가 다미앙 대신 그의 형 이름으로 "Fr[uctoes]"까지 적었다가 줄을 그어 지운 흔적이 역력하다.

7   *CM,* IV, sig. C7^v–D1^v. 다미앙은 이 사건이 1516년에 일어났다고 기록했지만, 사실은 1515년에 발생했다. 이 사건은 다음 문헌에도 기록되었다. Giovanni Jacopo de Penni, *Forma, natura e costumi dello rinoceronte* (Rome : Stephano Guiliretti, 1515). 이 책은 에르난도 콜론의 수집품(collection of Hernando Colón,

Biblioteca Colombina 6-3-29[29])에 딱 한 부만 남아 있다. *Lisboa em 1514*, 118. 거의 동시대의 유사한 기록물을 찾는다면 다음을 참조하라. Christóvão da Costa, "Tractado del Elephante y de sus calidades", *Tractado de las drogas, y medicinas de las Indias Orientales* (Burgos : Martin de Victoria, 1578), 411–448 ; Ines G. Županov, "Drugs, health, bodies and souls in the tropics : Medical experiments in sixteenth-century Portuguese India", *Indian Economic and Social History Review*, 39/1 (2002), 1–45.

8 *Opúsculos*, 119 ; Gschwend and Lowe (eds.), *Global City*, 61–73. 또한 *CM*, III, sig. K2ᵛ에서 다미앙은 고등법원(Casa do Civel) 법원장의 집이 "피부색이 하얀 여자 노예(escravas brancas)"로 가득했다고 묘사했다. 아마도 중국과 일본, 인도에서 데려온 노예를 뜻하는 듯하다. *Lisboa em 1514*, 116. 본성, 인간성, 존재론과 관련된 내용은 다음을 참조하라. Philippe Descola, *Par-delà nature et culture* (Paris : Editions Gallimard, 2005), 126–132.

9 Joseph Klucas, "Nicolaus Clenardus : A Pioneer of the New Learning in Renaissance Portugal", *Luso-Brazilian Review* 29/2 (1992), 87–98 ; *CM*, I, sig. Giiiiᵛ (브라질에서 온 궁사), sig. Hiʳ(다미앙이 어렸을 때 궁에서 만난 호르무즈 출신 상인[코제베키]) ; *CM*, III, sig. N8(엘레니 황후가 파견한 에티오피아 대사관) ; Damião, *Legatio Magni Indorum imperatoris presbyteri Ioannis* (Antwerp : Johannes Graphaeus, 1532, 제5장에서 더 충분하게 논의한다). 유럽인의 화기 소지를 설명하기 위해서 아메리카 전역에서 생겨나던 신화들에 관해서는 다음을 참조하라. Alfred Métraux, *La Religion des Tupinamba, et ses rapports avec celle des autres tribus tupi-guarani*, ed. Jean-Pierre Goulard and Patrick Menget (Paris : Presses Universitaires de France, 2014), 49–50. 기록물 보관소에서 식민 피지배층의 목소리를 복원하는 쪽으로 방향 전환하는 내용은 다음에 유용하게 요약되어 있다. Head, *Making Archives*, 31–32. 다미앙은 투피남바족에 관한 상당한 정보를 *CM*, I, sig. Giiiiʳ–Gviiʳ에서 제공한다. "절반"에 관한 이야기는 몽테뉴의 『수상록』 중 "식인종에 관하여"에 나온다. Michel de Montaigne, *The Complete Essays*, trans. M A. Screech (London : Penguin, 1991), 240–241, 심민화, 최권행 역, 『에세』, 제1권, 제31장 식인종에 관하여, 민음사, 2022

10 *Urbis Olisiponis Descriptio*, sig.ciiiʳ⁻ᵛ ; Ruth (trans.), *Lisbon in the Renaissance*, 27. 유럽 전역에서 공증인 수가 증가한 내용과 관련해서는 다음 책의 월섬의 서문에 요약되어 있으니 참조하면 도움이 될 것이다. Corens et al. (eds.), *The Social History of the Archive*, § III.

제3장

1 *Lusiadas*, VIII.lxxxvii. 이 구절은 부분적으로 아폴로니오스 로디오스의 『아르고

나우티카(*Argonautica*)』, III.754-757에 나오는 메데이아의 묘사와 베르길리우스의 『아이네이스(*Aeneis*)』, 8.22-5(천병희 역, 숲, 2007)에 영감을 받은 것으로 보인다.

2 이 사건에 관한 믿을 만한 정보는 대부분 1553년 3월 7일 카몽이스에게 발급된 사면장(분류번호 ANTT PT/TT/CHR/L/2/20, fols. 296ᵛ-297ʳ)에서 얻은 것들이다. 다만, 사면장에는 공격 대상의 이름을 가스파르 보르즈스(Gaspar Borges) 대신 "곤살루" 보르즈스("Gonçalo" Borges)로 잘못 표기되었다. 다음을 참조하라. Clive Willis, *Camões, Prince of Poets* (Bristol : HiPLAM, 2010), 187를 참조하라. "두 번째 리스보아 편지"에는 가스파르 보르즈스 코르트-헤알(Corte-Real) 건, 이보다 며칠 전에 일어난 "디니스 보투(Dinis Boto)" 건, 성 요한 세례자 탄생 대축일(1552년 6월 24일) 밤에 발생한 사건 등 여러 폭행 건이 언급되어 있다. 이 마지막 사건 때에는 "영장"이 발부되어 "우리 중에 18명이 체포되었다"라는 내용이 있다. 이 두 번째 편지는 BNP COD. 9492, fols. 155ʳ-156ʳ에 수록되어 있다. 카몽이스가 쓴 모든 편지의 출처는 Willis, *Camões*에 실린 기록들이다. 이 책에서 관련 내용은 266쪽에 있다.

3 카몽이스가 쓴 "첫 번째 리스보아 편지"는 다음에서 찾아볼 수 있다. BNP COD. 8571, fol. 27ᵛ ; COD. 9492, fols. 154ʳ-155ʳ(어느 정도 변형됨). 다음도 참조하라. Willis, *Camões*, 253-259, 262-266. 그가 쓴 편지들은 제18장에서 더 자세히 다룬다.

4 당시에 공개적으로 이슬람교도나 유대인이라고 하는 사람들이 있었을 것 같지는 않다. 따라서 여기에서 카몽이스는 콘베르수, 즉 개종자들을 말한 것이었을 수 있다.

5 유대인 축출에 관한 다미앙의 설명은 *CM*, I, sig. aviiiʳ-B[1]ʳ, sig. B5ʳ⁻ᵛ를 참조하라. "오래된 기독교인"은 (적어도 원칙적으로는) 오랜 기독교 혈통을 지닌 사람들로, 개종자와 구별하기 위해 나눈 범주이다. 다음에서는 국왕 마누엘 1세가 스페인의 압력을 받은 것이 아니라고 주장한다. Francois Soyer, *The Persecution of the Jews and Muslims of Portugal : King Manuel and the end of religious tolerance (1496-7)* (Leiden : Brill, 2007). 또한 다음도 참조하라. Giuseppe Marcocci, "Remembering the Forced Baptism of the Jews : Law, Theology, and History in Sixteenth Century Portugal", eds. Mercedes García-Arenal and Yonatan Glazer-Eytan, *Forced Conversion in Christianity, Judaism and Islam : Coercion and Faith in Premodern Iberia and Beyond* (Leiden : Brill, 2020), 328-353, 342("우스 다레아").

6 주앙 드 멜루의 종교재판에 관한 1554-1556년 기록의 분류번호는 ANTT PT/TT/TSO-IL/028/01606이다. 여기에 실은 정보는 다음의 그의 자백에서 인용했다. "Comfesão de Jo[am] de Melo turco de nacao", fols. 4ʳ-8ᵛ. 이 자료에는 그

가 제 발로 포르투갈 선박에 올랐던 인도의 도시가 "Chaleat"로 표기되어 있는데, 필자는 이것이 "Chalia"(포르투갈어로 찰리얌[Chaliyam])의 오기(誤記)라고 생각한다. 그의 여정은 평범했다. 예컨대 미겔 누네스(Miguel Nunez)와 니콜라우 페레이라(Nicolao Ferreira)에 대한 다미앙의 회고록을 참조하라. 미겔 누네스는 그라나다에서 출생한 이슬람교도로, 몰디브에서 알부케르크에게 붙잡혔다(CM, II, sig. H[5]ʳ). 니콜라우 페레이라는 시칠리아에서 태어나 튀르크인들에게 붙잡혔다가 호르무즈에서 대사로 있던 알부케르크를 만나서 포르투갈로 돌려 보내졌고 그곳에서 재개종했다(CM, III, sig. P7ʳ). 유대인 시난에 관해서는 다음을 참조하라. Giancarlo Casale, *The Ottoman Age of Exploration* (Oxford : Oxford University Press, 2010), 113.

7　Isabel Drumond Braga and Paulo Drumond Braga, "A vida quotidiana em Ceuta durante o período português", eds. Texeira, F. Villada Paredes and R. Banha da Silva, *Lisboa 1415 Ceuta : Historia de dos ciudades/História de duas cidades* (Lisbon : Ciudad Autonoma de Ceuta‐Consejería de Educación y Cultura/ Câmara Municipal de Lisboa‐Direção Municipal de Cultura, 2015), 120−2. Subrahmanyam, *The Portuguese Empire in Asia,* 86−87. Andrew C. Hess, *The Forgotten Frontier : A History of the Sixteenth‐Century Ibero‐African Frontier* (Chicago : University of Chicago Press, 2010), 45−54. Natalie Zemon Davis, *Trickster Travels : The Search for Leo Africanus* (London : Faber and Faber, 2006), 21.

8　1598년에 히마스(Rimas) 출판사에서 처음 출판된 (카몽이스의 서정시집 중에) "세우타에서 온 편지"의 번역본은 다음을 참조하라. Willis, *Camões,* 229− 241. (코헤아[Correa]를 포함해서) 카몽이스의 초기 전기작가들은 그의 출생연도를 1517년경으로 보았다. 그러나 1550년의 *Noticias das que pasarao a India* (Hispanic Society of America, NS5/73, fol. 102ʳ)에 실린 내용을 보면, 그 당시 그의 나이는 25세였다고 한다. 그러므로 그의 출생연도는 1524년이나 1525년으로 추정되며, 오늘날에도 그렇게 널리 인정되고 있다. Willis, *Camões,* 176−177에 는 그의 초창기 삶에 관한 여러 추측의 개요가 실려 있다. 포르투갈 예수회의 초창기 모습은 다음에 뛰어난 솜씨로 요약되어 있다. Pierre‐Antoine Fabre, Jean‐Claude Laborie, Carlos Zéron and Ines G. Županov, "L'affaire Rodrigues", eds. Pierre‐Antoine Fabre and Bernard Vincent, *Missions religieuses modernes. "Notre lieu est le monde"* (Rome : Ecole francaise de Rome, 2007), 173−225. 이 부분의 몇몇 상세한 내용은 다음에서 인용했다. Francisco Rodrigues, *História da Companhia de Jesus na Assistência da Portugal* (Porto : Apostolado da Imprensa, 1931), I.365−75. 코임브라에서 있었던 사건들과 관련해서는 다음에 잘 요약되어 있다. C. R. Boxer, *João de Barros : Portuguese Humanist and Historian of*

Asia (New Delhi : Concept Publishing Company), 20-22. 코임브라에서 외국인 교수들이 투옥된 사건은 1550년에 발생했다.

9 Willis, *Camões*, 236. 카몽이스가 당한 조롱에 대해서는 그가 쓴 서정시 "눈이 없어도 분명한 악을 보았네(Sem olhos vi o mal claro)"와 "본 자, 혹은 읽은 자 (Quem quer que viu, ou que leu)"를 참조하라.

10 카몽이스는 『루지아다스』(*Lusiadas*, VII.lxxx)에서 데그레다두스라는 단어로 자 신을 묘사한다. 그러나 이 단어가 단지 시적인 의미로만 쓰였는지는 명확하지 않다. 포르투갈 식민지 개척사에 등장하는 데그레다두스의 사례가 궁금하다면 예컨대 다음을 참조하라. *CM*, III, sig. B1ᵛ를 참조하라. 여기에서 예로 드는 주 앙 마샤두(João Machado)는 페드루 알바르스 카브랄이 말린디에 남겨둔 데그레 다두스 한 명이다. 그는 훗날 디우로 가서 말릭 아야스(Malik Ayaz, 역시 러시아 계 노예였을 가능성이 있다. 해군 사령관으로서 구자라트 왕조를 위해 일했다. 포르투갈 자료에는 "밀리키아스[Miliquiaz]"로 언급된다)를 위해서 싸웠다. 그런 다음, 고아를 통치했던 비자푸르의 아딜 왕조를 위해서도 싸웠다.

제4장

1 톰부 탑 기록물 보관소의 역사기록에 관한 연구는 다음의 책에서 시작된다. João Pedro Ribeiro, *Memorias Authenticas para a Historia do Real Archivo* (Lisbon : Impressao Regia, 1819). 1905년, 더 중요한 일련의 문서들이 다음에 발표되었 다. José Pessanha의 'Uma rehabilitação historica : Inventarios da Torre do Tombo no seculo XVI', *Archivo Historico Portuguez* 3, 287-303 ; D'Azevedo and Baião, *O Archivo Da Torre do Tombo*, 4-5, 9-10, 23-44. 다미앙의 선임 필경사였던 크 리스토방 드 베나벤트(Cristóvão de Benavente)가 필리퍼 2세를 위해서 만들었 으며 시망카스에 보관된, 1583년 이후의 기록물 보관소에 관한 기록은 Dinis, "Relatório", 115-119에 발표되었으며, 153쪽에는 철갑상어가 언급되어 있다. 재간행된 일련의 문서들을 보면, 마치 스냅사진을 보듯이 16세기 후반의 기록 물 보관소에 대한 간략한 정보를 얻을 수 있다. 그 당시 직원으로는 사무원 1 명, 경비원 2명, 짐꾼 1명과 필요하면 그때그때 뽑았던 다수의 필경사가 있었 다. 다미앙은 크리스토방 드 베나벤트 외에도 기록물 보관소에 고용되었던 사 람으로 아마도르 핀투(Amador Pinto)도 언급한다(*Inéditos*, II, 107-8). 베네치 아 기록물 보관소에 관해서는 다음을 참조하라. Filippo de Vivo, *Information and Communication in Venice : Rethinking early modern politics* (Oxford : Oxford University Press, 2007) ; "Ordering the archive in early modern Venice (1400- 1650)", *Archival Science*, 10/3 (2010), 235. 다미앙이 발견한 기록물 보관소의 상태를 묘사한 내용과 관련해서는 그가 1549년 2월 15일에 왕과 왕비에게 보 낸 서한들(ANTT PT/TT/GAV/2/11/13 ; PT/TT/CC/1/82/000053)을 참조하

라. 술레이만 1세의 황금색 서명은 1563년 11월 14일자 공문(ANTT PT/TT/GAV/15/14/20)에서 확인할 수 있다. 바탁 왕국에서 온 종려잎 서한은 다음에 언급되어 있다. Stefan Halikowski-Smith, "'The Friendship of Kings was in the Ambassadors': Portuguese Diplomatic Embassies in Asia and Africa during the Sixteenth and Seventeenth Centuries", *Portuguese Studies* 22/1(2006), 106. 1549년 1월 14일 자 편지에서 프란시스코 사비에르가 주앙 3세에게 보낸 일본어 자모에 관해서는 다음을 참조하라. Luis Frois, *The First European Description of Japan, 1585 : A critical English-language edition of striking contrasts in the customs of Europe and Japan by Luis Frois, S.J.,* trans. and ed. Richard K. Danford, Robin D. Gill and Daniel T. Reff (London : Routledge, 2014), p. 183–184 ; Michael Cooper (ed.), *They Came to Japan : An anthology of European reports on Japan, 1543–1640* (London : Thames and Hudson, 1965), p. 180. 1461년 칙령에 관한 내용은 *CM,* I, sig. E1ᵛ를 참조하라. 레이투라 노바에 관해서는 다음을 참조하라. Head, *Making Archives,* 제4장. 다미앙은 레이투라 노바의 탄생에 대해 *CM,* I, sig. Civʳ에서 설명하고 있다. 이에 따르면, 그가 살던 시절에는 이 서적들이 톰부 탑에 보관되어 있었던 것으로 확인된다. 또한 다른 곳에서도 그가 이 서적들을 "톰부 탑의 책"이라고 언급했음이 확인된다(가령 *CM,* I, sig. Eiᵛ). Dinis, "Relatório"와 Head, *Making Archives* 등에 실린 보고서 대부분은 증빙용으로 기록물 보관소에 보관된 자료들을 다룬다. 그러나 다미앙은 기록물 보관소의 소관 범위를 훨씬 더 크게 넓혔다. (가령) 성 토마를 다루는(그렇다고 알려진), 코둔갈루르에서 발견된 동판들의 경우(제10장 참조) 다미앙은 그 번역본이 톰부 탑 안에서 "기억할 가치가 있는 것"으로서 보관되어야 한다고 주장한다(*CM,* I, sig. Niiiʳ).

2 두아르트 파셰쿠 페레이라와 몽드라공과 관련된 내용은 *CM,* II, sig. I6ᵛ를 참조하라. Duarte Pacheco Pereira, *Esmeraldo de Situ Orbis,* trans. George H. T. Kimble (London : Hakluyt Society, Second Series LXXIX, 1936), 10–11, 69, 82. 지구가 물 위에 떠 있다는 탈레스의 주장은 아리스토텔레스, 『천체에 관하여(*De Mundo*)』, 294a28–b1를 통해 전해진 내용이다. 물이 땅 아래에 존재하며 땅보다 먼저 존재하기 시작했다는 이런 주장은 멕시카 문명(또는 아스테카 문명/역자)의 우주론과 궤를 같이한다. 다음을 참조하라. Caroline Dodds Pennock, "Aztecs Abroad? Uncovering the Early Indigenous Atlantic", *American Historical Review,* 125/3 (2020), 793. 『호테이루스(항해도)』나 페레이라의 저서와 같은 여행 기록은 인도 무역관에 소장되어 있었을 것이다. 다미앙은 그의 절친 주앙 드 바후스를 통해서 이곳에 들어갈 수 있었으리라. 그러나 그가 여러 차례 이 기록물들을 활용한 것으로 보아서(그리고 인도 무역관이 파괴된 후에도 이 기록물들이 남은 것으로 보아서), 톰부 탑에도 보관되었을 수 있다.

3 다미앙은 말라바에 관해 더 알고 싶은 사람은 『두아르트 바르보자의 서』를 읽으라고 추천한다(*CM*, I, sig. Ev). 그런데 그가 이 책이 "포르투갈어로" 쓰였다고 밝힌 사실이 흥미롭다. 유일하게 일반인들이 열람할 수 있는 바르보자의 기록은 Ramusio, *Primo volume delle navigationi et viaggi* (Venice : Lucantonio I Giunta, 1550), fols. 310ʳ–348ᵛ에서 최근에야 발표되었기 때문이다. 그가 참고한 바르보자의 책이 톰부 탑 소장 도서에 속했는지는 불분명하지만, 그가 연대기를 집필하는 동안 기록물 보관소의 문서들과 함께 이 책을 활용한 것만큼은 분명하다. 『두아르트 바르보자의 서』의 원저자에 대한 새로운 증거와 관련된 내용은 제18장의 각주 8번을 참조하라. 바르보자에 관해서는 다음을 참조하라. Joan-Pau Rubiés, *Travel and Ethnology in the Renaissance : South India through European Eyes, 1250–1625* (Cambridge : Cambridge University Press, 2000), 204–206. 여기에서는 라무시오 때문에 오랫동안 두아르트 바르보자라는 이름의 동명이인이 혼동되던 문제를 깨끗이 해결하고 있다.

4 지리적 지식을 흔히 "침묵의 모의"라는 국가 기밀로 보호하는 것에 대해서는 다음을 참조하라. Donald F. Lach, *Asia in the Making of Europe, Volume I : The Century of Discovery, Book I* (Chicago : University of Chicago Press, 1994), 151–4 ; Rubiés, *Travel and Ethnology*, 3–4. 라무시오 이전에는 바르보자의 논문이 첩보 활동을 통해서 원고로만 전해졌다는 사실과 여행 기록을 구하느라고 애먹었다는 라무시오의 증언으로 보아, 최소한 어느 정도는 이런 "모의"가 사실이었던 것으로 짐작된다. 이와 관련된 더 많은 논의는 제18장을 참조하라. 다미앙은 연대기 전반에 걸쳐 야이아 벤 타푸프에 관해서 기록했다(야이아 벤 타푸프는 근대 초기 자료에서 "이에아벤타푸프[Iheabentafuf]", "제앙 벤타푸프[Jehan Bentafuf]" 등 다양하게 언급된다. 그의 정확한 이름이 무엇인지에 대해서는 이론이 많다). 다음을 참조하라. *CM*, II, sig. D4ᵛ–D8ʳ ; *CM*, III, sig. D4ᵛ–[D6ᵛ], sig. I4ᵛ, sig. L8ʳ–M3ʳ, sig. N1ᵛ–N2ʳ ; *CM*, IV, sig. I8ʳ⁻ᵛ, sig. K8ᵛ–L1ᵛ. 다미앙의 기록에는 부분적으로 레오 아프리카누스라는 이름이 등장한다(그는 *CM*, III, sig. [D6ʳ⁻ᵛ]에서 이 사람에 대한 칭찬을 늘어놓는다). 라무시오의 『항해와 여행에 대하여(*Primo volume delle navigationi et viaggi*)』, fols. 22ᵛ–23ʳ에도 이 이름이 등장하는 사건들이 나온다. 다미앙의 기록에는 "할리아둑스(Haliadux)"라는 특이한 이름—레오는 "할리(Hali)"라고 부른다—이 나오는데, 이 인물을 두 번째로 언급할 때 잘못 읽은 것 같다. "Hali adunque (che cosi era il suo nome) dubita[n]do davero della sua vita······"(여기에서 다미앙은 "그러므로"라는 뜻의 이탈리아어 adunque를 이름과 붙여버렸다). 다미앙은 레오 말고도 다른 자료들 역시 활용한 것이 분명하다. 그는 전반적인 이야기에 상세한 내용을 많이 추가하고, 레오가 이야기한 것보다 두 짝꿍의 위업을 전체적으로 더 영웅적으로 묘사한다. 그는 *CM*을 집필하는 동안 "아랍 작가들"이라고 언급하면서 많은 자

료를 활용했는데, 그중 얼마나 많은 자료가 레오 아프리카누스에게서 얻은 것인지는 불분명하다. 어떤 경우에는 고메스 이아느스 드 주라라(Gomez Eanes de Zurara)가 쓴 세우타 정복 연대기를 참고하기도 하는 것 같다. 다음을 참조하라. *CM*, IV, sig. F6ᵛ ; Sanjay Subrahmanyam, *Europe's India : Words, People, Empires, 1500-1800* (Cambridge, MA : Harvard University Press, 2017), 61–71. 다미앙이 *Décadas da Ásia*의 저자인 주앙 드 바후스와 함께 일했던 것도 틀림 없다. 다미앙은 재판에서 그를 가리켜 "이 왕국에 있는 절친한 친구"라고 했다(*Inéditos*, II, 121). 덕분에 그는 바후스가 사용한 다양한 비유럽 자료에 접근할 수 있었을 것이다. 더 자세한 맥락이 궁금하다면 다음을 참조하라. David Lopes, *Textos em Aljamia Portuguesa : Estudo filológico e histórico* (Lisbon : Imprensa Nacional, 1940). 왕실 서한보다 훨씬 더 광범위한 문서를 수집하던 포르투갈의 체제는 훗날 펠리페 2세에 의해서 스페인에 도입되었다. 다음을 참조하라. Arndt Brendecke, "'*Arca, archivillo, archivo*' : the keeping, use and status of historical documents about the Spanish *Conquista*", *Archival Science*, 10/3 (2010), 268–269.

5 북아프리카에서 일어난 사건들의 날짜를 확인하느라 애쓰는 내용에 대해서는 다음을 참조하라. *CM*, IV, sig. B1ʳ. 레오 아프리카누스라는 이름을 사용한 것에 관해서는 다음을 참조하라. *CM*, II, sig. D4v ; *CM*, III, sig. [D6]ʳ⁻ᵛ. 이런 흥미로운 사례로 분류번호 ANTT PT/TT/CART/891.2/67, fol. 1 자료를 보면, 그 아랍어 문서의 작성 날짜를 특정하느라 고군분투한 "/27/daugsto 1517 o 1518 [???]1520"와 같은 흔적이 고스란히 남아 있다. 뒤이어 편지 내용이 "fala em mexeriquos q della scriverao……"와 같이 기술되어 있다. 이는 다미앙이 연대기에서 같은 사건을 다음과 같이 묘사하며 사용한 언어와 일치한다. "Dom Nuno Mascarehas por mexeriquos, & maos raportes que lhe faziam mouros, & judus de Sidihiebētafuf……começou de desgostar d[e] sua amizade……Sidihieabentafuf soube destas cartas, pelo que screveo a el Rei……"(*CM*, IV, sig. I8ʳ). 이것으로 보아 다미앙이 연대기를 집필하는 동안 이들 문서를 사용했으며, 그가 바로 편지에 메모를 적은 사람일 가능성이 있다는 것을 알 수 있다. 편지에 번역본이 함께 있지 않은 점으로 미루어보아, 다미앙이 아랍어를 읽을 줄 아는 조수를 두고 톰부 탑에서 함께 일했다고 추측할 수 있겠다. 알자미아 전통에 관해서는 다음을 참조하라. Lopes, *Textos em Aljamia Portuguesa*. 다미앙이 참고한 아랍어 자료 가운데 일부는 바후스가 참고했던 아랍어 연대기일 가능성이 있다. 가령, 미르 크완드(Mir Kwand)의 페르시아 연대기가 그런 경우이다. 다미앙은 뢰번에서 아랍어를 독학한 니콜라스 클레나르두스와 가까운 사이였으며, 적어도 클레나르두스의 아랍화 계획에 합류할 의도가 있었던 수사 호크 드 알메이다와도 가까웠다(Jean Aubin, *Le Latin et l'Astrolabe : Recherches sur le Portugal de la*

Renaissance, son expansion en Asie et les relations internationales[라틴어와 천문 관측의 : 르네상스의 포르투갈과 포르투갈의 아시아 팽창 및 국제관계에 관한 연구], vol. I [Lisbon : Centro Cultural Calouste Gulbenkian, 1996], 226).

6   아소르스의 고대 유물에 대한 다미앙의 기록은 *CJ*, sig. B[1]ʳ-B2ᵛ를 참조하라.

7   다음에서는 이 기마상을 둘러싼 이야기들이 카르타고 전설에 나오는 기마인으로부터 파생되었다고 주장한다. Patricia M. and Pierre M. Bikai, "Timelines : A Phoenician Fable", *Archaeology* 43/1 (1990), 20, 22-23, 84. 이 기마인은 지브롤터 해협 밖에서 서쪽을 가리키면서 누구도 더 이상 멀리 갈 수 없다고 경고했다고 한다. 이 전설이 피치가노의 1367년 지도에 재현되었다는 주장이다. 그러나 이런 주장은 국왕 마누엘 1세의 의상실에 보관되어 있던, 자연에서 언은 화산 조각들이 조각상으로 보일 정도로 연상력이 강했다는 생각을 전제로 한다. 다미앙이 고대 이집트 문화의 자료로 삼은 것은 헤로도토스의 『역사(*Historiai*)』(II.242, 천병희 역, 숲, 2009)이다. 고대 지중해 문화의 지도 제작에서 대서양 연안의 근대 초기 문화로 논의를 넓히는 문제에 관해서는 다음을 참조하라. Giuseppe Marcocci, *The Globe on Paper : Writing histories of the world in Renaissance Europe and the Americas* (Oxford : OUP, 2020), ch.1.

제5장

1   근대 초기 안트베르펜에 관한 최근의 학문적 지식에 대해서는 다음의 유용한 논문이 종합적으로 다룬다. Eric Mielants, "Early Modern Antwerp : The first 'World City'?", *Journal of Historical Sociology,* 30/2 (2017), 262-283. 포르투갈의 페이토리아(feitoria, 재외무역관)와 관련된 자료는 다음에 수집되어 있다. Anselmo Braamcamp Freire, *Noticias da feitoria de Flandres* (Lisbon : Archivo Historico Portuguez, 1920). 더 광범위한 배경 지식을 얻고자 한다면, 다음을 참조하라. Simon Schama, *The Embarrassment of Riches : An Interpretation of Dutch Culture in the Golden Age* (London : Harper Perennial, 2004) ; Immanuel Wallerstein, *World-Systems Analysis : An Introduction* (Durham, NC : Duke University Press, 2004), 이광근 역, 『월러스틴의 세계체제 분석』, 당대, 2005.

2   설탕 화물과 관련된 내용은 ANTT PT/TT/CC/2/111/6 ; PT/TT/CC/2/111/7를 참조하라. 두 화물 모두 1523년 9월 18일에 도착했는데, 첫 번째 화물에는 다미앙의 서명이 뚜렷이 보이지만 두 번째 화물에는 보이지 않는다. 이 기간에 이루어진 마데이라 제도산 설탕 교역과 관련한 전문적인 세부 사항은 다음의 뛰어난 연구 결과물을 참조하라. Naidea Nunes, "A terminologia de açúcar nos documentos dos séculos XV e XVI na ilha da Madeira", *Actas do XIII Encontro Nacional da APL* (Lisbon : APL/Colibri, 1997), II.155-173. 사순절 기간의 향신료 사용에 관한 후안 루이스 비베스와 로욜라의 논쟁은 로욜라의 비서이

자 전기작가인 후안 폴랑코(Juan Polanco)가 남긴 기록(*Vita Ignatii Loiolae et rerum Societatis Jesu historia* [Madrid : Typographorum Societas, 1894], 43)과 다음을 참조하라. James Brodrick, SJ, *Saint Ignatius Loyola : The Pilgrim Years* (London : Burns and Oates, 1956), 222–228. 15세기 말부터의 네덜란드 요리법에 관해서는 크리스티아너 뮈서르스(Christianne Muusers)가 멋지게 편집하고 번역한 MS Gent University Library 1035의 *Wel ende edelike spijse* (Good and Noble Food, https://coquinaria.nl/kooktekst/Edelikespijse0.htm)를 참고하라. 필자도 이 책에서 칠성장어 갤런틴과 뱅 쇼 요리법을 배웠다. 다미앙이 작성한 플랑드르행 상품 목록은 *Opúsculos,* 111를 참조하라. 17세기의 호고가이자 다미앙과 카몽이스의 전기작가였던 마누엘 세베링 드 파리아(Manuel Severim de Faria)에 따르면, 다미앙은 그의 고향 알랑케르에 곡물이 부족해지자 플랑드르발 선적물을 보내어 구했다고 한다. 다음을 참조하라. "Vidas de Portugueses Ilustres", BNP COD. 13117, fol. 73ᵛ 참조.

3 다미앙이 페르난두 왕자에게 보낼 역사 필사본과 출판물을 구매하던 모습은 다음을 참조하라. *CM,* II, sig. F8ʳ⁻ᵛ. 성무일도서(聖務日禱書)는 조금 더 시간이 지난 후 1544년에 카탈리나 왕비를 위해서 구했다. 성 세바스티아누스 조각상 역시 아마도 1530년대와 1540년대에 보낸 것으로 보인다(*Inéditos,* II, 114–17). 다미앙이 1524년에 주교를 위한 금실로 짠 천을 "사블로나"(브뤼셀에 있는 사블롱의 성모 성당)에 보낸 이야기는 다음을 참조하라. *CM,* IV, sig. E8. 태피스트리와 관련해서 페르난두 왕자에게 보낸 다미앙의 서한은 문서 분류번호 ANTTPT/TT/CC/1/45/107, PT/TT/CC/1/45/113로 보관되어 있다. 인도 무역관에 뒤러가 체류한 내용과 관련해서는 다음을 참조하라. Jeffrey Ashcroft, *Albrecht Durer : A Documentary Biography* (New Haven : Yale University Press, 2017), I.560.

4 포르투갈 미술작품에 등장하는, 머리에 짐을 올리는 아프리카 여성에 관해서는 다음을 참조하라. Gschwend and Lowe (eds.), *Global City,* 63–65, fig. 54. 리스보아의 아프리카 여성 짐꾼들과 이들이 머리에 이고 운반한 것들을 기록한 브란당의 1552년 목록은 "Majestade e grandezas de Lisboa em 1552". *Arquivo Histórico Português* 11 (1917), 76에 수록되어 있다.

5 *Inéditos,* II, 82, 107–12, 114–17. 다미앙이 소장한 그림 목록에는 그가 100두카트가 넘는 거금을 들인, "거장 쿠엔틴(mestre quentino)"(쿠엔틴 마시스)의 십자가에 못 박힌 예수의 그림이 언급되어 있다(*Inéditos,* II, 82). 그의 가정교사였던 코르넬리우스 그라페우스(Cornelius Graphaeus)는 다미앙이 마시스의 그림 앞에 꿇어 엎드려 있었다고 썼다(*Legatio,* sig. D5).

6 Rob C. Wegman, "Who Was Josquin?", ed. Richard Sherr, *The Josquin Companion* (Oxford : Oxford University Press, 2000), 21–50 ; Patrick Macey,

Jeremy Noble, Jeffrey Dean and Gustave Reese, "Josquin (Lebloitte dit) des Prez", *Grove Music Online* (수정판, 2011년 2월 23일).

7 Elisabeth Feist Hirsch, *Damião de Góis : The Life and Thought of a Portuguese Humanist, 1502-1574* (The Hague : Martinus Nijhoff, 1967), 5–6, 38. 조스캥과 오케겜을 칭송하는 시는 다음에 수록되어 있다. Damião de Góis, *Aliquot Opuscula* (Louvain : Rutgerus Rescius, 1544), sig. niii^{r-v}. 두 편의 시 모두 필명으로 발표되었으며, 오케겜을 찬양하는 시는 간혹 에라스무스의 작품으로 간주된다. 1504년에 단성성가와 다성음악을 가르칠 스승을 콩고로 파견한 내용은 *CM*, I, sig. K2^{v}를 참조하라. 다성음악을 인도로 전파한 내용에 관해서는 다음을 참조하라. Luis Filipe F. R. Thomaz, *De Ceuta a Timor* (Linda-a-Velha : DIFEL, 1994), 253–254 ; David Irving, "Music in Global Jesuit Missions, 1540–1773", ed. Ines G. Žpanov, *The Oxford Handbook of the Jesuits* (New York : Oxford University Press, 2017). 다미앙의 재판에 그의 음악이 어떤 역할을 했는지는 *Inéditos*, II, 91–94, 그리고 이 책의 제17장에서 더 자세히 확인할 수 있다.

8 다미앙이 작성한 헬데를란트 공작 관련 보고서는 분류번호 ANTT PT/TT/CC/1/19/12로 보관되어 있다. 이 문서는 목록에는 1515년 10월 14일로 잘못 표기되어 있는데, 문서 자체에는 1528년으로 수정되어 있다. 다미앙은 그의 선단이 해상에서 공격받은 이야기를 *CM*, III, sig. F7^{r}에 기록했다. 40명의 목숨을 앗아간 안토니우 파시에슈(Antonio Paciecho) 소유의 선박의 난파 사건에 관한 서한들은 다음을 참조하라. J. S. Brewer (ed.), *Letters and Papers, Foreign and Domestic, of the Reign of Henry VIII*, vol. IV, pt II, 1526–1528 (London : Longman & Co., 1872), entries 3408, 4769, 4770. 이 서한들의 원본은 British Library MS Cotton Nero B/I, The National Archives SP 1/50, fol.107에 보관되어 있다.

9 *CM*, III, sig. O8^v–P1^r 참조. 더 자세한 논의는 제9장을 참조하라. 올라우스 망누스의 『카르타 마리나』는 1527년에 작업이 시작되었고 1539년에 베네치아에서 처음으로 출판되었다(*Carta Marina Et Descriptio Septentrionalium Terrarum Ac Mirabilium Rerum In Eis Contentarum Diligentissime Elaborata Anno Dni 1539* [Veneciis/Venedig : (Thomas de Rubis), 1539]). 여기에서 언급된 『북방 민족의 역사』는 다음을 참조하라. Olaus Magnus, *Description of the Northern Peoples*, trans. Peter Fischer and Humphrey Higgins, ed. Peter Foote (London : Hakluyt Society, Second Series CLXXXII, 1996), I.58-9(얼음에 목이 베이는 위험), I.54–5(눈싸움과 벌칙), I.51(고드름), I.126(「시편」 147편), I.36(북극광), I.20(백야의 독서), I.46(일식). 학자들은 올라우스 망누스가 『카르타 마리나』를 제작할 때 포르투갈의 정보를 활용했다는 흔적을 발견했는데, 다미앙으로부터 얻은 정보로 보인다. 다음을 참조하라. John Granlund and G. R. Crone, "The *Carta Marina*

of Olaus Magnus", *Imago Mundi* 8 (1951), 36. 또다른 가능성도 있다. (다미앙의 친구이자 역사가인 안토니우 갈방[António Galvão]에 따르면) 다미앙이 직접 멀리 북부로 노르웨이와 스웨덴을 여행했다는 증거가 있으므로, 이를 고려한다면 망누스의 정보 일부는 다른 방법이 아니라 다미앙으로부터 얻었을 가능성이 있다. 마르셀 바타이용(Marcel Bataillon) 역시 다미앙의 북유럽 여행 목적이 설탕 탐사였다고 주장한다. 인문주의 시대 포르투갈에 관한 바타이용의 연구를 참조하라. Marcel Bataillon, "Le Cosmopolitisme de Damião de Góis(다미앙 드 고이스의 세계주의)", *Études sur Portugal au temps de l'humanisme* (Coimbra : Por ordem da Universidade, 1952), 158–159.

10 다음을 참조하라. Hirsch, *Damião de Góis,* 28–32 ; *CM,* I, sig. N[8]^v ; *CM,* III, sig. O8^v–P1^r. 또한 다음도 참조하라. A. H. de Olivera Marques, *Damião de Góis e os Mercadores de Danzig* (Coimbra : s.n., 1959).

11 Olaus Magnus, *Description of the Northern Peoples,* I.148–154, I.77–78 ; Matthew of Miechów, *Tractatus de Duabus Sarmatiis Asiana et Europeana et de contentis in eis* (Augsburg : Grimm and Wirsung, 1518), II.2, sig. eiv^v. Damião de Góis, "De Pilapiis", *Legatio,* sig. C4^{r-v}. 내재론적 사고와의 경쟁적 관계가 중추적 역할을 한다는 내용에 관해서는 다음을 참조하라. Alan Strathern, *Unearthly Powers : Religious and political change in history* (Cambridge : Cambridge University Press, 2019), 41–42, 98–99.

12 De Góis, *Legatio,* sig. A3^v, A7^r–B1^r. 이 책의 영문 번역본은 다음과 같다. *The legacye or embassate of the great emperour of Inde prester Iohn, vnto Emanuell kynge of Portyngale, in the yere of our lorde M. v.C.xiii [sic]*, trans. John More (London : William Rastell, 1533). 이 책을 번역한 모어는 번역의 목적—에티오피아 교회가 1,500년 동안 교회 전통을 충실히 지켜왔음을 보여줌으로써 혁신론자들의 수치심을 자극하겠다는 것—을 서문에서 분명하게 밝힌다. 동맹을 제안하는 마테우스의 초기 서한은 1521년에 출판되었다. 그러나 여기에는 에티오피아 문화가 광범위하게 기술되어 있지 않았으며, 아마도 금세 회수되었던 것 같다. 다음을 참조하라. Aubin, "Le Prêtre Jean Devant la Censure Portugaise", *Latin et l'Astrolabe,* I.184–185 ; Giuseppe Marcocci, "Prism of empire : The shifting image of Ethiopia in Renaissance Portugal (1500–1570)", eds. Maria Berbara and Karl A. E. Enenkel, *Portuguese Humanism and the Republic of Letters* (Leiden : Brill, 2012).

13 De Góis, *Legatio,* B6^v–B8^r. 마테우스에 관해 기술한 이 부분은 모어의 번역본(*Legacye or embassate of the great emperour,* sig. Fi^r)과 *The Book of Duarte Barbosa,* xxxv를 인용한 것이다. 푸대접에 항의하는 마테우스의 서한은 분류번호 ANTT PT/TT/CART/891.1/39–42로 보관되어 있으며, 다음에도 나

와 있다. João de Sousa, *Documentos Arabicos para a Historia Portugueza* (Lisbon : Officina da Academia Real das Sciencas, 1790), 89−95. 인도양의 아르메니아인들에 관해서는 다음을 참조하라. Sebouh David Aslanian, *From the Indian Ocean to the Mediterranean : The Global Trade Networks of Armenian Merchants from New Julfa* (Berkeley, CA : University of California Press, 2011), esp. 45−48. 다음에 소개된, 유럽과 이스탄불을 연결하는 역할을 했던 유대인 중개상과 아르메니아인을 비교해보는 것도 유용할 것이다. Noel Malcolm, *Agents of Empire : Knights, Corsairs, Jesuits and Spies in the Sixteenth-Century World* (London : Allen Lane, 2015), 226−228.

제6장

1 Bernardo Gomes de Brito, *História Trágico-Marítima,* ed. Damião Peres (Barcelos : Companhia editora do Minho, 1942−1943), 41−43 ; Pereira, *Esmeraldo de Situ Orbis,* 149. 이 선단의 출발에 관한 내용은 다음에 기록되어 있다. Francisco d'Andrade, *Cronica do muyto a dilto e muito poderoso rey destes reynos de Portugal dom João o III deste nome* (Lisbon : Iorge Rodrigues, 1613). sig. Mmm2^{r-v}. 파드랑과 놀라울 정도로 유사하게 생긴 리비아 베르베르족의 석주에 대해서는 다음을 참조하라. Jean-Loïc Le Quellec, "Rock Art, Scripts, and Proto-Scripts in Africa : The Lybico-Berber Example", eds. Adrien Delmas and Nigel Penn, *Written Culture in a Colonial Context : Africa and the Americas, 1500-1900* (Leiden : Brill, 2010), 10. 다미앙의 친구인 안토니우 갈방 역시 고대 로마를 비롯한 다른 나라들이 포르투갈보다 먼저 서아프리카를 항해했다고 강조했다. 다음을 참조하라. Marcocci, *Globe on Paper,* 71−75.

2 *Lusiadas,* V.xvi−xxii. 카몽이스의 아버지 시망 바스 드 카몽이스가 고아 앞바다에서 조난당한 이야기는 다음 문헌에서 카몽이스의 삶을 다루면서 처음 언급되었다. Manuel Severim de Faria, *Discursos Varios Politicos* (Évora : Manoel Carvalho, 1624), fols. 88^r−135^v. 미미한 차이가 있는 원고본에는 다미앙 드 고이스의 젊은 시절도 언급되어 있는데, 다음에서 찾아볼 수 있다. BNP COD. 13117, Severim de Faria's "Vidas de Portugueses Ilustres." 카몽이스가 정확히 언제 인도에 도착했는지를 두고 약간의 논쟁이 있다. 일반적으로는 페르낭 알바르스 카브랄 선장이 지휘한 기함 상 벤투 호에 카몽이스가 탑승한 것으로 여겨진다. 그 근거는 카몽이스가 ("시인 시모니데스는 이렇게 말했다[O Poeta Simónides, falando]"라는 애가에서) "고추의 왕(Rei do Pimiento)"(쳄베[Chembe])에 맞서 싸우는 코친 국왕을 지원하는 원정대에 참여했다고 언급했기 때문이다. 이 원정대는 1553년 11월에 고아를 출발했다. 그해에는 카브랄 선장의 배만 인도에 도착(9월)했기 때문에, 카몽이스가 그의 배에 탔어야만 원정대에 참

여할 수 있었을 것이다. 1717년 "범선 보고서(Relação das Naus)"(*Brevilogio de Noticias das Couzas E dos Sujeitos da Congregacam da India Oriental Dos Ermitas Augustinhos,* Biblioteca de Ajuda, cod. 49-I-51)에서는 1553년의 기록 부분에서 "이번 계절풍에 유명한 시인 루이스 드 카몽이스가인도로 건너갔다 (Nesta moncao passou a India a celebre Poeta Luís de Camões)"라고 언급하고 있다. 이는 고아에서 분실된 문서를 바탕으로 그해에 카몽이스가 도착했다는 사실을 독자적으로 확인하는 것이거나, 아니면 단순히 구전된 내용을 기록한 것일 수 있다. 더 자세한 내용은 제8장의 주석 12번을 참조하라.

3   Alexander von Humboldt, *Cosmos : Sketch of a Physical Description of the Universe,* ed. Edward Sabine (London : Longman et al., 1848 ; repr. Cambridge : Cambridge University Press, 2010), I.57. 다 가마의 산타 헬레나 상륙에 관한 다미앙의 기록은 *CM,* I, sig. D4ʳ에서 찾을 수 있다. 카몽이스는 이 이야기를 *Lusiadas,* V.xxvi-xxxv에서 재구성해서 들려준다. 다미앙의 기록과 바후스의 *Décadas da Ásia,* I.iii.3-4에 실린 기록이 차이가 나는데, 이것을 보면 이 두 사람이 같은 자료를 살짝 다르게 사용했음을 알 수 있다. 가령 바후스의 기록에는 바다사자 구이에 대한 언급이 없다.

4   *CM,* I, sig. D6ᵛ-D7ᵛ, sig. E1ʳ ; *Lusiadas,* V.lxxvii ; Willis, *Camões,* 224 ; Louise Levathes, *When China Ruled the Seas : The Treasure Fleet of the Dragon Throne (1405-1433)* (Oxford : Oxford University Press, 1994), 141-142. 이런 세계적인 체계에 관한 광범위한 설명은 다음을 참조하라. Philippe Beaujard, *The Worlds of the Indian Ocean : A Global History,* trans. Philippe Beaujard, ed. Tamara Loring, Frances Meadows and Andromeda Tait, 2 vols. (Cambridge : Cambridge University Press, 2019).

5   다음을 참조하라. *CM,* II, sig. B8ʳ-C2ʳ ; *The Book of Duarte Barbosa,* 9-10 ; *Lusiadas,* X.xciii. 『루지아다스』에서 카몽이스는 곤살루 다 실베라(Gonçalo da Silvera)라는 예수회 사제가 1561년에 무타파 제국에서 살해된 사건을 논한다. 무타파 제국의 영토 둘레가 800리그에 달했다는 주장 가운데, 800리그라는 수치는 놀라운 규모를 지닌 왕국을 표현하는 관례적인 숫자일 수 있다. 가령 가르시아 드 오르타에 따르면(*Coloquios dos simples,* sig. D[viii]ʳ⁻ᵛ), 무굴 제국의 황제 후마윤(Humayun)에 승리한 셰르 샤 수리(Sher Shah Suri)는 "자홀람 (Xaholam)", 즉 세계의 왕으로 알려졌으며 그의 왕국 역시 둘레가 800리그에 달했다고 한다. 다음을 참조하라. Ibn Khaldun, *The Muqaddimah : An Introduction to History,* trans. Franz Rosenthal (Princeton, NJ : Princeton University Press, 2015), 66. 왕권의 신격화를 이루는 존재론적 틀에 관해서는 다음을 참조하라. Strathern, *Unearthly Powers,* 169-173.

6   드 수자의 조난에 관한 대표적인 기록은 다음에 담겨 있다. Gomes de Brito,

História Trágico-Marítima, I.1–35. 아주다 도서관(Biblioteca de Ajuda)에 16세기 필사본이 보관되어 있는데(문서번호 cod. 50-V-22, fols. 418ʳ–433ʳ), 이 자료를 고메스 드 브리투(Gomes de Brito)가 참고했을 것이다. 이 자료에는 상세한 기록이 추가로 몇 가지 더 담겨 있다. 카몽이스가 희망봉 인근의 폭풍을 묘사한 대목은 그의 애가 "시인 시모니데스는 이렇게 말했다"를 참조하라. 조난 이야기에 관한 최근의 연구가 궁금하거나 근대성의 구조에 조난이 맡은 중추적 역할에 관한 논쟁을 살펴보고자 한다면, 다음을 참조하라. Steve Mentz, *Shipwreck Modernity : Ecologies of Globalization, 1550–1719* (Minneapolis : University of Minnesota Press, 2015), 11–21.

7   Edwin J. Webber, "The Shipwreck of Don Manuel de Sousa in the Spanish Theater", *PMLA* 66/6 (1951), 1114–1122.

8   Gomes de Brito, *História Trágico-Marítima*, I.37–8. Orta, *Coloquios dos simples*, sig. Eviiiᵛ. "토착민들이 숭배한 식민 지배자"의 비유는 이미 널리 퍼져 있었고 잘 확립되어 있었다(가령 콜럼버스가 쓴 글이나 그에 관한 글에도 등장한다). 포르투갈인을 주인공으로 한 사례도 있다. 안토니오 페르난데스에 관한 기록에 따르면, 그는 무타파 제국 원정 시절에 만난 사람들로부터 신으로 추앙받았던 듯하다. 이 내용은 소팔라의 알카이드-모르(Alcaide-mor, 총독)의 1516년 보고서(ANTT PT/TT/CC/1/20/64)에 기술되어 있다.

9   *Lusiadas*, IV.lxxxiii. 또한 포르투갈인들이 새로운 아르고 별자리라는 주장에 관한 상세한 논의는 다음의 논평을 참고하라. Manuel Faria e Sousa, *Lusiadas de Luís de Camões* [······] *comentadas por Manuel de Faria e Sousa* (Madrid : Juan Sanchez, 1639), cols. 107–108, 398–400. 세차운동(歲差運動)에 따라 분점들이 이동하면서 아르고 자리도 남쪽으로 이동하여 보이지 않게 되었지만, 포르투갈의 항해와 아르고 호의 항해를 연관 짓고 싶어했던 사람들은 이런 사실을 무시해버렸다. Vergilius, *Eclogues*, IV.34–6. 아폴로니우스는 황금 양모가 흑해 동부 해안에 있는, 콜키스의 도시 아이아에 있다는 정설을 따른다. 그러나 이보다 앞선 판본들은 황금 양모가 가장 먼 동쪽에 있는 태양의 왕국에 있다고 주장했다. 돌아오는 항로가 세계를 둘러싸는 대양을 거친다고 보았던 전통들이 있어서, 아프리카 일주 항로에 더 가깝게 들어맞았다. 다음을 참조하라. Apollonios Rhodios, *Jason and the Golden Fleece*, trans. Richard Hunter (Oxford : Oxford University Press, 1993), xxi–xxvi. 다미앙이 황금 양모 기사단의 예배에 쓰일 제의를 보낸 이야기는 *CM*, IV, sig. F[1]ᵛ를 참조하라. 다미앙이 이아손과 반인반어 이야기를 읽었다는 내용은 다음을 참조하라. *Urbis Olisiponis Descriptio*, sig. [aviiiᵛ] ; Ruth (trans.), *Lisbon in the Renaissance*, 11. 1540년대 말에 코임브라에서 강의했던 스코틀랜드 인문주의자 조지 뷰캐넌(George Buchanan)이 『아르고나우티카』에 단 주석은 글래스고 대학교 도서관에 그가 남긴 사본이 보관되어 있

다(Sp Coll Bh20-a.11). 아르고 호에 관한 근대 초기의 관심에 대해서는 다음을 참조하라. John M. McManamon, "Res Nauticae : Mediterranean Seafaring and Written Culture in the Renaissance", *Traditio* 70 (2015), 307–367.

10 *CM,* I, sig. EII^r. 다미앙이 "말레모카나카"라고 부른 조타수의 정체를 두고 (심지어 그의 실명을 두고) 오랜 논쟁이 계속되고 있다. 다음을 참조하라. Sanjay Subrahmanyam, *The Career and Legend of Vasco da Gama* (Cambridge : Cambridge University Press, 1997), 121–128. 다 가마가 계절풍을 거슬러 항해하려다가 실패한 이야기는 *CM,* I, sig. Evii^v를 참조하라. 1503년 쿠리야 무리야 섬 주변에 부는 바람에 대해서 오만 사람들의 충고에 귀를 기울이지 않는 치명적인 실수를 저지른 비센트 소드레(Vicente Sodré)에 관해서는 다음을 참조하라. *CM,* I, sig. K1^r. 타밀 시인 카비차크라바르티 캄반(Kavichakravarthy Kamban) 의 『이라마바타람(*Iramavataram*)』에서 인용한 구절은 다음에서 발췌한 것이다. A. K. Ramanujan, "Three Hundred Ramayanas", *The Collected Essays of A. K. Ramanujan,* ed. Stuart Blackburn (New Delhi : Oxford University Press, 2004), 152. 아시아 지역 종교에 대해서 처음에 혼동했던 내용은 다음을 참고하라. Sanjay Subrahmanyam, *Empires Between Islam and Christianity, 1500-1800* (Albany, NY : SUNY Press, 2019), 27–28 ; Maria Augusta Lima Cruz, "Notes on Portuguese Relations with Vijayanagara, 1500–1565", ed. Sanjay Subrahmanyam, *Sinners and Saints : The Successors of Vasco da Gama* (Delhi : Oxford University Press, 1998), 13–16.

11 *CM,* I, sig. Eiiiir. 이 내용을 *Lusiadas,* VII.xlix 부분과 비교해보라. 여기에서 카몽이스는 그들이 사원을 구경한 후에 "더는 아무 일 없었다(Direitos vão sem outro algum desvio)"라고 하면서 이 일화를 마무리했다. 그런데 이렇게 잘못된 경배에 관한 일화를 생략한 것이 훨씬 더 의미심장해 보인다. 이 일화와 초창기 만남 전반에 관한 역사 기록에 대한 간략한 소개는 다음에 훌륭하게 나와 있다. Alexander Henn, *Hindu-Catholic Encounters in Goa : Religion, Colonialism, and Modernity* (Bloomington : Indiana University Press, 2014).

12 삼신일체론과 삼위일체론의 연관성에 관한 내용은 다음에 소개되어 있다. *CM,* I, sig. Ev^v ; Tomé Pires, *The Suma Oriental of Tomé Pires,* ed. and trans. Armando Cortesão (London : Hakluyt Society, Second Series LXXXIX, 1944), 39 ; The *Book of Duarte Barbosa,* 115. 이 둘이 연관되어 있다는 주장은 포르투갈 항해를 다룬 최초이자 가장 널리 퍼진 보고서인 Fracanzio da Montalboddo, *Paesi Novamenti ritrovati* (Milan : Giovanni Angelo Scinzenzeler, 1508), ch. cxxxi에 포함되면서 유럽에서 더 널리 통용되었다. 이에 대한 카몽이스의 의견은 *Lusiadas,* VII.xlvii–xlix를 참조하라. 고아에 있는 산의 성모(Nossa Senhora do Monte) 성당에는 표지판이 하나 있는데, 이렇게 적혀 있다. "주의 : 성체는 프라사다가 아닙니다."

13 Samuel Purchas, *Purchas his pilgrimes In fiue bookes* (London : William Stansby for Henrie Fetherstone, 1625), I,ii,8, sig. Cc2^v. 이 부분의 주석에 따르면, 새뮤얼 퍼처스는 오조리우의 『마누엘 왕 통치기의 역사』(이 책의 원 출처는 다미앙의 *CM*이다)를 자료로 삼았다고 한다(제18장의 관련 부분을 참조하라). 프로테스탄트 문화의 특징인 반(反)우상주의는, 16세기에 일어난 더 초월적인 형태의 기독교를 뒷받침하는 신성(神性)과 인성(人性) 사이의 존재론적 틈을 더 광범위하게 보여주는 것으로 생각해야 한다. 그러나 중국에는 가톨릭 예배의 우상중심주의를 강조하는 경향을 보였다. 다음을 참조하라. Strathern, *Unearthly Powers*, 49−50, 88. 가톨릭의 우상숭배를 비난할 때에는 초기 기독교가 이교도를 공격할 때 사용했던 언어가 주로 사용되었다. 그러나 아시아와 아메리카의 이교도를 만났을 때 이런 발상이 어느 정도까지 개혁되었는지에 대해서는 아마도 과소평가된 것 같다. 다른 부분도 마찬가지이지만, 여기에서 필자의 의도는 "토착민의 담론이라는 본질적 내용이 본디 지니는 고유한 형식이⋯⋯인류학적 지식이라는 형식이 본디 지니는 고유한 본질적 내용을 변경하게" 만드는 것이다(Eduardo Viveiros de Castro, *The Relative Native : Essays on Indigenous Conceptual Worlds* [Chicago : HAU Press, 2015], 6).

제7장

1 *Inéditos, II*, 19−21, 23−30, 65−66, 75−77, 85−90에는 많은 증언을 바탕으로 이날 식사에 관한 기록이 수록되어 있다. *A Histó ria Natural de Portugal de Leonhard Thurneysser zum Thurn*, 89.

2 신트라 근처에서 나는 과일에 대해서는 *CM*, I, sig. C1^{r}를 참조하라. *CJ*, sig. B[1]^r(아소르스 제도산 과일), *CM*, I, sig. C7^v−C8^r(모잠비크 과일), *CM*, III, sig. A2^{r-v}(믈라카 과일). 반인반어가 과일에 끌렸다는 이야기는 다음을 참조하라. *Urbis Olisiponis Descriptio*, sig. [aviii^r]−bi^r, Ruth (trans.), *Lisbon in the Renaissance*, 10−12. 16세기의 단식 기간에 관한 내용은 다음을 참조하라. Carlos Veloso, "Os sabores da Expansão : continuidade e ruptura nos ha bitos alimentares portugueses", *Turres Veteras IX : Actas do Encontro Histó ria da Alimentação* (Lisbon : Edicioes Colibri, 2007), 115−134.

3 다미앙의 거처에 있던 식품 저장고 문제와 예배당을 내려다보는 부속 발코니의 용도에 대해서는 다음에 별도로 일련의 증언이 기록되어 있다. *Inéditos*, II, 83, 91−99, 102−105, 117.

4 슐레스비히에서의 식사는 *Inéditos*, II, 48−49에 묘사되어 있다. 다음도 참고하라. Hirsch, *Damião de Góis*, 20−21, 137−138 ; (다미앙이 크라쿠프를 방문했을 때 폴란드의 상황에 관해서는) Franciszek Ziejka, "Un humaniste portugaise à Cracovie", *Studia Slavica Academia Scientarum Hungaricae* 49/1−2 (2004),

99–102. 추트링켄에 관해서는 (사례로서) 다음을 참조하라. *Hieronymi Emser dialogismus de origine propinandi* (Leipzig : Melchior Lotter, 1505) ; B. Ann Tlusty, *Bacchus and Civic Order : The Culture of Drink in Early Modern Germany* (Charlottesville : University of Virginia Press, 2001), 91–95.

5 Erasmus, *De Esu Carnium*, in *Collected Works of Erasmus*, vol. 73, ed. and trans. Denis L. Drysdall (Toronto : University of Toronto Press, 2015), 특히 xxiv–xxvi, 76–77(이 부분의 번역을 인용했다). 사도 바울로 인용 구절은 「로마서」 14장 17절이다. "소시지 사건"이라고 불리는 유사한 일이 같은 시기에 취리히에서 일어났다. 다미앙은 "바오로 교황"(파울루스 3세)으로부터 단식 기간 중의 육식을 허가받았다고 주장했는데(*Inéditos*, II, 37, 29–30), 아마도 에라스뮈스의 사례에서 영감을 받은 듯하다. 1525년, 추기경 로렌초 캄페지오가 에라스뮈스에게 사순절 동안 육식을 허가한 내용은 Er. Epist. 1542를 참조하라.

6 *Inéditos*, II, 32–33, 49–50, 72–73 ; Hirsch, *Damião de Góis*, 32–33 ; D. Martin *Luthers Werke* (Weimar : Hermann Bohlaus Nachfolger,1908), vol. 34.1, 181. 1531년 4월 1일, 비텐베르크에서 있었던 성 요한에 관한 루터의 16번째 설교 구절은 다음에서 인용했다. *The Works of Martin Luther* (St Louis : Concordia Publishing, 1955–1986), vol. 23, *Sermons on St John, Volume Two*, ed. Jaroslav Pelikan and Helmut T. Lehmann, 137–143.

7 Luther, *Sermons on Saint John, Volume Two*, 133–139.

8 Ulrich von Hutten, *De Morbo Gallico*, trans. Thomas Paynell (London : Thomas Berthelet, 1533), Gii^r–v. 여기에서는 이해를 돕기 위해 인용 과정에서 약간 표현을 달리했다. Luther, "On Trade and Usury", *The Works of Martin Luther,* vol. 45, *Christian in Society Volume Two*, ed. Walther I. Brandt and Helmut T. Lehmann, 246. 독일인의 후추 사랑에 관한 내용은 다음 역시 참조하라. Orta, *Coloquios dos simples*, sig. G[vi]^v. 다미앙이 루터와 멜란히톤의 집을 방문한 이야기는 다음에 기록되어 있다. *Inéditos*, II, 32–33, 49–51, 72, 90–94.

9 J. S. Grewal, *The Sikhs of the Punjab* (Cambridge : Cambridge University Press, 1990), 30–36, (지역적이고 분리된 생활에 대해서는) 40–41. 불안정한 시기가 한동안 계속되면, 현재 상황의 "대수롭지 않은 의미심장함"이 제거되고—마치 근대 초기에 기독교를 비롯한 다른 종교들 안에 유예된 상태로 있던 초월적 잠재력의 고삐가 풀리기라도 한 것처럼—초월주의가 더 매력적으로 느껴지게 된다는 최근의 설득력 있는 설명에 대해서는 다음을 참조하라. Strathern, *Unearthly Powers*, 특히 23–25. 파올로 조비오의 *Historiarum Sui Temporis* (Paris : s.n., 1533–1534)에는 아시아의 종교 분할과 유럽의 종교 분할을 비교한 내용이 있다. 이 부분으로 필자의 관심을 인도해준 주세페 마르코치에게 감사한다.

제8장

1 카몽이스는 *Lusiadas*, VII.xix와 서사시 "언젠가는 글을 쓰고 싶다(Querendo escrever um dia)" 모두에서 향을 먹는 사람들에 관해 적었다. 이 이야기의 원전은 Gaius Plinius Secundus, *Historia Naturalis* VII.2이다. *Raudat-Ut-Tahirin* (The Immaculate Garden, 1602–1607)에서 인용한 부분은 Subrahmanyam, *Empires Between Islam and Christianity*, 251에 실려 있다. 모그라(라비아 재스민)와 참파카 목련에 관한 내용과 인도의 향 문화에 관한 내용은 다음을 참조하라. Orta, *Coloquios dos simples*, sig. Ci^v–Cii^r, sig. Bii^r(씻는 습관). 인도에서 물 마실 때의 관행에 대해서는 다음을 참조하라. M. N. Pearson, *The Portuguese in India* (Cambridge : Cambridge University Press, 1988), 100.

2 다미앙이 남긴 글들 중에 인도로 이주한 유럽인에 관한 사례는 다음을 참조하라. *CM*, I, sig. F1^v, sig. Liii^r ; *CM*, II, sig. A7^v. 이와 관련해서 다음 역시 참조하기를 바란다. Sanjay Subrahmanyam, *Three Ways to be Alien : Travails and Encounters in the Early Modern World* (Chicago : University of Chicago Press, 2011), *Empires Between Islam and Christianity*, 제3장 ; *Europe's India*, 73 ; Casale, *Ottoman Age of Exploration*, 34–37. 1538년 함대와 함께 송환되어 상 조르즈 성에 있었던 "디우의 대포(Tiro de Diu)"는 현재 리스보아 군사 박물관에 소장되어 있다. 이 대포에 관해서는 다음을 참조하라. Fernão Mendes Pinto, *The Travels of Mendes Pinto*, ed. and trans. Rebecca D. Catz (Chicago : University of Chicago Press, 1989), 4, 제2장. 1509년 디우 전투에서 습득한 서적들과 관련된 내용은 *CM*, II, sig. I3v를 참고하라. 바후스 역시 이 사건을 다루면서 "일부는 철학서이고 일부는 역사서(huūs de razar e outros de histórias)"라며 구체적으로 덧붙였지만(*Décadas da Ásia*, II.iii.6) 라틴어와 이탈리아어 서적들, 그리고 포르투갈어 기도서 1권만 더 언급했다. 그러면서 이런 책들이 발견된 것이 수많은 다양한 사람들이 선단을 이루었음을 보여주는 증거라고 주장했다. 이 책들이 말리크 아야즈(Malik Ayaz)의 소유―혹은 그에게 보내는 것―였을지도 모른다는 흥미로운 가능성이 있다. 말리크 아야즈는 "달마티아 혹은 러시아, 튀르크, 페르시아(길란)" 출신의 디우 통치자였다. 그러나 이 시점이면 그의 배는 포르투갈의 초대 인도 총독인 프란시스쿠 드 알메이다(Francisco de Almeida)와의 전투에서 이미 후퇴한 상태였다(Subrahmanyam, *Empires Between Islam and Christianity*, 48–49 ; Casale, *Ottoman Age of Exploration*, 26).

3 리스보아로 파견된 대표단을 포함해서, 고아인에 대한 처우에 항의하기 위해 구성된 (크리슈나가 이끄는) 브라만 대표단에 관한 내용은 다음을 참조하라. *CM*, III, sig. A8^r, sig. C7^v–C8^r ; Thomaz, *De Ceuta a Timor*, 248–250 ; Rui Gomes Pereira, *Goa, Vol 1 : Hindu Temples and Deities*, trans. Antonio Victor Couto (Panaji : Printwell Press, 1978), 14–16. 루이스 토마스는 인도인과의 거래가 이

전의 국가 차원의 유대인과의 관계를 바탕으로 했을 가능성이 있다고 언급한다. 이런 가능성을 확인해주는 근거로, 믈라카의 비기독교인에 대한 지배력을 가졌던 인도인 니나 셰투(Nina Chetu)가 법률 문서에 "인디우(Indio)"와 "주데우(Judeo)"로 언급되어 있다는 사실을 들 수 있다(가령, *Livro das Ilhas,* ANTT PT/TT/LN 0036, fols. cxxxviii ; ccxxxi). 다만, 두 단어가 혼동되기 쉽기 때문일 수도 있다("Indio"와 "Judeo"에서 "n"과 "u"만 바꾸면 된다). 고아의 식품 수입 수요에 관해서는 Pearson, *The Portuguese in India,* 87-91, 112-113, 고아의 지리적 위치가 지닌 전략적 중요성에 관해서는 Thomaz, *De Ceuta a Timor,* 247-248, 알부케르크의 대(對)고아 정책에 관해서는 같은 책 248-250을 참조하라. 안드레아 코르살리가 줄리아노 메디치에게 보낸 편지에는 비자야나가르와의 말 교역에 대해서 순진한 시각으로 기록한 내용이 담겨 있다. Ramusio, *Primo volume delle navigationi e viaggi,* fol. 193ᵛ. 비자야나가르에 관해 유럽인이 쓴 글들을 광범위하게 다룬 다음 역시 참조하라. Rubiés, *Travel and Ethnography.*

4 다음을 참조하라. Partha Mitter, *Much Maligned Monsters : A History of European Reactions to Indian Art* (Chicago : University of Chicago Press, 1992), 34. 코르살리의 편지에 등장하는 이 구절은 Ramusio, *Primo volume delle navigationi e viaggi,* fol. 193ᵛ에서 발췌한 것이다. 다미앙이 라무시오에게 제공한 프란시스쿠 알바르스의 에티오피아 관련 문서 원본은 줄리아노 메디치에게 보낸 코르살리의 편지(*Primo volume delle navigationi et viaggi,* fol. 190ʳ)의 사본과 함께 바티칸 도서관 문서(Vatican Library Ott.Lat.2202)로 남아 있을 가능성이 있다. 이 문서의 fol. 130ʳ에서부터 두 문헌이 함께 발견되었다. 얼마 후, 메디치 소장품에는 중국 도자기 종류도 포함되었다. Marcocci, *Globe on Paper,* 53 참조. 고아의 도시 배치는 다음을 참조하라. Thomaz, *De Ceuta a Timor,* 248-249 ; Pearson, *The Portuguese in India,* 94-95.

5 Subrahmanyam, "Rethinking the Establishment of the *Estado da Índia",* 1498-1509", *Empires Between Islam and Christianity,* 26-55 ; Pearson, *The Portuguese in India,* 94-98 ; Camões, "O Poeta Simonides, falando".

6 R. H. Major (ed.), *India in the Fifteenth Century : being a collection of narratives of voyages to India in the century preceding the Portuguese discovery of the Cape of Good Hope, from Latin, Persian, Russian, and Italian Sources* (London : Hakluyt Society, First Series XXII, 1857), 10 ; Camões, "Ca neste Babilonia, donde mana", "Super Flumina".

7 *The Book of Duarte Barbosa,* xliii-iv, 115 ; Fabre et al., "L'affaire Rodrigues", 194-195. 문장 하사에 관한 내용은 다음을 참조하라. *CM,* I, sig. Nvᵛ-Nviiʳ. 이 내용을 묘사한 동시대의 또 다른 글은 다음에서 찾을 수 있는데, 여기에는 몇몇 변형된 내용이 담겨 있다. *Tombo das armas dos reis e titulares e de todas as*

famílias nobres do reino de portugal, ANTT PT/TT/CR/D-A/001/21, fol. 58.

8 AHEI 9529, *Provisões a favor da Cristiandade,* 1 vol. (152[?]3–1840), 특히 fols. 34ʳ, 73ᵛ–77ʳ, 90ʳ(사원의 신축/수리 금지령), 81ʳ⁻ᵛ(개종하지 못하게 위협 또는 회유하는 행위 금지령), 88ᵛ(브라만의 공직 진출 방지책), 91–92(개종을 지연하는 브라만에 대한 영토 외 추방령). Pereira, *Goa,* I.8–14 ; Fabre et al., "L'affaire Rodrigues" ; Pearson, *The Portuguese in India,* 92 ; Ramusio, *Primo volume delle navigationi e viaggi,* fol. 193ᵛ. 많은 이슬람 영토에서 비이슬람교도에게는 공직이 금지되었고, 비신자에게 부과되는 세금인 지즈야(jizya) 납부 의무가 있었다.

9 이탈리아 여행가 필리포 사세티의 기록에는 다음과 같은 구절이 나온다. "그들의 과학 지식은 모두 산스크리트어라는 언어로 기록되어 있다.⋯⋯오늘날의 언어는 이 산스크리트어와 많은 부분을 공유한다. 산스크리트어에는 우리가 사용하는 많은 단어가 포함되어 있다. 특히 숫자 6, 7, 8, 9와 신, 뱀 등이 그렇다 (Sono scritte le loro scienze tutte in una lingua, che dimandano sanscruta⋯⋯e ha la lingua d'oggi molte cose comuni con quella, nella quale sono molti de' nostri nomi, e particularmente de' numeri el 6, 7, 8 e 9, Dio, serpe, e altri assai)."(Filippo Sassetti, *Lettere da Vari Paesi : 1570-1588,* ed. Vanni Bramanti [Milan : Longanesi, 1970], 502) 이 구절은 가르시아 드 오르타의 *Coloquios dos simples*에 나오는 다양한 약명을 논한(500쪽) 직후에 등장한다. 사세티는 페르시아의 역사가 알-비루니가 쓴 인도에 관한 아라비아의 기념비적인 연구물인 『알-비루니의 인도 (*Tarikh al-Hind*)』를 접하면서 산스크리트어를 알게 되었을 수도 있다. 그런데 필자가 알기로 이런 주장은 제기된 적이 없다. 산스크리트어를 비롯한 여러 요소들에 관한 사세티의 견해(420–421쪽)는 알-비루니의 논문 서론에 나오는 논평과 매우 유사하다. 알-비루니는 토착 산스크리트어의 우수함, 산스크리트어 지식에 미치는 운문의 제한적 효과, 언어를 습득하는 데에 장애가 될 정도로 광범위한 산스크리트어 어휘, 아이들에게 겁을 주려고 이슬람교도를 괴물이라고 부르는 인도 부모들 등을 언급했다. Muhammad ibn Ahmad Biruni, *Alberuni's India,* trans. Edward C. Sachau (London : Kegan Paul, 1910), I.17–19.

10 *The Book of Duarte Barbosa,* I.98–108. Gaspar Correa, *Lendas da Índia* (ANTT PT/TT/CF/040-043), II.441 ; Orta, *Coloquios dos simples,* sig. Ciiiiᵛ–Cviᵛ, sig. Fiiiiᵛ. 이슬람 데칸 왕국인 바흐만 술탄 왕국은 1398년에 티무르 제국의 속국이 되어 그때부터 페르시아 왕국으로부터 받은 문화적 영향을 유지했다. 이 바흐만 왕국의 뒤를 이어 등장한 국가들 중에 하나가 바로 비자푸르의 아딜 샤 왕국이다. 다음을 참조하라. Manu S. Pillai, *Rebel Sultans : The Deccan from Khilji to Shivaji* (New Delhi : Juggernaut, 2018), 54 ; Richard M. Eaton, *India in the Persianate Age : 1000-1765* (London : Allen Lane, 2019), 제4장.

11 Willis, *Camões,* 271–276. Orta, *Coloquios dos simples,* sig. D[i]ʳ. Camões,

"Aquela Cativa". 현지 법규를 기록한 *Livro Vermelho,* AHEI 8791에는 불륜 행각을 목적으로 여성이 교회에 모이는 것을 금하는 내용의 법도 있다. 이는 이런 행위가 리스보아에서 이식된 것임을 시사한다(fols. 78ᵛ–80ʳ).

12 Subrahmanyam, *The Portuguese Empire in Asia,* 64–65 ; *Empires Between Islam and Christianity,* 53–61에 따르면, 14세기 초부터 홍해 경로를 공격하는 것이 지정학적 측면에서 유럽의 열망이었다고 한다. 1550년대 초, 카몽이스가 해군으로 복무하며 항해한 정확한 여정은 전적으로 확신 있게 재구성할 수는 없다(제6장, 주 2 참조). 1553년 11월, 그를 인도로 이끈 코친 지원 원정대(Diogo do Couto, *Década Sexta da Ásia* [Lisbon : Pedro Craesbeeck, 1614], X,xv)에 더해, Willis, *Camões,* 209–210를 참조하라. 그의 시 "옆에는 메마르고 거친 불모의 산(Junto de um seco, fero e estéril monte)"를 보면, 그가 홍해에서 오스만 선박들과 맞설 1555년 원정대의 일원이었음을 알 수 있다. 원정 기간 동안, 함대는 호르무즈에서 겨울을 났다.

13 *Lusiadas,* V.lxxvi, VI.xcviii ; "Junto de um seco, fero e esteril monte". *CM,* II, sig. E4(바라웨), *CM,* II, sig. G3ʳ⁻ᵛ(칼하트). *The Book of Duarte Barbosa,* 96(호르무즈의 물). Pires, *Suma Oriental,* 9(홍해에서 부는 바람). 수상 식사 그림은 다음에 수록되어 있다. *Codex Casanatense* (Biblioteca Casanatense MS.1889), 29–30. 다음도 참조하라. Subrahmanyam, *Europe's India,* 34–36 ; Jeremiah P. Losty, "Identifying the Artist of *Codex Casanatense* 1889", *Anais de História de Além-Mar* 13 (2012), 13–40. 더 자세한 내용은 이 책의 제10장을 참조하라. 근대 유럽 초창기에 미라를 활용한 내용은 다음에서 확인할 수 있다. Louise Noble, *Medicinal Cannibalism in Early Modern English Literature and Culture* (Basingstoke : Palgrave Macmillan, 2011) ; Richard Sugg, *Mummies, Cannibals and Vampires : The History of Corpse Medicine from the Renaissance to the Victorians* (London : Routledge, 2011).

14 모든 맘루크인이 변절한 기독교인이라는 서양의 믿음에 관해서는 다음을 참조하라. Ulrich Haarmann, "The Mamluk System of Rule in the Eyes of Western Travelers", *Mamluk Studies Review,* 5 (2001), 1–25. 다미앙이 필사한 서한 "Carta do Soldam de Babilonia aho Papo Iulio terceiro"(맘루크 술탄인 알-아시라프 칸수 알-구리[al-Ashraf Qansuh al-Ghuri]가 보낸 서한)에 관한 내용은 *CM,* I, sig. M5ᵛ–M6ʳ를 참조하라. 다미앙이 참고한 원문은 이 서한의 라틴어 번역본(문서번호 ANTT PT/TT/CC/3/0026/00019)인 것으로 보인다. 오스만 관련 출처에 나오는 디우 전투에 관한 내용은 Casale, *Ottoman Age of Exploration,* 26–28를 참조하라. 포르투갈이 레반트 무역로를 통하는 향신료의 이동을 봉쇄한 것이 어느 정도로 성공적이었는지, 그랬다면 이를 얼마나 오랫동안 유지했는지에 관해서는 오랜 논쟁이 이어지고 있다. 이 내용은 다음에 잘 요약되어 있다.

Subrahmanyam, "Rethinking the Establishment of the *Estado da Índia"*, 38-45. 장 오뱅의 결론에 따르면, 지중해 동부의 향신료 무역이 쇠퇴한 이유는 히자즈 와 예멘의 정치적 불안정 때문이지, 포르투갈의 봉쇄 때문이 아니다. 그러나 그 렇더라도 이는 포르투갈의 해상로가 이 시기에 더욱 생산적이고 안전했을 것이 라는 의미가 된다. 주목할 점은 무역에 미친 눈에 띌 만한 영향이 무엇이었든 간 에 알렉산드리아와 베이루트를 지나 베네치아로 가는 향신료 무역이 급격히 쇠 퇴한 것은 확실하다는 사실이다. 이에 관해서는 이 책의 제9장에 나오는 파올로 조비오와 파올로 첸투리오네의 논쟁을 참고하라.

15 토르에서 파라오 시대의 운하를 재개통하는 계획에 관해서는 Casale, *Ottoman Age of Exploration*, 48-49를 참조하라. 이 계획은 일찍이 1504년에 베네치아 에서 제안되었다(Subrahmanyam, "Rethinking the Establishment of the *Estado da Índia"*, 45). 전 지구적 규모의 제국들에 관해서는 다음을 참조하라. Sanjay Subrahmanyam, "Connected Histories : Notes Towards a Reconfiguration of Early Modern Eurasia", *Modern Asian Studies* 31/3 (1997), 738-739. 샤흘람 (Xaholam, 세계의 왕)에 관해서는 Orta, *Coloquios dos simples*, sig. D[viii]$^{r-v}$를 참조하라. 오스만 제국의 선장 시디 알리 레이스(Sidi Ali Reis)가 『국가의 거울 (*Mirat ul Memalik*)』(1557)에 기록한 무굴 황제와의 대화에 나와 있듯이, 오스 만 제국의 자기표현 전략의 핵심은 알렉산드로스 대왕과 비교하는 것이었다. 이런 방법으로 서양뿐만 아니라 동양과의 관계를 정립했다. Richard Stoneman, *Alexander : A Life in Legend* (New Haven : Yale University Press, 2010)와 최 근의 연구 결과인 Su Fang Ng, *Alexander the Great from Britain to Southeast Asia : Peripheral Empires in the Global Renaissance* (Oxford : Oxford University Press, 2019)를 참조하라.

16 샤 이스마일 1세에게 파견된 페르낭 고메스 드 레무스(Fernão Gomes de Lemos) 대사 일행에 관한 내용은 *CM*, IV, sig. B2^{v}-[B7^{v}]에 기술되어 있다. 포르투 갈과 동방 국가들 사이의 초창기 외교관계가 수립된 배경에 대해 알고 싶다 면 다음을 참조하라. Halikowski-Smith, "The Friendship of Kings was in the Ambassadors", 101-134.

17 이스마일 1세가 보낸 서한의 필사본은 *CM*, IV, sig. B6^{v}-B7^{r}에 기록되어 있 다. 비자푸르의 아딜 샤 왕조는 그들의 명목상 대군주인 바흐만 왕국의 수니파 신앙을 유지하는 것과 페르시아와 동맹을 맺으면서 시아파 신앙에 대한 충성 을 맹세하는 것 사이에서 줄타기를 계속했다. Pillai, *Rebel Sultans,* 103 ; Eaton, *India in the Persianate Age,* 제4장을 참조하라.

제9장

1 조비오의 소책자 내용은 다음에 인용되어 있다. Sigismund von Herberstein,

Notes upon Russia : Being a translation of the earliest account of that country, entitled Rerum Muscoviticarum Commentarii, trans. and ed. R. H. Major (London : Hakluyt Society, First Series X and XII, 1851–1852), I.228–234. 원본은 다음에서 볼 수 있다. Paolo Giovio, *Libellus de Legatione Basilii* (Basel : Johannes Froben, 1527), sig. A3ᵛ. 향신료를 유럽으로 가져오기 위해 기획된 경로는 또 하나가 더 있었다. 바로 중국 북쪽 항로였는데, 파올로 조비오와 마치에이 미에호비타, 이 두 사람 모두 이 항로에 관한 소문을 보고했다. Granlund and Crone, "The Carta *Marina* of Olaus Magnus", 36–37 참조. 카헤이라 다 인디아, 즉 인도 항로의 지속적인 생존 가능성을 둘러싼 더 많은 의혹에 관해서는 다음을 참조하라. Subrahmanyam, "Rethinking the Establishment of the *Estado da Índia*", 32–35. 노엘 맬컴(Noel Malcolm)이 지적하듯이(*Agents of Empire*, 322), 이 시기에 향신료는 사실 페르시아를 통해서 폴란드로 교역되었다. 그러나 이 경로는 레반트나 희망봉을 거치는 향신료 무역망을 대신하는 항로로서 성공 가능성을 한 번도 입증하지 않았다.

2 *Libellus de Legatione Basilii*와 함께 최근 재발견된 조비오의 지도에 관한 내용은 다음을 참조하라. Giampiero Bellingeri and Marica Milanesi, "The Reappearance of the Lost Map of Muscovy by Paolo Giovio (1525)", *Imago Mundi,* 72/1 (2020), 47–51. 이 지도가 공개적으로 거론된 기록은 라무시오가 남긴 향신료 무역로에 관한 대화에서 찾을 수 있는데, 이 대화 중에 조비오의 모스크바 대공국 지도가 등장한다. R. A. Skelton and George B. Parks (eds.), *Gian Battista Ramusio : Delle Navigationi et Viaggi* (Amsterdam : Theatrum Orbis Terrarum, 1967–1970), xi 참조. 다미앙이 고대 로마 말기의 도로망 지도의 중세본을 소장한 콘라트 포이팅거 대도서관을 방문한 내용은 그가 1542년에 야코프 푸거(Jacob Fugger)에게 보낸 편지와 Hirsch, *Damião de Góis,* 26n를 참조하라. 다미앙이 조비오에게 반박하는 글은 그가 쓴 *Commentarii rerum gestarum in India citra Gangem a Lusitanis anno 1538* (Louvain : Rutger Rescius, 1539), sig. Eiiʳ–Eivᵛ의 말미에 출판되었다. 이 글은 같은 해에 이탈리아어로 번역되어 *Avisi de le cose fatte da Portuesi ne l'India di qua del Gange, nel MDXXXVIII scritti in lingua latina dal signor Damiano da Goes cavalier portuese al cardinal Bembo* (Venice : Comin da Trino, 1539)로 출판되었다. 오스만 제국의 시디 알리 레이스가 쓴 『국가의 거울』에는 구자라트에서 포르투갈 대사와 대치했던 내용이 상세히 기록되어 있다. 이 자리에서 포르투갈 대사는 포르투갈이 육상 운송을 관리할 능력이 없음을 인정했다.

3 다미앙이 방문한 지역 범위를 두고 약간의 논쟁이 벌어진 바 있다. 이를 뒷받침하는 증거가 단편적이었기 때문이다. 그 증거를 이루는 것으로 가장 먼저 그의 연대기에 나오는 자전적 문헌들을 들 수 있다(다미앙은 "이들 지역 가운데 몇몇

지역에 왔다"라고 이야기한다. 즉, "모스크바 대공국, 러시아, 리투아니아, 리보니아 사람들이" 사는 땅에 왔다고 한다. *CM*, III, sig. O8ᵛ–P1ʳ ; *CM*, IV, sig. B4ᵛ 참조). 그외에도 "타타르 땅"에서 돌아온 다미앙의 귀환을 축하하는 코르넬리우스 그라페우스의 시도 있다. 또한 António Galvão, *Tratado......dos diuersos & desuayrados caminhos* (Lisbon : João de Barreira, 1563), sig. Iiiᵛ–Iiiiᵛ도 증거 중 하나이다. 여기에서 갈방은 출처가 다미앙 본인임을 밝히면서, 다미앙이 모스크바 대공국과 노르웨이, 스웨덴을 방문한 이야기를 특별히 언급하는데 다미앙이 "위도 80도(oytenta graos daltura)"까지 여행했다고 주장한다. 그러나 이는 과장 혹은 오산이다. 왜냐하면 위도 80도에 있는 유일한 땅—스발바르 제도—은 1596년 빌럼 바렌츠(Willem Barentsz)가 최초로 발견했다고 추정되기 때문이다. 허쉬(*Damião de Góis*, 21–23)는 다미앙이 러시아와 돈 강 일대를 여행했다는 사실을 인정한다. 반면 장 오뱅은 다미앙이 스칸디나비아와 "가상의 공간"인 타타르 땅을 방문했다는 주장을 일축한다(*Latin et l'Astrolabe*, 253–259). 그 당시 "타타르 땅"이 어디를 가리키는지 불분명하다는 이유에서다. 레온하르트 투르나이서 춤 투른은 다미앙의 집에 체류하던 1555–1556년에 노르웨이의 도시 베르겐 상인들의 기이한 입회식을 묘사하는 기록을 남겼다. 이 이야기는 다미앙이 들려준 것이지, 망누스에게서 (혹은 적어도 망누스가 출판한 작품에서) 나오지는 않은 것으로 보인다. (비록 정황상이기는 하지만) 따라서 이 기록 역시 다미앙이 스칸디나비아와 어쩌면 발트 해와 러시아까지 여행했다는 주장을 뒷받침하는 또다른 증거가 된다. *A História Natural de Portugal de Leonhard Thurneysser zum Thurn*, 93–95 참조. 지기스문트 폰 헤르베르슈타인이 왕실 수렵 원정대에 관해 기록하면서 설탕 피라미드를 언급한 것을 보면(*Notes upon Russia*, II.136), 모스크바에서는 그 당시에도 정제 설탕이 여전히 특별한 사치품이었다는 주장을 확인할 수 있다. 다미앙이 헝가리 지원 활동에 참여한 내용은 *Inéditos*, II, 57를 참조하라. 오스만 제국의 시각에서 이 지역의 지정학을 논하는 내용은 Malcolm, *Agents of Empire*, 324–325를 참조하라.

4 Herberstein, *Notes upon Russia*, I.55–59, 61–82.

5 Marcocci, *Globe on Paper*, 92. Subrahmanyam, "Connected Histories", 752–753. David Arans, "A note on the lost library of the Moscow Tsars", *Journal of Library History*, 18/3 (1983), 304–316. Simon Franklin, "review of Dimitri Obolensky, *Six Byzantine Portraits* (1988)", *English Historical Review*, 106/419 (1991), 434–435. Isabel de Madariaga, *Ivan the Terrible* (New Haven : Yale University Press, 2006), 17, 19.

6 De Madariaga, *Ivan the Terrible*, 24, 32–35. Herberstein, *Notes upon Russia*, I.cxxiv, I.49–50, II.49–56.

7 Herberstein, *Notes upon Russia*, II.74–75. Guillaume Postel, *Des Merveilles du Monde et principalement des admirables choses des Indes et du nouveau monde*

(France : s.n., 1553), ch. XIX, sig. Iii^r-Iiii^v. Girolamo Cardano, *De Rerum Varietate Libri XVII* (Basel : Heinrich aus Basel Petri, 1557), 제22장. 식물 양에 대해 기술한 이 모든 내용은 아마도 궁극적으로는 환상소설 『맨더빌 여행기 (*The Travels of Sir John Mandeville*)』에서 파생했을 것이다(제29장). 보르네오의 "살아 있는 잎"에 대한 내용은 다음을 참조하라. Antonio Pigafetta, *Magellan's Voyage : A Narrative Account of the First Circumnavigation,* trans. R. A Skelton (New York : Dover Books, 1994), 제33장, 105. 예수회가 중국에서 게에 피가 없다는 사실을 이용한 이야기는 다음을 참조하라. Matteo Ricci, *The True Meaning of the Lord of Heaven,* ed. D. Lancashire and P. Hu Kuo-chen (St Louis, MO : Institute of Jesuit Studies, 1986), 265-267 ; Laven, *Mission to China,* 211.

8 Nicolaus Copernicus, *Three treatises on Copernican theory,* trans. Edward Rosen (London : Dover 2018), 105. 올리베이라 마르케스(Oliveira Marques)의 *Damião de Góis e os Mercadores de Danzig*에서 처음 공개된 1566년 문서에 따르면, 많은 여행을 다녔던 다미앙이 한번은 쾨니히스베르크(칼리닌그라드)를 방문한 것으로 보인다. 그단스크에서 출발하여 육로를 이용했다면 자연히 프롬보르크를 지나서 쾨니히스베르크에 도착했을 것이다.

9 Copernicus, *Three treatises,* 57-59, 61-64. 아마도 다미앙은 1529년에 요한네스 단티스쿠스를 만났던 것 같다. 그는 바르미아의 영주 주교로서 코페르니쿠스의 상관이었다. 또한 1531년에는 코페르니쿠스의 사촌이자 속내를 터놓는 친구였던 티데만 기제(Tiedemann Giese)도 만났으며, 1542년까지 그와 편지를 주고받았다(Hirsch, *Damião de Góis,* 37-38).

10 연회 장면은 *I Diarii di Marino Sanuto* (Venice : F. Visentini, 1879-1903), vol. LV, col.414-19에 자세히 묘사되어 있다. 여기에서 다미앙은 향연이 벌어지는 동안 직접 황제를 모시던 네 사람 중의 한 명으로 언급되어 있다.

11 이 희곡에 관해서 기술한 글들—인문학자 앙드레 드 헤젠드(André de Resende)의 시, 지롤라모 알레안드로(Girolamo Aleandro, 로마로 보낸 보고서 작성자)와 페드루 마스카레냐스(Pedro Mascarenhas)의 편지—은 다음에서 찾아볼 수 있다. Esperanca Cardeira, "Jubileu", *Cadernos Vicente* (Lisbon : Quimera, 1993). 이외에 사누도의 글도 여기에 추가할 수 있겠다. 「게르타 드 주빌레우」는 금서 목록—*Rol dos Livros Defesos* (Lisbon : Germam Galharde, 1551)—의 마지막 부분에 등장한다. 제목을 두고 혼선이 있는데, 금서 목록과 알레안드로의 편지에는 "주빌레우 다모레스"로 되어 있지만, 사누도의 글에는 "게르타 드 주빌레우"로 나와 있다.

제10장

1 Willis, *Camões,* 210 ; *The Travels of Mendes Pinto,* Fernão Mendes Pinto, chs 217-218.

2 1540년대와 1550년대에 고아에서 활동한 급진적인 설교자들에 관해서는 Fabre et al., "L'affaire Rodrigues"; Rubiés, *Travel and Ethnography*, 8-9를 참조하라.

3 모로코의 라틴 원고에 관한 기록은 Pereira, *Esmeraldo de Situ Orbis*, 58-59 를 참조하라. 코둔갈루르의 구리 평판에 관한 내용은 *CM*, I, sig. Niii^{r-v}를 참 고하라. 1604년에 다시 번역된 번역본이 대영 도서관(British Library Add. MS 9853, fols. 32-5)에 있었지만, 1949년에 박서(Boxer)가 점검해보니 심하게 손상 된 상태였다(C. R. Boxer, "More about the Marsden Manuscripts in the British Museum", *Journal of the Royal Asiatic Society of Great Britain and Ireland*, no. 1 [1949], 66). 다음에 나오는 논쟁 내용도 참고하라. Diogo do Couto, *Decada Setima da Asia* (Lisbon : Pedro Craesbeeck, 1616), X.v, fols. 217^v-223^r. 브라질 투피남바족 신화에 등장하는 몇몇 인물과 사도 토마와의 연관성에 관해서는 다 음을 참조하라. Metraux, *La Religion des Tupinamba*, pp. 46-49. 이와 유사한 주제는 누에바 에스파냐(멕시코)의 노아의 후손을 다루는 Marcocci, *Globe on Paper*, 제1장을 참조하라.

4 *The Book of Duarte Barbosa*, 126-129(비둘기 모습의 사도 토마 이야기), 117- 118(아담의 발자국 이야기)를 참조하라. 이 봉우리에 관한 중국의 기록은 명나 라 출신 정화의 1406년 여행기에 나오는데, 이를 확인하려면 다음을 참조하라. Levathes, *When China Ruled the Seas*, 100.

5 Orta, *Coloquios dos simples*, sig. Ddii^{r-v}. Mitter, *Much Maligned Monsters*, 37- 38, 부록 2에는 주앙 드 카스트로(João de Castro)의 *Primero Roteiro da Costa da India desde Goa até Diu*(c.1538-1545)에 기술된 사원 관련 내용의 번역본이 포 함되어 있다. 필리포 사세티가 "바잘리르"의 포르투갈 요새 근처에 있는 사원을 기술한 내용(*Lettere da Vari Paesi*, 422)도 참조하라.

6 Orta, *Coloquios dos simples*, sig. Ddi^v-Ddii^r. 바스쿠 다 가마가 포획한 배에 서 탈취한 인도 우상에 관해서는 *CM*, I, sig. I5r를 참조하라. 주앙 드 카스트로 가 디우 근처의 솜나스-파탄(Somnáth-Patane)에서 가져와서 신트라 근교의 별 장에 설치한, 산스크리트어가 새겨진 기념물의 복제품은 리스보아 지리학회 (Sociedade de Geografia de Lisboa)에 분류번호 Inv. no. AC-012로 소장되어 있 다. 다음도 참조하라. J. Herculano de Moura, *Inscripções Indianas em Cintra de Somnáth-Patane e Elephanta* (Nova Goa : Imprensa Nacional, 1906). 디바 르 섬에 있던 기념물들을 이동시킨 이야기는 Pereira, *Goa*, I.47-50를 참조하 라. Willis, *Camões*, 209. 도라두가 제작했다고 알려진 지도는 많은데, 대부분 아르만두 코르테장(Armando Cortesão)의 6권짜리 *Monumenta Cartographica Portugalliae*(전6권)에 복제되어 있다. 1571년까지 제작된 모든 지도에는 고아 북부에 "고아의 이교도 사원(O pagode vam de Goa)" 혹은 이와 유사한 내용 의 꼬리표가 붙어 있다. 1575년 이후 제작된 지도에는 "고아의 불타버린 이교

도 사원(O pagode queimado vam de Goa)"이라고 적혀 있다. 도라두의 지도를 바탕으로 제작된 듯한 뉴베리 도서관의 지도(Ayer MS Map 26)에도 "불타버린 (queimado)"이라는 표시가 있다. ANTT atlas (PT/TT/CRT/165) 지도를 보면, 문제의 사원이 차포라에 있던 사원인 것 같다.

7 고아 감옥에 수감된 카몽이스의 초상화를 최초로 알아본 것은 마리아 안토니에타 소아르스 드 아제베두(Maria Antonieta Soares de Azevedo)이다("Uma nova e preciosa espécie iconográfica quinhenista de Camões", *Panorama*, 4th series 42/3 [1972]). 그림이 그려진 연대에 대해서 윌리스는 인정하지만(*Camões*, 222), 바스쿠 그라카 모라(Vasco Graca Moura)는 의문을 제기한다(*Dicionário*, 850). Camões, "Comforca desusada".

8 카몽이스가 루이 바레토 총독의 취임을 축하하면서 몇몇 고아 주민의 명예를 실추시킨 죄로 수감되었다는 이야기는 카몽이스의 초기 전기작가인 마누엘 세베링 드 파리아가 가장 먼저 언급했다. 그가 "풍자 시합(Satira do Torneio)"을 언급하여 윌리스가 혼동한 듯하지만(*Camões*, 219), 이 작품을 "포도주가 낯설지 않은 몇 사람에 관한 풍자(Zombaria que fez sobre algūs homēs a que não sabio mal o vinho)"와 동일시하는 데에는 문제 될 것이 하나도 없는 듯하다. 이 풍자 작품은 1598년에 「히마스(*Rimas*)」(fols. 200^r–202^r)에서 처음 소개된 후, 나중에 "신임 총독 취임 시기에 고아에서 제작된 공연(Finge que em Goa, nas festas que se fi zeram a successao de hum Governador)"이라는 이름으로 재판이 간행되었다. 이상의 논의는 *Dicionário*, 87를 참조하라. 카몽이스의 시 "인도의 엉뚱한 이야기(Disparates da India)"도 그가 당국으로부터 맹비난을 받게 된 원인으로 지목되었지만, 제시된 사례보다 "Satira"의 사례가 더 설득력이 있다.

9 CM, III, sig. P3^v–P4^r. 알렉산드로스 대왕이 남긴 유산과 이론의 여지가 있는 유산의 성격에 관해서는 다음을 참조하라. Ng, *Alexander the Great*; Vincent Barletta, *Death in Babylon : Alexander the Great and Iberian Empire in the Muslim Orient* (Chicago : University of Chicago Press, 2010).

10 *Lusiadas*, VII.xlvii–lvi. AHEI 9529, *Provisões a Favor da Cristandade*, fols. 34^r, 54^r, 73^v–74^v, 94^v–95^v. AHEI 8791, *Livro Vermelho*, 41^v–42^v. 자살 의례에 관한 내용은 다음을 참조하라. Délio Mendonça, *Conversions and Citizenry : Goa under Portugal, 1510–1610* (New Delhi : Concept Publishing Company, 2002), 421–423(ARSI, *Indiarum Orientalum Miscellanum*, 38-II (1544–1583), Rome, fol. 245에서 인용). 유럽인들은 열성 신자들이 수레바퀴 아래로 몸을 던지는 의식을 보고 큰 충격을 받았다. *Codex Casanatense*, 78–79 ; Subrahmanyam, *Europe's India*, 30 참조. 마르가오 십자가에 관해서는 Thomaz, *De Ceuta a Timor, 272*를, 뒤러의 "백파이프 연주자" 모습이 담겨 있는, V&A에 소장된 "로빈슨 장식함"을 포함해 코테 왕국의 상아에 관한 내용은 Gschwend and Lowe

(eds.), *Global City*, 제9장을 참조하라.

11 *Lusiadas*, VII.xvii. 브라만이 피타고라스 학파라는 카몽이스의 주장이 등장하는 VII.xl도 참조. 환생에 관한 전반적인 논의는 이 책의 제14장을 참고하라. 오르타는 브라만, 바니아, "제노소피스타(궤변가/역자)"와 피타고라스 학파 사이의 관계를 논하면서(*Coloquios dos simples*, sig. R[vi]ʳ⁻ᵛ), 새를 풀어주기 위해 새를 산다는 널리 알려진 이야기를 다시 반복한다. 또한 인도에서 널리 믿던 윤회사상도 논한다. 이 시기에 캄보디아에서는 브라만교가 지배적이었던 점을 고려해보면, 캄보디아의 종교문화에 관한 카몽이스의 논평도 그의 인도 종교에 관한 논의의 연장으로 볼 수 있다. 동물을 위협하는 것으로 인도인을 괴롭히던 이야기는 *Book of Duarte Barbosa*, 110–113 ; *CM*, III, sig. P3ᵛ 참조. 1580년대에 쓴 필리포 사세티의 편지들(예컨대 *Lettere da Vari Paesi*, 400–401)을 보면, 인도에 관한 정보에 대해서 유럽인들이 여전히 바르보자에게 크게 의존하고 있음을 알 수 있다. 코친에서 쓴 편지임에도 불구하고 사세티는 "바니아"의 몸을 씻는 풍습과 도살을 면해주기 위해 동물을 사는 풍습에 관해서 바르보자의 말(110–113)을 거의 토씨 하나 틀리지 않고 그대로 반복한다. 쿤콜림에서 파손된 사원의 재건을 막기 위해 소의 내장을 뿌린 일화는 Pereira, *Goa*, I,20에서 확인할 수 있다. 이와 유사한 이슬람 침략자들의 신성모독 행위에 관해서는 *Alberuni's India*, 116를 참조하라.

12 *CM*, IV, sig. 7ᵛ. 비인간 존재를 경제적, 정치적 활동에서 배제하는 자연주의 전통에 관한 내용은 Descola, *Par-delà Nature et Culture*, 336, 애니미즘과 자연주의 관점의 존재론이 가져오는 결과에 관해서는 같은 책, 408 참조. 데스콜라는 근대 초기의 유럽이 심한 "유추론적'" 사고방식을 가졌다고 분류한다. 그러나 의학적 사고에서는 종들 사이의 유사성이 존재했던 것과는 달리, 주요 기독교 철학에서는 종들 사이의 경계선을 넘나드는 정신적 유사성은 존재하지 않았다고 한다. 다미앙을 비롯하여 동방에 관한 글을 쓴 초창기 포르투갈 작가들이 동물을 묘사한 내용을 보면, 단테의 글(*De Vulgari Eloquentia*, I.ii)을 비롯한 여러 기록에 등장하는 믿음과 모순된다는 것을 알 수 있다. 즉, 동물은 같은 종에 속하면 모두 똑같아서 직관적으로 서로를 이해할 수 있기 때문에 언어가 필요 없다고 믿었던 것과 배치된다. Major (ed.), *India in the Fifteenth Century*, 13. João dos Santos, *Ethiopia Oriental* (Évora : Manuel de Lira,1609), fol. 15ʳ. 마탄체리 궁전의 라마야나 벽화는 코친 국왕을 위해서 포르투갈인들이 건설한 건물에 1560년대에 그려졌다.

제11장

1 카몽이스가 사망자 재산 관리인 직책을 맡았다는 증거는 *Lusiadas*, X.cxxviii (*Lusiadas*, 1613)에 대한 코헤아의 기록과 마누엘 세베링 드 파리아의 *Discursos*

*Varios Politicos*에 있는 1624 life of Camões, 그리고 디오구 두 코투(Diogo do Couto)의 *Década Setima da Ásia*에서 확인할 수 있다. Willis, *Camões,* 216–217도 참조. 카몽이스는 수석 선장 레오넬 드 소자가 이끈 1557년 마카오 선단에 관리인으로 합류했다. 이 첫 항해 이후 관리인 직책이 (선단의 수석 선장이 맡던) 마카오 총독직에 포함되었고, 드 소자가 이 총독직을 박탈당한 것에 항의했다는 사실로 미루어 이를 짐작할 수 있다(따라서 드 소자의 항의는 첫 항해와 관련된 것이 틀림없다). 카몽이스의 전기에서 이 부분과 관련된 사항은 Willis, *Camões,* 212–216에 잘 요약되어 있다. 오디샤, 벵골과의 무역 허가를 다룬 1580년 문서에서도 알 수 있듯이 항구에서 올린 주된 수익은 수석 선장이 아니라 사망자 재산 관리인에게 배속되었다. "수익이 없으면 무역 허가는 무용지물"이기 때문이었다. 이 구절과 관리인 직책에 대해 유용하게 요약한 내용은 다음을 참조하라. Sanjay Subrahmanyam, "Notes on the sixteenth century Bengal trade", *Indian Economic and Social History Review* 24/3 (1987), 276–277. AHEI 4468, "Cartas Patentes", fols. 43ᵛ–44ᵛ에서는 주앙 드 멘도자(João de Mendoza)가 1565–1566년에 그를 대신해서 동생 시망 멘도사(Simão Mendoza)를 수석 선장으로 파견하면서 이 관리인 직책을 유지했다고 주장한다. C. R. Boxer, *The Great Ship from Amacon : Annals of Macao and the Old Japan Trade, 1555-1640* (Lisbon : Centro de Estudos Historicos Ultramarinos, 1959), 31–32도 참조. 후반부에 *Lusiadas,* VII.lxxx, IX.xix에서 인용한 부분은 원문의 주어가 여성형이어서 필자가 살짝 변경했음을 밝혀둔다.

2 플라카를 묘사한 내용은 *CM,* III, sig. A2ᵛ–A3ʳ(황금, 노예, 두리안 이야기), E3ʳ(불꽃놀이와 마법의 팔찌 이야기)에 등장한다. 소가죽 속임수 이야기는 Subrahmanyam, *The Portuguese Empire in Asia,* 3–6 첫 부분에 등장한다.

3 *CM,* III, sig. E3ʳ–E5ᵛ, sig. E8ʳ. Levathes, *When China Ruled the Seas,* 173–174.

4 1516년 피르스 사절단에 관해서 다미앙이 기록한 내용은 *CM,* IV, sig. D5ᵛ–D8ʳ에 수록되어 있다. Boxer (ed.), *South China in the Sixteenth Century,* xx–xxi. 예전에 한번(1513년) 포르투갈 상인들이 정크선을 타고 마카오 근처에 있는 링딩 섬으로 항해한 적이 있었다. Serge Gruzinski, *The Eagle and the Dragon : Globalization and European Dreams of Conquest in China and America in the Sixteenth Century,* trans. Jean Birell (Cambridge : Polity Press, 2014)도 참조.

5 페르낭 피르스 드 안드라드(Fernão Pires de Andrade)가 국왕 마누엘에게 바친 중국산 가공품들에 관한 내용은 *CM,* IV, sig. D[7]ʳ⁻ᵛ 참조. 그중 마누엘이 교황 레오 10세에게 보낸 중국 서책은 훗날 파올로 조비오가 의례에 관한 책이라고 기술했다. Marcocci, *Globe on Paper,* 123 참조. 중국과 합의한 무역 규제에 대해 상세히 설명한 레오넬 드 소자(Leonel de Sousa)의 편지(1556년 1월 15일)의 문서 분류번호는 ANTT PT/TT/GAV/2/10/15이다. J. M. Braga, *The Western*

Pioneers and their Discovery of Macao (Macau : Imprensa Nacional, 1949), 84–86, 202–208도 참조. 벨시오르(Belchior) 신부가 마카오에서 1555년에 보낸 편지에는 초기 일본 항해에 관한 내용이 담겨 있는데, 이 편지는 *Cartas que os padres e irmãos da Compania de Iesus escreverão dos Reynos de Japão & China* (Évora : Manoel de Lyra, 1598), sig. E2ʳ에 수록되어 있다. Boxer (ed.), *South China in the Sixteenth Century*, xxv. 일본에 상륙한 최초의 포르투갈 선박은 1542년에 폭풍 때문에 해안으로 밀려들어온 것으로 알려졌다(Galvão, *Tratado*, sig. Liiiᵛ–Liiiiʳ). 하지만 페르낭 멘데스 핀투(Fernão Mendes Pinto, 『여행기 [*Peregrinação*]』의 저자)는 자신이 최초로 일본에 상륙했다고 주장했다. Rui Manuel Loureiro, "Chinese Commodities on the India Route", eds. Gschwend and Lowe, *Global City*, 제4장을 보면, 중국 무역에 관해 유용하게 요약한 내용이 담겨 있다. C. R. 복서의 기초 작업은 *The Great Ship from Amacon*에서 확인할 수 있다.

6 카몽이스는 인도 동부에서 일본에 이르는 항해 지침을 시적 언어로 *Lusiadas*, X.cxxii–cxxxviii에 담았다. 만리장성에 대한 묘사는 같은 책, cxxx에 나온다. 유럽에 전해진 치앙마이에 관한 전설은 멘데스 핀투의 『여행기』, 제41장 참조. 바후스가 구한 중국 서책들과 통역에 관한 내용은 *Décadas da Ásia*, I.ix.1–2, III. ii.7 ; Boxer, *João de Barros*, 105 ; Rui Manuel Loureiro, *Fidalgos, missionários e mandarins : Portugal e China no Século XVI* (Lisbon : Fundacao Oriente, 2000) 참조. 멘데스 핀투 역시 『여행기』, 제164장에서 그가 동방에서 가져온 서책 몇몇 권을 언급한다. 그중 한 권은 훗날 교황의 대사 조반니 리치(Giovanni Ricci)를 통해서 바티칸으로 보내져 파올로 조비오에게까지 전달되었다(Marcocci, *Globe on Paper*, 122–123 참조). 그 당시 리치가 다미앙의 보스 그림을 얻으려고 하던 때여서, 다미앙이 이 거래에 연루되었을 수도 있다(*Inéditos*, II, 114–117).

7 Frois, *The First European Description of Japan*, 17, 18, 52, 63, 67–8, 76, 132, 138, 183–5, 194 ; *Cartas que os padres*, sig. F8ʳ ; Markus Friedrich, "Archives as networks : The geography of record-keeping in the Society of Jesus (1540–1773)", *Archival Science* 10/3 (2010), 285–298 ; Head, *Making Archives*, 41.

8 내재적 사고방식에서 초월적 사고방식으로의 변화를 분석한 내용은 Strathern, *Unearthly Powers*, 제3장 참조.

9 Magnus, *Description of the Northern Peoples*, I.70–2. 망누스가 12시간 구분법의 기원에 관한 출처로 삼은 것은 Niccolo Perroti, *Cornucopiae sive comentarii linguae latinae* (Milan : Ferrarius, 1506), col. 779이지만, Polydore Vergil, *De Inventoribus Rerum*, II.5 (Venice : de Pensis, 1499), sig. fiiiʳ도 참조하라. 1583년에 포르투갈어 교육을 받은 인도인으로부터 중국에서 기계로 작동하는 시계의 주문을 받은 이야기는 다음을 참조하라. Luís Filipe Bareto,

"Macao : An Intercultural Frontier in the Ming Period", ed. Luís Saraiva, *History of Mathematical Sciences : Portugal and East Asia II. Scientifi c Practices and the Portuguese Expansion in Asia, 1498–1759* (Lisbon : EMAF-UL, 2001), 7.

10 기독교와 이슬람교가 종말이 가깝다는 데 동의한다는 내용은 Subrahmanyam, "Connected Histories", 747–741 참조. A. 아즈파르 모인(A. Azfar Moin)이 지적하듯이(*The Millennial Sovereign : Sacred Kingship and Sainthood in Islam* [New York : Columbia University Press, 2014]) 이슬람의 첫 번째 1,000년이 다가옴에 따라서 기독교 문화에 대한 무굴 제국의 관심은 주로 천년 왕국설에 쏠려 있었다. 날짜와 역법에 관해서는 멘데스 핀투의 『여행기』, 제126장 ; *The Boxer Codex : Translation and transcription of a late sixteenth-century Spanish manuscript concerning the geography, ethnography, and history of the Pacific, South-East Asia, and East Asia,* ed. George Bryan Souza and Jeffrey S. Turley, trans. Jeffrey S. Turley (Leiden : Brill, 2015), 574 ; Johannes Oranus, *Japonica, Sinensia, Mogorana* (Liège : Art de Coerswarem, 1601), sig. G2ᵛ–G3ᵛ 참조. 세상의 나이에 대한 추정치들은 여행 서적을 통해서 더 널리 유포되었다. 가령, Samuel Purchas, *Purchas his pilgrimage* (London : William Stansby for Henrie Fetherstone, 1613), 406–407. 피리슈타에 관한 내용은 Subrahmanyam, *Europe's India,* 82 참조. 인도의 시간 계산법에 관한 알-비루니의 광범위한 논쟁은 『알-비루니의 인도』, 제32–49장에 등장하는데, 이 가운데 특히 제49장의 논쟁을 참조하라. 일본인 개종자들을 인용한 부분은 멘데스 핀투의 『여행기』 제39장에 있다. 멘데스 핀투의 주장은 항상 주의해서 다룰 필요가 있지만, 그래도 이 부분을 보면 시간의 척도를 중요한 신앙고백과 문화적 차이로 인정했음을 알 수 있다.

11 *Cartas que os padres,* sig. E2ᵛ–E4ᵛ. Gaspar da Cruz, *Tractado em que se côtam,* 제17장(신과 자연철학에 대해서). Boxer, *The Great Ship from Amacon,* 5–6.

12 *Cartas que os padres,* sig. F7ᵛ ; *CM,* IV, sig. D7ʳ. 초창기 마카오에 관해서는 Boxer (ed.), *South China in the Sixteenth Century,* xxiii, 224 참조. 마조 여신을 성모 마리아와 연관시키려고 한 사례는 Giovanni Botero, *Discorso di vestigii, et argomenti delle fede Catholica, ritrovati nell'India da Portoghesi, e nel mondo nuovo da' Castigliani* (Venice : Giovanni Martinelli, 1588) ; 14, Gaspar da Cruz, *Tractado em que se côtam,* 제27장 ; Boxer (ed.), *South China in the Sixteenth Century,* 213 참조. 이후 중국에 예수회 선교사가 파견된 기간에도 혼란이 일었던 것 같다. Laven, *Mission to China,* 80 참조. 정화의 선단에 티안페이가 나타난 모습을 묘사한 부분은 다음을 참조하라. Levathes, *When China Ruled the Seas,* 103–104 ; J. J. L. Duyvendak, "The True Dates of the Chinese Maritime Expeditions in the Early Fift eenth Century", *T'oung Pao,* 34/1 (1938), 345–346. *The Boxer Codex,* 598–599에 나오는 신부 마르틴 데 라다(Martín de Rada)가 마

조 여신을 "니앙마(Niangma)"라고 부르며 기록한 내용도 참조하라.

13 윌리스(*Camões*, 221-222)는 카몽이스를 축출한 것이 마카오 무역관 설립자인 드 소자가 아니라 후임자 루이 바레토라고 설득력 있게 주장한다. *Lusiadas*, I.cii.

제12장

1 Cornelis Augustijn, *Erasmus : His Life, Works, and Influence* (Toronto : University of Toronto Press, 1991), 123, 125. Aubin, "Damião de Góis dans une Europe Evangelique", *Latin et l'Astrolabe*, I. 211-212. Hirsch, *Damião de Góis, 23*.

2 Andreas Vesalius, *De Humani Corporis Fabrica*, trans. William Frank Richardson (San Francisco : Norman, 1998-1999), I.382-3,

3 『25편의 흡혈귀 이야기(*Vetālapañcavimśatikā*)』는 많은 판본이 존재한다. 그중 가장 유명한 것은 아마도 11세기 카슈미르의 시인 소마데바(Somadeva) 판본일 것이다.

4 Erasmus, *De Delectu Ciborum Scholia*, in *Collected Works of Erasmus*, vol. 73, 106. Augustijn, *Erasmus*, 125 (리처드 페이스[Richard Pace]에게 보낸 편지 인용), 159, 163. Hirsch, *Damião de Góis*, 69-71 ; Aubin, *Latin et l'Astrolabe*, I.216-17.

5 *Inéditos*, II, 42. Hirsh, 45, 79, 87. 에라스뮈스의 초상화에 관해서는 *Cartas Latinas de Damião de Góis*, ed. and trans. Amadeu Torres (Paris : Fundacão Calouste Gulbenkian, 1982), 214/373 참조. 소포클레스의 일화는 *De Senectute* VII.22-3에 나온다. 다미앙의 번역본은 *Livro de Marco Tullio Ciceram chamado Catam maior, ou da velhice, dedicado a Tito Pomponio Attico* (Venice : Stevão Sabio, 1538)로 출판되었다.

6 Er. Epist. 3043. Hirsch, *Damião de Góis*, 80-81. Erasmus, *Ciceronianus* (1528). 필자는 에라스뮈스가 다미앙에게 보낸 편지를 허쉬가 옮긴 번역본을 대부분 따랐다. 다만 살짝 바꾼 부분이 몇 군데 있다.

7 Er. Epist. 2987, 3079, 3085. Hirsch, *Damião de Góis*, 76, 83-84. 에라스뮈스가 편지를 선별해서 대중에게 공개했다는 사실은 Lisa Jardine, *Erasmus, Man of Letters : The Construction of Charisma in Print* (Princeton, NJ : Princeton University Press, 1993) 참조.

8 현재까지 남아 있는 다미앙의 유일한 번역본—*Ecclesiastes de Salamam, con algunas annotações necessarias* (Venice : Stevão Sabio, 1538)—은 옥스퍼드 대학교 올 소울스 칼리지 도서관에 소장되어 있다(Codrington Library, 12:SR.70. b.24[1]). 이 번역본은 2000년에 교수 토머스 얼(Thomas Earle)이 발견하여 이후 해박한 서문과 함께 *O Livro de Ecclesiastes* (Lisbon : Fundaçao Calouste

Gulbenkian, 2002)라는 제목으로 출판되었다. 헤벨에 관한 내용은 다미앙의 sig. biiii^r 참조. 「전도서」를 번역하게 된 이유는 그 당시 에라스뮈스가 「전도서」에 관한 비평을 준비하고 있었기 때문인 듯하다. 이 비평은 1535년에 바젤에서 요하네스 프로벤이 출판했다.

9 Er. Epist. 2846. *CM*, III, sig. O[7]^v. Hirsch, *Damião de Góis*, 73. Aubin, *Latin et l'Astrolabe*, I.183-210, 273-5.

10 *CM*, III, sig. O4^v-O6^r. Hirsch, *Damião de Góis*, 146-147. Marcocci, *Globe on Paper*, 96-98.

11 *Inéditos*, II, 33. Aubin, *Latin et l'Astrolabe*, I.222. Er. Epist. 2963. Hirsch, *Damião de Góis*, 75.

12 포르투갈 최초의 금서 목록은 1547년에 인쇄물이 아닌 필사본으로 작성되었으며 Antonio Baião, "A Censura literaria inquisitorial", *Boletim da Segunda Classe da Academia das Ciências de Lisboa*, 12 (1918), 474-483에서 처음 공개되었다. 다미앙이 그의 소송 중에 관심을 보인 1551년 색인(*Inéditos*, II, 51-2)은 *Este he o rol dos libros defesos por o Cardeal Iffante*……(Lisbon : Germam Galharde, 1551)로 출판되었다. 이들 출판된 목록에는 다미앙의 저작은 포함되지 않았다. 다만, 그가 번역한 「전도서」는 일반적인 『성서』 자국어 번역 금지 조치에 반하는 것이었다(그의 『성서』 번역본은 포르투갈에서는 유일한 것이었다). 이 조치는 1571년에는 가톨릭 영토 전역으로 확대되었다(Archive of the Congregation for the Doctrine of the Faith, Index, Diari 01[1571-1606], fol. 3^v, 1571년 9월 5일). 그가 번역한 자가자보의 논문은 추기경 왕자 엔히크 1세의 특별 명령 대상이 되었다. 이유를 설명한 왕의 편지는 *Inéditos*, II, 46-8에 복원되어 있으며, 이 책의 제17장에서 다시 논의된다. Hirsch, *Damião de Góis*, 175(디오구 드 테이브[Diogo de Teive] 인용). 근대 초기 유럽의 검열 역사에 관한 내용은 Simona Munari, "Translation, Re-Writing, and Censorship during the Counter-Reformation", eds. José María Pérez Fernandez and Edward Wilson-Lee, *Translation and the Book Trade in Early Modern Europe* (Cambridge : Cambridge University Press, 2014), 185-200 참조.

제13장

1 *Inéditos*, II, 7-10, 12-13, 16-17, 50-1. 『성서』 인용 구절은 「고린토인들에게 보낸 첫째 편지」 7장 9절이다. 1536년에서 1537년 사이에 일어난 이 사건들의 정확한 날짜를 맞추기는 다소 어렵다. 사건 관계자들이 40년에 걸쳐 서로 다르게 어림잡은 날짜를 제공한 데다가 로욜라와 동료들이 베네치아와 그 주변에서 벌인 활동과 관련된 다른 증거들을 고려해야 하기 때문이다. 다미앙은 이때가 본인이 파도바에 도착하고(1534년 10월) 1년 반에서 2년이 지난 시점이라

고 밝혔다. 이와 관련된 논쟁은 Aubin, *Latin et l'Astrolabe,* I.220 참조. Ignatius Loyola, *Personal Writings,* ed. and trans. Joseph A. Munitz and Philip Endean (London : Penguin, 2004), 22.

2 파도바 대학교의 역사를 뛰어나게 기록한 Ignatius Loyola, *Personal Writings,* ed. and trans. Joseph A. Munitz and Philip Endean (London : Penguin, 2004), 22 를 참조하라. 1534년, 다미앙이 도착했을 즈음에는 학생의 교수 임명권이 많이 축소되기는 했지만, 그래도 특정 강의에 대해서는 여전히 학생들이 임명권을 행사했다(13쪽). 다미앙이 기술한 파도바 대학교의 강의 모습은 *CM,* II, sig. G5ʳ 참조. 다미앙와 폴에 관한 내용은 Marcel Bataillon, "Damião de Góis et Reginald Pole", *Etudes sur le Portugal au temps de l'humanisme,* 141-147 참조. 에라스뮈스와 벰보에 관해서는 Er. Epist. 3043 ; Hirsch, *Damião de Góis,* 80-81 참조.

3 Sarah Blake McHam, 'Renaissance Monuments to Favourite Sons', Renaissance Studies, 19/4 (2005), 458-86. 호르무즈의 공개 강연에 관한 내용은 *CM,* II, sig. G5r를 참조하라. 크사르 엘-케비르에 관해서는 *CM,* I, sig. I5v를 참조하라.

4 *Inéditos,* II, 8. 마로에 관한 내용은 Damião de Góis to Boniface Amerbach, 24 September 1536를 참조하라.

5 Ines G. Županov, "The First Fathers of the Society of Jesus", ed. Županov, *The Oxford Handbook of the Jesuits* ; "L'affaire Rodrigues", 174-176.

6 John W. O'Malley, *Trent : What Happened at the Council* (Cambridge, MA : Belknap Press, 2013), 67-68. *Inéditos,* II, 6, 72-3. Hirsch, *Damião de Góis,* 80, 96.

7 Aubin, *Latin et L'Astrolabe,* I.227-230. Hirsch, *Damião de Góis,* 152.

8 다미앙이 "귀중품 상자"에 중요한 자료들과 함께 에라스뮈스의 편지를 보관했다는 내용은 *Inéditos,* II, 42 참조. 다미앙이 에라스뮈스의 저작물 편찬을 포기하는 내용은 Bataillon, "Le Cosmopolitisme de Damião de Góis", 160-161 참조(다미앙이 파도바에서 보니파시우스 아머바흐[Bonifacius Amerbach]에게 보낸 1536년 8월 31일 자 편지). 에라스뮈스는 *Novum Instrumentum* (1516, 1519) 두 초판에서 "요한 삽입구"(「요한의 첫째 편지」 5장 7-8절)를 생략했다. 삼위일체 반대론과 이슬람에 관해서는 Alexander Bevilacqua, *The Republic of Arabic Letters : Islam and the European Enlightenment* (Cambridge, MA : Belknap Press, 2018), 10 참조. 성상 혐오를 통해 이슬람과 프로테스탄트를 연결하는 내용은 Subrahmanyam, *Europe's India,* 28-29 참조. 가톨릭의 우상숭배를 혐오하는 프로테스탄트와 오스만의 공통적인 배경을 찾으려는 프로테스탄트의 시도에 관해서는 Matthew Dimmock, *New Turkes : Dramatizing Islam and the Ottomans in Early Modern England* (Aldershot : Ashgate, 2005), 56-57 ; Malcolm, *Agents of Empire,* 353 참조.

9 Vesalius, *De Humani Corporis Fabrica,* I.xlix, xiii-xiv (Aristoteles, *Historia*

Animalium, I.16 인용). 종교재판 과정에서 나온 증언에 따르면, 다미앙은 파도바에서 플랑드르 출신들과 함께 살았던 것이 분명하다(Inéditos, II, 8 참조). 따라서 그가 대학교에서 베살리우스 같은 플랑드르 "민족"과 어울렸을 가능성이 크다.

10 Vesalius, De Humani Corporis Fabrica, I.xl, xlix, liii–liv. Maurice Merleau-Ponty, La Nature (Paris : Editions du Seuil, 1994), 25. Descola, Par-delà Nature et Culture, 132–133도 참조.

제14장

1 Gaspar da Cruz, Tractado em que se côtam, 제18장 ; Boxer (ed.), South China in the Sixteenth Century, 158. Wenxian Zhang, "Dang An : A Brief History of the Chinese Imperial Archives and its Administration", Journal of Archival Organization, 2/1–2 (2004), 17–38. 손오공의 술책에 관한 내용은 吳承恩, 『西遊記』, trans. Julia Lovell, Monkey King : Journey to the West (London : Penguin, 2021), 제3장, 임홍빈 역, 『서유기』, 전 10권, 문학과지성사, 2003 참조. 중국인이 생각하는 내세의 관료적 구조에 관해서는 다음에 개요가 훌륭히 설명되어 있으니 참조하라. Noga Ganany, "Baogong as King Yama in the Literature and Religious Worship of Late-Imperial China", Asia Major, 28/2 (Fall 2015), 39–75.

2 Barros, Décadas da Ásia, I.ix.1. Boxer (ed.), South China in the Sixteenth Century, lxxxiv–lxxxv에서는 엘리자베스 1세 시대에 번역한 멘도자의 중국사에 실려 있는 상글리들이 번역한 서적 목록을 확인할 수 있다. Subrahmanyam, Europe's India, 26. Marcocci, Globe on Paper, 53–58. 바호스가 자료 번역을 시켰던 "중국 노예"는 다미앙이 Casa do Civel at CM, III, sig. K2ᵛ에서 언급한 "흰 얼굴의 노예" 중에 한 사람이었을 것이다. 제2장 주석 8도 참조.

3 Lusiadas, VI.lxxi–lxxvi. 카몽이스의 조난에 관한 자료들은 다음에 요약되어 있다. Gerald M. Moser, "Camões' Shipwreck", Hispania, 57/2 (1974), 213–219. 카몽이스가 겪은 사고일 수도 있는, 당시에 발생한 여러 조난 사고에 관한 내용은 Boxer, The Great Ship from Amacon, 24–32 참조.

4 Lusiadas, VII.lxxx. 「이사야」 38장 10절, 40장 3절. 16–17세기의 라마 서사시인 『레암케르』는 Reamker (Rāmakerti) : The Cambodian version of the Rāmāyana, trans. Judith M. Jacob (London : The Royal Asiatic Society, 1986), 7.42에서 발췌한 것이다. Fernão Mendes Pinto, Perigrinacam (Lisbon : Pedro Crasbeeck, 1614), sig. E3 (제37장). 디오구 두 코투는 조난 장소가 태국 해안이라고 주장하지만, 이는 명백한 오류이다. 마카오와 고아 사이의 해상로와도 맞지 않고 카몽이스가 『루지아다스』에서 묘사한 사건과도 들어맞지 않기 때문이다.

5 Lusiadas, X.cxxviii. Babur, The Baburnama : Memoirs of Babur, Prince and

Emperor, trans. Wheeler M. Thackston (New York : Modern Library, 2002), 453. 휠러 택스턴(Wheeler Thackston)은 서문(xix)에서 바로 이 폭풍 때문에 작품의 상당 부분이 사라졌을 가능성이 크다고 주장한다.

6 Nguyên Du, "Histoire du Procès au Palais des Dragons", *Vaste Recueil de Légendes Merveilleuses,* trans. Nguyên-Tran-Huan (Paris : Gallimard/Unesco, 1962). 카몽이스의 중국인 연인이 익사한 이야기가 언급되었다고 생각되는 시들은 "당신을 부순 나의 부드러운 영혼(Alma minha gentil que te partiste)"과 "오, 나의 디나메네! 정녕 그대는 떠났는가(Ah, minha Dinamene! Assi deixaste)"인데, 이 책에서는 두 번째 시를 번역해서 인용했다. 카몽이스는 『루지아다스』 집필을 마친 뒤에도 이 주제를 계속 다루었다. (가령) Magalhães Gândavo, *História da Província de Sta Cruz,* 1576을 기해 쓴 시 "진한 갠지스 강의 님프들이여(Vos Ninfas da Gangética espressura)"에도 등장한다.

7 번역한 구절은 *The Boxer Codex,* 545에 나온다. Gaspar da Cruz, *Tractado em que se côtam,* 제1장. Boxer, *South China,* 59–65.

8 *Lusiadas,* X.cxxvii, VII.xl. Gaspar da Cruz, *Tractado em que se côtam,* sig. A[vi] ᵛ. Boxer (ed.), *South China in the Sixteenth Century,* 61 번역문 발췌. 필리포 사세티가 페르디난도 데 메디치에게 보낸 편지(1584년 1월)에도 같은 주제가 등장한다. 이것으로도 동방 종교를 이야기할 때 피타고라스주의가 널리 사용되었음을 알 수 있다. *Lettere da Vari Paesi,* 399–400. 불교의 환생에 관한 교리가 중국에서 개종을 가로막는 가장 큰 걸림돌로 생각되었다. 마테오 리치의 교리문답서 (*The True Meaning of the Lord of Heaven*)를 보면, 이에 맞서기 위해서 그가 고군분투했음을 알 수 있다. Ricci, *True Meaning,* 제5장. Laven, *Mission to China,* 209–210 참조. 16세기 베트남 문학에 등장하는 변신 서사의 일례로 Nguyên Du, "Histoire d'une Beuverie sur la Rivière Dà", *Vaste Recueil de Légendes Merveilleuses* 참조. 이 이야기에는 인간 학생이 되기로 결심하는 여우와 원숭이가 나온다. 데스콜라의 애니미즘에 관한 논쟁과 원근법주의 역시 *Par-delà Nature et Culture,* 235–253 참조. Viveiros de Castro, *A Inconstancia da Alma Selvagem* (São Paulo, SP : Cosac & Naify, 2002)도 참조.

9 『西遊記』, 31–32. 손오공의 이야기가 『라마야나』의 하누만과 관련이 있다는 주장에 대해서는 다음을 참조하라. *The Journey to the West,* trans. Anthony Yu (Chicago : University of Chicago Press, 2012), I.10–11. 여기에서 앤서니 유 (Anthony Yu)가 지적하듯이, 인간과 동물 간 영혼의 연속성은 유교에서 공유하는 관념이 아니다. 유교에서는 예(禮)가 사람과 짐승을 구분한다고 보았다. 아마도 이런 믿음 덕분에 중국에서 예수회가 유교와 제휴하여 불교와 맞섰던 것으로 보인다.

10 *The Travels of Mendes Pinto,* 제73장. *Alberuni's India,* 306–307. Nils Bubandt,

"Of wildmen and white men : cryptozoology and inappropriate/d monsters at the cusp of the Anthropocene", *Journal of the Royal Anthropological Institute*, 25/2 (2019), 223–240.

제15장

1 다미앙은 뢰번 포위 사건을 기록해서 *Damiani Gois Equitis Lusitani Louaniensis Obsidio* (Lisbon : Luis Rodrigues, 1546)라는 제목으로 출판했다. 그가 포르투갈 국왕에게 보낸 편지(ANTT PT/TT/CC/1/78/37)도 참조하라. *Inéditos*, II, 69–71 에는 1571년 12월에 작성된 또다른 편지도 수록되어 있다. 이 편지에서 다미앙 은 1545년에 주앙 왕자의 의상 관리인 직책에서 배제되었다고 언급하고 있다. 가난한 현자의 이야기는 「전도서」 9장 14–16절을 인용했다.

2 *The Book of Duarte Barbosa*, II.18. 서기들의 기록물 보관소 비밀구역 접근 금지 와 비밀 준수 서약식에 관한 내용은 Dinis, "Relatório", 127를 참조하라. Zhang, "Dang An", 31–32. 주로 프로테스탄트 개혁론자들의 열성으로 탄생한 근대 영국 기록물 수집품에 관한 내용은 Nicholas Popper, "From abbey to archive : Managing texts and records in Early Modern England", *Archival Science*, 10/3 (2010), 249–266를 참조하라. 유럽의 다른 지역에서 공개된 정보에 관해서 는 Subrahmanyam, *Europe's India*, 49–52를 참조하라. 스페인의 인도 위원회 에서도 유사하게 자료에 대한 비밀 유지 의무가 있었는데, 이에 관한 내용은 Brendecke, *Arca, Archivillo, Archivo*, 271–272를 참조하라. 자료와 국가에 관 한 주제는 Ernest Gellner, *Nations and Nationalism*, 2nd edn (Ithaca : Cornell University Press, 2006), 특히 30쪽을 참조하라. "침묵의 모의"에 관한 더 심도 있 는 논쟁은 제18장을 참조하라.

3 다미앙은 1569년 7월 20일 국왕에게 보낸 편지에서 기록물 보관소에는 국왕의 비서 페루 드 알카소바 카르네이루(Pero de Alcáçova Carneiro)가 보낸 문서 상 자 60갑을 수용할 자리가 없다고 보고한다. 이에 대해 국왕은 12월 27일에 답장 을 보내 그 문서들을 알카소바 성의 페르난도 국왕의 방에 보관하라고 명한다 (문서번호 ANTT PT/TT/CC/1/108/134 참조). 또한, 다미앙에게 이 문서들을 분 류하고 목록을 만들라고 주문한다. 이것으로 보아 이런 작업이 당시에 일반적 인 관행이었음을 알 수 있다. "아직 그대가 검토하지 않은 이 문서들은 각 문서 가 다루는 소재에 따라서 개별 꾸러미로 [지금] 만드시오. 이 문서들은 자네 혼 자만 보면서, 사적인 문서와 질이 떨어지는 문서를 분리하시오. (이렇게 살펴보 고 확인한 다음) 지금 나에게 보내는 것과 같은 문서를 하나 더 만드시오. 그것 을 미겔 드 모라(Miguel de Moura)에게 보내면, 그중 하나가 필요할 때 문서 내 용이 무엇인지 쉽게 알 수 있을 것이오. 그가 더 쉽게 찾을 수 있도록, 꾸러미 마다 번호를 다시오. 그리고 각각의 궤와 상자, 수납장마다 문서 목록을 만들

어두고 꾸러미마다 무엇이 들어 있는지도 밝혀두시오(E aquela p[ar]te deles q ainda não temdes visto poreys em macos apartadas seg[undo] forem as materias de q tratarem e serão vistos p[ara]vos some[n]te peraseparardes os papeis e cartas q forem de segredo dos outros de menos calidade Dos quoaes papeis (depois deos verdes e co[n] tardes) fareis outra folha como a q ora me emvyastes e a declyvereis [*sic*]. A miguel de moura perase saber que papeis são pera quoando cu[m]prir a meu servyco verlhe algu[m] deles, e peraq[ue] lhe possao possão mais facylme[n]te quoando se buscarem numerareys os maços e em cada arca cofre e escrytoryo estara a folha dos papeis q tyves co[n] declaracão dos q estyveren em cada maço)." 1570년 4월 14일 자 편지에서는 이들 문서 목록을 만들라고 다시 한 번 요구한다(아마도 이미 수차례 요구했던 듯하다). 이런 내용으로 보아, 이 시점까지 문서 분류 작업이 아직 완료되지 않은 것이 확실하다(ANTT PT/TT/GAV/22/3/6 참조). Dinis, "Relatório", 138에 따르면, 1583년에 이 문서들이 모두 분류되어 "수납장"과 "서랍"에 안전하게 보관되었다고 한다. 근대 초기의 문신을 해독하기 위한 노력에 관해서는 다음을 참조하라. Juliet Fleming, "The Renaissance Tattoo", *Res* 31 (1997), 34–52 ; Sebastian Kroupa, "Reading Beneath the Skin : Indigenous Tattooing in the Early Modern Philippines, c.1520–1720", *American Historical Review*, 27 September 2021.

4 다미앙이 콩고 국왕 아폰소의 편지들을 옮겨 적은 부분은 *CM*, III, sig. I5ʳ–K1ᵛ이다. "콩고 국왕 아폰소의 순명 편지(Carta de obediência de D. Afonso, rei de Manicongo)"의 출처는 문서번호 ANTT PT/TT/CC/2/30/1이다. 이 문서에는 다미앙이 적은 것으로 보이는 날짜와 목차도 있다. 코친 국왕 관련 내용은 *CM*, I, sig.I7ʳ를 참조하라. 다미앙에게 물려준, 안토니우 갈방이 손으로 쓴 말루쿠 제도의 역사에 대해서는 다음을 참조하라. *A Treatise on the Moluccas (c.1544) : Probably the preliminary version of António Galvão's lost "História das Moluccas"*, ed. and trans. Hubert Jacobs (Rome : Jesuit Historical Institute, 1971).

5 *CM*, II, sig. B7ʳ–C1ᵛ(무타파 제국), *CM*, III, sig. P3ʳ–[P5ʳ](구자라트[캄바야]), *CM*, III, sig. O[7]ᵛ(엘레니 황후), *CM*, IV, sig. A4ʳ⁻ᵛ(콩고 국왕의 누이) 참조. 다미앙은 기록물 보관소에 보관된 문서들과 바르보자와 피르스 등의 여행기뿐만 아니라, 직접 또는 친구 주앙 드 바후스를 통해서 몇몇 아시아 자료도 참고한 듯하다. 바후스는 중국, 아랍, 페르시아 문서들을 언급할 때 "우리"가 번역을 의뢰한 자료라고 하면서, 이들 자료가 그만을 위해 번역된 것이 아님을 시사한다. Subrahmanyam, *Europe's India*, 73–78 참조. 다른 것들에 초점을 맞춤으로써 왕의 중심적 위치를 갉아먹는 방법은 다음에서 연구한 유사한 과정과 관련이 있다. Richard Helgerson, *Forms of Nationhood : The Elizabethan Writing of England* (Chicago : University of Chicago Press, 1992). 다른 문화에 대한 개방적

인 태도는 Hans Böhm, *Omnium gentium mores* (1520)와 같은 앞선 저작을 모범으로 삼은 것이다(이 책에 관해서는 Marcocci, *Globe on Paper*, 86-98 참조. 다미앙이 1545년에 발표한 에티오피아에 관한 글에 한스 뵘이 명백하게 영향을 미쳤다고 지적한다). 그러나 다른 문화 이야기를, 한 국가의 역사를 서술하는 일에 통합시킨 것은 비교적 새로운 시도였다.

6 *CM*, I, sig. C1ʳ, sig. O[1]ᵛ-O3ᵛ. 다미앙의 기록과 1497년 유대인에게 강제된 개종의 정당성에 관한 광범위한 논쟁 사이의 관계에 관해서는 Marcocci, "Remembering the Forced Baptism of the Jews" 참조. 마르코치의 지적처럼, 다미앙은 이 사건에 대한 유대인 측 기록(Samuel Usque, *Consolations for the Tribulations of Israel* [Ferrara, 1553])까지 참고했을 수도 있다. 다미앙의 연대기 *CM*의 제2부는, 희망봉 근처 살다냐 만(灣)에서 벌어진 교전에서 초대 인도 총독 프란시스쿠 드 알메이다가 죽으며 끝난다(*CM*, II, sig. I7ʳ-K3ᵛ). 다미앙은 이 죽음이 알메이다가 이전의 정복 동안 "비이성적인 폭력"을 자행한 탓이라고 비난한다. 특히 다불과 디우에서 벌인 군사 행동이 잔혹했다고 지적한다(*CM*, II, sig. H6ʳ-I4ᵛ). 제3부는 국왕이 알부케르크를 버린 이야기로 마무리된다. 그러나 다미앙은 알부케르크가 인도에서 세운 업적을 인정받고 왕으로부터 더 나은 대우를 받을 자격이 있었다고 생각한다(*CM*, III, sig. R8ʳ-[S2]ʳ).

7 외국인들을 초대한 내용은 *Inéditos*, I, 99-101 참조. 「아가」 "어서 일어나오, 나의 어여쁜 이여(Surge, propera amica mea)"에 곡을 붙여 만든 다미앙의 작품은 Sigmund Salminger, *Cantiones Septem, sex et quinque vocum* (Augsburg : Melchior Kriegstein, 1545)에 수록되어 출판되었다. 그가 작곡한 모테토 "원수들아, 우리가 이 꼴이 되었다고 좋아하지 마라(Nec laeteris inimica mea)"는 Henricus Glaureanus, *Dodecachordon* (Basel : Heinrich Petri, 1547)에 수록되었다. Petrus Nannius, *Orationes Tres* (Louvain : Rutger Rescius, 1541), sig. Bivʳ⁻ᵛ. 다미앙의 이런 사고방식은 고대 그리스어 단어 켈라도스(kelados)에서 영감을 받았을 수도 있다. 이 단어에는 세차게 흐르는 물소리, 음악 소리, 새소리, 떠들썩한 소리라는 뜻이 있다. 한스 펠크(요하네스 폰 펠켄)에 관한 내용은 다미앙이 그단스크 상원에 보낸 편지를 참조하라. 이 편지에는 다미앙이 포르투갈에서 그들의 이익을 대변하기로 약속한다는 내용이 담겨 있다(*Cartas Latinas*, 220/378).

8 레오나르도 다 빈치가 남긴 물에 관한 글은 다음에서 사례를 참조하라. *Leonardo da Vinci's Codex Leicester : A New Edition*, ed. Domenico Laurenza and Martin Kemp (Oxford : Oxford University Press, 2019), vol. 3, fols. 4ᵛ-6ᵛ.

9 역사를 강물에 비유한 것은 11세기 카슈미르의 시인 소마데바(Somadeva)의 작품 『카타사리트사가라*Kathāsaritsāgara*(역사의 강물이 흘러드는 곳)』에서 부분적으로 영감을 받은 것이다.

제16장

1 Diogo do Couto, *Decadas da India*, VIII, 제28장. 카몽이스는 이 시기에 시 "사랑하는 코투 메우(Amado Couto meo)"도 집필한 것으로 알려져 있다. 다만, 이 시는 그의 작품인지 확실하지 않다는 이유로 근대의 많은 작품집에서 제외되었다(*Dicionário*, 90 참조). 모잠비크 섬의 요새는 1558년에 건설되어, 소팔라를 대신하여 이 지역의 주요 사업 중심지 역할을 했다. João dos Santos, *Ethiopia Oriental*, fol. 78ʳ⁻ᵛ ; ANTT PT/TT/CC/1/100/1(모잠비크 요새 건설) 참조. *Lusiadas*, X.viii–ix.

2 *Lusiadas*, I.xxvii, liii, xlix.『루지아다스』를 근대 초기의 서사시와 세계화라는 맥락에서 비교, 설명한 최근의 연구로는 다음을 참조하라. Ayesha Ramachandran, *The Worldmakers : Global Imagining in Early Modern Europe* (Chicago : University of Chicago Press, 2015), 제3장.

3 *Lusiadas*, I.i, V.iv.

4 *Lusiadas*, II.xxxi, VII.lxvii.

5 *Lusiadas*, I.xxxiii, xxxv.

6 *Lusiadas*, V.xxxix, II.xviii, VI.lxxxvi.

7 *Lusiadas*, IX.lxxv. 식민화의 성 심리학에 관한 대표적인 해석은 다음을 참조하라. Edward Said, *Orientalism* (London : Routledge & Kegan Paul, 1978), 박홍규 역, 『오리엔탈리즘』, 교보문고, 2015, 특히 제2부, 제4장을 참조하라.

8 *Lusiadas*, IX.xxv.

9 *Lusiadas*, VII.xl–xli. J. H. Cunha Rivara (ed.), *Archivo Portuguez-Oriental* (New Delhi : Asian Educational Services, 1992), 6.725–6. Mendonça, *Conversions and Citizenry*, 421–423에 인용. *The Book of Duarte Barbosa*, 104(호르무즈의 남색 행위 처벌). Pires, *Suma Oriental*, 23(페르시아의 동성 간 관계). Laven, *Mission to China*, 180–182.

10 *Dicionário*, 90.

제17장

1 *Inéditos*, II, 31. 다미앙이 종교재판 과정에서 했던 증언을 그가 프로테스탄트에 동조했다는 증거로 어느 정도까지 보아야 하느냐 하는 문제는 다음에서 길게 다룬다. Bataillon, *Études sur le Portugal au temps de l'humanisme* ; Aubin, *Latin et l'Astrolabe*, I.211–35 ; Hirsch, *Damião de Góis*.

2 *Inéditos*, II, 31–35.

3 *Inéditos*, II, 35–71.

4 *Inéditos*, II, 42, 46–48, 101. Edgar Prestage, *Critica contemporanea á Chronica de D. Manuel de Damião de Goes. (Itemis comtra os eros da Chronica.) MS. do*

Museu Britanico publicado e anotado por Edgar Prestage (Lisbon : s.n., 1914). 근대 초기 스페인의 연대기 작성을 둘러싼 정치적 이해관계에 관한 내용은 Brendecke, *Arca, Archivillo, Archivo*, 273-278 참조.

5 *Inéditos*, II, 38.

6 *Inéditos*, II, 39.

7 *Inéditos*, II, 52-55.

8 *Inéditos*, II, 5-10, 69-71.

9 *Inéditos*, II, 12-13. 시망 호드리게스가 로욜라에게 쓴 1546년 3월 18일 자 서한, ARSI, Antica Compagnia, Epp.NN.58, fol. 358r.

10 *Inéditos*, II, 15-18.

11 재판이 진행되는 동안 증인들에게 질문할 때 반복해서 사용된 표현은 다음과 같다. "만약 증인이 가톨릭 신앙이나 성모 교회에 반하는, 혹은 충격적인 [그의] 행동이나 말을 보거나 들었다면……(se hera lembrada ver ou ouvir dizer ou fazer a algũa pessoa algũa cousa que lhe parecesse contra notra sacta fee catholica e contra o que tem e ensina a sancta madre igreja, ou de qu se escandalizasse……)." 일례로 *Inéditos*, II, 23 참조. 수기로 작성된 소송 관련 문서는 시간 순서로 정리되어 있지 않다. 그래도 대부분 날짜가 기록되어 있어서 시간 순으로 정리하면, 여러 증인들이 처음 혐의를 제기하고, 그후에 다미앙의 증언과 기소장이 공개되었음을 알 수 있다(*Inéditos*, II, 17-31). 그런데 증인들이 증언한 날짜는 1571년 5월 5일부터 6월 1일까지로 기록되어 있다. 이는 5월 2일에 기소장이 공개된 이후가 된다.

12 *Inéditos*, II, 23-25.

13 *Inéditos*, II, 29-30.

14 *Inéditos*, II, 56-71.

15 *Inéditos*, II, 91-99.

16 *Inéditos*, II, 103-117. 실제로 다미앙은 1549년 초에 이 배수관 문제로 항의한 바 있다. 1549년 2월 15일 국왕에게 보낸 그의 편지(ANTT PT/TT/CC/1/82/00-0053) 참조.

17 *Inéditos*, II, 114-117, 123-125. 「시편」 인용 구절은 119장 51-55절.

18 *Inéditos*, II, 126-129.

제18장

1 카몽이스가 1570년 귀국 후 사망할 때까지 후원이나 보상을 받았다는 증거는 뒤죽박죽 뒤섞여 있다. 1572년 7월 28일 자의 알바라(alvará), 즉 칙령에 따르면, 국왕이 그가 쓴 "인도에 관한" 책(『루지아다스』로 추정된다)에 대한 답례로 보조금 1만5,000헤알을 지급했다고 나온다. 이 문서와 1570년대의 보조금 연장

및 지급 자료, 1580년 6월 10일에 그가 사망한 사실이 언급된 문서는 원본 복사본들과 함께 다음에 기록되어 유용한 참고자료가 된다. José Perreira da Costa, "Luís de Camões……e Outros", *Luís de Camões no seu tempo e na actualidade* (Lisbon : Academia Portuguesa da Historia, 2005), 181-225. 그의 후원에 관한 주장은 더 있다. 추정하기로 비미오주 백작(Conde de Vimioso)이 자신을 묘사하는 글을 써달라고 의뢰했다는 주장도 있고, 카몽이스가 마누엘 국왕을 "메세나", 즉 후원자라고 부르는 내용이 담긴 소네트를 왕에게 헌정했다는 주장도 있다. 그러나 이런 주장들은 그가 명성 없고 가난한 상태로 사망했다는 기록들과 모순된다. 카몽이스가 사후에 미친 영향력에 관해서는 다음을 참조하라. George Monteiro, *The Presence of Camões* (Louisville, KY : University of Kentucky Press, 1966) ; Catarina Caldeira Martins, "Friedrich Schlegel e Camões", *Actas da VI Reunião Internacional de Camonistas* (Coimbra : University of Coimbra Press, 2012).

2 신고전주의를 일종의 각색으로 보는 주장은 오랫동안 비판받은 역사가 있다 (Mario Praz, *Gusto Neoclassico* [Firenze : s.n., 1940) ; *On Neoclassicism,* trans. Angus Davidson [Thames & Hudson, 1969] 참조). 그러나 신고전주의가 엄숙하게 다루어진 이유는 신고전주의가 함께하면서 뒷받침하던 제국주의의 맥락 안에서 가장 잘 이해될 것이다. 예컨대 생각보다 아랍 문화는 훨씬 널리 인식되어 있지만, 그럼에도 불구하고 아랍어 자료들은 유럽 자료들과 함께 읽을 수 있는 환경(학교 교과 과정, 역사 등) 속에 통합되지 않았(으며 현재도 그렇)다. 이런 상황이 또다른 비유럽 언어들의 경우 더 심하다는 점을 고려하면, 전적으로 반이슬람 감정만 탓할 문제가 아니다. John-Paul Ghobrial, "The Archive of Orientalism and its Keepers : Re-imagining the Histories of Arabic Manuscripts in Early Modern Europe" (*Past and Present* supplementary issue 2016) ; Bevilacqua, *Republic of Arabic Letters* 참조. 이에 대응하는 근대 초기의 시도를 다룬 광범위한 역사를 참고하고자 한다면, Marcocci, *Globe on Paper,* 서문 참조. 이 책은 다른 문화를 개방적으로 수용하다가 적대적으로 돌아서는 과정을 다룬다. 유럽의 사고방식에 비유럽이 기여하는 경우에는 대개 익명화되는 경향이 있었다. 이렇게 분리를 유지하고자 하는 욕구는 그리스 문화를 동방과 단절시키려는 계책들로 충분히 확인된다. 이런 태도는 도널드 F. 랙(Donald F. Lach)의 기념비적 시리즈 *Asia in the Making of Europe*와 같은 기획들을 통해 바로잡히기 시작했다. 인류학과 탈식민지화에 관한 내용은 Viveiros de Castro, *The Relative Native,* 75-94 참조. 내재론적 의례와 근대의 세속적 가치 사이의 제휴에 관한 내용과 상대주의에 반하는 초월주의의 입장에 관한 내용은 Strathern, *Unearthly Powers,* 37, 49 참조.

3 Xavier da Cunha, *Uma carta inedita de Camões* (Coimbra : Imprensa da Uni-

versidade, 1904). 7–8쪽의 서문 다음에는 9–23쪽에 쿠냐가 옮겨쓴 편지 (BNP COD. 8571)가 소개되어 있다. 번역문은 Willis, *Camões*, 267의 문장을 살짝 각색한 것이다.

4 가령 리스보아 예수회에서 브라질로 보낸 "마르멜라다스"에 대해서는 다음을 참조하라. Isabel dos Guimarães Sá and Máximo García Fernández (eds.), *Portas Adentro : Comer, vestir e habitar na Península Iberica (ss. xvi–xix)* (Coimbra : Imprensa da Universidade, 2010), 76 ; Sheila Moura Hue, *Delícias do descobrimento : a gastronomia brasileira no século XVI* (Rio de Janeiro : Zahar, 2009), 82.

5 Friedrich, "Archives as networks", 291. Bento Rodrigues, *Tractado historico, critico e apologetico da vida de V. P. Mestre Simão Rodrigues* (ANTT PT/TT/AC/M021.01-00006), 295–299. 여기에 기록된 바에 따르면, 시망은 9월에 코임브라에 있었으며, 그후 포르투갈의 모든 예수회 재단을 방문했다(299쪽). 다음에서 지적되었듯이, 1574년 1월 18일 자 예수회 기념서 『모누멘타(*Monumenta*)』에 실린 편지는 시망이 쓴 편지일 수 없다. 이때 그는 포르투갈에 있었기 때문이다. Eduardo Javier Alonso Romo, "El legado escrito de Simão Rodrigues", *A Companhia de Jesus na Península Ibérica nos sécs. XVI e XVII : Espirualidade e Cultura,* Actas do Colóquio Internacional, Maio 2004 (Porto : Universidade de Porto, 2004), 79 참조.

6 뮐리우스가 출판한 전기에 수록된 정보의 출처는 다미앙의 마누엘 국왕 연대기를 라틴어로 번역한 번역가 제로니무 오조리우일 가능성이 유력하다. 번역본의 재판은 쾰른에서 비르크만에 의해 (1574년부터) 출판되었다. 비르크만은 뮐리우스와 함께 다미앙의 전기를 집필한 것으로 보인다. 그런데 관련 정보의 출처가 크리스토프 플랑탱의 서한 교환망일 수도 있다. 플랑탱은 리스보아의 수많은 정보원과 꾸준히 연락을 주고받았고 전기 출판업자 뮐리우스와도 교류했기 때문이다(일례로, 크리스토프 플랑탱이 아르놀트 뮐리우스에게 보낸 1575년 1월 20일 자 편지인 *Correspondance de Christophe Plantin,* ed. M. Rooses and J. Denucé (Antwerp : J. E. Buschmann, 1883–1918) IV.235–6 참조). 비르크만이 다미앙과 직접적인 유대관계가 있었을 가능성도 있다. 17세기 골동품 수집가 마누엘 세베림 디 파리아에 따르면, 다미앙의 초기 전기가 실린 또 다른 책이 1562년 쾰른에서 출판되었다고 한다. 이 책은 비르크만이 출판했을 것이다. de Faria, "Vidas de Portugueses Ilustres", fol. 74ʳ⁻ᵛ 참조. 아주다 도서관에 소장된 다미앙의 죽음에 관한 일화적 기록(51-IX-22, fol. 130ʳ⁻ᵛ)은 "불에 타 죽을 사람의 운명은 정해져 있다"는 것을 보여줄 의도로 기록된 것이다. 여기에는 불에 탄 그의 모습을 하인들이 발견했다는 내용도 있다. 이것으로 보아 비에이라 다 소자가 발견한 기록이 17세기 중반 이전에 이미 유포되고 있었음을 알 수 있다.

7 인용 부분은 『수상록』 중에 "레이몽 스봉의 변호"의 일부이다. 동물에 대한 몽테뉴의 태도를 유럽 자연주의에 반대하는 중요한 목소리라고 평가한 Descola, *Par-delà Nature et Culture*, 306-308도 참조하라. 다미앙과 제로니무 오조리우의 글 사이의 관계에 관해서는 다음을 참조하라. António Guimarães Pinto, "Damião de Góis e D. Jerónimo Osório : A *Crónica de D. Manuel e o De rebus Emmanuelis gestis*", *Damião de Góis na Europa do Renascimento* (Braga : Universidade Catolica Portuguesa, 2003), 307-348. 유럽 중심주의로 이끈 17세기 역사 기록 방식의 변화에 관해서는 Marcocci, *Globe on Paper*, 제5장 참조. (오조리우와 그의 글을 프랑스어로 번역한 시몽 굴라르[Simon Goulart]를 통해서) 몽테뉴가 다미앙의 글을 활용한 사례들 가운데에는 유대인에 대한 태도를 논하는 내용이 담긴 "좋고 나쁜 것은 우리 견해에 달려 있다"도 포함되어 있는데, 이것은 다미앙의 연대기 *CM*, I, sig. B[1]ʳ에 일치한다. 투피남바족을 기술한 "카니발에 관하여"는 *CM*, I, sig. Giiiiᵛ-Gviiᵛ, 디오스코리데를 묘사한 "기도에 관하여"는 *CM*, II, sig. F6ʳ, 인도 카스트 제도에 관한 이야기가 담긴 "베르길리우스의 시 몇 구절에 관하여"는 *CM*, I, sig. E6ᵛ, 믈라카의 포르투갈 현지 중개인이었던 니나체투의 자기희생에 관해 논하는 "케아 섬의 관습에 관하여"는 *CM*, III, sig. P3ʳ을 바탕으로 한다. 이외에도 여러 사례가 많다.

8 다미앙은 라차로 부오나미치(Lazaro Buonamici)에게도 양피지 지도와 지구본을 제공했다(다미앙이 1544년에 쓴 『역사 소품집』에 수록된, 1539년에 부오나미치에게 보낸 편지 참조). 그런데 이 자료들도 라무시오에게 넘어간 것으로 보인다. 라무시오는 『항해와 여행에 대하여(*Navigazzione e Viaggi*)』, 제1권(3판, Venice : Giunti, 1563), fol. 176ʳ에서, 프란시스쿠 알바르스의 에티오피아에 관한 기록 필사본을 획득했다는 사실을 언급한다. 여기에서 그는 출판업자 준티가 "네덜란드를 완전히 떠나지 않은(nell'estreme parti di Holanda)" 다미앙을 찾아냈다고 적고 있다. 이는 적어도 1545년 다미앙이 포르투갈로 귀국하기 전에 그들이 이미 접촉하고 있었다는 의미이다. Skelton and Parks, *Gian Battista Ramusio*, 서문, viii에서는, 다미앙이 인도 항해와 관련된 일부 포르투갈 자료의 출처가 되었으며, 이 자료들은 출판 과정 말기에 라무시오에게 전달되었다고 추정한다. 실제로 다미앙의 디우 포위작전 기록을 흥미롭게도 [인도에 관해서] 사람들이 알고 싶어할 수 있는 작은 일부분(una minima particella rispetto a quello che l'huomo desidereria di leggere", *Navigazzione e Viaggi*, 제1권, fol. 129ʳ)이라고 언급한 부분은 다미앙이 라무시오와 직접 교환한 서한에서 발췌한 저자의 겸손함을 보여주는 사례가 아니라면 거의 이해가 되지 않는다. 라무시오 역시 리스보아에서 바르보자의 필사본 사본을 가져왔다고 말하지만 (*Navigazzione e Viaggi*, 제1권, fol. 310ʳ) 누구에게서 얻었는지는 함구한다. 그러나 우리는 그가 다미앙과 연락하던 사이라는 것, 다미앙에게 바르보자의 사본이 있었다는 것을 안다.

따라서 라무시오가 리스보아에서 구한 사본의 출처는 다미앙일 가능성이 클 것이다. 라무시오가 문헌 확보가 어려운 탓을 군주의 권력에 돌리는 것으로 보아, 기록물 보관소에 보관된 자료들을 가리키는 것일 공산이 크다. 이 자료들은 국왕의 서면 허가가 있어야만 공개될 수 있었기 때문이다(Dinis, "Relatório", 156). 주앙 드 바후스와 라무시오 사이에 다리 역할을 한 사람 역시 다미앙이었을 가능성이 있다. 덕분에 라무시오는 *Primeira Decada*를 초판 출판 후 불과 2년 만에 재출판할 수 있었다. 오뱅은 알바레스의 리스보아 출판본과 다미앙이 라무시오에게 제공한 필사본 사이의 차이점을 대수롭지 않게 생각한다(Aubin, *Latin et l'Astrolabe*, I,192). 다미앙이 기꺼이 이 필사본을 제공했다는 사실만으로도 세상에 관한 정보를 널리 알리고 싶은 그의 마음이 충분히 증명되기 때문이다. 세비야의 에르난도 서재에서 구한 바르보자의 필사본—라무시오가 대조용 자료로 사용한 것으로 보이는데, 지금까지 알려지지 않았다고 필자는 알고 있다—은 현재 Biblioteca Colombina 7-5-11, *Declaracion y relacion de la India y de sus reinos y señoríos*로 남아 있다. 다만, 이곳에 있는 필사본은 주앙 드 아코스타(Juan de Acosta)라는 사람의 작품으로 되어 있어서, 과연 바르보자의 작품이 맞는지 의구심이 제기될 수 있다(물론, 바다조스 의회에서 에르난도가 사용하기 위해 포르투갈 필사본의 사본을 만들었을 가능성이 크다. 이는 에르난도 밑에서 일했던 디에고 리베이로의 세계 지도에 바르보자의 책이 영향을 미친 이유이다). 리베이로의 1529년 지도가 바르보자의 영향을 받았다고 보기도 한다(Dames, *Book of Duarte Barbosa*, liii). 그후로 더 넓은 세상에 대한 개방적인 태도가 역사적으로 어떻게 변화했는지에 관해서는 다음을 참조하라. M. C. Jacob, *Strangers Nowhere in the World : The Rise of Cosmopolitanism in Early Modern Europe* (Philadelphia : University of Pennsylvania Press, 2006). 세계적 관점을 비교하려면 다음을 참조하라. Sanjay Subrahmanyam, "The Hidden Face of Surat : Reflections on a Cosmopolitan Indian Ocean Centre, 1540–1750", *Journal of the Economic and Social History of the Orient*, 61/1–2 (2018), 207–257. Marcocci, "Remembering the Forced Baptism of the Jews", 333–334. 몽테뉴가 남긴 상대주의적 유산의 좋은 사례는 Stefan Zweig, *Montaigne* (1942), 안인희 역, 『위로하는 정신 : 체념과 물러섬의 대가 몽테뉴』, 유유, 2012에서 확인할 수 있다.

9 Levathes, *When China Ruled the Seas*, 179–180. 스페인이 인도 관련 자료를 보관할 비밀 보관소를 만들려던 계획에 관해서는 Brendecke, *Arca, Archivillo, Archivo*, 269 참조. 또한 다음도 참조하라. Laura Fernandez-Gonzalez, "The Architecture of the Treasure-Archive : The Archive at Simancas Fortress, 1540–1569", Bernardo J. García García and Vanessa de Cruz Medina (eds.), *FELIX AUSTRIA : Lazos Familiares, cultura politica, y mecenazgo artistico entre las*

Cortes de los Habsburgo (Madrid : Fundacion Carlos de Amberes, 2013). 몰루카 제도의 구술 역사에 관한 내용은 Barros, *Décadas da Ásia,* III.v.5 ; Jacobs (ed. and trans.), *A Treatise on the Moluccas,* 85 ; Marcocci, *Globe on Paper,* 59–61 참조.

그림 출처

본문 삽화

28–29쪽 *Map of Lisbon* by Braun and Hogenberg, from *Civitates Orbis Terrarum*, possibly based on Damião's description (Cologne, 1612–1618). (Album/Alamy Stock Photo)

35쪽 "Rhinoceros", by Albrecht Dürer, a posthumous portrait of the rhinoceros Damião saw in Lisbon in 1515. (Courtesy of the National Gallery of Art, Washington / public domain)

54쪽 Portrait of Luís de Camões later in life, likely by Fernão Gomes, c.1573–1575. (public domain)

58쪽 Working with documents at the end of the fifteenth century : an image of the translator Jean Miélot, secretary to the Duke of Burgundy. (public domain)

60쪽 Illuminated title page from the *Livro das Ilhas*. (Arquivo Nacional Torre do Tombo, Lisbon, Leitura Nova, liv. 36 / public domain)

77쪽 Portrait of Katherina, by Albrecht Dürer, 1521, Uffizi Gallery, Florence. (public domain)

79쪽 Portrait of Damião de Góis, by Albrecht Dürer or follower, Vienna, Albertine Museum. (© Purix Verlag Volker Christen / Bridgeman Images)

90–91쪽 Plates from the *Carta Marina et Descriptio Septentrionalium Terrarum Ac Mirabilium Rerum In Eis Contentarum Diligentissime Elaborata Anno Dni 1539*, by Olaus Magnus. (© NPL – DeA Picture Library / M. Seemuller / Bridgeman Images)

110쪽 *Jason Returning with the Golden Fleece* by Ugo da Carpi (1480–1532). (Library of Congress, Prints and Photographs Division, LC-DIGppmsca-18714 / public domain)

126–127쪽 *Evangelium Lucae am XVI cap* by Hanns Lautensack, c.1556. (© The Trustees of the British Museum / public domain)

144쪽 A Portuguese man and unmarried Indian Christian women, from the *Codex Casanatense,* Biblioteca Casanatense Ms. 1889 (*Album di disegni, illustranti usi e costumi dei popoli d'Asia e d'Africa con brevi dichiarazioni in lingua portoghese),* c. 94. (public domain)

157쪽 Section of the *Tabula Peutingeriana,* the only surviving copy of the Roman road map, showing India and the area east of the Caspian Sea. (public domain)

164쪽 Image of a Tatar couple from the *Boxer Codex* (c.1590). (public domain)

178쪽 Image of Indian Gods from the *Codex Casanatense* (*Album di disegni, illustranti usi e costumi dei popoli d'Asia e d'Africa con brevi dichiarazioni in lingua portoghese).* (Su concessione della Biblioteca Casanatense, Roma, MiC / public domain)

182쪽 Camões in Prison, Museu Nacional de Arte Antiga, Lisbon. (Christophel Fine Art / Universal Images Group via Getty Images)

198–199쪽 Map showing Guangzhou, from an Atlas of the Ming Empire (c.1547–1559). (Library of Congress, Geography and Map Division, G2305. D3 1559 / public domain)

204쪽 *Bird on Tree (Haha-chō),* attributed to Shūkō (active 1504–1520). (Metropolitan Museum of Art, The Howard Mansfield Collection, Purchase, Rogers Fund, 1936 / public domain)

212쪽 Mazu saving the Chinese fleet during a storm, from a seventeenthcentury compilation of the Miracles of Mazu. (public domain)

219쪽 Portrait of Erasmus by Hans Holbein, produced as a print by Johannes Froben, 1538. (public domain)

241쪽 The portrait of Erasmus by Dürer that Damião kept in a locked coffer until the end of his life. (public domain)

246쪽 Frontispiece to Andreas Vesalius', *De Humani Corporis Fabrica,* by John of Calcar (Basel : Johannes Oporinus, 1543). (public domain)

화보

1쪽 *Adoration of the Magi* (1501–1506) by the Portuguese painter Grão Vasco. (public domain)

2–3쪽　A sixteenth century painting of one of Lisbon's busiest streets, the Rua Nova dos Mercadores (Merchants' New Street). (public domain)

4쪽　The Battle of Mohács (1526), between Hungary and the Ottomans, as depicted in the Ottoman visual epic, the *Süleymanname,* from 1558. (public domain)

5쪽 위　The "Robinson Casket", produced in Kotte, Ceylon, c.1557. (Marie–Lan Nguyen) (public domain)

5쪽 아래　A sixteenth-century ivory salt cellar produced in Benin for the Portuguese market. (Bridgeman Images)

6–7쪽　Screen, c.1600, by Kano Naizen showing the arrival of the Namban (Southern Barbarians, i.e. the Portuguese) into a Japanese port. (Kobe City Museum/ DNPartcom / public domain)

8쪽　*Triptych of the Temptation of Saint Anthony* by Hieronymus Bosch. (public domain)

역자 후기

역사 추리물을 가장한 논문. 이 책을 분류하자면 이 정도가 되지 않을까? 저자는 수수께끼로 가득한 살인 사건으로 이야기의 포문을 연다. 희생자는 누구이며 왜, 어떤 배경에서 그런 죽음을 맞아야만 했을까? 이것을 파헤치며 저자는 중세 기독교 문화 속에 갇혀 있던 유럽이 유럽 바깥의 세상으로 나가는 항해에 독자를 초대한다. 대항해 시대를 열었던 포르투갈을 대표하는 이른바 국민 시인 카몽이스와 동시대의 열린 지성이자 사관이었던 다미앙의 행보를 씨실과 날실 삼아, 당대의 포르투갈과 유럽의 모습이 펼쳐진다. 그 과정에서 논문을 방불케 할 정도로 방대하고 꼼꼼한 사료를 바탕으로 한 이야기가 전개된다.

우리가 살아가는 하루하루가 모두 격변기라고 할 수도 있겠지만, 유럽인 입장에서 보면 그동안 모르고 있던 아시아로 통하는 바닷길이 열린 이 시기야말로 중대한 전환기였다. 다만, 그 바닷길은 예전에도 존재했지만 묻혀버렸던 것이 재발견되었을 뿐이며, 유럽 바깥의 사람들은 그들끼리 이미 한창 활발하게 교류하고 있었다는 사실을 저자는 지적한다.

어쨌든 유럽인들은 열린 마음으로 다른 세상을 받아들이고 세상에 관한 이해의 폭을 넓힐 절호의 기회를 놓치고, 새로 연결되었던 세계는 다시 찢어져 갈라진다. 포르투갈은 외부 세계로부터 자신의 우월성을 위협받자, 감옥을 전전하던 카몽이스를 국민 시인으로 추대하여 민족적 자긍심을 고취한다. 반면, "우리"의 범주를 아시아인과 아프리카인, 심지어 동물로까지 확대하려고 했던 다미앙은 벽창호처럼 사고가 꽉 막혀 있었던 세력에 의해서 죽음으로 응징을 받는다.

저자는 두 명의 주요 인물을 중심으로 그 당시 세상에 영향을 미쳤던 사상과 주요 인물들을 등장시키면서 유기적으로 역사의 흐름을 설명한다. 그러면서 서양 중심의 시각으로 세상을 바라보는 전통을 비판하고 이 전통이 오늘날에도 이어지는 것을 경계한다.

독자들은 다미앙의 기록과 카몽이스의 모험을 따라서 함께 항해를 이어가면서, 생소한 16세기의 서유럽과 동유럽, 아프리카, 아시아의 모습을 탐험하는 재미도 누릴 수 있다. 더불어 포르투갈 최전성기의 리스보아의 모습도 생생하게 만나볼 수 있다. 이 책을 읽은 후에는 포르투갈을 단순히 에그타르트의 나라로 떠올리는 것이 아니라, 프로테스탄트 종교 개혁이나 식민주의가 전개되던 한복판에 있던 나라로 보게 될 것이다.

2024년 여름
김수진

인명 색인